新編諸子集成

墨辯發微

譚戒甫撰

中華書局

墨辯發微

重印弁言

一九五八年二月，本書由科學出版社出版，因内容繁複，校對不免稍有錯誤，而原文亦發現有不妥之處，意欲加以整理，一時竟未能實行。頃接北京中華書局來函，謂「科學出版社現將本書改歸我局出版，擬請修訂重印」。我乘此機會，全部校閱一過，計大改的十餘條，如上經22、25、48、50；下經4、31、37、38、41、53、79等。此外增補删削，塗抹亦多。近承中華書局編輯部校正達十七、八條，均中肯棨，尤以上經56、57二條，摧陷廓清，引爲快事，特此敬致謝忱。但有無謬誤，仍未敢必，希中外碩學名家，提示寶貴意見，慼盼無已！

一九六二年九月十九日

戒甫 于武大三區四十二號住宅

墨辯發微

序

墨子書中經說大小取六篇，門類很多，如辯學、哲學，如光學、力學，如數理學、幾何學，如經濟學、政法學，如教育學、倫理學等等，包括無遺。和現代科學精神相懸契的，在我國、此書當首屈一指；在世界古代、像這樣的作品也並不多見。這眞是我們祖國的瑰寶，我們民族的光輝。

本書上面所舉的各種學科，放在書中是一目了然的。但我認爲它的內容，更有由於陸續發現，並理出一個系統以後，够得上要特別提出的，還有二點：（一）周秦諸子裏面多有名家言，自來不少學者利用西方邏輯三段論法的形式，把來一模一樣地支配，因說東方也有邏輯了。及仔細查考，只是擺着西方邏輯的架子，再把我們東方的文句拚湊上去做一個面子。這不是我們自己的東西，雖有些出於自然比附，但總沒有獨立性。其實、我國本有獨立性的辯學，其論式組織卽在小取大取二篇中，而經說各條就是辯學論式的例證。通過這一發現，然後分條更有標準，句讀更易明白，而意義也更加聯系了。

(二)經說共有一百七十八條，大小取也有幾十條，都是名墨二家的話。但裏面有些段落却夾雜着駁辯的語句，立破明顯，對揚劇烈；自來學者們都把它統同起來，混爲一談，當然要發生很大的矛盾，糾纏不清了。我經過幾年鑽研，竟發現裏面另有一派形名家的學說，是由名家引來駁辯的；及介限畫清，才知是二派的互相爭鳴，針鋒相對。破此一關，就覺得彼此通明無礙，各成其是了。

我寫這部書時，作文言的風氣還盛行，並要競尙典雅；當然我頗受了讀周秦諸子和曹鏡初墨子箋孫仲容墨子間詁梁任公墨經校釋嚴幼陵穆勒名學以及其他古今著作的影響，那時並在字裏行間極力避免通俗。但又怕人難懂，却不惜旁徵博引、轉彎抹角的解說，想讀者自然會要感到煩瑣的。據現在來看，那確實是中了古人所謂「言之無文、行而不遠」的魔道。

本書原分五編，舊目錄載在後面，可以參看。現改作三編，把第一編的表移在第二編之次，原第二編今作第一編，原第三編今作第二編，原第四編今作第三編，其中論式例證只存一小序了。第五編原有四篇，都在日寇內犯時遺失。原來本書的初稿頗早。對於時賢所著，多未及引入。後特編治墨異義一篇，擇其論證較佳而又和我書的條件不符的，都搜羅移錄在裏面。章太炎先生和我函商過「纑間虛」一條及「名與形名之分」等，現在他的手迹已失，很可惜。章行嚴先生有章氏墨學印在甲寅雜誌，立說多精異義中採錄不少。一九四五年在重慶，他曾索閱墨經易解，承其批出四條，如上經第七十八條「達名、類名」下所注的英文，是根據他的意見修正的。行嚴先生又著有邏輯指要，是結合墨經作了一些深刻研究的，貫通中西，相悦以解，與時賢有不同處；但整體圓融，無從摘錄。鄧高鏡先生著有墨經新釋，曾惠寄一冊，得採一條。欒調甫先生亦惠寄所著數種，似多雜考和通論，校勘精覈可從，今已不很記憶，曾採過數條。此外如張子高先生的墨經注，張子晉先生的新考證墨經注和墨子大取篇釋，張之銳先生的墨子大取篇釋義，張其鍠先生的墨經通解和大取篇校注，我曾稱爲「墨學四張」，異義中移錄較多。又有伍非百先生的墨辯解故，錢穆的墨辯探源，魯大東先生的墨辯新注，以及胡適的中國哲學史大綱論墨學和他的墨子小取篇新詁，胡國鈺先生的墨子小取篇解，我也曾稱爲「小取二胡」，這些都間有採獲。又有王樹枏先生的墨子斠注補正，李笠先生的定本墨子間詁校補，陳柱先生的定本墨子間詁補正，這對於閱讀孫氏間詁是有益處的。又有梁啓超先生的墨子學案，馬宗霍先生的墨學論略，方授楚先生的墨學源流，對於墨學有過很多的啓發，異義中也附錄了一些。還有連書名和人名都一時記不起了的。蓋幾十年來關於墨家的著作，風起雲湧，盛極一時，皆爲日寇所摧毀。我當時收購很多，也因連年戰役而全部消滅，可謂慘酷！

此六篇書，素號難讀，梁任公曾擧出「八難」是確實的。我在四十多年前即開始研究此書，因學過電機工程，就在物理、數學、邏輯一些知識的基礎上，得到初步門徑。隨後大感不足，又專習文字音韵有年，專習周秦諸子有年，專習經史要籍有年，專習佛學因明有年，還涉獵旁門雜術，遠及於東西洋各種學藝著作又有年。在這斷斷續續幾十年中間，像作戰一樣，總是緊緊包圍着這六篇書，向它發動無數次的進攻；雖吃過很多敗仗，只因艱苦奮鬪下去，終於拔除了很多要塞和據點。所以當時照我個人的意識，認爲這六篇書是大概弄清楚了的，料想人家看了也會懂得了的；因而於一九三五年，先把上下經說在上海商務印書館出版，改題墨經易解，就是這個原因。

墨經易解發行是在五月，到十一月十四日，天津大公報的圖書副刊「書評」欄載有筆名「與忘」的先生，對我書作了誠懇的介紹和一些細緻的討論，當時我和他互答過二次，也登在副刊，現已附印在本書最後。與忘先生說是「與世相忘」，不願指示姓名；當時在日寇侵略的威脅下，隱姓埋名是可以理解的。但是，我對於與忘兩個字是終身不會忘的。我由他的書評和答詞中，看出他對於墨經的研究是深入的，見解也是優越的，尤其他有眞摯的情感，道德的品質，使我念念不忘也在此。現在我國屹立在世界上，爲億萬人民所欽仰，所歌頌，我們都過着安定舒適的生活，不似從前愁眉苦臉，縮手縮脚了。我想與忘先生必定會不吝賜教，要用眞姓名再來評論本書的。我還要更進一步來要求中外一些名學者們，對於本書也多給幫助，響應黨中央「百家爭鳴，推陳出新」的號召，提出尖銳的批評，共同來達到本書的最高水準。

與忘先生當時對我有三項啓示：(一)先列校讀而後釋義；(二)前人所作的多存異說；(三)能够多留缺疑。關於第一項，我現已遵命把校讀移在各條之前。第二項所謂前說，實在是出版的前後，並不見得是立說的前後。我記得從前每買一本新書，必大略翻閱，和我同的無暇改寫，和我異的也就割愛。遇有佳義，用筆作記，歸入治墨異義；不料書一失去，此事遂落了空。第三項缺疑，我是主張不缺的。有疑不缺，必提出論證，委曲求通，以供人家去取，也可能得到一個意外的解決。如人人缺疑，永遠下去，就無從啓發後學，阻礙進展；但有些實在無法解決，自然會要缺疑的。不知學者們的看法如何？

學問是無窮的，卽注釋古人的著作，尤其涉及名辯科哲諸學更是無限的。我對本書花了幾十年斷斷續續的研究工作，據常理論，應該可以完美地結束了。但解放以後，經過六七年的學習，思想變化很大，反轉來看舊作，又發現很多不滿的地方。去年八九月間作了一些修正，還是不愜於心，而時間已不允許久待了。後因十月北遊，把稿帶去，隨卽面交科學院郭院長；承他不棄，允予審查後出版。剛到一年，郭院長提交科學出版社付印，而社中各同志又多方指示幫助，使我老年來的一點點成績，得到貢獻祖國的機會，眞有說不出的愉快，今並在此致以深摯的感謝。

戒甫　一九五六年十一月廿四日

墨辯發微凡例

一、魯勝謂墨辯有上下經，經各有說，今稱經上經說上爲上經，經下經說下爲下經。

一、上下經與大小取列在第二編，爲本書主幹，第一編可爲導論，第三編全爲辯術。

一、經上經下原文，依旁行句讀例，寫分上下二截，引說就經，其式如次：

△上經之上截

經 故所得而後成也

說 故小故有之不必然無之必不然體也若有端大故有之必無然若見之成見也

△下經之上截

經 止類以行人說在同

說 止彼以此其然也說是其然也我以此其不

△上經之下截

經 止以久也

說 止無久之不止當牛非馬若夫過楹有久之不止當馬非馬若人過梁

△下經之下截

經 所存與者於存與孰存駟異說

說 所室堂所存也其子存者也據存者而問室

然也疑是其然也謂四足獸與生鳥與物盡	堂惡可存也主室堂而問存者孰存也是一
與大小也此然是必然則俱	主存者以問所存一主所存以問存者

一、上下經祗將二截首尾銜接書之，不分上下截。

一、經說上下皆簡稱說，引就經文低一格書之。

一、凡說皆舉經之首一字或多字以爲標題，與本文無涉，用〇間之；原無標題字者虛之。

一、所加校、釋，再低一格書之。

墨辯發微

目錄

第二編

第三編

附　錄

墨辯發微第一編

墨辯正名第一

春秋各國，交際頻繁，行人奉使，折衝樽俎，大抵以詩三百篇爲辭令之書，過或不及，羣相譏議，如晉平公謂「歌詩必類」，左傳襄公十六年。趙文子謂「詩以言志」，又二十七年。而齊盧蒲癸亦有「賦詩斷章，余取所求」又二十八年之語；蓋隨機引用，恰如志義，乃能致命而不辱，則以一時風氣使然。故孔子曰：「不學詩，無以言。」論語季氏篇。又曰：「誦詩三百，使於四方，不能專對，雖多亦奚以爲？」又子路篇。是以孔門七十子中，宰我子貢長於言語，又先進篇。善爲說辭，孟子公孫丑篇。亦時代所需也。此已當春秋戰國之交，社會一切劇變，階級矛盾加深，交際間漸由詩而轉爲辯；談說之士，已有「辯者」之目，莊子天地篇謂孔子會舉辯者之言以問老子。詳形名發微流別篇。可以知其概矣。墨子之生，尚及孔子，時變日急，求善者寡，不强說人，人莫之知；公孟篇語。故上自王公大人，次至匹夫徒步之士，莫不行說之以義。魯問篇語。蓋墨子雅善言談，制器尚匠，宜究名理，因構範疇，同歸知要，數逆精微，二語見貴義篇。遂開華夏二千年前獨到之辯學；但未嘗揭「辯」之名以總名其書也，其以「墨辯」名其書者則自魯勝始。

晉書魯勝傳謂勝所著書，「惟注墨辯存」。又其所載「墨辯注敍」，謂「墨辯有上下經，經各有說，凡四篇」。則是勝以經上經下經說上經說下四篇爲墨辯矣。雖然，勝僅注經說四篇名爲墨辯，固已揭其指要矣；及讀墨子全書，其畸零散見不計外，若大取小取二篇何莫非墨辯耶？蓋小取專論辯，大取言辯亦多，是墨辯之稱，宜賅上下經說四篇及大小取二篇，實共六篇，非止四篇而已。嘗考墨子固甚嫺辯事，凡所講論，無在不可見辯之精神，如尚賢等數十篇，其中亦多由論式結撰而成，後乃化爲散文也。別詳論式源流。至經說中所舉「辯」之界說，如上經第七十四條云：「辯，爭彼也。辯勝，當也。」又云：「或謂之牛，或謂之非牛。是爭彼也。是不俱勝；不俱勝，必或不當。不當，若犬。」如下經第三十五條云：「謂、辯無勝：必不當；說在不辯。」又云：「所謂：非同也；則異也。同：則或謂之狗；其或謂之犬也。異：則或謂之牛；牛或謂之馬也。俱無勝是不辯也。辯也者：或謂之是，或謂之非。當者勝也。」此二條各函論式二，其言至爲精闢。蓋墨子以墨學爲體，名學爲用，善啓其端；三墨繼之，日益發舒，終於體用圓融，創成完美之辯學，無論四篇、六篇，總曰墨辯，魯氏可謂千古卓識矣。

或曰：莊子天下篇稱墨者「俱誦墨經」，今經上下、經說上下皆以經名，若以「墨經」名其書，可謂名正。大小取文義與經說相通者多，經名既可以攝說，宜亦可以攝大小取。則子卽稱六篇爲墨經，有何不可？曰：否。墨經之名，後當專論，今且祇就墨子經、辯之差分言之。蓋古人爲學，大率可別二途，即道、術是。道爲體而術爲用；道爲術之究竟，術爲道之津梁，不可混而一之也。墨家之學，以「辯」爲術，以「經」爲道。經則極天人之際，窮事物之微；辯則建「四物」之式，探「三辯」之理。別詳墨辯軌範。指奏無數，儀態多方，神而明之，不可僂計。故墨經爲墨家之道之所在，墨辯爲墨家之術之所在。經也、辯也，各有志功，冠以「墨」名以著所出，皆不易之義也。昔汪中述學謂經上至小取六篇，當時謂之墨經，見墨子序。余不謂然。

或曰：魯勝敍云：「墨子箸書，作辯經以立名本。」其謂辯經者，意即墨辯與墨經二者之合稱。按子前說，若用辯經二字，可謂言順而名正。今子不用彼辯經之名以求其通，而乃襲此墨辯之名以安一曲，何耶？曰：否、否。魯勝所以云辯經者，尊之之詞也。尊辯爲經，正猶儒家尊詩書易禮爲經同，初非辯之與經合而言之也。且勝謂「墨辯有上下經，經各有說」。則辯名可以攝經名及說名，是辯名義廣，辯、經合名反覺義狹；用廣義勝，用狹義劣矣。且余之作此書也，實有意乎墨家辯學也，而其道之載於經說者，但視爲附見之物，亦條舉而分釋之耳。間嘗論之：吾華夏與印度希臘同爲世界文明古國，而印度有因明學，希臘有邏輯學，皆二千年來發揚精進，久已輝映後先。墨辯者吾華夏固有之學也，宜可與因明、邏輯鼎足而三；竟乃千載塵封，無人肯發其覆，坐視近世一切學術，致讓歐美獨步於前。吾儕後學，處此東西文化溝通之會，猶不竭其心思耳目之力，以啓其鑰而紬其緒，公諸天下，追蹤希印而日益光大之，其委棄祖先遺業孰有大於此者！今茲之作，意在斯乎，意在斯乎。

或曰：墨子生平所討究者，尙賢、上同、兼愛、非攻、節用、節葬、天志、明鬼、非樂、非命之十事；而上下經說大小取六篇所論，亦不過爲佐證之資，則吾人今日所急宜研求者，究在彼不在此也。何子將輕視墨子之要道，反而取重於辯術，不亦蹈買櫝還珠之誚乎？曰：墨子鴻說，爲類至繁。尙賢十事，理致原屬通義，上說下教，言盈天下，亦足見其易知而簡能。惟名辯一科，深沈博洽，每爲常人所不易憭，卽墨子當日亦未臻極成；迨傳之相里祖夫鄧陵三墨，始得修整，晚年結集，刪存爲經。徒屬雖云俱誦，蓋亦未嘗分三：一則懼其紛雜更難董理，二則慮其繁多易滋紛雜，故至晚世刪存爲經者，實已非常重視之矣。然漢代排斥諸子，名辯尤在擯棄之列；雖魯勝崛起於晉世，亦無救於復興之機。自後長夜漫漫，幽室久閟；逮至有淸中葉以還，縱有二三聰睿之士，仍等諸矇瞽索塗，終未窺見大業之所在也。降及近數十年，治墨學者蜂起，尙賢諸說，久已充塞於著作之林矣。雖然，荀卿有云：「五帝之中無傳政；非無善政也，久故也。」非相篇。墨子至今已二千餘年，其各類創說在當時固有相當之値，而在今日以殊久之故，苟以之施諸國家，不必盡皆善政也。且兼愛、非攻、節用、非命諸端，今人所認爲無可非議、行之有益者，亦已討究無餘矣。而惟其當日之辯學，尙無明澈之解悟，條貫之硏尋，超越之整理，美善之纂輯，長此以往，恐遂陵夷；余故寧取人之所輕以爲吾之所重，雖所得有限，斷斷於此而終不捨也。

或曰：辯學卽名學也。今人或謂邏輯爲名學，以爲百家治學之方；考周秦諸子莫不言名，是名學非墨家所宜獨擅也。子以爲何如？曰：希臘邏輯，明末由葡萄牙人傅汎際（明史藝文志作傅兆際）仁和縣人李之藻合譯名理探十卷，始傳東土。然三百年來，歐美碩學，日求精進，我國士子竟不顧念，所受影響不大。施及清季，侯官嚴復始譯穆勒書，顏曰名學，因一時震於科學之權威，學人漸有問津於此者。吾嘗持以與墨辯之爲名學者相校，誠可相通；蓋邏輯爲治諸學之階梯，而墨辯正亦如是。所以墨家辯學，在當日墨子及其門徒固嘗獲其大用矣；然因墨辯獲其大用，遂謂諸子之言名者亦必遂其同等之用，則又大誤。不知墨辯言名，與諸子之偶一談名者有別。苟有人焉，持墨辯論式以適用於諸子而供其學之研求，猶之可也；若以他子所談之名而謂卽同於墨家之辯學，則不可也。蓋諸子談名，既乏專精之術語，又無縝密之組織；雖荀子正名篇獨爲例外，亦無論式以資驅策，遂覺疏略，相遜綦遠。至他子縱有偶合之處，終亦似是而非，不爲典要。惟茲墨辯，經余多年尋繹以後，理致雖未大成，規模可謂粗具，而其用自可與邏輯並駕齊驅。其尤幸者，彼與因明竟沆瀣一氣，術式符同者幾達十之七八，抑維印度，論師立量，宗計繁重，對揚事專，所謂「道不同不相爲謀」，因而其術亦不能不有所制約，此其異也。邏輯之別，推理終患煩瑣，分段復嫌簡單，其與因明、墨辯通者不過四五而已。凡此所陳，並非體造，以後各篇，常能憑證。倘冀國內績學之士，將此寶藏悉爲開發，取以纍諸世人之前，其有功於學術之進展，當無涯涘矣。

墨經證義第二

墨經之名，見於莊子天下篇，自來論者不一：有謂卽經上下經說上下四篇者，如魯勝墨辯注敍畢沅經上題注所言者是；有謂爲經上下經說上下大取小取六篇者，如汪中述學墨子序孫詒讓墨學傳授考相里氏弟子條案語所言者是；孫又謂「四篇似戰國時墨家別傳之學」，經上題注。胡適因謂「六篇爲別墨所作，墨經乃墨教經典，如兼愛非攻之類」；中國哲學史大綱第八篇第一章。梁啓超云：「經上必墨子自著無疑，經下或墨子自著，或禽滑釐孟勝諸賢續補，未敢懸斷；至經說與經之關係，則略如公羊傳之於春秋。」墨經校釋讀墨經餘記。綜上所論，推衍各別，頗難了知。此無他，皆先未探其源，不能有剴切之論斷故耳。余嘗反覆求之，測知墨家徒屬，惟「從事」見耕柱篇，下同。一派注心於技術械用；其餘「談辯」「說書」二派，大半兼習名家之學。漢志謂「名家出於禮官，墨家出於淸廟之守」，其間經歷已及千年，蘊蓄漸漬，宜有流傳之物，以爲後人循習之資者。別詳名墨參同。竊意春秋季世，今經說所列者，原有如許卽爲古代所流傳，初必簡陋蕪雜，缺略不完，不易理董；至墨子救世之急，須强說人，有辯之用，始知尋繹，一髮千鈞，繼承墜緒，勤加修治，乃植其基。然自來多謂四篇皆墨子所作，又有謂六篇皆非墨子之所有，則均不然。余嘗以爲墨子當日摸摩探討之物，實祇現存經上說上二篇之少半，且此少半原不分二，而皆用雛形之論式所組成，殆猶印度因明古師「五分作法」之比也。別詳經說釋例及墨辯軌範。已而墨子出其所得，傳諸其徒相里祖夫鄧陵三子；別詳別墨衡異。復由三子籀繹琢磨，增補改進，以傳其門人後學。蓋既循師說，而又展轉構成今日所傳經說之全部；所謂四篇者，在當日原祇區爲論式上下，並無經說之名也。大抵經名之起，疑尚在三墨晚年；其時弟子衆多，龍象卓越，結集羣議，尊以經名，且決定後之墨者俱誦此經，大取所云「天下無人，子墨之言也猶在」，此卽其一也。但此俱誦之經，卽三墨晚年結集所訂之經上下二篇，已非復三子當時所藉以研求學理之論式；故經說上下二篇，又皆三墨講授，其門徒所以望經記錄，更非復原來之整齊論式可比矣。至尙賢諸論，本爲墨子演講之辭，三墨親聞，輒相授受，而門人後學，始各記述爲文，今篇中皆有「子墨子言曰」五字，知已數傳於茲。然今本中亦有兼愛上非攻上節用上三篇節葬上明鬼上原闕無「子墨子言曰」五字者，疑皆相里弟子所記，而兼愛節用二篇末仍有「子墨子曰」四字者，知其仍秉師說補此一語也。今考此類演講之辭，在墨子生時，確已運用論式以爲研討世間諸學之助，此推諸文體而無或疑者，亦墨子嫻習雛形論左之式證也。故小取專論辯學論式，雖非墨子手定，而墨子實已肇啓其端，此亦考之於尙賢耕柱諸篇而可知者。別詳論式源流。然則孫詒讓謂經說四篇爲戰國墨家別傳之學，胡謂經說大小取六篇爲別墨所作者固非，卽魯勝以四篇爲墨經，汪孫以六篇爲墨經者亦非。惟梁氏所言，略得近似；然亦臆測之辭，尙未能窮其所至，豁然貫通也。

右論特引其端，其詳散見各篇，自可逢原而得。今再就經說四篇言之：如上經第三條至第六條、第八十條、及下經第三十四條、第四十六條、第四十八條、第七十條等之論「知」；又上經第三十一條、第三十二條、第七十三條、第七十四條、第七十八條至第八十條、第八十三條、第九十二條至第九十五條、及下經第三十三條、第三十五條、第四十二條、第六十八條、第七十二條、第八十二條等之論「名」；以及論仁義、忠孝、狂狷、利害、譽誹、功罪、賞罰、宇久、窮盡、損益、動止、圜方、堅白、比次、法佴、辯說、同異、聞言、諾服、欲惡、彼此諸端：皆祗空談其理，弗徵其數，超然立論於物之外，而形象不設，在今屬諸哲學範圍；苟能博學愼思，審言明辯，卽可心領神會，得其綜貫，周秦諸子，多優爲之，匪以爲異。獨如下經第十六條至第二十三條等之論「光學」，又上經第二十一條、第四十九條、第五十條、及下經第十一條、第二十四條至第二十九條、第五十二條等之論「力學」，皆屬科學範圍；若無精良之器械，細密之測驗，深至之理解，嚴刻之研求，決不能獲其要領，有所發明。今觀上列經說各條之於光力諸學，洞啓其源，證之近世西哲所得，皆莫能外。則凡經說四篇，若舉而以之歸諸墨子一人或三墨或施龍輩之所創作，殆皆乖啎踳馳，涉於神怪而無一當者也。以愚度之，此四篇之爲物，必不僅爲墨家當日科哲之寶藏，亦且爲中國上古藝術之總匯。蓋卽夏商周以來歷代相傳之遺業，尺積寸累，蔚成巨製，藏諸故府，守以專官；降及衰微，史失其職，學在私門，益事暢發。墨子生逢其會，性之所好，適趨其途；而各國卿士大夫又皆鄙夷之以爲形下，擯而弗習，墨子之獨紹宗風，以此故也。

雖然，經上下篇，字簡意賅，極爲難憭；說上下篇，類多義豐辭富，較爲易知。經說論式之謂何，不無疑者。曰：經上說上二篇中，其少半當爲墨子之所肄習，其論式結構，在今日視之，多不中程，固無足怪。以當時論式軌範，原未完全，墨子亦言談之間援用其術，因而略發其凡；蓋墨子大功用，尙質實，殆未嘗嫥力兢兢於此。纏子曰：「文言華世，不中利民，傾危繳繞之辭，並不爲墨子所修」，（意林引頗爲實錄。墨子殁後，三墨承之，始加精習，涂徑大開。迨晚年道理極成，由博反約，恐後學蔽於文辭，忘其實用，始將平日所習論式，約其名句，去其煩重，刪存爲「經」，所謂「辭、說」，所謂「辟、侔、援、推」，皆屏不用，宛若洪爐精金，千錘百鍊，勝義片辭，浮華盡去；蓋今存之經上下二篇，約十之七八皆卽三墨所手訂，餘爲門人後學相繼完成者也。昔楚王問田鳩，謂墨子之言多而不辯。鳩曰：「墨子之說，傳先王之道，論聖人之言，以宣告人。若辯其辭，則恐人懷其文，忘其用，直以文害用也；故其言多而不辯。」（摘錄韓子外儲說左上篇文。）疑此卽指當日之雜形論式言之，以後來經上說上中爲墨子所自習者約十之三四，端緒紛紜，可謂多矣；單辭浚義，亦不辯矣。若謂斥尚賢諸論，無論其非墨子所自記，而文辭繁縟已甚，黄氏日鈔評諸子，謂「墨子書以論稱者多衍復」極是，曷云不辯哉？又墨子至郢，獻書惠王，王受而讀之，曰：「良書也」。見余知古渚宮舊事二及文選注。疑所獻者亦卽此經上說上原本之少半。考墨子與楚惠王同時，汪中說。獻書在惠王五十年間，渚宮舊事注。則墨子是時似已年逾六十；然其論式組織，或卽在其五六十歲之頃與否，未易定也。

雛形論式，墨子在時，常以授徒；當時親詣門牆者，耳其宏聲，心其玄旨，一堂濟濟，相得益彰，故後學顯榮於天下者衆矣。及墨子卒，相里祖夫鄧陵三子，雅擅言談，又各以其所得，增益理智，補苴罅漏，小取軌範，逐漸完備。然自此以後，流派日多，列道而議，分徒而訟，離而爲三，傳承以異。是以相里勤之弟子五侯之徒，南方之墨者苦獲已齒卽祖夫之弟子，以及鄧陵子之徒屬，各守其本師之說，以誦其晚年結集之經。是以取舍不同，齵差互見，倍僪訾應，相謂別墨，而皆自謂眞墨。別詳別墨衡異。因疑說篇當時應各有三，以非親炙子墨，不敢附經，遂致亡佚；或後之編者，校除複運，傅合新異，亦未可知。此如上經第三條至第六條論「知」，析分爲四，而第八十條乃分爲三，其「親」與「接」同，「恕」又與「說」略同，似非出於一手；而下經第七十條謂「外、親知也，室中、說知也」，亦似出於徒屬之作。「說」爲「方不㢓」，爲知之一類，而上經第七十二條又謂「說、所以明也」。此「說」卽小取之「以說出故」，而上經

第三十二條又謂「言、出故也」。小取第一章既以「辭說」二物並稱，而第二章又祇稱「故」，不稱「說」。又如上經第二條「體、分於兼也」，即上經第四十五條「偏也者兼之體也」之體；然上經第七條「仁、體愛也」，意當爲體驗之體；上經第六十七條「體攖不相盡」，據上文當爲質體之體；而大取復有「所體」之體。凡此諸名，所關甚大，乃歧義疊見；或因古字有限，或非出自一人。又下經第七十三條至第七十五條「無窮不害兼，說在盈否；不知其數而知其盡也，說在問者；不知其所處，不害愛之，說在喪子者」：其義固皆深於兼愛三篇。而大取「愛衆世與愛寡世相若；兼愛之，又相若；愛尙世與愛後世，一若今世之人」：較之下經又大進矣。又經說常言宇久，即宇宙，如上經第三十九條及下經第十四條、第六十三條、第六十四條皆是。然上經第五十條謂「止、以久也」，則爲久柱之久；下經第四十六條「知而不以五路，說在久」，則又爲積久之久，此雖言時間，而與宇久大異。又大取謂「聖人之法，死忘親，爲天下也」，荀子禮論篇論「三年之喪」節，有「彼朝死而夕忘之」語，即駁此文；然節葬篇原亦無親死即忘之義。凡此皆所謂取舍不同者也。又下經第七十六條「仁義之爲外內也冈同罔」，係三墨輩駁斥告子「仁內義外」之說，益足證明經說非墨子一人之所作矣。

或曰：經自屬經，說自屬說，云何說又名經說？曰：此更足以取證前說之不謬。蓋凡一論式之組成，至少必有「辭、說」二物，或用「辟、侔、援、推」之多物，皆句讀旁行，關係密切，不容分離。迨三墨晚年刪存爲經，傳之徒屬，論式各物，概由口授，講演參索，異義媒生。門人小子，復望經錄說，各成篇段，不敢强合於經。故不稱說而稱經說者，正所以示說與經原相聯屬，仍於說上冠以經名，稱爲經說上下，使後人知說由經有，並非獨立之物也。

或曰：既如上說，經下云何又加「說在……」等字？考韓子內儲說上下及外儲說左右上下各篇，皆先有經，後有說；經文多言「其說在……」等字，與此同否？曰：韓非各篇之經說，略與此同，然非論式所組成也。此經說上篇，除第七十五條及第八十九條以外，文多簡略，介域易明。至經說下篇，文多繁雜，範圍較廣，義理較深；疑三墨講授時，恐門人不達，因摘說之大恉一字或數字附於經下之末，並注「說在」二字，以示說之限際，使後人不致濫引妄稱耳。迨後門弟子追記經下之說，其於「說在……」各句，仍錄存爲論式之說物而不稍易者：一爲其師說所在，不敢妄刪；一可藉此一字或數字以稍彌其闕也。此如下經第三十一條，經爲「價宜則讎」，說爲「盡去其所以不讎也」以爲「故」，乃摘說之重要字義作「說在盡」，附之於經，復加「盡也者」三字於說；實則此六字皆成贅詞，蓋亦遺跡之可尋者也。

或曰：墨家論式，第一物用「辭」，或先時用「言」用「諾」；何以三墨晚年必稱爲「經」？其義安在？曰：經上下篇殆十之七八爲三墨最後所定，當研討時，並非稱經，本祇稱言、諾或辭；及其要終，義理融貫，辯之而勝，其辭皆當，故曰「辯勝，當也」。上經第七十四條。其辭既當，任人不得摧破，故曰「當者勝也」。下經第三十五條。既當且勝，無事浮辭，因刪存之，歸諸實用；以其義常久不渝，故稱曰「經」。虞卿曰：「經者取其事常也，可常則爲經矣」，孔叢子執節篇。正此義也。蓋任何論式，其第一物，不過由立論者先行提出，須待主客對揚而爲之取裁；並非於未曾論決之先，即已視爲堅卓不拔之理。不然，既名曰經，已自處於不辯之地，豈非陷於因明所謂「偏所許宗」之過乎？詳上經第九十二條釋語。諒墨家必不如是。印度尼夜耶經十六句義稱辭爲「宗義」，猶今人所謂宗旨。凡立論者將一己之宗旨提出以待判決，可謂理順；而百論疏譯爲「悉檀」，義爲「極成」，後來因明稱「宗」，窺基亦謂「所尊所崇之義」，皆屬浮誇之說，或與墨辯稱經情事相同，不可考矣。

或曰：經說四篇，每用辟、侔、推、援四物，云何今本經外統稱爲說？曰：經說編輯，必三墨之門人後學所爲。其時墨子既歿，微言在經；三墨云亡，大義在說。門人後學錄其遺文，統稱曰說，尊師道也。且辟、侔、推、援各物，或當時容未確定，故聊以說當之，因而相沿不改矣。

或曰：上經如第二條、第四十二條、第四十四條，皆以辭爲說，豈本無說邪？曰：墨家最初辯學，在墨子時本未大成。自今日考之，論式辭、說二物，每有省去主詞，而其謂詞僅以一字爲之者。如上經第四十四條，即以「化」爲辭，以「徵易也」爲說，以「若鼃爲鶉」爲辟；及三墨晚年，最終刪存，毀棄論式，乃以辭、說「化徵易也」合爲一經，於是而初時爲辟者又代之爲說，故「若鼃爲鶉」今亦視爲說物矣。他皆類此。

或曰：以「化」爲謂詞，是原以一字爲辭也。一字亦可稱辭乎？曰：可。經下第十條卽以一「疑」字爲一辭，其最著者也。又經上第三十六條之「賞」與第三十八條之「罰」皆辭，其說上「上報下之功也」與「上報下之罪也」皆說，諒當時論式如是。或疑原文有闕脫處。後改爲經，遂成「賞、上報下之功也」與「罰、上報下之罪也」，而今本說條仍存原文，致成經說全同之「狂舉」；諒亦門弟子記錄之時，迭經多手，不免遺失本來耳。

或曰：黃震宋濂所見墨子別本，以上卷七篇題曰經，何邪？曰：此乃宋人所定，孫詒讓已辯之矣。蓋南宋時有墨子十三篇本，樂臺曾注之，卽潛溪諸子辯所云「上卷七篇號曰經，下卷六篇號曰論，共十三篇」者是。畢沅駁之云：「此所謂經，乃親士修身所染法儀七患辭過三辯七篇，與尚賢尚同各三篇，文例不異，似無經論之別，未知此說何據。」然畢又云：「以意求之，或以經上下經說上下及親士修身六篇爲經，其說或近，以無子墨子云云故也。」按此特臆測之辭耳。而近人尹桐陽作墨子新釋，竟謂「墨子書中，親士修身非儒上下經上下經說上下大取小取等篇，均無子墨子曰，墨所自著也，可稱爲經。」由是於其書卷一題曰墨經，以爲上舉十篇卽墨經之所在，陋矣。

經說釋例第三

讀墨子經說四篇，有三要例：(一)旁行句讀，屬於經上下二篇者；(二)牒經標題，屬於說上下二篇者；(三)繁省字體，屬於上下經說四篇者，而大小取二篇亦然。其一二兩例，近今讀經說者頗能言之；然皆不明其所由來。第三例，以前注家亦間有見及者，惟未堅守其說耳。茲分論之於次：

一　旁行句讀

經上末舊有「讀此書旁行」五字；畢沅依之，錄經上爲兩截，旁讀成文。嗣後張惠言亦據其例以讀經下，引說相傅，文義粗明。孫詒讓作閒詁，重加校定，復有闡發；自來學者宗之。然旁行舊例，祗皆知其當然，而不知其所以然也。夫我國古籍，類皆寫作直行；惟譜表、篇目，獨異。如史記世表、年表，畫成橫格，旁行邪上，首尾相銜；劉向校書，條其篇目，今存晏子、列子、孫卿新書，皆列爲旁行；又後漢書朱景等列傳末所載三十二將名次，係依南宮雲臺所畫二十八將之本第，亦作旁行讀：蓋皆事勢所必然耳。此外如印度古因明之五支式，及新因明之三支式，皆作旁行讀，茲引之列式於左：

五支式
宗……彼山有火。
因……爲有烟故。
喻……猶如竈等。於竈見其有烟與有火。
合……彼山如是，亦是有烟。
結……故彼山有火。

三支式
宗……彼山有火。
因……爲有烟故。
喻……若是有烟，見彼有火。猶如竈等。

右二式：宗、因、喻、合、結之五支，及宗、因、喻之三支，其句法皆層累而下，應作旁行讀。今經說句讀，不循直行常軌，而亦必用此變例者，何哉？蓋此經上下、經說上下四篇，原亦皆論式所組成，實有「旁行讀之」之必要；經上下二篇特其遺迹耳。例如經上第五十八條云：「圜，一中同長也。」經說上同條云：「圜，規寫交也。」若作直行句讀，祇知二語各爲圜之定義而已；而於其彼此相互之關係，莫能明也。今欲明其彼此相互之關係，列式如次：

論式組織｛經……圜，一中同長也。
說……圜，規寫交也。

據觀右式，圜爲一中同長。何以故？以圜爲用規寫之而相交故。然則經爲第一物，說爲第二物，恰與因明宗、因二支相似，其關係之密切甚明。是以經、說二者，以其旁行列之，乃亦旁行讀之，此旁行句讀所由來也。雖然，論式組織之爲旁行句讀，固已；但今本墨子，惟經讀旁行而說讀不旁行者何哉？曰：墨子及其門徒相里、祖夫、鄧陵三子，當時皆以論式爲尋求世間諸學之方術。惟論式組織，雖創自墨子而三墨實成之。嘗考今存經上、說上二篇，其中固有墨子之說而爲三墨所傳述，然太半當爲三墨所自修者；若經下、說下，殆全部爲三墨所自修，或已無與於墨子者也。今綜覈此四篇者，本皆論式所組成，亦即論式之例證。其所必要者爲「辯、故」即經說二物；如或不瞭，則加用「辟、侔、推、援」四物。然「故、辟、侔、推、援」五者，皆屬隨機引用，意在明「辯」；「辯」明而「故」等皆舍，所謂得魚可以忘筌也。詳墨辯軌範。是以今之經上下二篇，文句極簡，義理殊勝，大抵即爲三墨晚年結集所刪定。蓋存「辯」而去「故」等五物，且以「辯」而更名曰「經」者，墨家尚質，恐文繁而忘其用，因而簡易之，尊崇之，藉便後學法守耳。至經下首列一「辯」，復加「說在……」二語，亦因原來論式，「故」等五物較爲複雜，慮日久漸亡，用存梗概焉。然論式自三墨刪存後，已失旁行舊例；故著「讀此書旁行」五字於經上末以示人者，明其朔所組織然也。凡此皆卽莊子天下篇所謂「墨經」，其展轉成立之序若此。詳墨經證義。自後三墨徒屬俱誦墨經，「故」等五物當在授受肄習之中，遂又望經而錄說；其追憶增減，必非舊觀，故不得與經文並列。所以經及說等各物，初雖密切，卒乃離而爲二，若不關聯；前謂說讀不旁行，職此故也。且尤甚者：迨旁行改寫作直行之時，竟將上下二截，徑直連讀，以致經條夾混。久而久之，重紕貽謬，卽末五字亦廁入經條，蓋傳鈔者之咎耳。然二千年後，究亦全賴有此，使討治墨經者，尋夾寫之遺迹，得知原本爲兩截旁行，余因擬之以爲發見當日論式之組織，亦云幸矣！

二　牒經標題

因明論式，如前例，因支「爲有烟故」一語，原應具云「彼山爲有烟故」。其略「彼山」二字者，殆以宗支主詞因明謂之有法陳之在前，因支卽可承上順勢說下，不須重用主詞之故。今考經說論式，正復如此。卽引上式明之：

論式
- 經……圜，主詞。一中同長也。謂詞。
- 說……規寫交也。謂詞。

據右式，知說承經順勢說下，不須重用主詞「圜」字，尤覺明切；所以說篇每多省去此等主詞也。然今本墨子，說篇各條，大抵皆有主詞者何邪？曰：此非主詞，乃牒經標題耳。蓋說篇各條，循序順鈔，本屬原次。經篇當旁行改作直行之時，係上下兩截一直寫下，文成交錯，與說不符，致讀者茫然不識頭緒。所以今本每見說首牒出經條首字，以便引說就經，此牒經標題所由來也。乃近時學者，不知牒經本意，漫認牒字以爲主詞，必謂上下連續成句者，殆未詳究耳。蓋說篇中亦有不曾省去主詞者：如上經第三、四、五、六各條，其說首於牒字外，又皆有「……也者」二字以爲之冠，卽主詞也。亦有主詞置諸說末者：如上經第十條「所爲不善名行也」，其「行也」二字卽爲主詞；又第四十五條「謂其存者損」，其「損」字亦爲主詞。苟認牒字爲主詞，則此「……也者」及「行」「損」各字，豈非複舉乎？況說下篇各條牒字，幾與文義皆不相關，尤爲明證。雖然，畢沅張惠言王闓運孫詒讓各家，對於此例已引其緒；特恨信之不篤，守之未堅。惟曹耀湘作箋，曾於經說上篇題注云：「按經說二篇，每遇分段之際，必取經文章首一字以識別之；其中亦有脫漏數處。必明乎此，然後此四篇之章句次序，始可尋求；而校訛補脫，略有據依之處矣。」今考曹書，其於經說上下，分段離章，確用此法；雖未能前後盡當，若其識解之精，固可驚矣。及至近歲，研求墨經者更多，獨梁啓超繼主此說，且錫以「牒經標題」之名而定一公例曰：「凡經說每條之首一字，必牒舉所說經文此條之首一字以爲標題；此字……在經說文中，決不許與下文連讀成句。」揣梁之意，雖未能暢言此例之起因；然敢發此決定之辭，亦足見其用心之密。但彼因信之極堅，守之極篤，遂不覺言之過拘；祇知經說牒一字之定例，而不悟經說上可牒多字及經說上下有原未牒字者之變例。如上經第三條牒「知材」二字，又第八十九條牒「同異交得」四字，則均改之，而未牒者亦必强增一字，不免多事。

三　繁省字體

經說四篇，雖義理艱深，文字簡古，尚有最大途徑可尋；惟繁省字體，異類雜陳，最足令人眯目。常見注家以一字之微，致費無窮思索，而辯論者復啓徒勞之抗爭，終不知其所說爲何事者。例如經上第七十三條，本云：「彼：不可。不兩可也。」說云：「彼○凡牛樞非牛。兩也無以，非也。」此「彼」爲二人對諍一物之專稱。蓋同爭一物，我許、他違，各持異義；故曰「彼，否、可」。何則？以一辯絕對不能兩可之故；故曰「不兩可也」。但一辭之辯，若不能用兩義，便成無爭，將失辯之初意；故曰「兩也無以，非也」。至「凡牛樞非牛」，其樞字本爲區之繁文，卽區分之義，正與次條說云「或謂『之牛』，或謂『之非牛』」，同爲譬詞之用。然張惠言謂「可彼可此謂之樞」。王闓運謂「凡者人說；樞者別說」。孫詒讓謂「牛樞，疑木名，卽刺榆之大者。牛樞假牛爲名，則非眞牛，故曰非牛」。曹耀湘且改樞爲驅，謂「牛本用以耕，亦或用以驅，是牛有兩用也。驅則牛而非牛，是牛有兩名也」。梁啓超謂「舊本凡字，當是此字之損泐；樞字疑卽渠字之同音假借。此與樞，猶言此與彼耳，猶言甲與乙耳」。最近邢子述謂「樞應爲⿰牛區之訛，⿰牛區者特牛也。兩，卽緉也」；說文：「緉，履兩枚也。」此兩字指牛之歧蹄而言。故其讀法當曰：

「彼凡牛，樞非。牛，兩也，無以非也。意謂凡牛皆樞也，則其辭爲不周延；蓋牛非盡特牛故也。若曰凡牛皆兩，則其辭可包括牛類而無遺；蓋牛未有不歧蹏者也。」見甲寅雜志第一卷第二十一號。綜觀各家所釋，幾同郢書燕說，不可理董。而孫德謙云：「何謂樞？莊子齊物論：『彼是莫得其偶，謂之道樞。』則樞乃不得其偶之謂。物既無偶則爲一；經說殆言凡天下之物，牛爲一類，而非牛又爲一類。牛與非牛，各爲一類，則兩矣；故繼之曰兩也。明其爲兩類，而彼此立說，並無可不可之別。則彼曰可，此亦曰可；或彼曰不可，此亦曰不可：其說甚明。無相非之辭，則不待辯而解矣；故曰無以非也。無以非也者，言彼此無有是非也。」見學衡第二十五期。其釋樞字不類；說雖圓轉，究亦似是而非。又下經第十二條：「歐物一體也」。下經第六十三條：「宇〇傴不可偏舉，宇也。」其歐傴二字，亦皆區之繁文，而校注者異說紛起矣。他如「傂仳離侗仮」等，皆卽「虎比養同反」等之繁文；「霍賈敝秋也」等，皆卽「鶴價蔽萩他」等之省文。若強爲之解，離義殆不可以道里計。自余獲用此例，每遇此等異體，讀之莫不字順文從；蓋亦可爲治墨書者導一先路也。

別墨衡異第四

別墨二字，見於莊子天下篇，自來研究墨學者，自晉魯勝以至有清畢沅孫詒讓曹耀湘之倫，皆未嘗標舉此名以爲之說也。惟章學誠校讎通義論漢志諸子，竟以天下篇敍及墨學，强分爲墨支、墨別、墨言、墨經四者，謂具有經緯條貫，而又以相里勤以下諸人爲墨別，苦獲已齒鄧陵子之屬爲誦墨經，見十四之二十三。不免奇異而生造。孫於所箸墨子閒詁經上題注畧云：「案以下四篇，皆名家言，其堅白異同之辯，則與公孫龍書及莊子天下篇所述惠施之言相出入；則似戰國時墨家別傳之學，不盡墨子之本恉。」按孫以經說四篇皆名家言，爲墨家別傳之學，亦卽以爲名家，而與惠施公孫龍輩爲一貫者；但仍未揭別墨二字爲言耳。迄乎民國，蜀人鄧雲昭箸有墨經正文解義，始作別墨考一篇，略謂「惠施桓團公孫龍卽其人者；然亦不過得墨辯才之一端耳。顧其說則又與墨相左；桓團之書不傳，而倍譎之尤者莫若公孫龍子。龍始學於墨，繼又別於墨而欲以相高；而顧竊墨微眇之言以文其書，而復正用其言，反用其意。龍又出墨而入於名者也。」按鄧謂施龍輩爲別墨，爲卽名家，而以龍所箸之書爲出於墨而又相左，其說如墮迷罔而不中程。至近日，胡適箸中國哲學史大綱，其第八篇獨論別墨，謂「別墨猶言新墨」，乃以經上下經說上下大取小取六篇爲其所作之書。並謂「此六篇中所討論之物，全爲施龍時代之哲學家爭論最烈之問題，如堅白同異之類；而天下篇所舉惠施與公孫龍輩之議論，幾無一不在此六篇中所曾討論者。又現傳公孫龍子一書，其堅白通變名實三篇，不但材料皆在經上下經說上下四篇之中，並有甚多文字章句皆與此四篇相同。於此可見墨辯諸篇，苟非施龍所作，必爲其同時之人所作無疑。」按胡謂施龍輩爲別墨，猶言新墨，實剽竊歐美陳說而無當。至以經說大小取六篇爲施龍所作，且以爲或其同時之人所作，大率逞臆混說，全不分析其間學派之同異，資料之是非；蓋其考證幼稚，由於生平所學反乎歷史唯物然也。然自此以後，懷協墨辯之士，莫不赴趣時機，揭櫫「別墨」，馳騁穿鑿爭談之矣。余於「別墨」二字，是否成爲墨家一學派之名，是名或卽施龍輩尸之，抑別有旨意，實不敢盲從。故其抽探冥賾，指陳派流，決然勘定，而大浹乎吾心者，靡得而聞焉。今以千慮之愚，求其辜較，倘亦治墨學者所願知乎。

墨子嘗言「兼相愛，交相利；別相惡，交相賊」。天志上篇。故以「別君、別士」與「兼君、兼士」對言，又謂「別非而兼是，以兼爲正」。兼愛下篇。則此別墨之別，當非彼別君、別士之別也。雖然，此別縱非彼別，究亦含有「相惡」之義焉。由是可知：「別墨」者乃三墨徒屬分離以後，其末流彼此相惡之稱，而無其他特殊之意，不得成爲墨家一學派之名也。如欲舉墨家後學一學派之名，則用「三墨」似較允愜；蓋三墨之分，見於莊韓二書，固確然有可據者在也。茲摘錄其說如左：

韓子顯學篇云：自墨子之死也，有相里氏之墨，有祖夫氏原作相夫氏，茲據日本山仲質所引一本。之墨，有鄧陵氏之墨。故墨子之後，墨離爲三，取舍相反不同，而皆「自謂眞墨」。

莊子天下篇：相里勤之弟子，五侯之徒，南方之墨者苦獲、已齒，鄧陵子之屬，俱誦墨經；而倍譎不同，「相謂別墨」，以堅白同異之辯相訾，以觭偶參件原作不仵，以隸書形似致譌。之辭相應。準斯以談，首據顯學篇，知墨子在世時，此相里祖夫鄧陵三子皆嘗親受業於墨子之門。墨子以「厚乎德行、辯乎言談、博乎道術」爲「賢良之士」，尚賢上篇。意三墨皆辯乎言談者也。又以「能談辯者、能說書者、能從事者」爲「爲義大務」，耕柱篇。意三墨亦皆能說書者也。荀子儒效篇論俗儒曰：「其言議談說，已無以異於墨子矣；然而明不能別。」蓋墨子精於言談，又明而能別，故三墨傳之。及墨子既歿，此三子者各稱師說，轉授其徒，因而有相里氏祖夫氏鄧陵氏三家之墨學江瑔讀子卮言謂氏者指其一家之學言見稱於時。所以尚賢上同兼愛非攻節用節葬天志明鬼非樂非命諸篇皆分上中下，文多稱子墨子，諒卽三墨弟子之所記，所謂能說書者也。經說大小取六篇之大半或全部，亦皆三墨一、再傳弟子所誦習，所謂辯乎言談者也。其耕柱貴義公孟魯問公輸五篇，未一言及三墨，疑皆墨家德行、道術諸科之門人所記，以其書稱子墨子，又稱子禽子耕柱子公孟子巫馬子程子等等，或卽禽滑釐程繁輩之二、三傳弟子所雜錄耳。至備城門以下各篇，專言守禦之法，當爲從事科；篇中亦稱禽子，諒卽禽滑釐之弟子所輯無疑。次據天下篇，知相里勤之弟子五侯之徒，卽相里氏之墨也；南方之墨者苦獲已齒，卽祖夫氏之墨也；郭沫若謂苦獲祖夫爲一音之轉，甚是。鄧陵子之屬，卽鄧陵氏之墨也。三墨弟子，俱誦墨經；然取舍相反，倍譎不同，於堅白同異之辯，則彼此訾之，於觭偶參件之辭，則彼此應之。故其「相謂」也，號爲「別墨」；而其

「自謂」也，則爲「眞墨」。別者眞之反。斥之爲別，卽謂非眞，猶言非其正宗也。蓋墨者之稱別墨，猶儒者之稱「賤儒」，見荀子非十二子篇。初非高標立異，有如胡適所謂「新墨」之義。故別墨二字之在墨家，決不能成爲一學派之名；無已，謂之三墨，庶幾可矣。

或詰余曰：誠如子言，此類墨徒當稱三墨，固矣。然經說大小取六篇之中，據子所校釋，所謂取舍相反、倍譎不同之文往往而在，如堅白同異之辯，觭偶參仵之辭，其眥應者殆全爲墨家引龍說以駁龍也。但莊子所載龍應施言，以及龍書所引墨說反而駁墨者亦多。然則卽謂施龍輩爲別墨，有何不可？余奉答曰：不然。旨之所以致譌者無他，殆未嘗就三墨與施龍輩之學術剖析顯白也。蓋三墨所究者墨學也，亦名學也；而公孫龍所究者形名學也。名與形名，截然不同，但易混目；差之毫釐，謬以千里，不可不察也。至惠施厤物之意，今不盡傳；然考莊子所言，知施亦三墨之後學，與龍異趣，不得並稱也。別詳莊子校釋。且如來論，此六篇中取舍相反之迹，殆全爲墨家駁龍，則適足以證明此六篇確爲一家純粹之學。若此，則經說辭義，大抵爲墨子及三墨所搜；大小取始自墨子，後經三墨改進，而又爲其門人後學所追記，已無疑義。蓋墨經爲三墨晚年結集所構簡之物，其門人後學皆視爲不易之道術之所在，因錄說附經，不敢離宗，固已無從倍譎；卽間有出入，亦不過文句之間耳。小取雖搜自墨子，實亦成於三墨晚年結集所定，作爲墨辯軌範之專書，文理密察，其純粹更不待言。惟大取說較雜糅，敷陳大義，常有開拓而深至之處，實多後期墨學之評議，亦並無倍譎不同。凡此皆可由來論反證而知者也。

嘗試論之：漢志墨子七十一篇，今亡者十八篇，無復蹤迹；或秦火以後，劉向校書以前，已有若干亡佚，其誰知之？若七十一篇果非全書，則亡佚之中，抑有數篇爲三墨後學倍譎訾應之言，仍不可決其必無也。且尚賢各篇爲三墨之徒屬所記，既已篇各爲三矣；而經上下太半爲三墨所定，其門人後學直接傳承，俱誦其書，廣其遺說，因成說上下，似亦應篇各爲三。今乃不然者，竊意墨徒於經，視同定律，不敢或背；即共錄遺說，當由結集，亦不可稍有違異於其間。設說上下果有三篇，當結集時，或認爲倍譎訾應而非眞墨；又安知不滙三爲一，以爲定於一尊之計耶？此如大取末之「十三類」，每句皆有「其類在」三字，宜別有詳說以證之；今竟一無所考。又如三辯辭過實爲墨辯要義，而今二篇已佚，代以他文；可知篇卷遺亡，成爲常事。昔魯勝墨辯注敍謂「自鄧析至秦時名家者，世有篇籍」；又謂「經說四篇，與其書衆篇連第，故獨存」；又謂「採諸衆雜集」云云：是勝時或尚有不連第之逸篇曾供採輯，即此倍譎訾應之所在，亦未可知也。

大凡一家學術，授受之間，綿延演化，各爲其所欲以自爲方，一察自好，往而不返，必不合矣。他勿具論，卽如孔子言性近習遠，上智下愚不移，而孟子論性善，荀子論性惡，獨非取舍相反，倍譎不同者乎？而其同爲儒家，固自若也。又如子張氏子夏氏子游氏皆孔子門人之儒者，而荀子非之，不遺餘力。

蓋微言既絕，弟子人人異端，各安其意，失其眞，揚雄謂「荀卿同門而異戶」，法言君子篇。其以此也。然則倍譎訾應，不害其爲一家之學也明甚；故三墨徒屬彼此相惡，斥爲「別墨」，世事之常，無足怪也。若章鄧胡等以施龍輩爲即別墨，鄧胡並揭別墨爲墨家一學派之名，所見實謬。而胡氏更斷定經說大小取六篇非墨子之書，亦非墨徒記墨子學說之書，乃別墨施龍輩所作，誠所謂信口雌黃，矇蔽後學，其咎不小。

名墨參同第五

周秦之間，諸子學術號稱極盛，而亦龐雜難稽。至西漢，司馬談遷父子論各家要指，史記自序。祇定六家。迨後劉向作別錄，劉歆作七略，諸子劃分十家，班固據之以作漢書，其諸子略全採劉氏父子之說；系統粗明，荒徑就闢，學者便之。然各家雜廁掩入，輒不能免；名墨二家，流派混淆，尤難疏濬。蓋墨有墨家之專學，名有名家之專學，形名有形名家之專學。治墨學者固爲墨家而常治名，治名學者多以墨學而兼名學，治形名者頗有間雜，而尚論者復以形名學統括於名家。糾紛無緒，承學之士難言之。雖然，漢志之於三家源委，似以形名學爲出於名家之末流，容當別論。詳形名發微名通篇。至云「名家出於禮官，墨家出於清廟之守」，誠可謂持之有故，言之成理者矣。

嘗考吾華夏邃古之文化，殆以禮事為最先，皇侃曰：禮事起於燧皇。禮運疏引 燧皇者燧人氏也，始興火化，故孔子曰：禮之初始諸飲食。禮運。飲食出於田功，故伊耆氏皇侃謂即神農始為蠟郊特牲以息老物，周禮籥章。歲終獻功，祀於明堂。淮南主術。蓋古者非天子不議禮，不制度，不考文，中庸。明堂即議禮、制度、考文之地。所以大宗伯以九儀之命正邦國之位；小宗伯掌五禮之禁令與其用等，辨廟祧之昭穆，吉凶之五服，三族之親疏，辨六牲六齋六彝六尊之名物：周禮。禮固由名而後彰者也。由是言之，周因於殷禮，殷因於夏禮，論語為政。夏禮亦因於古；始制有名，似當肇自黃帝。蓋人類自結繩以至於書契，經歷甚久；及黃帝正名百物，禮記祭法。而禮名大起。禮記正義引皇氏云：禮名起於黃帝。故荀卿曰：「文名從禮。」正名。特因革之度，歷代各異，春秋傳所謂名位不同，禮亦異數，左傳莊公十八年。是也。曲禮記曰：「禮者所以定親疏，決嫌疑，別同異，明是非；」則禮官所職，不可不有資於正名之事；然則名家之初，出於禮官，似不誣矣。

復次，所謂墨家出於清廟之守者：蔡邕曰：取其宗祀之貌，則曰清廟，取其堂則曰明堂，異名同實。明堂月令論。是清廟即明堂，而清廟之守當即祝宗巫史之職也。故先王秉蓍龜，列祭祀，瘞繒，宣祝嘏辭說，設制度，皆為祝宗巫史所掌。禮運。昔觀射父對楚昭王曰：古者民神不雜，民之精爽不攜貳者而又能齊肅衷正，則明神降之，在男曰覡，在女曰巫，而敬恭明神者以爲之祝；使名姓之後能知四時之生，犧牲之物，玉帛之類，采服之儀，彝器之量，次主之度，屏攝之位，壇場之所，上下之神，氏姓之出，而心率舊典者爲之宗。於是乎有天地神民類物之官，是謂五官，各司其敍，不相亂也。國語楚語下。其五官起自往古，經顓頊唐堯以至於夏禹，亦見楚語。故世室之建置，祝宗之職掌，夏殷當同，如儀禮有夏祝之目，士喪禮。夏書亦著六事之人，甘誓。而曲禮言天子建天官，先六大，曰大宰、大宗、大史、大祝、大士、大卜，鄭玄以爲殷制；則祝宗巫史始於往古，而大備於夏殷之時。墨子背周道而用夏政；淮南要略。雖當時文獻缺略，杞宋皆不足徵；論語八佾。然夏之衰，太史令終古載其圖法出奔商，殷衰，內史向摯亦以其圖法歸周。呂氏春秋先識與處方。則燧農唐虞夏商周歷代相傳之典，並未遺失。故孔子於夏禮殷禮皆能言之，且知其所損益；八佾。顏淵問爲邦，孔子答以行夏之時，乘殷之輅，服周之冕，樂則韶舞：衛靈公篇。禮名之可考見也如此。蓋夏之圖法，即自古典禮之所在，本爲祝宗巫史所職，殷周而後，屬諸禮官；殷制見前；周有大宰爲天官，大宗曰宗伯，爲春官，而大卜大祝司巫大史小史內史外史御史並屬焉。則墨家法夏，溯其學術之初，當亦由禮官而出。若是，名墨二家固同出一源耳。

胡適論學，動逞臆說，嘗謂劉氏七略言諸子出於王官爲無據，斥爲昏謬，豈不悖哉！劉氏之作，是否美善，吾不敢言。惟考漢志諸子略所箸錄，計百八十九家，四千三百二十四篇，以錯雜之流派，繁複之藝文，剖判門類，品定名例，均屬至難。余意劉氏當日，必曾窮知究慮，博習精通，心領神會，方能爲此。如論十家流派，謂「某家者流，蓋出於某官，或某某之官，或某某之守。……及某者或某人爲之惟儒家小說家略異……」之說，實已蕃茂周至，必不妄言。往嘗反覆深思，彼所謂「出於某官」者，蓋指其學之胚胎及其產生時言也；「某家者流」者，蓋指其家之成立及其興盛時言也；「及某者爲之」者，蓋指其學之衰落及其演變時言也。譬之黃河，導源於積石，流經秦晉豫齊而入之海，天然順序，不容移易；決非謂經流區域即與導源、入海同也。乃胡氏初不顧其淵源與其流變，輒將某家者流與其所從出之某官混爲一談，又復遺落某者爲之一段，妄謂劉班不明學術，抑何蔽塞乃爾！

名墨二家，當時存書獨少；而名七、墨六，又多不純粹，不能專家。將其枯窘褊小之陳編，以應博大精深之專學，綜其萬有，納諸一爐，實又難中之難矣。茲將漢志名墨二家各書鈔列於次以資研討：

一　名家之書

鄧析二篇

尹文子一篇

公孫龍子十四篇

成公生五篇

惠子一篇
黃公四篇
毛公九篇
右名七家，三十六篇。
二　墨家之書
尹佚二篇
田俅子二篇
我子一篇
隋巢子六篇
胡非子三篇
墨子七十一篇
右墨六家，八十五篇。
右名家中，成公生黃公疵書已不存；若據班氏所注，二公雖屬名家，亦支流無甚表見者耳。其他鄧析尹文公孫龍毛公四人，核皆形名家，非名家也。詳形名發微流別篇。惟惠施一人，證以莊子天下篇「厤物之意」，知其確爲名家之流派。此外卓然能自樹立，稱爲名家正宗者無有矣。其次墨家中，尹佚曾爲周史，故亦稱史逸，著書二篇，今已亡失。其遺言有曰：「居莫若儉，德得莫若讓。」儉讓爲墨家所宗，故首列之。然推溯墨學之遠源者以爲尚在夏后之世，而尹佚非其倫也。孔子嘗稱禹菲飲食而致孝乎鬼神，惡衣服而致美乎黻冕，卑宮室而盡力乎溝洫，吾無間然矣。（論語泰伯。）推許甚崇，而所言確稱爲墨家之祖。其他如謂湮洪水，決江河，親自操槖耜而九雜天下之川，腓無胈，脛無毛，沐甚雨，櫛疾風；（莊子天下。）十年未闞其家，（尸子右治。）三過其門而不入；（孟子滕文公上。）憂其黔首，顏色黎黑，竅藏不通，步不相過，（呂覽求人。）生偏枯之疾：（尸子。）其形勞天下，興利除害，紀其功者，前有禹貢，（僞書。）後有禹紀，（見史記大宛傳。）所謂夏之圖法，此或近之。迨後終古奔商，向摯奔周，累代相傳，未嘗廢絕。且向摯處周，仍司舊典，周之平也，與有力焉；（呂覽處方。）逮至成康，佚當太史之任，其或親承於摯可知。桓王（當依竹書紀年作平王時，）魯惠公使宰讓請郊廟之禮於天子，桓王使史角往，惠公止之；其後在於魯，墨子學焉。（呂覽當染。）則角固纘佚之緒，而翟又親炙於角之後裔者也。自夏至翟，其間千數百歲，代有傳人，墨學之蘊蓄漸漬已久。藝形而下，功用爲昭，術貴口傳，人棄我取。故曰：不侈於後世，不靡於萬物，不暉於數度，以繩墨自矯而備世之急，古之道術有在於是者；墨翟聞其風而悅之。（莊子天下。）蓋墨子身丁戰國之初，嬰時勢之變，探演進之故；感慨於文獻之儒，欲易俗而補偏，遂擇務以從事，以一反之於質而用夏政。夫禹勤勞天下，日夜不懈；呂氏古樂。而墨子使後世之墨者祇以裘褐爲衣，以跂蹻爲服，日夜不休以自苦爲極，曰：不能如此，非禹之道也，不足謂墨。天下。墨子雖學於角之後乎，實有以先獲其心者矣。自是以往，墨子徒屬彌衆，與孔子同爲世之顯學；韓子顯學。蓋二子諷誦習業，用志甚精，呂氏博志。故孔子集儒家之大成；而墨子亦集墨家之大成也。

孔門講學，分「德行、言語、政事、文學」諸科，論語先進。墨家亦分「德行、言談、道術，說書、從事」諸科，已見前篇。二家爲教大旨，固甚相似也。惟孔子不好辯給，嘗曰：我於辭命，則不能也。見孟子公孫丑。故孔門之善爲說辭者，惟宰我子貢二人。墨家不然，常以能談辯者爲「爲義大務」，耕柱。曰：此固國家之珍而社稷之佐也。尙賢上。又曰：言必立儀，必有三表：本、原、用、——(上)本之於古者聖王之事；(下)原察百姓耳目之實；發以爲刑政，觀其(中)國家百姓人民之利。非命上。因此研求名理，創立辯學，傳諸三墨，漸成範疇；所以墨子及三墨之徒，實足以奪名家正宗之席。若田俅我子隋巢胡非四家，大抵皆治上同、明鬼、尙儉、貴義諸端，乃墨道傳受正宗，故其所著書皆列墨子前，而墨子書中雜名家之學，反爲之殿，其以此也。茲求其故，可得而言：

(一)墨子書頗駁雜，中惟經上下有其自箸之文，餘均相里祖夫鄧陵三子及其門人後學所記錄。

(二)田俅等四人及三墨皆嘗親受業於墨子之門；而三墨門人皆爲墨家之二、三傳弟子，墨經爲彼輩所俱誦，說之十九且爲彼輩所追錄，卽視墨辯爲三墨與門人之書亦無不可。

(三)墨子精於名辯，創立論式以立名本；然恐以文害用，意不在名。但三墨及其門人，乃偏於名而爲專習，因而去墨道稍遠；且倍譎訾應，相呼「別墨」，以墨道言，可以視爲末流。

(四)三墨之辯，在墨道雖爲末流，而在名家則爲精進。然若以其書劃入名家，則箸述之人皆屬墨者，研究之指多爲墨學，與其破裂不完，欲益反損，毋寧與衆篇連第而列之於最後也。

綜上以觀，名家正宗反在墨家，形名正宗强附名家，流派不明，爲華夏二千年學術之障，其弊已不小矣。雖然，劉班當日，名家而外，不列形名，自史談父子所論固久已如此，無足怪也。且史談謂名家苛察繳繞，善檢失眞，核其語意，卽指形名家而言。及劉班論名家，亦有「警者爲之，鉤鈲析辭」之說，似又謂形名家出於名家之末流，卽爲諸子略以形名附諸名家之左證，亦在學者善觀擇取，心知其意焉耳；於古人何尤。

要而言之，後期墨家，其道術固已高遠，而名辯亦已美善，彼蓋以名學爲入道之津梁而道斯立，以墨道爲治名之正鵠而名以成。道也學也，體用兼賅；墨也名也，本末互見。墨子以此爲之倡，誠古之才士也，將求之不得也已。

墨辯發微第二編

墨辯原文第一 據明嘉靖癸丑陸穩刊本

經上 原第四十

故所得而後成也止以久也體分於兼也必不已也知材也平同高也慮求也同長以缶相盡也知接也中同長也恕明也厚有所大也仁體愛也日中缶南也義利也直參也禮敬也圜一中同長也行爲也方柱隅四讙也實榮也倍爲二也忠以爲利而强低也端體之無序而最前者也孝利親也有間中也信言合於意也間不及旁也佴自作也纑間虛也諿作嗛也盈莫不有也廉作非也堅白不相外也令不爲所作也攖相得也任士損己而益所爲也似有以相攖有不相攖也勇志之所以敢也次無間而不攖攖也力刑之所以奮也法所若而然也生刑與知處也佴所然也臥知無知也說所以明也夢臥而以爲然也攸不可兩不可也平知無欲惡也辯爭攸也辯勝當也利所得而喜也爲窮知而縣於欲也害所得而惡也已成亡治求得也使謂故譽明美也名達類私誹明

惡也謂移舉加舉擬實也知間說親名實合爲言出舉也聞傳親且且言然也見體盡君臣萌通約也合缶宜必功利民也欲缶權利且惡缶權害賞上報下之功也爲存亡易蕩治化罪犯禁也同重體合類罰上報下之罪也異二體不合不類同異而俱於之一也同異交得放有無久彌異時也守彌異所也聞耳之聽也窮或有前不容尺也循所聞而得其意心也察也盡莫不然也言口之利也始當時也執所言而意得見心之辯也化徵易也諾不一利用損偏去也服執說音利巧轉則求其故大益儇稘秪法同則觀其同庫易也法異則觀其宜動或從也止因以別道讀此書旁行缶無非

經下　原第四十一

止類以行人說在同所存與者於存與孰存駟異說推類之難說在之大小五行毋常勝說在宜物盡同名二與鬭愛食與招白與視麗與夫與履一偏棄之謂而固是也說在因不可偏去而二說在見與俱一與二廣與循無欲惡之爲益損也說在宜不能而不害說在害損而不害說在餘異類不吡說在量知而不以五路說在久偏去莫加少說在故必熱說在頓假必誖說在不然知其所以不知說在以名取物之所以然與所以知之與所以使人知之不必同說在病無不必待有說在所謂疑說在逢循遇過擢慮不疑說在有無合與一或復否說在拒且然不可正而不害用工說在宜歐物一體也說在俱一惟是均之絕不說在所均宇或從說在長宇久堯之義也

生於今而處於古而異時說在所義二臨鑑而立景到多而若少說在寡區狗犬也而殺狗非殺犬也可說在重
鑑位量一小而易一大而缶說在中之外內使殷美說在使鑑團景一不堅白說在荆之大其沈淺也說在具無
久與宇堅白說在因以檻爲博於以爲無知也說在意在諸其所然未者然說在於是推之意未可知說在可用
過件景不從說在改爲一少於二而多於五說在建住景二說在重非半弗斱則不動說在端景到在午有端與
景長說在端可無也有之而不可去說在嘗然景迎日說在博缶而不可擔說在摶景之小大說在地缶遠近宇
進無近說在敷天而必缶說在得行循以久說在先後貞而不撓說在勝一法者之相與也盡若方之相召也說
在方契與枝板說在薄狂舉不可以知異說在有不可牛馬之非牛與可之同說在兼倚者不可正說在剃循此
循此與彼此同說在異推之必往說在廢材唱和同患說在功買無貴說在仮其賈聞所不知若所知則兩知之
說在告買宜則讎說在盡以言爲盡誖誖說在其言無說而懼說在弗心惟吾謂非名也則不可說在仮或過名
也說在實無窮不害兼說在盈否知知之否之足用也諄說在無以也不知其數而知其盡也說在明者謂辯無
勝必不當說在辯不知其所處不害愛之說在喪子者無不讓也不可說在始仁義之爲外內也內說在件顏於
一有知焉有不知焉說在存學之益也說在誹者有指於二而不可逃說在以二絫誹之可否不以衆寡說在可
非所知而弗能指說在春也逃臣狗犬貴者非誹者諄說在弗非知狗而自謂不知犬過也說在重物箕不甚說
在若是通意後對說在不知其誰謂也取下以求上也說在澤是是與是同說在不州

經說上　原第四十二

故小故有之不必然無之必不然體也若有端大故有之必無然若見之成見也體若二之一尺之端也知材知也者所以知也而必知若明慮慮也者以其知有求也而不必得之若睨知知也者以其知過物而能貌之若見恕恕也者以其知論物而其知之也著若明仁愛己者非爲用己也不若愛馬著若明義志以天下爲芬而能能利之不必用禮貴者公賤者名而俱有敬慢焉等異論也行所爲不善名行也所爲善名巧也若爲盜實其志氣之見也使人如己不若金聲玉服忠不利弱子亥足將入止容孝以親爲芬而能能利親不必得信不以其言之當也使人視城得金佴與人遇人衆循誚爲是爲是之台彼也弗爲也廉己惟爲之知其也䘏也所令非身弗行任爲身之所惡以成人之所急勇以其敢於是也命之不以其不敢於彼也害之力重之謂下與重奮也生楹之生商不可必也臥夢平惔然利得是而喜則是利也其害也非是也害得是而惡則是害也其利也非是也治吾事治矣人有治南北譽之必其行也其言之忻使人督之誹必其行也其言之忻譽告以文名舉彼實也故言也者諸口能之出民者也民若畫俿也言也謂言猶石致也且自前曰且自後曰已方然亦且若石者也君以若名者也功不待時若衣裘功不待時若衣裘賞罪不在禁惟害無罪殆姑上報下之功也罰上報下之罪也侗二人而俱見是楹也若事君今久古今且莫宇東西家南北窮或不容尺有窮莫不容尺無窮也盡但止動始時或有

久或無久始當無久化若䶕爲鶉損偏也者兼之禮也其體或去存謂其存者損儇昫民也庫區穴若斯貌常動偏祭從者戶樞兔瑟止無久之不止當牛非馬若夫過楹有久之不止當馬非馬若人過梁必謂臺執者也若弟兄一然者一不然者必不必也是非必也同捷與狂之同長也心中自是往相若也厚惟無所大圜規寫攴也方矩見攴也倍二尺與尺但去一端是無同也有聞謂夾之者也聞謂夾者也尺前於區穴而後於端不夾於端與區內及及非齊之及也纑虛也者兩木之間謂其無木者也盈無盈無厚於尺無所往而不得得二堅異處不相盈相非是相外也攖尺與尺俱不盡端無端但盡尺與或盡或不盡堅白之攖相盡體攖不相盡端仳兩有端而后可次無厚而后可法意規員三也俱可以爲法佴然也者民若法也彼凡牛樞非牛兩也無以非也辯或謂之牛或謂之非牛是爭彼也是不俱當不俱當必或不當不若當犬爲欲䉵其指智不知其害是智之罪也若智之愼文也無遺於其害也而猶欲䉵之則離之是猶食脯也騷之利害未知也欲而騷是不以所疑止所欲也廧外之利害未可知也趨之而得力則弗趨也是以所疑止所欲也觀爲窮知而縣於欲之理䉵脯而非恕也䉵指而非愚也所爲與不所與爲相疑也非謀也已爲衣成也治病亡也使令謂謂也不必成濕故也必待所爲之成也名物達也有實必待文多也命之馬類也若實也者必以是名也命之臧私也是名也止於是實也聲出口俱有名若姓宇灑謂狗犬命也狗犬舉也叱狗加也知傳受之聞也方不㢓說也身觀焉親也所以謂名也所謂實也名實耦合也志行爲也聞或告之傳也身觀焉親也見時者體也二者盡也古兵立反中志工正也臧之爲宜也

非彼必不有必也聖者用而勿必必也者可勿疑仗者兩而勿偏爲早臺存也病亡也買鬻易也霄盡蕩也順長治也鼄買化也同二名一實重同也不外於兼體同也俱處於室合同也有以同類同也異二必異二也不連屬不體也不同所不合也不有同不類也同異交得於福家良恕有無也比度多少也免蚓還園去就也鳥折用桐堅柔也劍尤早死生也處室子子母長少也兩絕勝白黑也中央旁也論行行行學實是非也難宿成未也兄弟俱適也身處志往存亡也霍爲姓故也買宜貴賤也諾超城員止也相從相去先知是可五色長短前後輕重援執服難成言務成之九則求執之法法取同觀巧傳法取此擇彼問故觀宜以人之有黑者有不黑者也止黑人與以有愛於人有不愛於人心愛人是孰宜心彼舉然者以爲此其然也則舉不然者而問之若聖人有非而不非正五諾皆人於知有說過五諾若員無直無說用五諾若自然矣。

經說下　原第四十三

止彼以此其然也說是其然也我以此其不然也疑是其然也謂四足獸與生鳥與物盡與大小也此然是必然則俱爲麋同名俱鬭不俱二三與鬭也包肝肺子愛也橘茅食與招也白馬多白視馬不多視白與視也爲麗不必麗不必麗與暴也爲非以人是不爲非若爲夫勇不爲夫爲屨以買衣爲屨夫與屨也二與一亡不與一在偏去未有文實也而後謂之無文實也則無謂也不若敷與美謂是則是固美也謂也則是非美無謂則報也見不

見離一二不相盈廣循堅白舉不重不與箴非力之任也爲握者之觭倍非智之任也若耳目異木與夜孰長智與粟孰多爵親行賈四者孰貴麋與霍孰高麋與霍孰霍蚓與瑟孰瑟偏俱一無變假假必非也而後假狗假霍也猶氏霍也物或傷之然也見之智也吉之使智也疑蓬爲務則士爲牛廬者夏寒蓬也舉之則輕廢之則重非有力也沛從削非巧也若石羽楯也鬬者之敝也以飲酒若以日中是不可智也愚也智與以已爲然也與愚也俱俱一若牛馬四足惟是當牛馬數牛數馬則牛馬二數牛馬則牛馬一若數指指五而五一長宇徙而有處宇宇南北在且有在莫宇徙久無堅得白必相盈也在堯善治自今在諸古也自古在之今則堯不能治也景光至景亡若在盡古息景二光夾一光一光者景也景光之人煦若射下者之人也高高者之人也下足蔽下光故成景於上首蔽上光故成景於下在遠近有端與於光故景庫內也景日之光反燭人則景在日與人之間景木杝景短大木正景長小大小於木則景大於木非獨小也遠近臨正鑒景寡貌能白黑遠近杝正異於光鑒景當俱就去尒當俱俱用北鑒者之臭於鑒無所不鑒景之臭無數而必過正故同處其體俱然鑒分鑒中之內鑒者近中則所鑒大景亦大遠中則所鑒小景亦小而必正起於中緣正而長其直也中之外鑒者近中則所鑒大景亦大遠中則所鑒小景亦小而必易合於而長其直也鑒鑒者近則所鑒大景亦大亦遠所鑒小景亦小而必正景過正故招負衡木如重焉而不撓極勝重也右校交繩無加焉而撓極不勝重也衡加重於其一旁必捶權重相若也相衡則本短標長兩加焉重相若則標必下標得權也挈有力也引無力也不心所挈之止於施也繩制挈

之也若以錐刺之挈長重者下短輕者上上者愈得下下者愈亡繩直權重相若則心矣收上者愈喪下者愈得
上者權重盡則遂挈兩輪高兩輪爲輲車梯也重其前弦其前載弦其前載弦其軲而縣重於其前是梯挈且挈
則行凡重上弗挈下弗收旁弗劫則下直扡或害之也沠梯者不得沠直也今也廢尺於平地重不下無䠙也若
夫繩之引軲也是猶自舟中引橫也倚倍拒堅䠆倚焉則不正誰并石絫石耳夾寢者法也方石去地尺關石於
其下縣絲於其上使適至方石不下柱也膠絲去石挈也絲絕引也未變而名易收也買刀糴相爲賈刀輕則糴
不貴刀重則糴不易王刀無變糴有變歲變糴則歲變刀若鬻子賈盡也者盡去其以不讎也其所以不讎去則
讎缶賈也宜不宜缶欲不欲若敗邦鬻室嫁子無子在軍不必其死生聞戰亦不必其生前也不懼今也懼或知
是之非此也有知是之不在此也然而謂此南北過而以已爲然始也謂此南方故今也謂此南方智論之非智
無以也謂所謂非同也則異也同則或謂之狗其或謂之犬也異則或謂之牛牛或謂之馬也俱無勝是不辯也
辯也者或謂之是或謂之非當者勝也無讓者酒未讓始也不可讓也於石一也堅白二也而在石故有智焉有
不智焉可有指子智是有智是吾所先舉重則子智是而不智吾所先舉也是一謂有智焉有不智焉也若智之
則當指之智告我則我智之兼指之以二也衡指之參直之也若曰必獨指吾所舉毋舉吾所不舉則者固不能
獨指所欲相不傳意若未校且其所智是也所不智是也則是智是之不智也惡得爲一謂而有智焉有不智焉
所春也其執固不可指也逃臣不智其處狗犬不智其名也遺者巧弗能兩也智智狗重智犬則過不重則不過

通問者曰子智䚡乎應之曰䚡何謂也彼曰䚡施則智之若不問䚡何謂徑應以弗智則過且應必應問之時若應長應有深淺大常中在兵人長所室堂所存也其子存者也據在者而問室堂惡可存也主室堂而問存者孰存也是一主存者以問所存一主所存以問存者五合水土火火離然火鑠金火多也金靡炭金多也合之府木木離木若識麋與魚之數惟所利無欲惡傷生損壽說以少連是誰愛也嘗多粟或者欲不有能傷也若酒之於人也且恕人利人愛也則惟恕弗治也損飽者去餘適足不害能害飽若傷麋之無脾也且有損而后益智者若瘧病之之於瘧也智以目見而目以火見而火不見惟以五路智久不當以目見若以火見火謂火熱也非以火之熱我有若視曰智雜所智與所不智而問之則必曰是所智也是所不智也取去俱能之是兩智之也無若無焉則有之而后無無天陷則無之而無擢疑無謂也臧也今死而春也得文文死也可且猶是也且且必然且已必已且用工而後已者必用工後已均髮均縣輕而髮絕不均也均其絕也莫絕堯霍或以名視人或以實視人舉友富商也是以名視人也指是臛也是以實視人也堯之義也是聲也於今所義之實處於古若殆於城門與於臧也狗狗犬也謂之殺犬可若兩䏶使令使也我使我我不使亦使我殿戈亦使殿不美亦使殿荆沈荆之貝也則沈淺非荆淺也若易五之一以楹之摶也見之其於意也不易先智意相也若楹輕於秋其於意也洋然段椎錐俱事於履可用也成繪屨過椎與成椎過繪屨同過件也一五有一焉一有五焉十二焉非斱半進前取也前則中無為半猶端也前後取則端中也斱必半毋與非半不可斱也可無也已給則當給不可無也久有窮無

窮正九無所處而不中縣摶也偏宇不可偏舉字也進行者先敷近後敷遠行者行者必先近而後遠遠脩近脩也先後久也民行脩必以久也一方貌盡俱有法而異或木或石不害其方之相台也盡貌猶方也物俱然牛狂與馬惟異以牛有齒馬有尾說牛之非馬也不可是俱有不偏有偏無有曰之與馬不類用牛角馬無角是類不同也若舉牛有角馬無角以是爲類之不同也是狂舉也猶牛有齒馬有尾或不非牛而非牛也可則或非牛或牛而牛也可故曰牛馬非牛也未可牛馬牛也未可則或可或不可而曰牛馬牛也未可亦不可且牛不二馬不二而牛馬二則牛不非牛馬不非馬而牛馬非牛非馬無難彼正名者彼此彼此可彼彼止於彼此此止於此彼此不可彼且此也彼此亦可彼此止於彼此若是而彼此也則彼亦且此此也唱無過無所周若粺和無過使也不得已唱而不和是不學也智少而不學必寡和而不唱是不敎也智而不敎功適息使人奪人衣罪或輕或重使人予人酒或厚或薄聞在外者所不知也或曰在室者之色若是其色是所不智若所智也猶白若黑也誰勝是若其色也若白者必白今也智其色之若白也故智其白也夫名以所明正所不智不以所不智疑所明若以尺度所不智長外親智也室中說智也以誖不可也出入之言可是不誖則是有可也之人之言不可以當必不審惟謂是霍可而猶之非夫霍也謂彼是是也不可謂者毋惟乎其謂彼猶惟乎其謂則吾謂不行彼若不惟其謂則不行也無南者有窮則可盡無窮則不可盡有窮無窮未可智則可盡不可盡不可盡未可智人之盈之否未可智而必人之可盡不可盡亦未可智而必人之可盡愛也誖人若不盈先窮則人有窮也盡有窮無難盈無

窮則無窮盡也盡有窮無難不二智其數惡智愛民之盡文也或者遺乎其問也盡問人則盡愛其所問若不智其數而智愛之盡文也無難仁仁愛也義利也愛利此也所愛所利彼也愛利不相爲內外所愛利亦不相爲外內其爲仁內也義外也舉愛與所利也是狂舉也若左目出右目入學也以爲不知學之無益也故告之也是使智學之無益也是敎也以學爲無益也敎誖論誹誹之可不可以理之可誹雖多誹其誹是也其理不可非雖少誹非也今也謂多誹者不可是猶以長論短不誹非己之誹也不非誹非可非也不可非也是不非誹也物甚長甚短莫長於是莫短於是是之是也非是也者莫甚於是取高下以善不善爲度不若山澤處下善於處上下所請上也不是是則是且是焉今是文於是而不於是故是不文是不文則是而不文焉今是不文於是而文於是故文與是不文同說也

大取　原第四十四

天之愛人也薄於聖人之愛人也其利人也厚於聖人之利人也大人之愛小人也薄於小人之愛大人也其利小人也厚於小人之利大人也以臧爲其親也而愛之非愛其親也以臧爲其親也而利之非利其親也以樂爲利其子而爲其子欲之愛其子也以樂爲利其子而爲其子求之非利其子也於所體之中而權輕重之謂權權非爲是也非非爲非也權正也斷指以存腕利之中取大害之中取小也害之中取小也非取害也取利也其所

取者人之所執也遇盜人而斷指以免身利也其遇盜人害也斷指與斷腕利於天下相若無擇也死生利若一無擇也殺一人以存天下非殺一人以利天下也殺己以存天下是殺己以利天下於事爲之中而權輕重之謂求求爲之非也害之中取小求爲義非爲義也爲暴人語天之爲是也而性爲暴人歌天之爲非也諸陳執既有所爲而我爲之陳執執之所爲因吾所爲也若陳執未有所爲而我爲之陳執陳執因吾所爲也暴人爲我爲天之以人非爲是也而性不可正而正之利之中取大非不得已也害之中取小不得已也所未有而取焉是利之中取大也於所既有而棄焉是害之中取小也義可厚厚之義可薄薄之謂倫列德行君上老長親戚此皆所厚也爲長厚不爲幼薄親厚厚親薄薄親至薄不至義厚親不稱行而顧行爲天下厚禹爲禹也爲天下厚愛禹乃爲禹之人愛也厚禹之加於天下而厚禹不加於天下若惡盜之爲加於天下而惡盜不加於天下愛人不外己己在所愛之中己在所愛愛加於己倫列之愛己愛人也聖人惡疾病不惡危難正體不動欲人之利也非惡人之害也聖人不爲其室臧之故在於臧聖人不得爲子之事聖人之法死亡親爲天下也厚親分也以死亡之體渴興利有厚薄而毋倫列之興利爲己語經語經也非白馬焉執駒焉說求之舞說非也漁大之舞大非也三物必具然後足以生臧之愛己非爲愛己之人也厚不外己愛無厚薄舉己非賢也義利不義害志功爲辯有有於秦馬有有於馬也智來者之馬也愛衆衆世與愛寡世相若兼愛之有相若愛尚世與愛後世一若今之世人也鬼非人也兄之鬼兄也天下之利驩聖人有愛而無利俔日之言也乃客之言也天下無人子墨子之言也猶在

不得已而欲之非欲之非欲之也非殺臧也專殺盜非殺盜也凡學愛人小圜之圜與大圜之圜同方至尺之不至也與不至鍾之至不異其不至同者遠近之謂也是璜也是玉也意楹非意木也意是楹之木也意指之人也非意人也意獲也乃意禽也志功不可以相從也利人也爲其人也富人非爲其人也有爲也以富人富人也治人有爲鬼焉爲賞譽利一人非爲賞譽利人也亦不至無貴於人智親之一利未爲孝也亦不至於智不爲己之利於親也智是之世之有盜也盡愛是世智是室之有盜也不盡是室也智其一人之盜也不盡是二人雖其一人之盜苟不智其所在盡惡其弱也諸聖人所先爲人欲名實名實不必名苟是石也白敗是石也盡與白同是石也唯大不與大同是有便謂焉也以形貌命者必智是之某也焉智某也不可以形貌命者唯不智是之某也智某可也諸以居運命者苟人於其中者皆是也去之因非也諸以居運命者若鄉里齊荆者皆是諸以形貌命者若山丘室廟者皆是也智與意異重同具同連同同類之同同名之同丘同鮒同是之同然之同同根之同有非之異有不然之異有其異也爲其同也爲其同也異一曰乃是而然二曰乃是而不然三曰遷四曰强子深其深淺其淺益其益尊其尊察次山比因至優指復次察聲端名因請復正夫辭惡者人右以其請得焉諸所遭執而欲惡生者人不必以其請得焉聖人之拊瀆也仁而無利愛利愛生於慮昔者之慮也非今日之慮也昔者之愛人也非今之愛人也愛獲之愛人也生於慮獲之利非慮臧之利也而愛臧之愛人也乃愛獲之愛人也去其愛而天下利弗能去也昔之知墻非今日之知嗇也貴爲天子其利人不厚於正夫二子事親或遇熟或遇凶其

親也相若非彼其行益也非加也外執無能厚吾利者藉臧也死而天下害吾特養臧也萬倍吾愛臧也不加厚長人之異短人之同其貌同者也故同指之人也與首之人也異人之體非一貌者也故異將劍與挺劍異劍以形貌命者也其形不一故異楊木之木與桃木之木也同諸非以舉量數命者敗之盡是也故一人指非一人也是一人之指乃是一人也方之一面非方也方木之面方木也以故生以理長以類行也者立辭而不明於其所生忘也今人非道無所行唯有强股肱而不明於道其困也可立而待也夫辭以類行者也立辭而不明於其類則必困矣故浸淫之辭其類在於鼓栗聖人也爲天下也其類在於追迷或壽或卒其利天下也指若其類在譽石一日而百萬生愛不加厚其類在惡害愛二世有厚薄而愛二世相若其類在蛇文愛之相若擇而殺其一人其類在阬下之鼠小仁與大仁行厚相若其類在申几與利除害也其類在漏雍厚親不稱行而類行其類在江上井不爲己之可學也其類在獵走愛人非爲譽也其類在逆旅愛人之親若愛其親其類在官苟兼愛相若一愛相若一愛相若其類在死也

小取　原第四十五

夫辯者將以明是非之分審治亂之紀明同異之處察名實之理處利害決嫌疑焉摹略萬物之然論求羣言之比以名舉實以辭抒意以說出故以類取以類予有諸己不非諸人無諸己不求諸人或也者不盡也假者今不

然也效者爲之法也所效者所以爲之法也故中效則是也不中效則非也此效也辟也者舉也物而以明之也侔也者比辭而俱行也援也者曰子然我奚獨不可以然也推也者以其所不取之同於其所取者予之也是猶謂也者同也吾豈謂也者異也夫物有以同而不率遂同辭之侔也有所至而正其然也有所以然也同其所以然不必同其取之也有以取之其取之也同其所以取之不必同是故辟侔援推之辭行而異轉而危遠而失流而離本則不可不審也不可常用也故言多方殊類異故則不可偏觀也夫物或乃是而然或是而不然或一害而一不害或一是而一不是也不可常用也故言多方殊類異故則不可偏觀也非也白馬馬也乘白馬乘馬也驪馬馬也乘驪馬乘馬也獲人也愛獲愛人也臧人也愛臧愛人也此乃是而然者也獲之視人也獲事其親非事人也其弟美人也愛弟非愛美人也車木也乘車非乘木也船木也人船非人木也盜人人也多盜非多人也無盜非無人也奚以明之惡多盜非惡多人也欲無盜非欲無人也世相與共是之若若是則雖盜人人也愛盜非愛人也不愛盜非不愛人也殺盜人非殺人也無難盜無難矣此與彼同類世有彼而不自非也墨者有此而非之無故也焉所謂內膠外閉與心毋空乎內膠而不解也此乃是而不殺者也且夫讀書非好書也且鬬雞非雞也好鬬雞好雞也且入井非入井也止且入井止入井也且出門非出門也止且出門止出門也若若是且夭非夭也壽夭也有命非命也非執有命非命也無難矣此與彼同世有彼而不自非也墨者有此而罪非之無也故焉所謂內膠外閉與心毋空乎內膠而不解也此乃是而然者也愛人待周愛人而後爲愛人不愛人不待周

不愛人不失周愛因爲不愛人矣乘馬待周乘馬然後爲乘馬也有乘於馬因爲乘馬矣逮至不乘馬待周不乘馬而後不乘馬而後不乘馬此一周而一不周者也居於國則爲居國有一宅於國而不爲有國桃之實桃也棘之實非棘也問人之病問人也惡人之病非惡人也人之鬼非人也兄之鬼兄也祭之鬼非祭人也祭兄之鬼乃祭兄也之馬之目盼則爲之馬盼之馬之目大而不謂之馬大之牛之毛黃則謂之牛黃之牛之毛衆而不謂之牛衆一馬馬也二馬馬也馬四足者一馬而四足也非兩馬而四足也一馬馬也馬或自者二馬而或白也非一馬而或白此乃一是而一非者也

旁行句讀第二

十　經上旁行句讀表一

1 故所得而後成也	49 動或從也
2 體分於兼也	50 止以久也

十　經上旁行句讀表二

1 故所得而後成也	49 止以久也	
2 體分於兼也	50 必不已也	51 平同高也

---

3 知材也

4 慮求也

5 知接也

6 恕明也

7 仁體愛也

8 義利也

9 禮敬也

10 行爲也

11 實榮也

12 忠以爲利而强
低也

13 孝利親也

---

51 必不已也

52 平同高也

53 同長以缶相盡
也

54 中同長也

55 厚有所大也

56 日中缶南也

57 直參也

58 圜一中同長也

59 方柱隅四讙也

60 倍爲二也

61 端體之無序而
最前者也

---

3 知材也

4 慮求也

5 知接也

6 恕明也

7 仁體愛也

8 義利也

9 禮敬也

10 行爲也

11 實榮也

12 忠以爲利而强
低也

13 孝利親也

14 信言合於意也

15 狂自作也

---

52 同長以缶相盡
也

53 中同長也

54 厚有所大也

55 日中缶南也

56 直參也

57 圜一中同長也

58 方柱隅四讙也

59 倍爲二也

60 端體之無序而
最前者也

61 有間中也

62 間不及旁也

63 纑間虛也

---

14 信言合於意也
15 狂自作也
16 誚作嗛也
17 廉作非也
18 令不爲所作也
19 任士損己而益所爲也
20 勇志之所以敢也
21 力刑之所以奮也
22 生刑與知處也
23 臥知無知也
24 夢臥而以爲然

---

62 有間中也
63 間不及旁也
64 纑間虛也
65 盈莫不有也
66 堅白不相外也
67 攖相得也
68 仳以有相攖有不相攖也
69 次無間而不相攖也
70 法所若而然也
71 佴所然也
72 說所以明也

---

16 誚作嗛也
17 廉作非也
18 令不爲所作也
19 任士損己而益所爲也
20 勇志之所以敢也
21 力刑之所以奮也
22 生刑與知處也
23 臥知無知也
24 夢臥而以爲然也
25 平知無欲惡也

---

64 盈莫不有也
65 堅白不相外也
66 攖相得也
67 仳以有相攖有不相攖也
68 次無間而不相攖也
69 法所若而然也
70 佴所然也
71 說所以明也
72 彼不可不兩可也
73 辯爭彼也辯勝當也

也
25 平知無欲惡也
26 利所得而喜也
27 害所得而惡也
28 治求得也
29 譽明美也
30 誹明惡也
31 舉擬實也
32 言出故也
33 且言且然也

---

73 彼不可不兩可
也
74 辯爭彼也辯勝
當也
75 爲窮知而縣於
欲也
76 已成亡
77 使爲故
78 名達類私
79 謂移舉加
80 知聞說親名實
合爲
81 聞傳親

---

26 利所得而喜也
27 害所得而惡也
28 治求得也
29 譽明美也
30 誹明惡也
31 舉擬實也
32 言出故也
33 且言且然也
34 君臣萌通約也
35 功利民也
36 賞上報下之功
也
37 罪犯禁也
38 罰上報下之罪

---

74 爲窮知而縣於
欲也
75 已成亡
76 使爲故
77 名達類私
78 謂移舉加
79 知聞說親名實
合爲
80 聞傳親
81 見體盡
82 合缶宜必
83 缶欲缶權利惡
缶權害
84 爲存亡易蕩治

34 君臣萌通約也

35 功利民也

36 賞上報下之功也

37 罪犯禁也

38 罰上報下之罪也

39 久彌異時也

40 宇彌異所也

41 窮或有前不容尺也

82 見體盡

83 合缶宜必

84 缶欲缶權利惡缶權害

85 爲存亡易蕩治化

86 同重體合類

87 異二不體不合不類

88 同異而俱於之一也

89 同異交得放有無

也

39 同異而俱於之一也

40 久彌異時也宇彌異所也

41 窮或有前不容尺也

42 盡莫不然也

43 始當時也

44 化徵易也

45 損偏去也

46 儇䅄秪

47 庫易也

48 動或從也

化

85 同重體合類

86 異二不體不合不類

87 同異交得放有無

88 聞耳之聽也

89 言口之利也

90 諾五利用

91 服執說益言利大

92 法同則觀其同巧轉則求其故

93 法異則觀其宜止因以別道

42 盡莫不然也
43 始當時也
44 化徵易也
45 損偏去也
46 益言利大
47 儇稘秪
48 庫易也
讀此書旁行

90 聞耳之聽也
91 言口之利也
92 諾五利用
93 服執說
94 法同則觀其同
巧轉則求其故
95 法異則觀其宜
止因以別道
96 舌無非

讀此書旁行

94 缶無非

十 經上旁行句讀表三

1 故所得而後成也

50 止以久也

2 體分於兼也
3 知材也
4 慮求也
5 知接也
6 恕明也
7 仁體愛也
8 義利也
9 禮敬也
10 行爲也
11 實榮也
12 忠以爲利而强低也
13 孝利親也
14 信言合於意也
15 佴自作也

51 必不已也
52 平同高也
53 同長以缶相盡也
54 中同長也
55 厚有所大也
56 日中缶南也
57 直參也
58 圜一中同長也
59 方柱隅四讙也
60 倍爲二也
61 端體之無序而最前者也
62 有間中也
63 間不及旁也
64 纑間虛也

16 諿作嗛也

17 廉作非也

18 令不爲所作也

19 任士損己而益所爲也

20 勇志之所以敢也

21 力刑之所以奮也

22 生刑與知處也

23 臥知無知也

24 夢臥而以爲然也

25 平知無欲惡也

26 利所得而喜也

27 害所得而惡也

28 治求得也

29 譽明美也

65 盈莫不有也

66 堅白不相外也

67 攖相得也

68 似有以相攖有不相攖也

69 次無間而不攖攖也

70 法所若而然也

71 佴所然也

72 說所以明也

73 攸不可兩不可也

74 辯爭彼也辯勝當也

75 爲窮知而縣於欲也

76 已成亡

77 使謂故

78 名達類私

30 誹明惡也
31 擧擬實也
32 言出擧也
33 且且言然也
34 君臣萌通約也
35 功利民也
36 賞上報下之功也
37 罪犯禁也
38 罰上報下之罪也
39 同異而俱於之一也
40 久彌異時也守彌異所也
41 窮或有前不容尺也
42 盡莫不然也
43 始當時也

79 謂移擧加
80 知聞說親名實合爲
81 聞傳親
82 見體盡
83 合缶宜必
84 欲缶權利且惡缶權害
85 爲存亡易蕩治化
86 同重體合類
87 異二不體不合不類
88 同異交得放有無
89 聞耳之聰也
90 循所聞而得其意心也察也
91 言口之利也
92 執所言而意得見心之辯也

44 化徵易也	93 諾不一利用
45 損偏去也	94 服執說音利巧轉則求其故大益
46 儇祺秪	95 法同則觀其同
47 庫易也	96 法異則觀其宜
48 動或從也	97 止因以別道
49 讀此書旁行	98 缶無非

經上三表流變之臆測

孫詒讓謂墨子書舊多古字，今讀其書，誠如所言。蓋隸書作於秦始皇時，孔子書六經，左丘明述春秋傳，皆以古文；（見許慎說文序。）則墨經原本當亦用古文寫成也。古文字體粗大，每簡字數必少。據金鶚周代書册制度考，略謂「孔沖遠春秋疏云：『鄭玄注論語序以鈎命決云：春秋二尺四寸書之，孝經一尺二寸書之。』士聘禮賈疏：『鄭作論語序云：易書詩禮樂春秋策皆二尺四寸，（原誤作「尺二寸」三字。）孝經謙，半之；論語八寸策者三分居一，又謙焉。』鄭注尙書云：『三十字一簡之文。』漢書藝文志云：『劉向以中古文校歐陽大小夏侯三家經文，率簡二十五字者，脫亦二十五字，簡二十二字，脫亦二十二字。』是一簡容字有多少，然要自二十字以上，大約三十字爲歸。論語一簡容八字，『誠不以富、亦祇以異』錯簡可證。服虔注左氏云：『古文篆書，一簡八字。』又一證也。論語策八寸，容八字，六經策二尺四寸者，容二十餘字至三十字，其制自合。大約一寸容一字。」按尚書三十字一簡，疑非極數；論語一簡八字，當爲至少。墨經分上下二截，中有間縫，若以經上末「法同」「法異」二條測之，疑每截每行僅書六字，較之論語爲稍謙。但合上下截及中縫計之，每全行當佔十四、五字地位，一簡之長，當亦尺四、五寸，雖較尚書爲謙，較之孝經又稍足耳。

經上今共定爲九十六條，意係原本如是。若上下截以「條數」對書，當各爲四十八條。惟上截末別有「讀此書旁行」五字，不計入正文之內。如表一。

後之傳鈔者誤將第一表下截第八十八條「同異而俱於之一也」移上，以廁於第三十八條「罰上報下之罪也」與第三十九條「久彌異時也」之間，而以「久彌異時也」與第四十條「宇彌異所也」併作一條；又將上截第四十六條「益言利大」移下，書於第九十三條「服執說」之下，因「言」訛爲「音」、「益」又倒誤於「大」字下，遂作小注並書之。由是而上下截以「條數對書」之例破矣。但自是以後，校者竟忘全文「條數」之平均，而以「行數」之多寡配成上下二截；適上截連最末之「讀此書旁行」五字共五十九行，下截爲六十一行，苟移下截之「動或從也」一條於上截，則上下各勻配爲六十行矣。如表二。

自漢以後，隸草愈趣約易，鈔寫者不復拘於六字一行。於是讀者欲恢復以「條數上下對書」之例，計上截共四十八條，合「讀此書旁行」爲一條，共四十九條；而下截共四十四條，當少三條，故除「循所聞」「執所言」二條以說作經外，其「法異則觀其宜止因以別道」一條，改作「法異則觀其宜」「止因以別道」二條，以爲上下各勻配爲四十九條之數。如表三。

當一、二兩表混亂之際，第一表上截第四十六條「益言利大」忽改成小字，移書於下截第九十三條「服執說」之下，於是第二表下截之第九十一條因成「服執說益言利大」之狀；適「言」誤爲「音」，復以傳鈔之故，遂成「服執說音利大益」矣。又行間字亦有誤者，如舌作缶、宇作守等。

自此以後，第九十二條「巧轉則求其故」句又與「服執說音利大益」併作一條，疑校者視「音利」「巧轉」命意相同，因將「巧轉則求其故」移書於「音利」之下，便成「音利巧轉則求其故大益」；而「說」字不常用，又以「音利」爲說字音讀之小注，遂復以「巧轉則求其故大益」爲正文，書於「服執說」條之下，因作「服執說音利巧轉則求其故大益」矣。迨後「旁行」改作「直行」，獨此條極爲貿亂，最難董理。畢沅「新考定」仍其舊貫，莫由疏明。賴孫氏略發其端，余因重加校定，並測全經流變，以俟後之君子。

十　經下旁行句讀表一

1 止類以行人說
在同

2 推類之難說在
之大小

3 物盡同名說在
因

4 一偏棄謂之而
因是也不可偏
去而二說在見
與俱一與二

42 所存與存者於
存與孰存異說
在駐

43 五行毋常勝說
在宜

44 無欲惡之爲益
損也說在宜

45 損而不害說在
餘

十　經下旁行句讀表二

1 止類以行人說
在同

2 推類之難說在
之大小

3 物盡同名一偏
棄之謂而固是
也說在因不可
偏去而二說在
見與俱一與二
廣與循

4 不能而不害說
在害

41 所存與者於存
與孰存駟異說

42 五行毋常勝說
在宜

43 無欲惡之爲益
損也說在宜

44 損而不害說在
餘

45 知而不以五路
說在久

46 必熱說在頓

47 知其所以不知

5 不能而不害說在容
6 異類不吡說在量
7 偏去莫加少說在故
8 假必誖說在不然
9 物之所以然與所以知之與所以使人知之不必同說在病
10 疑說在逢循遇過

46 知而不以五路說在久
47 火熱說在頓
48 知其所不知說在以名取
49 無不必待有說在有無
50 擢慮不疑說在所謂
51 且然不可止而不害用工說在

5 異類不吡說在量
6 偏去莫加少說在故
7 假必誖說在不然
8 物之所以然與所以知之與所以使人知之不必同說在病
9 疑說在逢循遇過
10 合與一或復否說在拒

說在以名取
48 無不必待有說在有無
49 擢慮不疑說在所謂
50 且然不可正而不害用工說在宜
51 均之絕不說在所均
52 堯之義也生於今而處於古而異時說在所義二

11 合與一或復否
說在拒

12 歐物一體也說
在俱一惟是

13 宇或徙說在長

14 宇久不堅白無
久與宇堅白說
在因

15 在諸其所然若
未然說在於是

宜

52 均之絕不說在
所均

53 堯之義也於今
而處於古而異
時說在所義二

54 狗犬也而殺狗
非殺犬也可說
在重

55 使役義說在使

56 荆之大其沈淺
也說在具

---

11 歐物一體也說
在俱一惟是

12 宇或從說在長
宇久

13 臨鑑而立景到
多而若少說在
寡區

14 鑑位量一小而
易一大而缶說
在中之外內

15 鑑團景一不堅
白說在荆之大

16 無久與宇堅白
說在因

---

53 狗犬也而殺狗
非殺犬也可說
在重

54 使殷美說在使

55 荆之大其沈淺
也說在具

56 以檻爲摶於以
爲無知也說在
意

57 意未可知說在
可用過仵

58 一少於二而多
於五說在建住

59 非半弗斮則不

推之
16 景從說在改爲
17 景二說在重
18 景到在午有端
與景長說在端
19 景迎日說在轉
20 景之小大說在
祂缶遠近
21 臨鑑而立景到

57 以檻爲摶於以
爲無知也說在
意
58 意未可知說在
可用過仵
59 一少於二而多
於五說在建位
60 非半弗斱則不
動說在端
61 可無也有之而
不可去說在嘗
然
62 缶篇不可擔說

17 在諸其所然未
者然說在於是
推之
18 景不從說在改
爲
19 景二說在重
20 景到在午有端
與景長說在端
21 景迎日說在摶
22 景之小大說在
地缶遠近
23 天而必缶說在
得
24 貞而不撓說在

動說在端
60 可無也有之而
不可去說在嘗
然
61 缶而不可擔說
在摶
62 宇進無近說在
敷
63 行循以久說在
先後
64 一法者之相與
也盡說在方
65 狂舉不可以知
異說在有不可

多而若少說在寡區
22 鑑低景一小而易一大而缶說在中之外內
23 鑑團景一說在刑之大
24 負而不撓說在勝
25 奧而必缶說在得
26 挈與收板說在薄
27 挈……………

在摶
63 宇進無近說在敷
64 行脩以久說在先後
65 一法者之相與皃盡說在方
66 狂舉不可以知異說在有不可
67 牛馬之非牛與可之同說在兼
68 彼彼此此與彼

勝
25 契與枝板說在薄
26 挈……說在……
27 倚者不可正說在剃
28 推之必往說在廢材
29 買無貴說在仮其買
30 賈宜則讐說在盡
31 無說而懼說在弗心

66 牛馬之非牛與可之同說在兼
67 循此循此與彼此同說在異
68 唱和同患說在功
69 聞所不知若所知則兩知之說在告
70 以言為盡誖誖說在其言
71 惟吾謂非名也則不可說在仮
72 無窮不害兼說

說在……
28 倚者不可正說
在剃
29 堆之必柱說在
廢材
30 買無貴說在仮
其賈
31 賈宜則讎說在
盡
32 無說而懼說在
弗必
33 或過名也說在
實

此同說在異
69 唱和同患說在
功
70 聞所不知若所
知則兩知之說
在告
71 以言爲盡誖誖
說在其言
72 唯吾謂非名也
則不可說在仮
73 無窮不害兼說
在盈否
74 不知其數而知
其盡也說在問

32 或過名也說在
實
33 知知之否之足
用也諄說在無
以也
34 謂辯無勝必不
當說在辯
35 無不讓也不可
說在始
36 於一有知焉有
不知焉說在存
37 有指於二而不
可逃說在以二
絫

在盈否
73 不知其數而知
其盡也說在明
者
74 不知其所處不
害愛之說在喪
子者
75 仁義之爲外內
也內說在仵顏
76 學之益也說在
誹者
77 誹之可否不以
衆寡說在可非
78 非誹者諄說在

34 知知之否之足用也諍說在無以也

35 謂辯無勝必不當說在不辯

36 無不讓也不可說在殆

37 於一有知焉有不知焉說在存

38 有指於二而不可逃說在以二參

39 所知而弗能指

者

75 不知其所處不害愛之說在喪子者

76 仁義之爲外內也罔說在仵顏

77 學之益也說在誹者

78 誹之可否不以衆寡說在可非

79 非誹者諍說在弗非

80 物算不甚說在

38 所知而弗能指說在春也逃臣狗犬貴者

39 知狗而自謂不知犬過也說在重

40 通意後對說在不知其誰謂也

弗非

79 物箕不甚說在若是

80 取下以求上也說在澤

81 是是與是同說在不州

說在春也逃臣狗犬貴者
40 知狗而自謂不知犬過也說在重
41 通意後對說在不知其誰謂也

若是
81 取下以求上也說在澤
82 不是與是同說在不州

十　經下旁行句讀表三

1 止類以行人說在同
2 推類之難說在之大小
3 物盡同名二與鬬愛食與招白與視麗與夫與履一偏棄之謂而固是也說在因不

41 所存與者於存與孰存駟異說在
42 五行毋常勝說在宜
43 無欲惡之爲益損也說在宜

可偏去而二說在見與俱一與二廣與循

4 不能而不害說在害

5 異類不吡說在量

6 偏去莫加少說在故

7 假必誖說在不然

8 物之所以然與所以知之與所以使人知之不必同說在病

9 疑說在逢循遇過

10 合與一或復否說在拒

11 歐物一體也說在俱一惟是

12 宇或從說在長宇久

13 臨鑑而立景到多而若少說在寡區

14 鑑位量一小而易一大而缶說在中之外

44 損而不害說在餘

45 知而不以五路說在久

46 必熱說在頓

47 知其所以不知說在以名取

48 無不必待有說在所謂

49 擢慮不疑說在有無

50 且然不可正而不害用工說在宜

51 均之絕不說在所均

52 堯之義也生於今而處於古而異時說在所義二

53 狗犬也而殺狗非殺犬也可說在重

54 使殷美說在使

内

15 鑑團景一不堅白說在[荆之大]

16 無久與宇堅白說在因

17 在諸其所然未者然說在於是推之

18 景不從說在改爲

19 景二說在重

20 景到在午有端與景長說在端

21 景迎日說在摶

22 景之小大說在地缶遠近

23 天而必缶說在得

24 貞而不撓說在勝

25 契與枝板說在薄

26 [挈……說在……]

55 荆之大其沈淺也說在具

56 以檻爲摶於以爲無知也說在意

57 意未可知說在可用過仵

58 一少於二而多於五說在建住

59 非半弗新則不動說在端

60 可無也有之而不可去說在嘗然

61 缶而不可擔說在摶

62 宇進無近說在敷

63 行循以久說在先後

64 一法者之相與也盡若方之相召也說在

方

65 狂舉不可以知異說在有不可

66 牛馬之非牛與可之同說在兼

27 倚者不可正說在剃

28 推之必往說在廢材

29 買無貴說在仮其賈

30 賈宜則讎說在盡

31 無說而懼說在弗心

32 或過名也說在實

33 知知之否之足用也諄說在無以也

34 謂辯無勝必不當說在辯

35 無不讓也不可說在始

36 於一有知焉有不知焉說在存

37 有指於二而不可逃說在以二絫

38 所知而弗能指說在春也逃臣狗犬貴者

39 知狗而自謂不知犬過也說在重

40 通意後對說在不知其誰謂也

67 循此循此與彼此同說在異

68 唱和同患說在功

69 聞所不知若所知則兩知之說在告

70 以言爲盡誖誖說在其言

71 惟吾謂非名也則不可說在仮

72 無窮不害兼說在盈否

73 不知其數而知其盡也說在明者

74 不知其所處不害愛之說在喪子者

75 仁義之爲外內也內說在仵顏

76 學之益也說在誹者

77 誹之可否不以衆寡說在可非

78 非誹者諄說在弗非

79 物箕不甚說在若是

80 取下以求上也說在澤

81 是是與是同說在不州

經下三表流變之臆測

經下今共定爲八十二條，當亦原本如是。上下截以「條數」對書，各爲四十一條。如表一。

第一表之第四條「一偏棄謂之而因是也」句誤作「一偏棄之謂而固是也」，復錯入第三條「說在因」之上，致三、四兩條誤合爲一；而「一與二」句下復增「廣與循」句。又上截第二十一之「臨鑑」條，第二十二之「鑑低」條，第二十三之「鑑團」條，皆錯簡在第十三條「宇或徙說在長」之後，而「鑑團」條又與第十四之「宇久」條，彼此參錯，「宇久」二字復誤著於第十三條「說在長」之下。此時上截四十條，下截四十一條，條數不均，傳鈔者乃以行數上下對書，則上截爲九十行，下截爲八十九行矣。如表二。

此「臨鑑」「鑑低」「鑑團」三條既已錯簡移前，而「鑑團」「宇久」兩條亦復犬牙相入；又第二十四條「負而不撓說在勝」與第二十五條「奐（又誤爲天）而必舌說在得」先後互訛，幾皆不可理董。幸說尚完善，今得據以訂正。

後之校者亦欲如經上恢復以「條數對書」之例，但仍不知第一表三、四兩條之混同，致成奇零之數；故上截仍爲四十條，下截仍爲四十一條。如表三。

第一表三、四兩條，孫詒讓分作四條，不免破碎。今考下截以「所存」條起，可證上截亦爲四十一條，則經下原本共祗八十二條，益知孫說之訛矣。

自「旁行」改作「直行」，各條字句之羼加，錯誤極多。如原上截第三條「物盡同名」下，羼加「二與鬭……」共十餘字，原下截第六十三條「說在方」上，羼加「若方之相合（又誤爲召）也」一句，均與經下通例不合。其他原上截第十五條「荆（漢石經作荆）之大」三字，與原下截第五十五條「荆之大」三字相類似，意以爲複衍者而刪之。又原上截第二十六條「挈……說在……」完全佚去，原下截第四十一條「說在」之「在」字，或亦脫落於此時，原下截第四十八條「說在所謂」與第四十九條「說在有無」互訛，均詳第三表，以線圈去爲記。

上經（經上、經說上）校釋第三

1 **經** 故，所得而後成也。

說 故○小故，有之不必然，無之必不然。體也。若有端。大故，有之必然。若見之成見也。

校 說「有之必然」，原作「有之必無然」。章炳麟謂「無」是羨文，茲據刪。

【釋】下文第七十七條云：「故也，必待所爲之成也。」語意較此尤明顯。蓋所爲之成，其事之結果已得，卽謂之故。

墨家分別「能、所」最明晰，本條舉「所」而「能」自見；蓋所得之果惟一卽成故，能得雖多尚不成故也。

本條論「故」，小故無之必不然，大故有之必然，皆爲易知之理；必申言小故有之不必然，其義始足。

說分小故、大故。經祇言故，卽斥大故而言。茲乃先論大故，次及小故。

大故有之必然者，言成事之一切緣因皆具有之，則得必然之結果也。若見之成見，係譬詞。見卽能見，成見卽所得之見果。此如佛典唯識諸論言眼識待九緣生：（一）空；（二）明；（三）根卽眼；（四）境卽物；（五）作意；（六）分別；（七）染淨；（八）根本；（九）種子。章炳麟云：「自作意而下，諸夏之學者不亟辯，汎號曰智。」見國故論衡原名篇。苟九緣同時備具，必成見果；故曰大故有之必然。設彼諸九緣者，祇具二、三，不必卽見；或闕其一，見必不成：故曰小故有之不必然，無之必不然。體者部分之義。此謂成事之原因，苟有其一部分，則不必然；苟無其一部分，則必不然。以其爲體，故曰小故。若有端，亦譬詞。有者不盡有也。端，卽今幾何學所謂點。陳澧說，見後第六十一條。據幾何理，線由點成；但有點不必成線，而無點決不能成線也。

故者果也，後果必有前因。常見世間自然現象之呈露，往往一事爲之後，則有數事或無數事爲之先；必待此數事或無數事者合，而後所謂果者從之而見。闕一事焉，則不見也。常法：於數事之內，獨擇其一謂之曰因，而其餘則謂之曰緣。緣，所待者也；因之所待而生，果之所待而成者也。是故每一果見，或獨舉一事爲所見之因者，無他，殆合衆緣而成一因矣。特此衆緣之中，有境有事；其爲事者卽因，餘皆境而爲緣者耳。惟緣每有暫儲其用或闕其能而不卽著者，正此所謂小故；因者卽所謂大故。大抵衆緣不備，則因不臻，而果亦不至。則因之於果，若影之隨形，聲之應響；有之必然，不容或爽。此蓋宇宙一切自然現象相承之最大公例，所謂因果律(Causal Law)者是也。昔印度大乘古師嘗立五種比量，第五卽言因果，謂若由此則有彼；可云此爲彼因，彼爲此果。其論曰：「因果比量者，謂以因果展轉相比。案執因求果，或卽果窮因，故云展轉。如見有行，比至餘方；見至餘方，比先有行。」見瑜珈師地論卷十五。此「故」蓋亦比量之事，名家以屬「說知」。見後第八十條。是以本經開宗卽言因果律；誠以辯學論「知」，先須明此。呂氏春秋審己篇云：「凡物之然也必有故。而同知不知其故，雖當，與不知同；其卒必困。先王名士達師之所以過俗者，以其知也。」誠哉此言！

章炳麟云：「印度之辯：初宗；次因；次喻。墨經以因爲故。其立量次第：初因；次喻體；次宗。初以因，因局，故謂之小故；猶今人譯爲小前提者。次以喻體，喻體通，故謂之大故。猶今人譯爲大前提者。」又云：「驗墨子之爲量，固有喻體，無喻依。」皆見原名篇。按本條純言因果律；章謂墨經立量，以因爲故，當在別條，似非本條所及論。至謂小故卽因，大故卽喻體，尤非；蓋因明之宗因喻三支，本經及大小取篇皆有適當之例，容後詳之。又如本條「若……」及下文「不若……」等，實與因明之喻依同類；章謂無喻依，亦非。

2 **經** 體，分於兼也。

說 體○若二之一；尺之端也。

釋 體言其分，兼言其全；故曰體分於兼也。

本條設譬二：(一)若二之一；(二)若尺之端。

若二之一者，二爲一之兼，一爲二之體；蓋以倍言之也。後第六十條經云：「倍，爲二也。」故設體爲一，而一之倍爲兼，卽體爲二之一。

若尺之端者，尺爲端之兼，端爲尺之體；蓋以多言之也。尺卽幾何學所謂線。尺之端者，線之點也。後第四十五條說云：「偏也者兼之體也。」故設兼爲尺，而尺之偏爲體，卽體爲尺之端。

按本條承上條詳釋「體」義，亦取「端」爲譬。

3 經知，材也。

說知材○知也者所以知也而必知。若明。

釋此「知」於文字部居屬名（Noun），因訓爲材。材者能也，官也，亦性也。

牒經標題用知材二字，乃變例。梁啓超謂材字衍文，不免拘泥。

所以知者，猶云知之本能。本能既存，可常發露，故云必知。

此若明與下第六條若明有別，此明猶言眼之明質，孟子梁惠王篇所謂「輿薪之不見，爲不用明焉」，荀子性惡篇所謂「可以見之明不離目」者是也。又春秋繁露深察名號篇云：「性有（又）似目。目臥幽而瞑，待覺而後見；當其未覺，可謂有見質而不可謂見。」見質卽此明字義。蓋知之所以爲材者，以必有知之本能而後有一切之知，若明爲見之本能而後有一切之見；故見之本能具則必見，知之本能具則必知也。

胡適云：「此所謂知，如佛家所謂根。」按胡改「而必知」爲「而不必知」，故妄說。梁啓超改「若明」爲「若眼」，與胡同一見解。管子心術篇曰：「人皆欲『知』，而莫索之其『所以知』。『知』，彼也；其『所以知』，此也。不修之此，焉能知彼？」荀子正名篇曰：「『所以知』之在人者謂之知。」王先謙集解云：「在人者明藏於心。」呂氏春秋圜道篇曰：「人之有形體四肢，其『能』使之也，爲其感而『必知』也；感而不知，則形體四肢不使矣。」又貴生篇云：「無有『所以知』者，死之謂也。」凡此皆可破梁胡之說。

4 經慮，求也。

說慮○慮也者以其知有求也而不必得之。若睨。

釋知材具則慮自生，猶孟子云「心之官則思」。

慮求也者，思無所注也。說文：「慮，謀思也。」按謀思者謂其思有所注也。思有所注而欲求其然，非泛想可比；與此有別。

穀梁隱三年傳云：「求之爲言，得不得未可知之辭也。」則有求者非求之盡得也；故云不必得之。若睨者，說文目部云：「睨，衺視也。」又見部有覞字，云「旁見也」，二字音義皆同。此謂以人之「知」慮物而不必得之，猶斜視未必見物之眞；即中庸「睨而視之，猶以爲遠」之義。莊子庚桑楚篇云：「知者謨也。知者之所不知猶睨也。」正與本條相發明。說文：「謨，議謀也。」又云：「慮難曰謀。」則謨即慮義。亦通慕，說文：「慕，廣求也。」則謨即求義。蓋慮求者知之始事也。求不必得謂之慮；慮而得之大學云：「慮而後能得。」則爲智。尸子分篇云：「慮得分曰智。」管子宙合篇云：「心司慮，慮必順言；言得謂之知。」皆即此意。知者之所不知猶睨，較此有求而不必得之若睨，尤爲斬截。蓋謂不知事物之眞者，若睨視然；雖有所見，直與無見等耳。

荀子正名篇云：「情然而心爲之擇謂之慮。」按擇亦求義，故大略篇譬之曰：「今夫亡箴者，終日求之而不得；其得之，非目益明也，眸而見之也。心之於慮亦然。」蓋眸而見之，猶云正見；必非睨之斜視者可比矣。

此慮與佛典百法中「心所有法」「五遍行」之「作意」相似。廣益釋云：「作意者謂生心動念之始也；謂警心令起，引心趣境，是其體用。」即其義。

胡適謂「墨辯論知，分爲三層」。乃僅引「知材」「知接」「恕明」言之，遺此一條，見中國哲學史大綱第八篇。大非。

5 **經**知，接也。

說知○知也者以其知過物而能貌之。若見。

釋此「知」於文字部居屬謂（Verb），因訓爲接。慮而不必得之故接。

孫詒讓云：「貌，吳鈔本作皃。說文：『皃，頌儀也。貌，籀文作貌。』能貌之，謂能知物之形容。」按孫說是。若見者，猶以見官經過其物，然後見其物之形容而能知之也。

莊子庚桑楚篇亦云：「知者接也。」淮南原道篇云：「知與物接而好憎生焉。」又說林篇云：「盲者不觀，無以接物。」高誘注云：「接，猶見也。」皆可參證。

呂氏春秋有知接篇，曰：「人之目以照見之也；以瞑即眠字則不同否。見同；其所以爲照，所以爲瞑，異。瞑士未嘗照，故未嘗見。瞑者目無由接也。無由接而言見，詤。智同知，下同。亦然，其所以接智，所以不接不同否。智同；其所能接，所不能接，異。」此據校正本。亦以目見取譬知接，與本條互相發明。

胡適云：「此所謂知，如佛家所謂塵；接，所謂受。」梁啓超云：「接者感受也，即佛典受想行識之受。」按梁胡說皆未諦。此亦當與百法五遍行中之「觸」相似。觸爲「三和分別變異」。三和爲根、塵、識。此「物」即塵；此「其知」兼根、識言。蓋必有根、塵方能接，有識方能貌耳。貌即分別變異之義。

6 **經**恕，明也。

說恕〇恕也者以其知論物而其知之也著。若明。

校 經「恕」，顧廣圻據道藏本校作「𢜔」，謂卽智字，並改說之二恕字作𢜔。孫詒讓從之，又引吳鈔本經亦作𢜔爲證；近治此經者多沿用之。按諸校未審。舊本恕字固不誤；道藏本吳鈔本說亦不誤，經偶誤耳。且上經第七十五條、下經第四十四條皆有𢜔字，概假爲痴，不讀智，亦可證本條非恕字。兹定作恕以仍舊貫。

釋 事物有不能接知者，故恕尙焉。恕者推概比度之義。章炳麟云：「心能推度曰恕。故夫聞一以知十，舉一隅而以三隅反者，恕之事也。守恕者善比類。荀卿蓋云『坐於室而見四海；處於今而論久遠；疏觀萬物而知其情；參稽治亂而通其度』：此謂用恕者矣。」見章氏叢書檢論三訂孔下篇。其言至爲剴切。釋名云：「論，倫也；有倫理也。」此言以其知所接之事物，而比類倫理之，卽可以周知徧觀；故其知之也著。按非攻中篇云：「古者有語：謀而不得，則以往知來，以見知隱。」正與恕義相合。

若明之明，與經文「明也」之明，有名謂之別；義亦殊其輕重。管子宙合篇云：「見察謂之明。」韓子難四篇云：「知微之謂明。」見察知微，徹內徹外；蓋恕明者知之終事也。呂氏春秋任數篇云：「目之見也藉於昭；心之知也藉於理。」案昭卽明也；理卽倫也。

名家言恕卽推類(Inference by Analogy)，推類二字，見下經第二條。爲求知方法之一種。儒家不然，言恕每並言忠；則爲人生哲學之一條件而已。忠爲體而恕爲用；苟忠不立，則恕將漫無裁制。故曾參以孔子「一貫之道」爲忠恕；孔子答子貢「可以終身行之」之一言，亦以「己所不欲、勿施於人」爲恕；而中庸謂「忠恕違道不遠，施諸己而不願，亦勿施於人」；均以「己」爲權衡，以比量事物。他如大戴禮小辨篇：「內恕外度曰知外。」管子版法解：「度恕者度之於己也。」尸子恕篇：「恕者以身爲度者也。」離騷云：「羌內恕己以量人兮。」王逸注：「以心揆心爲恕。量，度也。」賈子道術篇：「以己量人謂之恕。」聲類云：「以心度物曰恕。」朱熹注論語云：「盡己之謂忠，推己及人之謂恕。」其所以爲推者，皆不外乎以身、以心、以內、以己爲比勘，卽所謂忠之用也。

墨家論知，分四階段，以次發展，明白如畫。

7 **經** 仁，體愛也。

說 仁〇愛己者非爲用己也。不若愛馬者。

校 說「不若愛馬者」，原作「不若愛馬著若明」。孫謂「著」當爲「者」，並衍「若明」二字。茲據正。

釋 恕事起而後有體愛之仁，墨子兼愛說卽從此出發。

墨子以兼愛爲「仁人之所以爲事」；故曰：「今人獨知愛其讀如已，下皆同。身，不愛人之身；是以不憚舉其身以賊人之身。人與人不相愛，則必相賊。凡天下禍篡怨恨其同之所以起者，以不相愛生也。是以仁者非之。」見兼愛中篇。又云：「爲人之家，若爲其家；夫誰獨舉其家以亂人之家者哉？爲彼猶爲己也。」見兼愛下篇。故墨子於此乃決然曰：「仁，體愛也。」體愛也者，韓子外儲說左上云：「楚王謂田鳩曰：『墨子者顯學也，其體身則可。』」原作「其身體則可」，據王先謙乙正。則此體即體身之意；言愛人當體諸己身，方謂之仁。立義極爲精當。

愛己者非爲用己，推之愛人者亦非爲用人，即體愛之道，所謂仁也。孔子謂「夫仁者己欲立而立人，己欲達而達人，能近取譬，可謂仁之方也已」。此體愛亦可謂爲墨者言「仁之方」。大取篇云：「愛人不外己，己在所愛之中。」則愛人、愛己，固無殊也。而此必云「愛己非爲用己」者，足見仁之爲愛，全在體己與否耳。蓋愛人者非爲用人，尙在疑似之際；愛己者非爲用己，其事誠，其信昭矣。何則？世固未有爲用己之故而愛己；亦未有爲不用己之故而不愛己者也。準是以推，則人之當愛，決不可以用之與否爲權衡耳。

此體非上文「體分於兼」之體，核之說語便知。

荀子富國篇云：「愛而後用之，不如愛而不用者之功也。」其愛而不用，與此云「愛非爲用」略同；而此尤明切。

不若愛馬者，意謂仁爲體愛，專屬人言，斷不可以施之於馬；人同類，馬異類也。故愛人可謂之仁，亦可謂之愛；愛物祇可謂之愛，不得同謂之仁也。孟子盡心上篇云：「君子之於物也，愛之而弗仁。仁民而愛物。」又曰：「仁也者人也。」呂氏春秋愛類篇亦云：「仁於他物，不仁於人，不得爲仁。不仁於他物，獨仁於人，猶若爲仁。仁也者，仁乎其類者也。」夫曰愛物弗仁，曰仁乎其類，皆謂愛人與愛物不同；故此以「不若愛馬者」爲反證。

【經】義，利也。

【說】義○志以天下爲芬，而能能利之；不必用。

【釋】王闓運云：「芬，卽分字，讀爲職分之分。」按芬，分之繁文。本經文字有繁省二例，別詳經說釋例。以後隨條舉之。

釋名云：「能，該也；無物不兼該也。」則此「能能」，猶云「能該」，或「能兼」。墨子之志，急於救世；故以天下事爲己分內事，乃能兼利天下。曹耀湘云：「用者見用於世也。不必用者，不必在上位，隨分而能利人也。」按曹說是。此殆呂氏春秋順說篇所謂「墨翟無地爲君，無官爲長」者歟。

孔子謂「君子義以爲上」，見論語陽貨篇。墨子謂「萬事莫貴於義」，見貴義篇。則孔墨皆重視義矣。然孔子曰：「君子喻於義，小人喻於利。」乃以義爲君子之事，利爲小民之事，各有所喻；故「罕言利」。然世人於利，每及其私；故又謂「以義爲利」，「見利思義」，則利須以義節之。司馬遷曰：「利，誠亂之始也！夫子罕言利者，常防其原也。」見孟荀列傳。得其旨矣。墨子屢言「國家百姓人民之利」，又曰「交相利」，意謂凡利必義。不義之利，則又不得謂之利矣。故此直曰：義，利也。此孔墨立言之不同處。

下經第七十六條云：「仁，愛也。義，利也。」而此言仁則體愛，言義則兼利，其意尤深。蓋天下未有不能愛己而能愛人者；亦未有不能利人而能利己者。墨道日微，斯人類益慘毒矣！有仁而後有義，有兼愛而後有兼利，仁愛義利，其歸是一。

9 **經** 禮，敬也。

說 禮○貴者公，賤者名，而俱有敬僈焉。等異論也。

釋 禮字：從示，從豊。豊爲行禮之器。古以玉事神，豊字：下從豆，上作𠁩，象盤中盛玨，即二玉相系，置於神前以表誠意，故引申其義爲敬也。

貴賤，上下對稱之詞。賤，謂較在卑位者，非鄙賤之義。畢沅云：「僈，慢字異文。」按賈子道術篇：「接遇肅敬謂之敬；反敬爲嫚。」説文：「嫚，侮傷也。」又「慢，惰也」。二義皆得相通耳。賤者稱貴者以公，非必敬也。貴者呼賤者以名，非必僈也。若貴者稱賤者以公，爲敬：如戰國策齊孟嘗君呼馮諼爲「馮公」，通鑑吳王孫權呼程普爲「程公」，是也。賤者稱貴者以名，爲僈：如莊子列禦寇篇：「如而夫者，郭注：「而夫謂凡夫也。」三命而名諸父。」按説苑臣術篇：「伊尹對湯曰：君之所不名臣者四，諸父臣而不名。」據此，知「名諸父」爲慢也。戰國策魏三：「宋人有學者，三年反而名其母。」周訢之言。是也。然貴者：如齊以侯稱公，鄭以伯稱公，自尊也，僈也。賤者：如「父之前子名，君之前臣名」；語見曲禮。自卑也，敬也。故曰貴者公，賤者名，而俱有敬僈焉。尹文子下篇云：「禮者所以行恭謹，亦所以生惰慢。」即其義也。

張惠言云：「論，讀爲倫。」按釋名云：「論，倫也。」荀子致仕篇：「禮以定倫。」又富國篇：「禮者貴賤有等。」又云：「古者先王分割而等異之也。」楊倞注：「以等差異之。」一則等異倫也者，猶云以等差而別異貴賤之倫矣。蓋貴賤之倫能以等差別異之者，當維之以禮，持之以敬；僈則敗矣。樂記云：「禮者殊事合敬者也」，亦即其義。

論語載孔子常盛稱禮樂。墨子少言禮樂，並且非樂，故上下經中無一樂字；小樂器惟下經第六條「蚼（塤）與瑟」，用爲譬詞耳。

本條經之立意與儒家同，說之立意爲墨家所獨有。

10 **經** 行，爲也。

說 行○所爲不善名，行也。所爲善名，巧也。若爲盜。

釋 「行爲」二字，常見連用。此卽以「爲」訓「行」，似難分曉。竊意此「爲」卽「能爲」，當與說之「所爲」對看。「所爲」者「事」也，未必卽謂之「行」；「能爲」則可謂之「行」矣。故曰「行，爲也。」論衡問孔篇云：「夫孔子之問使者曰：『夫子何爲？』問所治爲；非問操行也。使者宜對曰：『夫子爲某事，治某政。』」蓋此「行」卽操行；「爲」卽治爲。「治爲」亦與「所治爲」對看。「所治爲」者，猶云所爲之某事，所治之某政，非卽操行也。然使者對以「夫子欲寡其過而未能」。「能」卽能爲，正合「何爲」之問；而操行之意亦在其中矣。是以「行」卽訓「爲」，未嘗不可。又史記陳丞相世家載絳侯等咸讒陳平，漢王疑之，召讓魏無知。無知曰：「臣所言者能也；陛下所問者行也。」其「能」亦卽能爲。蓋細言之，「能」「爲」與「行」有別。通言之「能」「爲」，或合言之「能爲」，皆卽「行」耳。

孟子謂「墨子兼愛，摩頂放踵利天下，爲之」。其「爲」卽此「爲」字，亦「能爲」也。墨子勞苦自爲，視「爲」卽「行」。故荀子譏之曰：「爲之者役夫之道也，墨子之說也。」王霸篇。蓋荀子不以「爲」爲「行」，乃以「正義而爲謂之行」（正名篇）矣。所爲不善名行也句，本以「行也」二字爲主詞，猶云行也者所爲不善名也；乃轉易之爲下句對文。

善，繕之省文，治也，緣飾也。蓋所謂行者，以所爲之事不緣飾乎名也。今人乍出孺子於井，所爲之事也；而不要譽於其父母昆弟鄉黨朋友者，不繕乎名也，行也。墨家崇實，故不繕名。後世游俠之徒，殆卽此義所育。司馬遷曰：「今游俠，其言必信，其行必果；而不務其能，羞伐其德，蓋亦有足多者焉。」（見史記游俠傳。）可爲本條參證。

列子楊朱篇：「名者僞而已矣。」廣韻云：「巧，僞也。」蓋所爲而務緣飾其名者，未必能爲，直巧僞無行耳。

若爲盜，卽上句「所爲善名巧也」句之譬詞。孟子萬章篇云：「夫謂『非其有而取之者盜也』，充類至義之盡也。」正是此意。又常語「巧於盜名」，亦此謂也。

爲盜，亦卽能爲盜。能爲盜者祇能謂之盜行，正與「行之能爲」爲對文。

11 **經** 實，榮也。

說 實○其志氣之見也，使人如己。不若金聲玉服。

【釋】實，榮之質。榮，實之著。有諸內必形諸外也。

其志氣之見也者，謂實榮爲志氣之表見。志，實也。氣，榮也。孟子公孫丑篇云：「夫志，氣之帥也；氣，體之充也。夫志，至焉；氣，次焉。故曰持其志，無暴其氣。」蓋志不易見，由氣而見。以氣使人，人必反之；如其己心，（左昭六年傳疏：「如心爲恕，謂如其己心也。」）人必安之。故曰使人如己。使人如使己，亦卽體身之意。

玉服者，月令鄭玄注：「凡所服玉，謂冠飾及所佩者之衡璜也。」則此玉服與金聲對文，當爲服飾之服。不若金聲玉服者，金聲玉服，徒炫於外，而無補於內。猶之不能充實而務榮，不能持志而暴氣，故曰不若。

詩大雅棫樸篇云：「雕琢其章，金玉其相。」按相，質也。言雕琢爲文章，又以金玉爲質，（此本荀子富國篇楊倞注。）卽此實榮之義。至於金聲玉服，已非其質，故曰不若。史記陳丞相世家言「平雖美丈夫，如冠玉耳；其中未必有也」。亦卽此意。

金聲玉服，墨家常不謂然。如七患篇（此據羣書治要引，今墨子作辭過篇。）云：「鑄金以爲鉤，珠玉以爲珮；女工作文采，男工作刻鏤：以爲身服。此非云益煖之情也；單（殫）財勞力，畢歸之於無用也。」可證。

又按實猶質也；榮猶文也。實榮者，猶言質文也。昔孔子嘗謂「質勝文則野；文勝質則史。文質彬彬，然後君子」。論語雍也篇。然有周尚文；孔子從周，未免偏於文矣。故棘子成曰：「君子質而已矣。何以文爲？」子貢曰：「惜乎夫子之說『君子』也，駟不及舌。文猶質也，質猶文也。虎豹之鞟，猶犬羊之鞟。」顏淵篇。正義曰：「此章貴尚文章也。」蓋儒家尚文，因謂有質即有文。然墨子尚質，故謂先質而後文。墨子嘗答禽滑釐曰：「古有無文者得之矣，夏禹是也。先質而後文，此聖人之務。」說苑反質篇。由是以觀，則本條「實榮」之說，當爲三墨所持之義矣。故荀卿謂墨子「蔽於用而不知文」，解蔽篇。又謂「好其實不恤其文」，非相篇。有以也夫。

12 經 忠，以爲利而强低也。

說 忠○不利弱子；亥足將入，止容。

釋 下條訓「孝」爲利親，本條訓「忠」不曰利君者：知墨家之所謂忠，乃謀國輔人、奉上使下之一令德，初非限於臣對君也。王闓運改强低爲「强仕」，孫詒讓改爲「强君」，其思致爲自來忠君之言所束縛，亦已久矣。

此「忠」以一字爲辭，「以爲利而强低也」是出故，「不利弱子；亥足將入，止容」是辟辭。

以，猶謂也。見王引之經傳釋詞。爲利者，非樂上篇云：「仁者之事，必務求興天下之利，將以爲法乎天下；利人乎則爲。」卽其義。強低者，左昭十二年傳云：「外強、內溫，忠也。」曹耀湘云：「強者勇於任事，低者抑然自下，如易言勞謙。」皆是。

不利弱子句，承經文爲利言。亥足將入止容句，承強低言。

曲禮云：「二十曰弱，冠。」釋名云：「二十曰弱，言柔弱也。」則弱子管子形勢解，尸子治天下篇，韓子說林下篇，皆有弱子之語。係謂成人而冠者耳。荀子儒效篇：「成王冠，成人。」此言成人之子，體雖柔弱，亦當「使各從事其所能」。節用中篇語。若爲之父者，「舍餘力、隱謀、遺利，而不爲天下爲之」，節葬下篇語。則有害於秉，失爲利之旨矣。

「亥」，假爲「其」，古音同。易「箕子之明夷」，趙賓謂「箕子者萬物方荄茲也」。顏師古曰：「荄，音該。」見漢書儒林傳及注。惠棟云：「箕子，當從古文作其子。其，古音亥。」淮南時則篇：「爨萁燧火。」高誘注：「其，讀該備之該也。」凡此皆亥其二字同音通用之證。其足將入止容者：入，猶大禹「三過其門而不入」之入。墨子法禹，形勞天下，突不得黔；故足將入室而有止容。著一容字，極狀強低之態。禮玉藻篇：「足容重。」鄭玄注：「舉欲遲也。」蓋過門將入，舉足欲遲，言不顧家也。不利子，不顧家，以利天下，所以爲忠。

13 孝．利親也。

說 孝〇以親爲芬，而能能利親；不必得。

釋 墨子以儒者之知，如嬰兒子，獨慕父母而已；見公孟篇。孟子謂「大孝終身慕父母」，本儒家舊說。故倡利親爲孝之說。然兼愛上篇云：「子之不孝父，所謂亂也。子自愛，不愛父，故虧父而自利。」是所謂不孝者，乃因子自愛自愛，即非兼愛。而不愛親，故虧親而自利；則利親仍當基於愛親耳。蓋愛親爲人所習知；利親爲人所易忽。故曰孝，利親也。然則所謂孝者，仍以愛利其親爲是。兼愛下篇云：「姑嘗本原孝子之爲親度者，則欲人之愛利其親也。」可證。後來賈誼謂「子愛利親謂之孝」，見新書道術篇。殆祖此意而爲言歟？

「芬」與「能能」字義皆見前。

大取篇云：「厚親，分也。」即此以親爲分之義。又云：「知親之一利，未爲孝也。」即此能兼利親之義。不必得者，言有利親之實，不必得孝之名也。

本條與上第八條之說，語句頗同；惟首無「志」字。蓋墨者志在兼利世人；以親爲世之一人，孝爲人之一事，故無二志。於此，足見墨家愛利主義之宏遠，亦見其立論涉思之縝密。

14 **經** 信，言合於意也。

說 信〇不以其言之當也。使人視城，得金。

釋　意，億之省文，料度也。料度之事，固未必驗；但若其言與所料度者相合，卽謂之信。荀子不苟篇楊倞注：「當，謂合禮義也。」不以其言之當也者，謂言合於億，卽不以其言之合義，亦謂之信也。如億城上有金，乃一不合理義之言也；然使人視城而果得金，則言合於億，卽謂之信。墨家重功用；信與不信，須視其事之結果爲何如耳。

使人視城得金，與下第七十五條「廧外之利害，未可知也，趨之而得刀，」同一句法。

孟子離婁下篇云：「大人者，言不必信，行不必果，惟義所在。」按孟子爲儒家，其言正與此相反。

韓子解老篇云：「先物行、先理動之謂前識；前識者無緣而妄意度也。何以論之？詹何坐，弟子侍，有牛鳴於門外。弟子曰：『是黑牛也，而白在其題。』詹何曰：『然。是黑牛也，而白在其角。』使人視之；果黑牛，而以布裹其角。」按詹何之言合於意，而弟子則否；是詹何信，弟子不信矣。

近代科學如聲光電化，有勢不能用精密之測定法者，往往出之以「億」，以揣度其未見之事實，名曰或然律，（Law of Probability），其所得之效，甚有裨於科學之進步。墨家精於工事，故能若此。

15 **經**狂，自作也。

說狂○與人，遇；入衆，⿰忄盾。

校經原作「佴自作也」。

說原作「佴與人遇人衆⿰忄盾」。按佴字，細繹文義，似不類。下第七十一條言「佴」，列於「仳、次、法」三者之後，應不誤。此處次條出「謂」，疑「佴」當作「狂」；狂佴，篆書字形略似致譌耳。「人衆」，據曹耀湘改作「入衆」。

釋廣韻云：「狂，輒爲也。」按輒者專擅之詞。凡事專擅爲之，不計他人可否，卽此自作之義，因謂之狂。

說文云：「與，黨與也。」管子形勢篇云：「見與之交，幾於不親。」尹知章注：「與，親與也。」穀梁隱四年傳：「遇者志相得也。」畢沅云：「字書無⿰忄盾字。」按⿰忄盾，假爲遁，同從盾聲，故得通用。

與人遇，入衆遁，此二句相對爲文。蓋謂狂者志同道合，則相得益彰；若入於大衆，則遁逃之。詩鄘風疏：「論語云：『狂者進取。』仰法古例，不顧時俗，是進取一槪之義。」按進取，亦此云「自作」。仰法古例，猶云「與古爲徒」，卽「與人遇」之義。不顧時俗，猶云「入衆遁」也。

孟子盡心下篇謂琴張曾晳牧皮爲狂。考莊子大宗師篇載子桑戶死，子琴張孟子反（卽牧皮）臨尸而歌，禮檀弓篇記季武子死，曾晳倚其門而歌，此皆孔子所謂「遊方之外」者，其「與人遇、入衆遁」之狂態如見。

16 **經** 詣，作嗛也。

說 詣○爲是。爲是之台彼也，弗爲也。

釋 詣，論語子路篇作狷，孟子盡心下篇作獧。孫詒讓云：「詣、狷、同聲假借字。」又云：「詣，當爲獧之借字。」又引國策魏策高誘注云：「嗛，快也。」按此言狷者作事快慰。何以故？以其「爲是」故。此二「爲是」之爲、讀去聲，與下「弗爲也」之爲、義同「作」者有別。是者此也。「爲此」，與下「台彼」對文，則「爲此」猶云「爲己」耳。說文：「台，說也。」按台說，今作怡悅。蓋爲己者不必利人，卽不悅彼。如欲爲己而又悅彼，二者交戰於中，則作之不嗛，其勢必不能爲；故曰爲此之台彼也，弗爲也。論語謂「狷者有所不爲也」，卽此意。

孟子謂獧爲「不屑不潔之士」。潔，亦作挈。不屑者，不自動作，輕蔑其事也；不挈者，不自檢斂，忿戾其情也：此二義實亦相因。蓋詣者當一己快慰時則作之；若怡悅他人而自不快慰，則不爲矣。

後漢書獨行傳序引論語狂狷之說曰：「有所不爲，亦將有所必爲者矣；既云進取，亦將有所不取者矣。如此，性尚分流，爲否異適矣。」其義頗與此二條相會。孟子謂「楊子取爲我，拔一毛而利天下，不爲也」。楊朱貴己，似卽謂者一流人。

17 **經** 廉，作非也。

說 廉○己惟爲之，知其心所⿰耳思也。

校 說原作「知其也⿰耳思也所」。畢沅謂一本作「知其思耳也」。孫謂別本作「思耳」，顧校季本同。按此疑當作「知其心所⿰耳思也」。上「也」字篆文作[illegible]，與「心」字篆作[illegible]相似致誤。「所」字應乙轉在「⿰耳思」字上；畢、張惠言、孫各家皆屬下條讀，非。

釋 釋名云：「廉，斂也；自檢斂也。」又云：「非，排也；人所惡排去也。」按非字本排之古文。則作非者，言己作之而惡者排去之也；卽自檢斂之義。

孫詒讓云：「惟，當作雖，同聲假借字。」又云：「字書無⿰耳思字，當爲諰之譌。荀子彊國篇云：『則有其諰矣』。楊倞注：『諰，懼也。』此⿰耳思，卽荀子之諰；與論語『愼而無禮則葸』之葸，聲義亦相近。」按廣韻：「諰，言且思之。」言而且思，引申有畏縮意，故訓爲懼。此⿰耳思「從耳思」，與諰「從言思」當同義。此字別體頗多，又有偲、鰓、䰎皆訓爲懼，蓋同從思聲，自可通用。

管子牧民篇云：「廉不蔽惡；不蔽惡則行自全。」蓋廉者心之所懼，卽其所惡；故己雖爲之，而能知其心之所惡者以自檢斂也。

論語云：「古之矜也廉；今之矜也忿戾。」按矜，卽上條之所謂狷；見陳澧東塾讀書記第三。則廉，卽古之狷者之所有事也。蓋狷者性廉而又不檢，不屑不挈，極易流於忿戾。而廉與忿戾，差之毫釐，謬以千里。故廉者知自心之所懼，恐不免於忿戾；則忿戾爲所惡，須排去之也。

18 經 令，不爲所作也。

說 令〇非身弗行。

釋 上文狂、狷、廉三者皆以「作」爲訓，且皆義屬「能作」。茲「令」若由人爲，當屬「所作」；然墨者以「令」仍就己說而爲「能作」，故云「不爲所作」也。

非身弗行者，謂不以身作則，令弗行於人；是以先就己說，不以責之他人也。蓋墨者以令出於其身，則身爲能作，令亦謂之能作，觀尚同天志諸篇可知。

告子謂子墨子曰：「我爲同能治國政。」子墨子曰：「政者，口言之，身必行之。今子口言之而身不行，是子之身亂也。子不能治子之身，惡能治國政？子姑防子之身亂之矣。」見公孟篇。

按政口言之者，令爲能作也。身必行之者，非身弗行也。

淮南主術篇：「人主之立法，先以身爲檢式儀表，故令行於天下。」亦卽此意。論語云：「其身正，不令而行。其身不正，雖令不從。」可與此條互相印證。韓愈謂「儒墨同修身正心以治天下國家」，於此可見。

19 **經** 任，士損己而益所爲也。

說 任○爲身之所惡，以成人之所急。

釋 任者，略如史記游俠傳所謂「任俠」。士，亦卽所謂「布衣之徒」。故公孫弘議郭解，謂「解布衣爲任俠」也。益所爲之「爲」字，讀去聲。不言損己益人而曰益所爲者，言所爲者天下，人皆在所爲之中，義較廣矣。孟子謂「墨子摩頂放踵利天下，爲之。」莊子天下篇謂「以繩墨自矯而備世之急，古之道術有在於是者，墨翟禽滑釐聞其風而悅之。」列子楊朱篇張湛注謂「禹翟之教，忘己而濟物也。」皆可爲本條參證。

司馬遷曰：「今游俠，已諾必誠，不愛其軀，赴士之阨困，此亦有所長，非苟而已矣；故士窮窘而得委命。此豈非人之所謂賢豪間者邪？至於閭巷之俠，脩行砥名，聲施於天下，莫不稱賢，是爲難耳。然儒墨皆排擯不載。自秦以前，匹夫之俠，湮滅不見；余甚恨之。」見游俠傳。按今墨子所載任俠事，略見公輸篇，其行固軌於正義；非若朱家郭解之流，益其所爲者少也。故大取篇云：「斷指與斷腕，利於天下相若，無擇也。死生利若一，無擇也。殺一人以存天下，非殺一人以利天下也。殺己以存天下，是殺己以利天下。」蓋墨家之志，在利天下；匹夫之俠，遂無聞焉。然其蹈死不顧之概，亦有可以考見者：如公輸篇載墨子之言曰：「臣之弟子禽滑釐等三百人，已持臣守國之器在宋城上而待楚寇矣；雖殺臣，不能絕也。」又淮南泰族篇云：「墨子服役百八十人，皆可使赴火蹈刃，死不旋踵；化之所致也。」呂氏春秋上德篇云：「孟勝爲墨者鉅子；孟勝死，弟子死之者百八十。」其損己而益所爲之精神，古今罕見，類皆墨子此義所養成矣。

20 經 勇，志之所以敢也。

說 勇○以其敢於是也命之；不以其不敢於彼也害之。

釋 志者心之所之。敢，即論語「勇者不懼」之義。夫心之所之，必不盡同；而敢與不敢，亦各有異。故謂之不懼者，非不懼也；乃以其志之所以勇於敢或勇於不敢耳。

孫詒讓云：「命，猶名也。」張惠言云：「人有敢，亦有不敢。就其敢於此，則命之勇矣。」按敢於此者，或亦敢於彼，將無制裁。韓子守道篇：「賁育不量敵，則無勇名。」正是此意。若藺相如叱辱秦王，敢於是也；退讓廉頗，不敢於彼也。是以名重太山，適見其爲大勇矣。

老子云：「勇於敢則殺；勇於不敢則活。」淮南人間篇記秦牛缺徑於山中遇盜，奪其所有，盜還顧牛缺無懼色憂志，因而殺之；謂「能勇於敢，而未能勇於不敢也」。正可爲本條反證。

21 經 力，刑之所以奮也。

說 力○重之謂。下、與。重奮也。

釋 畢沅云：「刑，同形。」按刑形二字，古通用。梁啓超云：「奮，動也。」按列子說符篇：「力盛者奮」，卽是。蓋物形（今言物體）本靜，其所以奮動者在力。據今動力學（Kinetics），「凡改變物形之動止狀態者，皆謂之力。」然則令物體動，須加外力耳。牛頓動例（Newton's Laws of Motion），正合此旨。

力加於物而後物動；惟力不易見，須由重而見之耳，故曰「重之謂」。（按今力學亦曰重學。）

孫詒讓云：「與，疑當作舉。」按與，舉之省文。

「下、舉」譬詞。此分爲二：（一）下；（二）舉。下者引物令下。蓋凡物莫不有重，重卽下墜之因；而其所以下墜者力使之耳。舉者舉物向上。舉物向上，亦必加以適當之力而後可。下經第二十六條云：「挈，有力也。引，無力也。」此舉卽挈，（荀子王霸篇楊注：「挈，提舉也。」）故云有力。所謂引者，如地球引物下墜，人習不覺，故曰無力；實則地球有吸力爲之，正此所謂下耳。

重奮也句，在論式爲推辭。此謂凡物之重，加以相當之力，必奮動也。

22 經 生，刑與知處也。

說 生○楹之。生商不可必也。

釋 畢沅云：「刑，同形。」孫詒讓云：「此言形體與知識合并同居則生」。楹，盈之繁文。孫云：「楹，吳鈔本作盈。」「之」字，指經文「形與知」言。說文：「商、章省聲。」按此商卽假爲章，引申有强盛之意，故白虎通五行篇：「商者强也。」又說文：「必，分極也。」莊子徐無鬼篇郭注：「覕，割也。」此必字，義卽「分割」。盈之，在此爲出故之辭。生商不可必也，乃推辭。此謂人之形知充盈，則其生强盛，凡生强盛者不可覕割也。

本經盈字常見。下文謂堅白相盈而在石，此謂形知盈之而生商；蓋形知之盈於生，正猶堅白之盈於石矣。形知既盈於生；則有生之年，卽勞形之日，亦卽求知之日。莊子天下篇謂「墨子好學而博」；又謂「其生也勤」。蓋勞形而求知，正墨者爲生之道。若二者缺一，生乃覕割矣。

此似破莊周之說。莊子大宗師篇引有顏回與仲尼問答一章。顏回曰：「墮枝體，黜聰明，離形去知，同與化通，原作「同於大通」，茲據淮南道應篇改。此謂坐忘。」仲尼曰：「同則無好也，化則無常也。」蓋墨者視莊生輩之離形去知，殆卽斥爲蜆割其生者矣。

23 經 臥，知無知也。

說 臥○……

校 此下兩條之說，僅有標題；張謂或有闕文，是也。孫謂疑以「臥、夢」義易明，故述而不說。按不說當無標題，孫說非也。

釋 羅焌云：「上知字乃知材之知，下知字乃知接之知，謂人臥則知識無所接觸也。此乃未入夢時之境界。」按名家認知有所以知之材。人當臥時，僅有知之質，而無知之用；故曰知，無知也。可參閱上文第三、第五兩條。

24 經 夢，臥而以爲然也。

說 夢○……

釋 夢，應作㝱。說文：「㝱，寐而覺者也。」今通用夢字。莊子齊物論篇云：「方其夢也，不知其夢也。」又云：「昔者莊周夢爲胡蝶，栩栩然胡蝶也。」蓋夜臥之時，忽見山河衡宇，或遇人物怨親；彼時感情激發，若以爲然。迨及覺時，則安寢未移，懵然莫識而已。

25 經 平，知無欲惡也。

說 平〇惔然。

釋 孟子告子上篇：「平旦之氣，其好惡與人相近也者幾希。」蓋謂平旦初覺醒時，尚有清明之氣，其好惡與凡人相近者甚微，亦似中庸所謂「喜怒哀樂之未發謂之中」，故曰知無欲惡。

張惠言云：「惔，疑當爲憺。」孫詒讓云：「集韻四十九敢云：『憺，或作惔。』說文：『憺，安也。』即今所謂無欲惡。」按惔，假爲倓；說文：「倓，安也。」玉篇：「倓，靜也；恬也。」即是。

荀子解蔽篇云：「心：臥則夢。故心未嘗不動也；然而有所謂靜。不以夢劇亂知謂之靜。」按靜，猶此所謂惔然。

此處頗說明臥、夢、覺三階段之知識不同。

26 經 利，所得而喜也。

說 利〇得是而喜，則是利也。其害也，非是也。

27 經 害，所得而惡也。

說 害〇得是而惡，則是害也。其利也，非是也。

【釋】右二條言利害之別，相互見意。韓子六反篇云：「夫欲利者必惡害；害者利之反也。反於所欲，焉得無惡？」按喜惡，似與欲惡有別；喜惡果而欲惡因也。故所得而喜，方謂之利；所得而惡，方謂之害。

其害也非是也，猶云其不利者非是喜也。其利也非是也，猶云其無害者非是惡也。利害懸於喜惡。雖利中有害，非惡也；害中有利，亦非喜也。大取篇謂「遇盜人而斷指以免身。其遇盜人，害也；斷指以存擥，利也。」夫遇盜人而有免身之喜，利也；卽有斷指之害，而仍非惡也：故曰其利也、非是也。貴義篇云：「今謂人曰：『予子冠履而斷子之手足，子爲之乎？』必不爲。何則？冠履不若手足之貴也。」夫有斷手足之惡，害也；雖有予冠履之利，而仍非喜也：故曰其害也、非是也。

28【經】治，求得也。

【說】治〇吾事治矣；人有治；南北之。

【校】說「南北之」，原作「南北譽之」。按譽字爲次條牒經標題，與「之」倒誤；茲乙正。

【釋】大取篇云：「於事爲之中而權輕重之謂求。」此求得者，謂權事之輕重而得之也。蓋擧事得其先後緩急，實爲治之要道。

此「人」字指中國人，與上「吾」下「南北」各字對看。孫詒讓云：「有，當讀爲又。」有本又之繁文。按禹貢曰：「東漸于海，西被于流沙，朔南暨；聲教訖于四海。」鄭玄注：「朔，北方也。南北，不言所至，容踰之。」此南北之，猶云朔南暨。舉南北，兼東西言。蓋謂治化遠及於四海之外而無訖處，亦兼愛無窮之義。

此謂吾一人之事既已治矣；而中國之人又治；乃至東西南北偏遠之地莫不皆治：與儒者言修齊治平無甚異。

29 **經** 譽，明美也。

說 譽○必其行也；其言之忻，使人督之。

釋 說文：「必，分極也；從八弋。」段玉裁注：「極，猶準也。立表爲分判之準，故云分極。引伸爲詞之必然。」按八弋卽分判之準，則「必」有專決義。論語「毋必」，何晏解爲「無專必」，是也。人有美行，譽以明之者，欲使專其美行也。譽言令人忻悅，恐其聞之而怠；故當使人察之。說文：「督，察也。」孔子曰：「如有所譽者，其有所試矣。」顏師古曰：「言於人有所稱譽者，輒試以事，取其實效也。」見漢書藝文志注，卽是。

30 **經** 誹，明惡也。

說誹○止其行也；其言之作。

校說原作「必其行也，其言之忻。」按此與上條全同，僅少下句，定有錯誤。疑「必」當爲「止」。以「止」草書似「心」，初誤爲「心」；後又以「心」無義，照上改爲「必」耳。今據文義改作「止」。「忻」，據梁啓超改爲「怍」。

釋人有惡行，誹以明之者，欲使阻其惡行也。誹言令人愧怍，則悔心生而遷於善矣。論語憲問篇：「其言之不怍，則爲之也難。」可爲本條反語以見意也。

按譽誹二者，有勸善規過之意。墨子常强說人以義，故其書每見此二字也。

韓子八經篇因情云：「譽莫如美，使民榮之。毀莫如惡，使民恥之。」又主威云：「明誹譽以勸阻。」並卽其義。然此譽嚴而誹寬者，蓋欲杜其巧取之門，而廣其自新之路耳。

31 **經**舉，擬實也。

說舉○告。以之名舉彼實也。

校說「以之名舉彼實也」：「之」原作「文」。孫謂此篇「之」多誤爲「文」，此「文」亦當作「之」。「之名」，猶言「是名」，與「彼實」相對。按孫校是，據改。

釋說文：「擬，度也。」易繫傳：「擬諸形容。」又曰：「擬之而後言。」皆卽其義。

實者物之本體也。本體函有性、相諸德。如言「堅白石」：石爲本體；而堅爲性，白爲相。堅白爲石之所屬；故擧物擬其實而不擬其德。如告人以石來則喩；告人以堅白來則不喩。荀子正名篇：「名聞而實喩，名之用也。」太史談謂「名家控名責實，參伍不失」。皆是。

說言「告」者，下經第九條云：「告之，使知也。」告而不知，則非擬實矣。

下經第五十三條云：「擧『友富商也』，是以名視同示，下同。人也。指『霍是臛也』，是以實視人也。」其「擧」與「指」相對成文。蓋凡物在未擧之先爲實；在既擧之後爲名。萬物皆實，可以指令人知；異實有名，始可擧以相告。所以指則不必用名；擧則定須擬實矣。

墨辯有正擧、狂擧之別，見後。正擧者擬實也；狂擧者不擬實也。

以之名擧彼實也句，在論式爲譬詞。小取篇云：「以名擧實，以辭抒意。」其「辭」卽由「實名」二者組合而成。如上引「友富商也」：「友」謂之「實」；「富商也」謂之「名」；「實名」合謂之「辭」。當參閱下文第八十條。故以辭告人，人莫不喩。易繫傳云：「繫辭焉所以告也。」卽其義。

此蓋假「辯術」中「以名擧實」之擧，而比喩「擧擬實也」之擧爲何義。學者須深思之，切勿混爲一談也。

以之名擧彼實，卽以此名擬議彼實之謂。設若有人曰「白馬」，其聞者將不喩其所欲言。必如云「白馬爲馬」，當參閱下文第四十五條及下經第六十七條各釋語。斯聞者方可決其志義。蓋「白馬」即此之謂「實」；「爲馬」即此之謂「名」。說者必以「爲馬」之名，以擬議其「白馬」之實，始有完全之志義，令人生其解悟也。說用「告」字，尤爲顯明。如上例，若僅說「白馬」而止，則說者心中所欲宣之志義，尚未告人；必繼以「爲馬」之名，始告人以實之何若，以明其志義之所在，而有是非然否之可形也。

韓子說林下篇載齊人有請以「三言」說靖郭君者，曰：「海大魚。」因反走。君曰：「請聞其說。」蓋齊人僅說「海大魚」三字，有實而不以名舉，此必無人能知其所欲言；故靖郭君欲聞其餘也。迨後客謂「大魚蕩而失水，螻蟻得意焉」。斯有實有名而成一辭矣。然則欲通辯學，又烏可不究辭之體用種別邪？當參下文第八十條釋語。

32 經 言，出故也。

說 言○故也者諸口能之出名者也。若氏畫俔也。言也「謂」言，猶名致也。

校 經原文作「言出舉也」。說原文作「故言也者諸口能之出民者也民若畫俔也言也謂言猶石致也」。按此經說多誤。小取篇有「以說出故」之語，疑此原亦作「言出故也」。或讀者援「舉」釋「出」而旁識之，校者復以「故」爲承接字，因刪「故」存「舉」致誤也。茲查說之第二字即「言」，應爲標題；則第一「故」字應乙轉，讀作「故也者」云云，卽承經文「故」字以爲簡別之語耳。此例本經頗多，如後第四十五條、第六十四條、第七十一條等皆是；則經文之當作「出故」，益可徵信。說之「出民」及「石致」，孫謂皆爲「名」字之誤，是也。玆據校改。「若氏」，原作「民若」，形似而又倒誤，玆乙正。

釋 小取篇謂「以說出故」，此謂「言出故也」，則「言」「說」同義。此「故」字與前第一條所謂因果律不同。此乃論式之一物，所以說明辭物之所由然者也。下第七十二條云：「說，所以明也」。如上條所引「白馬爲馬」一例，其「白馬」之實，與「爲馬」之名，兩皆聲入心通，並無疑義。迄實名兩合，而立「白馬爲馬」一辭；斯時立者之謬與不謬，聞者之許與不許，似皆未可遽判。苟立者不謬而聞者許之，已無辯矣。若立者以爲不謬，而聞者或不許；如公孫龍輩不認「白馬爲馬」，而曰「白馬非馬」。可參閱形名發微白馬論。則自龍輩言，此立者已犯墨辯所謂「辭過」；見辭過義例。其非「能立」，概可知矣。然當此時，苟立者出其正確之「故」以折服龍輩，帖耳而甘心焉；則是非然否之間，必有所定也。

故也者諸口能之出名者也一句，係釋經文「故」之何若，爲「出故」二字之簡別語。若氏晝俔也係譬辭。言也謂言猶名致也係出故之辭。

口能者口之機能，猶云口才。孫詒讓云：「字書無虒字。」畢沅云：「虒，虎字異文。」按虒，虎之繁文。說文：「犬，象形。孔子曰：『視犬之字，如畫狗也。』」畫狗、畫虎，詞例正同。

「辭」爲立論者所提出而待判決之物；「名」爲主客相對而爲諍論目的之所在；「故」乃主對於客所以應付此「名」之理由而出。如立「白馬爲馬」一辭，苟有疑「爲馬」之名而以爲非者而扣其故，此立者必曰「白馬有四足故」；或曰「爲生物故」；或曰「是獸類故」；或曰「可馳驅故」。凡此諸口能之答案，雖不知其當否；然卽所謂出故之言，皆屬對於「爲馬」之名而發，故曰「故也者諸口能之出名者也」。說文：「走馬謂之馳；策馬謂之驅。」今認定「馳驅」二字專屬馬言，乃擬以「可馳驅故」一言爲「正故」；則此正故卽爲諸口能中之出名者。由是諸口能之不出名者，如「有四足故」，「爲生物故」，「是獸類故」，及一切相同不當之言，皆可簡別之也。

若氏畫虎：虎者實也；畫則象其形，言則象其義，故得相譬。氏義見下經第八條。

言也「謂」言，猶名致也：孫詒讓云：「猶，與由通。」按「言也」猶云「言者」，在此爲主詞。言也謂言，猶云「言」之爲言「謂」也。如上例：「白馬可馳驅故」爲「言」，而其所謂之事卽「故」。白此故出，而後「白馬爲馬」之「辭」，始可決定。蓋名家認白馬爲實，故下經第四條云：「有之實也而後謂之。」此「謂」亦卽其義，故曰「言也謂言」。又如「可馳驅故」一言，乃完全對於辭之

「爲馬」與否而致，並非爲「白馬」與否而致。此「爲馬」既爲彼辭之「名」，則「可馳驅故」一言，亦卽由此「名」而致無疑矣。下文第八十條云：「所以謂，名也。」故此曰「言也謂言，由名致也」。

33 經 且，言且然也。

說 且○自前曰且。自後曰已。方然亦且。

校 經原文作「且，且言然也」。茲乙作「且，言且然也」。說末原有「若石者也」四字，俞樾謂涉下句「君以若名者也」而衍，又誤「名」爲「石」耳。茲據刪之。

釋 且，何以言「且然」？以自前曰且，方然亦曰且之故。

自後曰已，譬詞也。

俞樾云：「凡事從事前言之，或臨事言之，皆可曰且。如『歲且更始』之且，事前之且也。如『匪且有且』之且，毛傳云『此也』，此方然之且也。惟從事後言之，則爲已然之事，不得言且；故云自後曰已。」按俞說甚是。蓋綜合言之，可以區爲三時：(一)自前而言後曰且，爲將，卽未來；(二)自後而言前曰已，爲往，卽過去；(三)不前不後，卽方然，亦曰且，爲今，卽現在。

34 【經】君、臣、萌，通約也。

【說】君〇以若名者也。

【釋】萌，注家多釋爲民氓，此似不然。韓子難一篇云：「四封之內執禽原作會而朝名曰臣；臣吏分職受事名曰萌。」或屬古有是說，而墨家亦承用之。然則君臣萌三者，正猶尙同中篇所謂「天子、國君、鄉里之長」，是也。茲摘錄彼篇文云：「古之民始生未有正長之時，天下之人異義；是以天下亂焉。明乎民之無正長以一同天下之義而天下亂也；是故選擇天下賢良聖智辯慧之人，立以爲天子，使從事乎一同天下之義。天子既已立矣，以爲天下博大，山林遠土之民不可得而一也；是故靡分天下，設以爲萬諸侯國君，使從事乎一同其國之義。國君既已立矣；是故擇其國之賢者，置以爲鄉里之長，與從事乎一同其國之義。天子、諸侯之君、鄉里之長，民之正長既已定矣。天子爲發政施教曰：『凡聞見善者必以告其上；聞見不善者亦必以告其上。上之所是，必亦是之；上之所非，必亦非之。己有善，傍薦之；上有過，規諫之。尙同乎其上，而毋有下比之心；上得則賞之，萬民聞則譽之。下比而非其上者，上得則誅罰之，萬民聞則非毀之。』是故里長順天子之政，而一同其里之義；率其里之萬民以尙同乎鄉長。鄉長固鄉之賢者也。唯以其能一同其鄉之義，而鄉既已治矣；有(又)率其鄉萬民以尙同乎國君。國君固國之賢者也。唯以其能一同其國之義，而國既已治矣；有率其國之萬民以尙同乎天子。天子者固天下之仁人也。唯以其能一同天下之義，是以天下治也。夫既尙同乎天子，而未尙同乎天者，則天菑將猶未止也。故古者聖王率天下之萬民，齊戒沐浴，潔爲酒醴粢盛，以祭祀天鬼。其爲正長若此；是故上者天鬼有深厚乎其爲正長也，下者萬民有便利乎其爲正長也。天鬼之所深厚而能彊從事焉，則天鬼之福可得也；萬民之所便利而能彊從事焉，則萬民之親可得也。其爲政若此；是以謀事得、舉事成、入守固、出誅勝者，何故之以也？曰：唯以尙同爲政者也。」按里長、鄉長、國君、天子，皆屬正長。正長爲政，皆率下之萬民以一同其義於上之天鬼；則正長者介乎天鬼與萬民之間，而發政施教者也。政敎由里、鄉、國、以至天子，義皆一同，是非善過，無有下比，所謂通約也。通約，猶云「一同天下之義」而非「異義」。

以若名者也：以，猶謂也。若，猶尙書「欽若昊天」，順也。則此猶云君臣萌之通約，謂順名者也。蓋君臣萌三者相與上同乎天；其所約之義既同，則約定而名立。順名者治；越名者亂。名苟不正，約亦敗矣。荀子正名篇云：「名無固宜，約之以命。約定俗成謂之宜；異於約則謂之不宜。」蓋此若名卽名之宜者也。

35 經 功，利民也。

說 功○待時。不待時。若衣、裘。

校 說原作「功不待時若衣裘功不待時若衣裘」，畢張疑下句衍。孫謂吳鈔本亦無，據以刪去。按諸校未諦，疑此僅衍「不……若衣裘功」五字耳。

釋 張惠言云：「冬資葛，夏資裘，不待時而利。」按此「若衣裘」爲譬詞，本兼同異言之；張說頗得其異而失其同，義未足也。節葬上篇云：「其爲衣裘何以爲？冬以圉寒；夏以圉暑。」史記自序稱「墨者夏日葛衣；冬日鹿裘」。葛衣、鹿裘，爲墨家習用之服；故取以譬於功，屬同而言。反之則異，如淮南齊俗篇云：「夫以一世之變，欲以耦化應時，譬猶冬被葛而夏被裘。」此可取之以譬無功。若祇偏及其異，則本文當作「若冬衣夏裘」；而不僅云「若衣裘」矣。此蓋謂葛衣、鹿裘，皆所以利民；然必待時用之而後爲功。苟冬日葛衣，夏日鹿裘，背乎時令，不喜而惡；則功泯而害見，尚何利民之有？可參閱下經第一條釋語。

呂氏春秋愛類篇云：「民寒則欲火，暑則欲冰；燥則欲溼，溼則欲燥。寒暑燥溼相反，其於利民一也。利民豈一道哉？當其時而已矣。」又召類篇云：「若寒暑之序，時至而事生之。聖人不能爲時，而能以事適時。事適於時者其功大。」皆即此意。

36 **經** 賞，上報下之功也。

說 賞〇上報下之功也。

校 說「上報下之功也」一句，錯在下條「殆姑」之下。孫謂六字當在「罪不在禁」上，乃述經語而未著說；今本貿亂不可通。按孫校是，據改；惟謂此六字乃述經語而未著說，非。蓋此本爲說語而非經文，經文乃三墨刪存時合併者；自後門弟子又以之作說，因而經說全同耳。後第三十八條同。別詳墨經證義。

釋 此以「賞」之一字爲「辭」。夫一國爲政，必有所以賞者；然所賞之道非一端也。墨家「上功」，於此乃出故曰：「上報下之功也。」蓋下有利民之功，上明其美以報之，昭其勸也。韓子六反篇云：「若夫厚賞者非獨賞功也，又勸一國。受賞者甘利，未賞者慕業，是報一人之功而勸境內之衆也。」此卽其義。

37 **經** 罪，犯禁也。

說 罪〇不在禁，惟害無罪。若殆。

校 梁謂「若殆」原譌爲「殆姑」者：「殆」以形近譌爲「姑」，校者或將原字注於上，遂疊一「殆」字；再校者或又因「殆若」形近，逕改「若」爲「殆」耳。按梁校近是，暫據改。惟梁說太曲。此疑初誤「若」爲「苦」，校者改爲「殅」；繼改爲「姑」，而又倒寫耳。

釋 罪，當作辠。說文：「辠，犯法也。秦以辠似皇字改爲罪。」按犯禁，卽犯法也。梁啓超云：「雖字，誤爲惟。」按二字古通，非譌字。梁又云：「犯禁謂之罪。事苟不在禁令中，雖妨害人亦無罰：例如『殆』。殆者何？行路相擠也。荀子榮辱篇云：『巨涂則讓；小涂則殆。』是其義也。『殆』雖妨害他人；然非法所禁，不能加罰也。」按梁說是。惟釋殆字爲行路相擠，義屬引申，似非荀子本義。楊倞注：「殆，近也。」孫詒讓云：「殆，疑當爲隸之叚字。說文隶部云：隸，及也。」又下經「殆於城門」注云：「案殆與逮聲義相近；謂近而相及，不爭先也。」按孫說是。竊意小涂則殆者，小途祇可單行，勢不能讓；故後者當尾追及於前者，以免濡滯妨人前進也。曲禮「堂上接武」，亦是此意。蓋尾追相及，未遑禮讓；老少男女，不免搶孃。此雖背乎世法，然不得謂之犯禁；故曰無罪。可參閱下經第三十六條。

禮王制篇：「道路：男子由右，婦人由左，車從中央。父之齒隨行，兄之齒鴈行，朋友不相踰。」按此皆卽世法，期民行之；縱有所犯，亦不過如孟子所謂「徐行後長者謂之弟，疾行先長者謂之不弟」告子上篇而已，未爲罪也。

38 經 罰，上報下之罪也。

【說】罰○上報下之罪也。

【釋】說文：「報，當辠人也。」史記路溫舒傳有曰：「奏當之成。」司馬貞引崔浩云：「當，謂處其罪也。」按此云「報罪」，其意正同。引申爲凡酬報之義，故上條有「報功」之語。荀子正論篇云：「凡爵列官職、賞慶刑罰，皆報也；以類相從者也。」余嘗釋之云：「報，謂報其功罪。以類相從，謂賞當其功，罰當其罪也。」卽是。楊倞謂「報其善惡」，殊誤。前謂譽明美，誹明惡；此謂賞報功，罰報罪：頗有下上名實之分，故別言之。然墨子亦常以賞譽誹（一作毀）罰並舉；如尚同下篇云：「今此爲人上而不能治其下，爲人下而不能事其上；則是上下相賊也。何故以然？則義不同也。若苟義不同者有黨：上以若人爲善，將賞之；若人雖使得上之賞而避百姓之毀，是以爲善者必未可使勸見有賞也。上以若人爲暴，將罰之；若人雖使得上之罰而懷百姓之譽，是以爲暴者必未可使沮見有罰也。故計上之賞譽，不足以勸善；計其毀罰，不足以沮暴。此何故以然？則義不同也。然則欲同一天下之義；偏天下之人，皆欲得其長上之賞譽，避其毀罰。是以見善不善者告之天子；得善人而賞之，得暴人而罰之。善人賞而暴人罰，天下必治矣。何也？唯能以尚同一義爲政故也。」蓋尚同一義，上之爲政，可得下情，而明於民之善非；則誹譽可憑，賞罰亦中矣。

39 **經** 久，彌異時也。

說 久〇合古今旦莫。

校 此處原以「同異而俱於之一也」爲第三十九條；說同。「久彌異時也守字誤彌異所也」合爲第四十條。說同。若以上文「功罪、賞罰」各自爲條，及旁行句讀表「同異」條正當下截之「同異交得」條互相考校，疑「同異」條應移歸下截言同異處，俾從其類；而「久宇」亦應分爲兩條，以循本經通例。頃閱梁氏校釋旁行表，業加改正，足徵心理之同。今更毅然改定，達者諒勿訾也。

說原作「今久古今且莫」。胡適謂上「今」字是「合」之誤，本在「久」字下；寫者誤以爲「今」字，乃移於上。王引之謂「且」當爲「旦」。按二校皆是，據改正。

40 **經** 宇，彌異所也。

說 宇〇冡東西南北。

校 經「宇」，原誤作「守」；據王校改。

說原作「宇東西家南北」。胡適謂「家」乃「冡」之誤。冡，即蒙字。寫者不識，誤改爲「家」；又以其不可通，乃移下兩字以成三字句耳。按胡校是，照乙改。

釋 古書宇宙並舉，以宇言「方」，玉篇：「宇，方也。」以宙言「時」。今謂宇爲空間 (Space)，宙爲時間(Time)。說文：「宇，屋邊也。宙，舟輿所極覆也。」若引申之，凡邊際謂之宇；凡極覆謂之宙。故莊子庚桑楚篇云：「有實按本經言域而無乎處者宇也；案乎，當讀爲垺。類篇：「垺，埒也。」嚴復云：「處，界域也。」有長而無本剽末也者宙也。」由是而宇宙之爲義，其「域」至於無邊，其「長」至於無極。三蒼謂「四方上下爲宇；往古來今曰宙」：庚桑楚篇釋文引。似猶限於名相矣。

墨經宇宙作「宇久」。說文：「久，象人兩脛後有距也。」段玉裁謂「相距則其候必遲，故又引伸爲遲久」。按遲久，演之卽爲長久，亦與宙之引伸義同。玆因本書宇久二字所關甚大，故詳說之於此。

玉篇：「彌，偏也。」莫，暮之本字，今通用暮。說文：「冡，覆也。從冖、從豕。」集韻：「冡，通作蒙。」

古今旦暮之異時，東西南北之異所，皆由人所假定以資應用。苟彌徧異時，卽合乎古今旦暮；彌徧異所，卽蒙乎東西南北：則垺處盡泯，本末全消。所謂宇久者，祗一無邊之域，無極之長耳。

印度勝論派「實句義」亦有「時方」二者。彼謂時方自身，乃一一單獨、靜正、常住、普遍之實體」，本爲絕對；因受限制，始生古今旦暮、東西南北等類之區別。蓋此久彌異時，宇彌異所，亦就常偏言之；其異時異所，始由人事爲之畫分也。

41 經 窮，或有前不容尺也。

說 窮〇或不容尺，有窮。莫不容尺，無窮也。

釋「或」者域之正字也。有，同又。尺，卽線。二者皆已見前。域又前不容線者，域之邊際爲線；苟再進，則不容線，卽窮矣。或不容尺有窮，與經文同意。莫不容尺無窮句，係反言之，猶云無窮則莫有不容線者。蓋就無窮之「有」言，而非無窮之「無」耳。名家務「實」，於此益見。下經第六十三條云：「久，有窮無窮。」又第七十三條云：「南者，有窮則可盡；無窮則不可盡。」莊子天下篇：「南方無窮而有窮。」按「或」與「南」皆卽宇之異所；則宇久二者，皆有「有窮無窮」之說也。

42 經 盡，莫不然也。

說 盡〇但止、動。

釋 盡者包舉之詞。小取篇云：「或也者不盡也。」一或，卽區域字。一區域不能包舉宇內，故曰不盡。反之乃盡，故曰莫不然。

「但止、動」三字係譬詞。「但」即下第六十七條「端與端但盡」之但。但止動者，猶言但止無動，但動無止也。下云：「動，或從也。」「止，以久也。」但止者，物在止時，並無縱之者爲之動也。但動者，物在動方，並無灸之者爲之止也。如此，則止之動之皆盡；故曰莫不然。易繫傳云：「夫乾，其靜也專，其動也直，是以大生焉。」按專則永靜，即永止。直則永動，義與但止動同；而「大」亦盡也。

43 **經**始，當時也。

說始○時，或有久；或無久。始，當無久。

釋莊子知北遊篇稱「冉求問於仲尼曰：『未有天地可知邪？』曰：『可，古猶今也。無古無今；無終無始。』」按以常法論，謂時將來無終，似尚爲可。若謂過去無始，則已涉於不可思議之域，雖聖人恐亦不能知其所以焉。呂氏春秋有始覽云：「天地有始。」文子自然篇亦云：「天下有始，莫知其理，惟聖人能知其所以。」故齊物論篇云：「有始也者；有未始有始也者；有未始有夫未始有始也者。」殆亦謂有始而際乎無始矣。然世俗仍謂之有始者，大抵以當其時爲率。當，相值也。蓋久彌異時，若環無端，故云無終無始。荀子王制篇云：「始則終，終則始，若環之無端也。」若異時必分間斷；譬諸旦暮，即以相值於日夜之初時爲託始也。所以齊物論篇又云：「日夜相代乎前，而莫知其所萌。已乎！已乎！旦暮得此其所由以生乎！」按卽其義。宇彌異所，亦如環中，無有起止。然仍謂之有始者，莊子天下篇釋文引司馬彪云：「循環無端，故所行爲始。」卽是。參閱下經第六十三條。

時或有久、或無久二句，爲經文之說明語。時分爲二：（一）或有久；（二）或無久。或有久者，就古今旦暮分言之也。或無久者，就古今旦暮合言之也。下經第六十四條云：「先後，久也。」蓋分言古今旦暮而有先後耳。故有久，卽謂分割時間而有先後。無久，卽謂時間若環而無間斷。由是始之云者，謂從此無間斷之時間中，隨其所值之際而定之也。云「當無久」而不云「當有久」者，有久卽由「當無久」而得；故曰「始、當無久」。

44 **經** 化。徵易也。

說 化○若鼃爲鶉。

釋 徵易者，楊葆彝云：「驗其變易也。」按列子周穆王篇云：「窮數達變、因形移易者謂之化。」淮南齊俗篇云：「不通於物者，難與言化。」又氾論篇云：「聖人見化以觀其徵。」皆卽徵易之義。

若鼃爲鶉，說文：「鼃，蝦蟆屬。」故論衡道虛篇作「蝦蟇化爲鶉」。又淮南齊俗篇云：「夫蝦蟆爲鶉，生非其類；唯聖人知其化。」荀子正名篇云：「狀變而實無別而爲異者謂之化。」楊倞注：「狀雖變而實不別爲異，所則讀同斯即謂之化。化者改舊形之名，若『田鼠化爲鴽』之類。」按「田鼠化爲鴽」，見禮記月令篇，呂氏春秋季春紀，淮南時則篇。淮南高誘注：「鴽、鶉也，青徐謂之鴾，幽冀謂之鶉。」而列子天瑞篇正作「田鼠之爲鶉」。此爲讀鴽，義亦同化。凡此皆可互證。可參閱下文第八十五條校語。

45 經 損，偏去也。

說 損○偏也者兼之體也。其體或去、存。謂其存者損。

經 曹耀湘云：「去其一偏是爲損；若全去，不謂之損也。」

偏也者兼之體也句，係經文簡別語。其體或去存句，係上句說明語。上第二條云：「體，分於兼也。」說云：「若二之一；尺之端也。」蓋此偏既爲兼之體；則偏去者，猶云二之去一，尺之去端也。後第六十條云：「二尺與尺，但去一。」因祇去一，必有存一；則所謂體者，有去有存也。有去有存，則此體或就去言、或就存言，皆可；故曰其體或去存。謂其存者損句，「損」係主詞，猶云「損謂其存者」；即謂其所存之體也。曹耀湘云：「不曰去者損而曰存者損，何也？去者已去，不可曰損也；存者失其偶，故曰損也。」偏去二字，在墨辯爲極要之詞，學者不可略過也。如言「白馬」，可以偏去其白，而曰「白馬爲馬」；且不曰損者其白，而曰損者其馬。然馬爲實而白爲德。德既偏去，在馬則損；若就實言，則又不得謂之損矣。可參閱下經第七條。

46 **經** 益，言利大。

說 ○昫民也。

校 經原作「音利 大益」。孫以「大益」二字爲一條，注云：「無說，未詳其義。此與前云『損偏去也』，損益義似正相對；疑謂凡體損之則小，益之則大也。以旁行句讀次第校之，疑當在『巧轉則求其故』句上，錯著於此，而又佚其說耳。」又「音利」二小字，原在下第九十三條「服執說」之下。畢謂「音利」二字，舊注，未詳其義。孫云：「疑『音利』當爲『言利』二字，本是正文，誤作小注；校者不憭，又改『言』爲『音』。此以『服執說』爲言之利。」按孫以「大益」二字置諸「巧轉則求其故」句上，別作一條，謂益與損對；又以「音利」本作「言利」爲正文：核皆極是。蓋如孫校，則「言利大益」應爲一條也。惟孫又以「言利」與「服執說」併作一句，甚誤。竊意本條當作「益言利大」，正與上條「損偏去也」相對。因「益」字誤倒在下，成「言利大益」；校者竟以

「大益」二字，割置「巧轉則求其故」句下，而「言利」二字始無歸宿。迨後又改「言」爲「音」，注「說」字下以爲音讀，大錯鑄成矣。茲改正於此，敢質達者。

說原在次條，似非其義；茲移「昫民也」三字於此。此因全文錯亂，標題亦佚去；乃空一格以示闕，後仿此。

釋墨子常言「交相利」，卽有益於人我之間。人我皆益，故曰利大。說文：「昫，日出溫也。」又「煦，溫潤也」。二字古本通用。天日照人，昫嫗溫潤，下民徧被其澤；引申爲凡溫潤之稱。蓋益之爲言利大，以其潤民故也。管子樞言篇尹知章注：「日者萬物由之以煦，功莫大焉。」正合此義。上第三十五條云：「功，利民也。」與此「益」曰「昫民也」，同一句法。但昫民之益，不止利民之功而已；故曰益、言利大。

47 經倶，䙡秖。

說倶〇……

釋倶䙡秖，孫詒讓云：「當爲『環倶柢』，皆聲之誤。」按孫說近是，但三字皆假借字，非聲之誤。又倶亦可借爲圜。

孫云：「爾雅釋言：『柢，本也。』凡物有耑則有本。環之爲物，旋轉無耑，若互相爲本，故曰俱柢。」按此似言圜之切點與切線，蓋圜乃無端，從其底邊畫線，必有相切之處，所謂柢也。以其爲圜，則無一非柢，故曰俱柢。考工記：「望而眡其輪，欲其幎爾而下迆也；進而眡之，欲其微至也；無所取之，取諸圜也。」鄭玄注：「進，猶行也。微至，至地者少也。非有他也，圜使之然也。」其意正與本條相會。

莊子天下篇載惠子有「連環可解」之語，蓋謂輪轉一周，卽成一環，轉數周則成連環；以其俱柢於地，若就每一環言，環雖連而可解之以示人也。與此可互相印證。

公孫龍輩「輪不蹍地」之說，卽反乎此；蓋謂蹍地者乃輪之一柢而非全輪，且輪成環亦不俱柢也。

48 【經】庫，易也。

【說】庫◯區穴。若斯貌常。

【釋】說文：「堀。突也。」按堀卽今窟字。此庫與窟同聲，自可假用。易，當爲暘之省字。說文：「暘，日覆雲暫見也。」日覆雲，謂日爲雲所覆蔽。暫見，謂日從雲隙偶然射出光線來。經下第十八條言「景庫內」，正說明光線由窟穴射入。

區，見下文第六十三條，區卽面。此爲出故之辭。若斯貌常，譬詞。斯，假爲旗，同從其聲也。貌者畫也。荀子禮論篇楊倞注：「額，按卽貌之或體。讀如邈，像也。今謂畫物爲額。」按尙書呂刑篇：「惟貌有稽」，說文引作「惟緢」，所謂畫物者今作描，卽其例。常者，周禮司常職云：「日月爲常。」又云：「王建大常。」鄭玄注：「王畫日月，象天明也。」釋名云：「九旗之名：日月爲常，畫日月於其端，天子所建；言常明也。」按旗畫日月，卽象光線之明，故得相譬。貌常之義，略采曹說。

上經上截共四十八條完

49 經 動，或從也。

說 動○偏祭從。若戶樞免瑟。

校 說「若」字原誤作「者」，茲據曹耀湘改正。

釋 從，縱之省文。然從、縱、古今字。動或縱者，物本靜止，不得無故自動；或以力縱之則動矣。

祭，際之省文。廣韻：「際，邊也。」此偏祭從，卽偏際縱；猶云側邊縱之。有一巨石於此，正面挈之莫之或動者，力不勝也。若由側邊縱送，呂氏春秋節喪篇注云：「從，送也。」則易動矣。

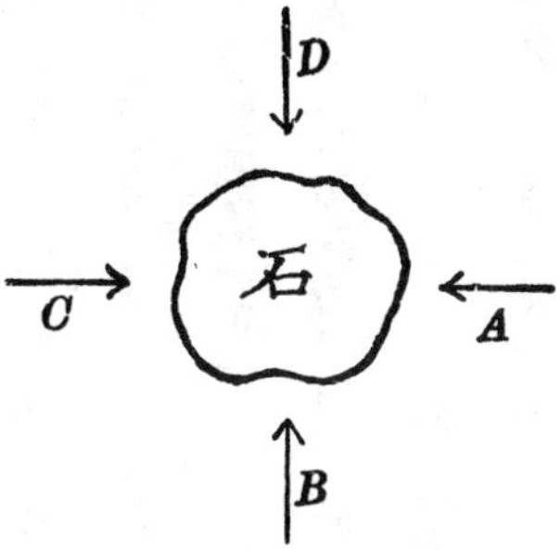

又如上圖：以ＡＢＣＤ四相等之力加於一石，亦不必動。何則？勢均故也。若祇加Ａ力，則石必向左上方移動，何則？偏際故也。

若戶樞免瑟，譬詞。說文：「樞，戶樞也。」漢書五行志下之上顏師古注：「樞，門扇所由開閉者也。」瑟，疑當讀爲閟，同從必聲，故得通用。說文：「閟，閉門也。」引申之，如詩載馳閟宮傳曰：「閟，閉也。」而小字本白虎通禮樂篇亦云：「瑟者閉也。」據陳立疏證所說。瑟閟皆可訓閉，知二字實如一字矣。又從必作之字，多與閉通。如既夕禮「有柲」，鄭玄注引詩秦風「竹柲緄縢」，而今詩柲作閉，是也。說文：「閉，闔門也；從門，才所以歫門也。」才，疑弋篆文之譌。又關閉二字，常連說，故說文云：「關，以木橫持門戶也。」閉字逕從門中有木。蓋歫門用直木橫持之，所謂閟也，亦卽瑟也。瑟塞同韻，故閉塞亦常連文。免瑟者，猶云去木啓戶耳。

戶樞盤旋一側，卽謂偏際也。瑟以歫之，不得遷轉。免瑟者，縱之動也；故得舉以相譬。

本條自孫詒讓讀「或」爲域，改「從」爲徙；學者宗之，迄無異議。不知縱送、移徙，同屬動象；而縱之使去，尤合動機。或縱釋動，正其優義，不必改也。今人多以「或」爲宇之一域，又因後有「宇或徙」一條，下經第十三條。遂謂此言地動，不免浮誇。

50 **經**止。以久也。

說止○無久之不止。當牛非馬，若矢過楹。有久之不止。當馬非馬，若人過梁。

校說「矢」字原誤作「夫」，茲據王改正。

釋王闓運云：「久，謂撐柱也。記曰：『久諸牆』。ク以象行，乀以象有物久之。止物者物本不止，以有久者故止。」按王說絕妙。據今動力學(Kinetics)，凡物體當運動時，如欲其止，須以力久之；故曰止，以久也。按說文久部引周禮曰：「久諸牆以觀其撓。」今考工記作「灸諸牆以眡其撓之均也」。鄭玄注：「灸猶柱也，以柱兩牆之間。」

牛頓動例第一項云：「凡物之動也，若無外力以久之，則必不自止。」故此曰無久之不止。若矢過楹者，鄉射禮記曰：「射自楹間。」故此云矢過楹。如(甲)圖：設兩楹間爲矢之不止部分；苟無外力以久矢之進行，則矢不得止於兩楹間也。當牛非馬，孫詒讓曰：「淮南齊俗篇云：『從牛非馬』，疑卽此義。」按孫說是。案淮南云：「今知修干戚而笑钁插，知三年而非一日；是從牛非馬，以徵

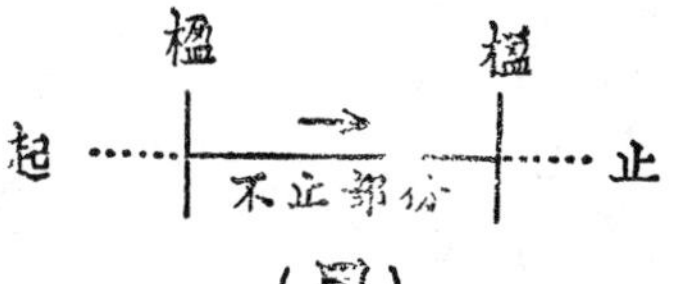

（甲）

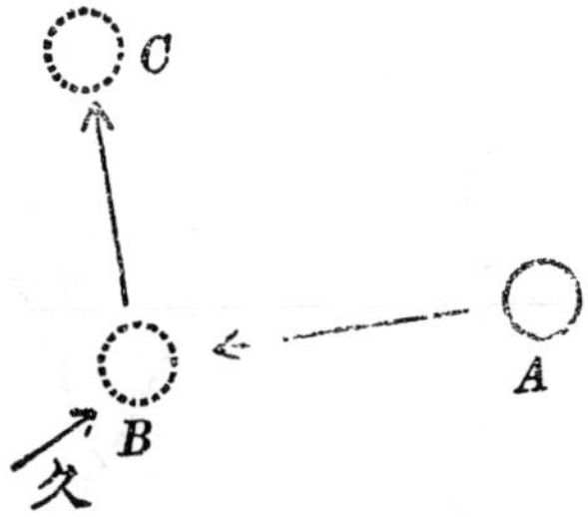

（乙）

笑羽也。」蓋或謂此牛，或謂非馬，絕無疑慮，正與無久不止之義相當，故取爲況。有久之不止，若人過梁，亦卽反證物之有久之必止。孫云：「梁，謂橋梁。」蓋我爲力之施身，行於大道，忽阻以江，所謂有久之者也。然不因江而止，乃過夫梁；特動態稍變耳。此如(乙)圖：A毬飛向B方，忽遇久者，便向C去；而不止於其所者，以久之之力有偏激耳。當馬非馬者，若或言馬，或言非馬，與有久之不止，皆可「爭彼」以成辯。此兩義相當，故亦用以爲況。

呂氏春秋博志篇云：「矢之速也而不過二里，止也；步之遲也而百舍，不止也。」句法與此略同。

上條「動或從也」，與本條「止以久也」雖似相對成文，而論式各異，因「止」當以一字爲辭，「以久也」卽出故。今人多以此「久」爲字久之久，似與本義不符。

51 **經**必，不已也。

說 必○一然者；一不然者：必、不必也。是、非、必也。

校 說標題「必」字下，原有「謂臺執者也若弟兄」八字，查屬次條之說，錯簡在此；茲乙正。

釋 說文：「必，分極也。」段玉裁注：「極，猶準也。凡高處謂之極。立表爲分判之準，故云分極。」按段注甚合古義，此「必」亦卽分極之意。細玩本條，似與德人黑格爾之辯證法（Hegel's Dialectic Method）略同。黑氏以爲世間一切事物，其演進定須經過三段程序。如下式：

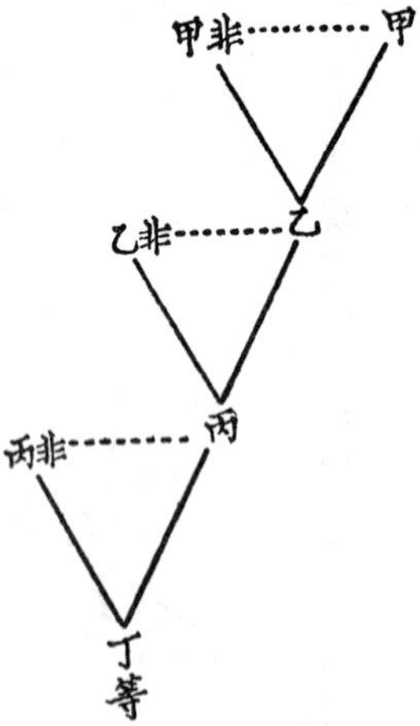

自甲之狀態，演進而至乙之狀態時；其間應經過一甲與非甲之矛盾境界，然後可達至乙之狀態。此第一狀態甲謂之正（Thesis）；第二狀態非甲謂之反（Anti-thesis）；第三狀態乙謂之合（Synthesis）。旣合成正，復有反者，而後新合生。如此一正一反，倚伏乘除，而誠明可得。故其言曰：「誠則明矣；明則誠矣。」(All that is real is reasonable; All that is reasonable is real.)

是非必也句，爲經文必不已也所出之故。「必也」二字爲主詞，猶云必者是非也。蓋謂必何以不已？以有是非故。

一然者，一不然者，係譬詞。必、不必也，係譬詞之說明語。蓋經文祇言必，義函不必，而未嘗明言，恐有不解於譬詞之「然、不然」者；故又以「必、不必」補敘之也。

天下事理，皆由循環程序而演進；黑氏之言是也。故彼所謂正，即此之一然者，亦即必。所謂反，即一不然者，亦即不必。正反二說，絕對相持，而是非生焉。是非之生，必有不必；則分判之準，未見極也。蓋自第三者出，執其兩端，以用其中，表裏精粗，遞爲主客；而人羣之演進，亦相與層出不窮而無所止之矣。故曰必不已也。

「必」與「彼」甚有聯義可言，故下第八十三條云：「非彼必不有，必也。」又當參閱第七十三條。

52 **經**平，同高也。

說 〇謂臺執者也。若弟兄。

校說，曹謂此條闕題字，又錯簡在上條「必」字下，「一然者」上。按曹校不誤，據乙正。

釋平同高者，幾何理也。如圖：ABC爲三角形。AB爲底邊。自頂點C引垂線CD爲高。今由AB之中點F，引一與CD等高之垂線EF，接連CE二點，則CE線必與AB線平行。故曰平同高也。

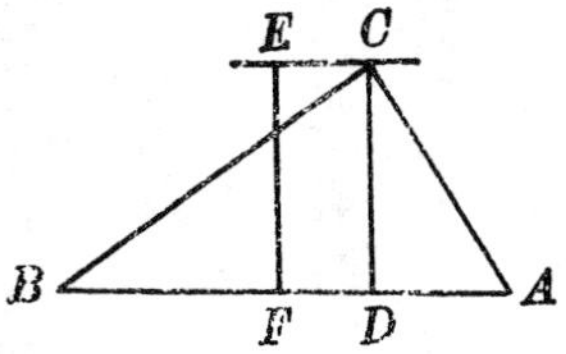

陳澧云：「此卽海島算經所謂兩表齊高也。又幾何原本云：『兩平行線內有兩平行方形，有兩三角形，若底等則形亦等。』其理亦賅於此。」按陳說近是。

謂臺執者也句，在此爲出故之說，頗似譬詞；特例也。

方言二云：「臺，敵，匹也。東齊海岱之間曰臺。自關而西秦晉之間物力同者，謂之臺敵。」廣雅：「匹，臺，敵，輩也。」王念孫曰：「臺之言相等也。」釋名：「臺，持也。」廣韻：「擡，舉也。」綜觀諸訓，臺有同力執持相等之義。今通俗又謂舁爲擡。說文：「舁，共舉也。」然則「臺執者」猶言二人臺物而各以兩手執持之也。二人臺物，其高必等；正與前圖「CD」「EF」二線之臺「AB」「CE」二線之形相同。故曰謂「臺執者」也。

若弟兄句取喻於平，如云「魯衞之政，兄弟也」。見論語子路篇。惟臺執者就勢平言；弟兄就分平言耳。

53 **經**同長，以缶相盡也。

說同○楗與狂之同長也。

校經多讀「同」字一逗，梁因刪去「長」字，皆非。蓋以後經文言「同」甚多，所釋名義均洽，此處不應雜出「同」字。茲據王闓運以「同長」連讀爲是；說亦言「同長」可證。

說「楗」，原作「捷」，畢謂一本作「楗」；孫謂吳鈔本作「揵」。茲定作「楗」。

釋 盧文弨云：「𤴓，古文正；亦作𠙺。」畢沅云：「𠙺，卽正字，唐大周石刻『投心𠙺覺』如此。」孫詒讓云：「集韻四十五勁云：『正，唐武后作𠙺。』亦見唐岱岳觀碑。」按墨子多古文，正字本作𤴓。自武后時改𤴓爲𠙺，至今仍之耳。

禮記玉藻鄭玄注云：「正，直方之間語也。」賈誼新書道術篇云：「方直不曲謂之正。」則正有方直之義。上文第四十二條云：「盡，莫不然也。」又下第六十七條云：「尺與尺，俱不盡。端與端，但盡。尺與端，或盡、或不盡。」皆此盡字之義。

此不言長而言同長者，以長之度可至無窮，無所標準故也。世俗之所謂長，槪由二者比校而得；故言同長，短亦互見。正者直也。二物同長，當以直相盡。一曲一直，則不相比，卽不相盡矣。說文矢部：「短，有所長短。以矢爲正，從矢。」段玉裁注云：「榘字下曰：『矢者其中正也。』正直爲正。必正直如矢而刻識之，而後可裁其長短。故詩曰：『其直如矢』。」按許君訓「短」，恰合本條言「長」，可互印證。段注亦足參考。

楗與狂之同長也句，係譬詞。說文：「楗，限門也。」（段本改作歫門也。）又閑字下云：「從門中有木。」老子：「善閉者無關楗而不可開。」范應元注：「橫曰關；直曰楗。」按門中有木，橫直皆可，名曰關楗；今多用之。狂，疑假爲匡；二字本皆從㞷聲作狌匩，隸省作狂匡也。考工記：「則輪雖敝不匡。」鄭玄注：「匡，枉也。」按匡無枉義，說文：「軭，車戾也。」則記文當作軭。蓋彼軭之假爲匡，正猶此狂之假爲匡。匡訓爲方正。莊子齊物論篇：「筐牀。」釋文：「筐，本亦作匡。崔云：『筐，方也。』一云：『正牀也。』」即是。說文：「椢，匡當也。」段玉裁注：「匡當，今俗有此語，謂物之腔子也。」按腔子，今亦作框子，如言門框之類；古祗作匡。楗與匡之同長者，楗爲直物，匡爲方正之形。凡楗無論縱橫，皆可與匡之高闊相盡，故曰同長。此因取譬至近，藉易明耳。

54 **經** 中，同長也。

說 中〇心。自是往相若也。

校 說「中心」二字，原倒誤。茲乙正。

釋 此言幾何學圜心及半徑之理。幾何原本云：「圜者自界至中心作直線俱等。」如圖：設ABCD爲一圜，O爲圜之中；則OA，OB，OC，OD，各線俱等。又幾何原本云：「圜之中處爲圜心。」故此以「心」爲喻。自是往者，自中心往也。蓋自圜心出半

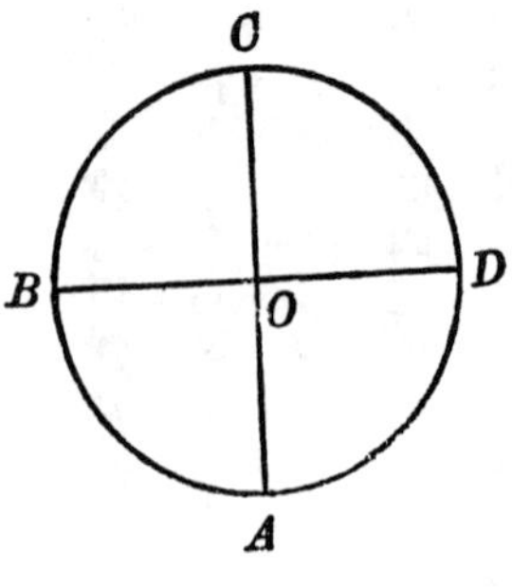

徑至周必等長，故曰相若。

55 經厚。有所大也。

說厚○惟無所大。

釋說文：「厚，山陵之厚也。垕：古文厚，從后土。」按后土卽謂大地。大地山陵，形成立體，故此厚係指立體形。據文律，大爲區別字，亦譯作形容詞。此當用爲云謂字，亦譯動詞。猶言擴大，故「大」有能大與所大之別。

幾何原本云：「點爲線之界，線爲面之界，面爲體之界。」然則能大者：由點之擴大積而成線，線之擴大積而成面，面之擴大積而成體也。此所大卽體，大取篇「所體」二字連文可證。

本條論幾何學立體形之理，故「厚」以一字爲辭，「有所大」卽出故。如圖：設ABCD與EFGH爲二平面形，聯結ABFE與DCGH二平面，使成一正方立體形，而任何一邊可以擴大爲此正方立體形之厚，故曰有所大，蓋所謂厚者卽爲所積之體故也。

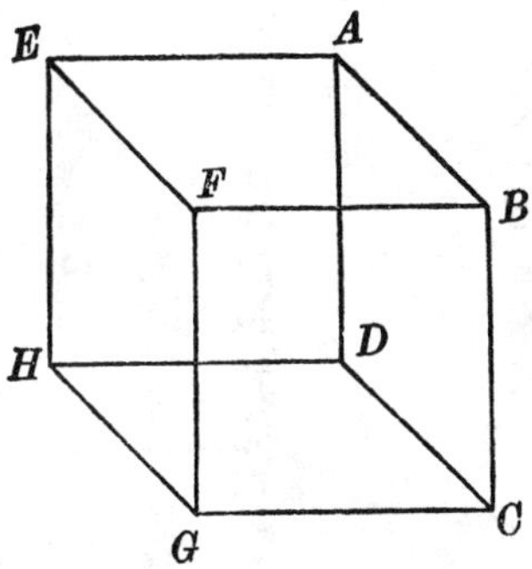

惟無所大，是論式異推法，猶云惟無所大者無厚，與下第六十五條「無盈無厚」同意；蓋謂止有面而無體也。

莊子天下篇載惠施云：「無厚不可積也，其大千里。」此也，讀同者；大卽能大。蓋無厚卽面，若面不積而成體，其能大雖至千里，仍然是面也。

56 **經** 日中，缶南也。

說……

校 按此下二條皆無說。

釋 本條意極明顯，所謂日中，當指正午言，蓋我國位於北回歸線以北，日行正午，終年皆在天頂之正南，故曰日中正南也。

57 **經** 直，參也。

說……

釋 鄘風柏舟釋文引韓詩云：「直，相當直也。」今亦作值。說文：「當，田相值也。」此直亦有「正相當」之義。論語衞靈公篇：「立則見其參於前也。」謂人當前正立車上。淮南子說山篇：「越人學遠射，參天而發，適在五步之內。」謂當天空發矢直上，落下時祇在五步之內。但墨經非解字之書，本條文雖不具，其義仍與上條天象有關。考呂氏春秋有始篇云：「極星與天俱游而天極不移。冬至日行遠道，周行回極，命曰玄明。夏至日行近道，乃參於上，當樞之下無晝夜。」此謂夏至日光直照人上，其時正當天樞之下，故無晝夜。直參之義，似應如此。

58 **經** **圜，一中同長也。**

說 **圜○規寫交也。**

校 **說**原作「規寫攴也」。孫謂「攴」，吳鈔本作「支」，下同；疑當爲「交」之誤。按孫校是，據改。（按孫云：「寫，謂圖畫其像。周髀云：笠以寫天。趙爽注云：寫猶象也。」余意「寫」卽「舄」之譌字。干祿字書謂「象」通作「舄」，又北齊南陽寺碑「象」作「舄」，並與「寫」字形近；因疑周髀「寫」字，亦「舄」之譌。考工記云：「輪人爲蓋以象天。」又云：「蓋之圜也，以象天也。」周髀卷下亦有「天象蓋笠」之句，均不用「寫」字。且此趙注亦云：「笠亦如蓋，其形正圓，戴之所以象天。寫，猶象也；言笠之體象天之形。」其「寫」仍訓爲「象」，知本或作「舄」也。但作「寫」亦可通，故仍之不改。）

釋 劉嶽雲云：「此謂圜體自中心出徑線至周等長也。」按此條論幾何學圜周及直徑之理，與前第五十四條不同。幾何原本云：「圜者，一形於平地居一界之間，外圜線爲圜之界，內形爲

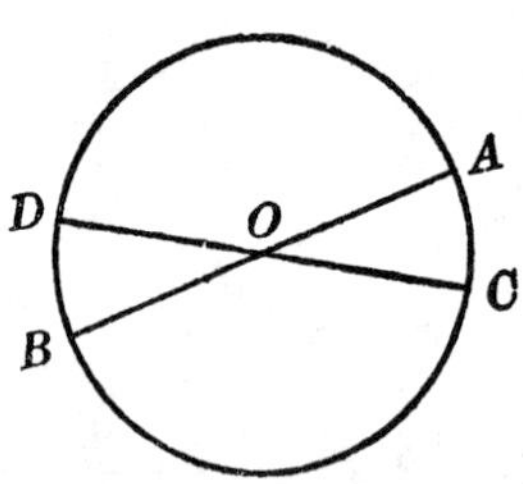

圜。」又云：「自圜之一界作一直線，過中心至他界，爲圜徑。」按一圜祇一心，圜內任作穿心直線，皆必相等；故曰一中同長。如圖：ACBD爲圜，O爲圜心，自O穿過作AB，CD等線，其AB必與CD同長。玉篇云：「規，正圜之器也。」孫詒讓云：「凡以規寫圜形，其邊線周匝相湊謂之交。或爲直線以湊圜心，中交午成十字形，亦謂之交。」按孫前說是；後說係指直徑言，不用規寫也。呂氏春秋圜道篇云：「圜周復雜。」高誘注：「雜，猶匝」。幾何原本云：「圜是一形，乃一線屈轉一周復於元處所作。」如圖：用規一股刺圜心O，以又一股自A起作邊線過CBD而交於A，卽成圜周；故曰規寫交也。說文：「○音圍，回也；象回帀之形。」又「圓，圜合也」。是圜者周邊圜繞，回帀成合，爲一圜形。然則規寫交者，殆卽今幾何學所謂「作圖」是已。

59 **經** 方，柱隅四讙也。

說 方○矩皃交也。

校 說原作「矩見攴也」。「見攴」，疑作「皃交」，皆形似致誤。

釋 畢沅云：「讙，疑維字。」孫詒讓云：「讙，吳鈔本作曤，疑皆雜之誤。」張惠言云：「讙，亦合也。」按三說皆不甚諦；意讙或驩皆權之假字。大取篇云：「權，正也。」卽其義。

此論幾何學正方形或長方形之理。柱隅者，柱卽方之邊，亦曰廉。隅卽方之角。四權者，方之四柱皆正邊；四隅皆正角也。正邊卽直線，正角卽直角，正直二字義同。如圖：AB，BC，CD，DA四柱，皆爲正邊。DAB，ABC，BCD，CDA四隅，皆爲正角。故曰柱隅四權也。

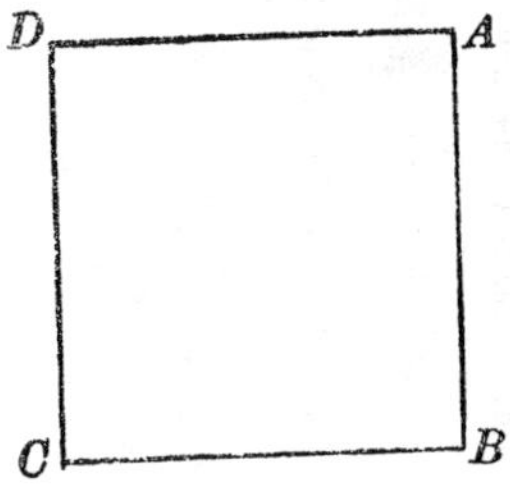

荀子不苟篇楊倞注云：「矩，正方之器也。」皃，籀文作貌，有畫義，見前第四十八條釋語。蓋以矩畫方，其邊必匝四相接；周易乾鑿度鄭玄注所謂「方者徑一而匝四也」卽是。如圖：AB，BC二線相交於B；BC，CD二線相交於C；推之AD二點，亦皆各以二線相交：故曰矩皃交也。

60 **經** 倍，爲二也。

說 倍〇二尺與尺，但去一。

釋 畢沅云：「倍之，是爲二。」楊葆彝云：「卽加一倍算法。」按前第二條說云：「若二之一」。管

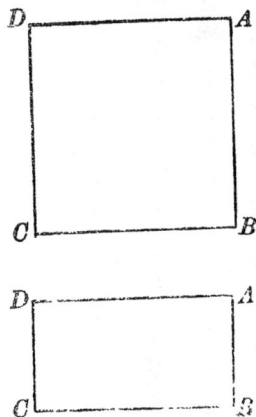

子乘馬篇「聖人」節云：「上爲一，下爲二。」尹知章注：「下之效上，必倍之也。」蓋二爲一之倍數，故曰倍爲二也。

張惠言云：「二尺與一尺，但相較一也。」按去者差也。「二尺與尺」之尺，今謂之名數。「但去一」之一，與「爲二」之二，皆不名數。則此二尺與一尺，雖屬名數；而所相差之一者，但爲不名數耳。

本條卽算術所謂倍數例 (Law of Multiple) 之理。蓋凡某數以二乘之，其所得必爲某數之倍數。故一乘二得二，二卽一之倍數；三乘二得六，六卽三之倍數：所謂公倍數者是也。故曰倍爲二也。

61 【經】端，體之無序而最前者也。

【說】端○是。無同也。

【釋】本條論極微之理。陳澧云：「端，卽西法所謂點也。」畢沅云：「序，言次序。」張惠言云：「無序，謂無與爲次序。」孫詒讓云：「依畢張說，則序當爲敍之叚字；謂端最在前，無與相次敍者。故說云『端，是無同也。』似與說義尤合。」按諸說皆是。上文第一條云：「體也，若有端。」又第二條云：「體，分於兼也。」說云：「若二之一；尺之端也。」此端，此體，皆卽其義。蓋「體之」「之」字，泛指「物」言；則「體之」猶云分物也。端爲極小之一，無可斲半；參閱下經第六十條。絕對獨立，不容爲二。今分物至於極微，更無有與之相比次者，卽端是也。故曰端體之無序。又說文：「緒，絲耑也。」有耑則有餘，故緒餘每連言。考緒與序敍二字同韻，例可通轉；而敍餘皆以余爲聲，則此序字亦有緒餘之義無疑。所以體之無序，若解作分物無餘，卒成小一；尤與斲半之義爲洽。最前，猶云最初。陳澧曰：「幾何原本云：『線之界是點。』點爲線之盡處，是最前也。」梁啓超云：「凡形皆起於點。」按二說皆是。中庸：「執其兩端。」疏云：「端，謂頭緒也。」頭緒亦最前之義。

是，題之省文。說文：「題，頟也；從頁，是聲。」按題既以「是」爲聲，則二字皆可讀「徒兮反」矣。是音徒兮反，見公羊僖十六年傳疏。題在此爲譬詞。說文：「耑，物初生之題也。」段玉裁注：「題者頟也。人體，頟爲冣上；物之初見，卽其頟也。古發端字作此。今則端行而耑廢，乃多用耑爲專矣。周禮磬氏『已下則摩其耑』，耑之本義也。左傳『履端於始』，假端爲耑也。」按據段說，題字之義甚明，故得相譬。蓋物之初生，卽最前也。

說之「無同」二字爲出故之辭，本爲經文而發；然實按之，殆卽針對「無序」二字而言。蓋端之爲物，已分至無餘，卽無有相爲比次者；則其絕對獨立，必亦無有與之相同者矣：故曰無同也。

67 經有間，中也。

說有〇門耳。謂夾之者也。

校說「門耳」二字，原誤合爲一「鬩」字；校者謂爲「間」之譌字，似非。

釋畢沅云：「間隙是二者之中。」按畢說其義未透。蓋此「中」卽由二間所成；易言之，猶云有二間必有一中也。莊子養生主篇：「彼節者有間，而刀刃者無厚；以無厚入有間。」其有間不屬中言，非畢所謂間隙者也。蓋本條與次條，文極相反。次條言間不及旁；本條言有間則必及旁，必及旁乃有中也。此因爲間無數；若僅就一中言，則祗有二間耳。有者不盡有也。如圖：

ABC三者各爲一間；見次條。其所成AB之甲與BC之乙皆爲中。今僅就甲言，則成此中者卽AB二間也。故曰有間，中也。

門耳二字，係譬詞。下經第二十九條有「耳夾寁」之文。耳，卽佴，副貳也。義見下第七十一條。說文：「門，從二戶，象形。」又云：「楚人名門皆曰閶闔。」語見閶字下。按閶闔疑卽匡樞字，所謂間也。二戶在閶闔中而又成間，所謂佴也。門戶爲間，皆有其中，所謂門耳也。故此得用以相譬。

謂夾之者，「之」卽指「中」言；猶云有間爲夾而中在焉，亦及旁之義耳。

63 **經** 間，不及旁也。

說 間○謂夾者也。尺前於區而後於端，不夾於端與區內。（及非齊及之及也）

校 說標題「間」字，原誤作「聞」，茲據畢改。「前於區」下，原衍「穴」字；疑校者依下文增「內」字，讀者復據前第四十八條「區穴」改「內」爲「穴」而誤。茲照梁刪。梁疑說末「及及非齊之及也」七字，爲後學案識之語，羼入本文。按疑三墨門人所識，茲以括弧別識之；但第二「及」字，疑在「齊」字下。

釋 「及」字於文字部居爲並列連字，(Co-ordinative Conjunction) 卽齊及之義。此云及非齊及之及，則及者猶攝屬耳。張惠言云：「不及於旁，謂隙中。」孫詒讓因云：「間，謂中空者；卽上『有間中也』之義。」按皆非是。梁啓超云：「此以夾者訓間。間者所間也；有間者能間也。『有間』指本隙；『間』則構成本隙之物也。能所合然後間義明。」按梁說剖論雖析，但仍不免矛盾。蓋間既爲構成本隙之物，則爲能間而非所間無疑。且有間既爲夾之者，亦決非專指本隙；則有間者應卽兼言能所耳。

天下有中必有其旁；下文第八十九條謂「中央、旁也」，卽是。蓋上條言中，此應言旁。而云不及旁者，中者自中，旁者自旁；夾者皆獨立，中與旁不相攝屬之言也。如前圖：ＡＢＣ各爲夾者，爲間之一。苟專稱Ａ，則可不及ＢＣ。推之稱Ｂ不及ＡＣ；稱Ｃ不及ＡＢ。三者皆單獨成間，若立屏然；故曰不及旁也。

梁云：「區者，幾何學所謂面也。有長有廣，成一界域，故謂之區。先有點（端）而後有線（尺），先有線而後有面，故曰尺前於區而後於端。尺既在端後區前，原作端前區後，必係偶誤。則似尺在端與區之間矣；而其實不然，蓋間之義不如此也。」按梁說前段甚是；後段不諦。此云不夾於端與區內者，端尺區三者雖於序次有攝屬之聯係；然各能自成一物，非尺夾於端與區之內。間義亦然，故得相譬。

64【經】纑，間虛也。

【說】纑○虛也者兩木之間謂其無木者也。

【釋】說文：「纑，布縷也。縷，線也。」則纑卽線。王闓運云：「纑，虛線也。」是也。蓋纑爲虛線；若尺當爲實線。尺爲端所積；纑固無端，故爲間之虛也。然虛有廣狹之異，廣則線無由成；若不簡別，義難明憭。故曰虛也者兩木之間謂其無木者也。此蓋簡別語，而用他詞比況，頗與後第七十一條「然也者民若法也」句例相同。

兩木之間謂其無木者，當爲兩木相際之縫，即謂間虛之纑，亦即繩也。說文：「絇，纑繩絇也。」淮南覽冥篇：「下契黃壚。」高誘注：「壚，讀繩纑之纑。」繩纑並言，爲義當同。繩又即縫；禮深衣注：「繩，謂裻與後幅相當之縫也。」即是。

總括言之，本條與上二條，義屬一貫。蓋上條言間，本條言纑；則間中一條，二者兼而有之矣。

65 **經** 盈，莫不有也。

說 盈○無盈無厚。

釋 次條言「不相盈，相外」；則本條言「盈」，義猶「相內」，猶云相容納耳。如海能容納百川之水；故曰莫不有。梁啓超云：「盈，函也。例如體函面；面函線；線函點。凡函者必盡函其所函；故曰莫不有。」按梁說亦通。

盈莫不有也，與上第四十二條「盡莫不然也」句例同。

無盈無厚者，孫詒讓云：「言物必有盈其中者，乃成厚之體；無所盈則不成厚也。」梁云：「無盈無厚者，謂無盈則無厚；例如點不函他點，則終不能積而成體。」按二說是也。上文第五十五條云：「厚，有所大也。」此無盈無厚，反面言之。無厚猶云無所大，即無積；蓋無所容納者當無積耳。

【經】堅白，不相外也。

【說】堅○於石，無所往而不得，得二。——異處不相盈，相非，是相外也。

【校】說標題「堅」字，原錯在「得二」下，茲乙。「於石」，原作「於尺」。孫謂此上下文雖多云「尺」，然此「尺」實當作「石」，形近而誤。下經「廢石於平地」，「石」亦譌「尺」可證。按孫校是，據改。

【釋】孫詒讓釋經文云：「此卽公孫龍堅白石之喻。不相外，言同體也。」按孫說頗混。公孫龍持「離堅白」之說，見公孫龍子及莊子秋水篇等。本經持「盈堅白」之說，龍書堅白論所設或問之辭，類皆本經上下所已具；則龍於名家之說，實絕對不能相容者也。其設問之辭，亦謂「堅白石不相外，藏三」。又謂「其白也，其堅也，而石必得以相盈」。龍皆駁之，可以概見；蓋卽引名家之言以資辯論耳。

於石，無所往而不得，得二，係本條說之出故者也。於石，猶在石。下經第三十七條云：「石，一也。堅、白，二也，而在石。故有知焉、有不知焉，可。」卽是。孫云：「二，卽謂堅白也。」又云：「言堅白在石，同體相盈；則彌滿全體，隨在皆有堅，亦隨在皆有白。故云無所往而不得，亦卽所謂相盈也。」按孫此說是。蓋謂堅白之二既在乎一石，則一石殆無所往而不得堅白之二也。

異處不相盈，相非，釋名：「非，排也。」是相外也，係反證之辭；然不期而與公孫龍所持之說合。蓋龍爲形名家，與名家之控名責實者異矣。龍書堅白論曰：「無堅得白，其舉也二；無白得堅，其舉也二。」又曰：「視不得其所堅而得其所白者無堅也；拊不得其所白而得其所堅者無白也。」由此以觀，則拊堅無白，視白無堅；所謂兩者異處，不相盈而相排，是相外也。

67 **經** 攖，相得也。

說 攖○尺與尺、俱不盡。端與端、但盡。尺與端、或盡，或不盡。堅白之攖、相盡。體攖、不相盡。

校 說「端與端」：「與」，原誤作「無」；據張改。「尺與端」，原缺「端」字。孫謂此當有「端」字，誤錯著於後。按錯著於後之「端」字，即在末句「不相盡」下，孫校是也。茲據移正。

釋 莊子大宗師篇釋文引崔注：「攖，有所繫著也。」玉篇：「攖，結也。」韻會：「與人契合曰相得。」梁啓超云：「攖，相接觸也。相得，相銜接也。」按其義皆是。惟疑攖即捆之後起字，說文：「捆，就也。」

此言攖之盡不盡有四：(一)俱不盡；(二)但盡；(三)或盡，或不盡；(四)相盡；不相盡。

尺與尺俱不盡者：孫詒讓云：「言尺與尺相攖，則前向有餘地，故兩俱不盡。」按尺者線也。線與線合著，有長者，有短者，故曰俱不盡。端與端但盡者：孫云：「經上云：『端，體之無序而最前者也。』是端前更無餘地，故相攖則兩俱盡。」按孫說是。惟據張改但字爲俱，謂「兩俱盡」，非。蓋此但字必不可改。端之爲物，量屬極微，大小莫分，了無差相，一切空時，皆爲盡也，故曰但盡。但盡者惟此爲盡耳。尺與端或盡或不盡者：孫云：「言尺與端相攖，則端盡，尺不盡。」按線爲點之積，一線必含多點。則線與點合著之時，就點言則盡，就線言則不盡，故曰或盡，或不盡。堅白之攖相盡者：孫云：「此言堅白雖殊，而同託於石，性色相含，彌滿無間，故其攖爲相盡，即經說下『堅白相盈』之義。」按孫此說甚是。蓋拊堅得白，視白得堅，彼此相含，量關神契，故曰相盡。體攖不相盡者：孫云：「言凡物兩體相攖，雖攖而各自爲體，不能相含，是即不相盡也。」按此體猶言質體。如二石相攖，各有質礙，物理學所謂不可入性(Impenetrability) 是也，故曰不相盡。

尺與尺、尺與端、皆屬不盡。惟端與端數量相等，可謂之盡，然仍不得謂之相盡。相盡者直堅白之攖而已。

68 **經**仳，以有相攖、有不相攖也。

說仳○兩有端而後可。

校 經首一字原誤作「似」，據孫依說改正。「以有相攖」，原倒作「有以相攖」。下文言「有不相攖」，則此亦應作「有相攖」，相對爲文也。茲乙。

釋 仳，比之繁文。汪孫皆云「仳與比通」。以，猶謂也。有，猶或也。皆見經傳釋詞。則此經猶云「比，謂或相攖、或不相攖也。」

比者校其長短，其類有二：(一)相攖；(二)不相攖。攖義見上條。幾何原本云：

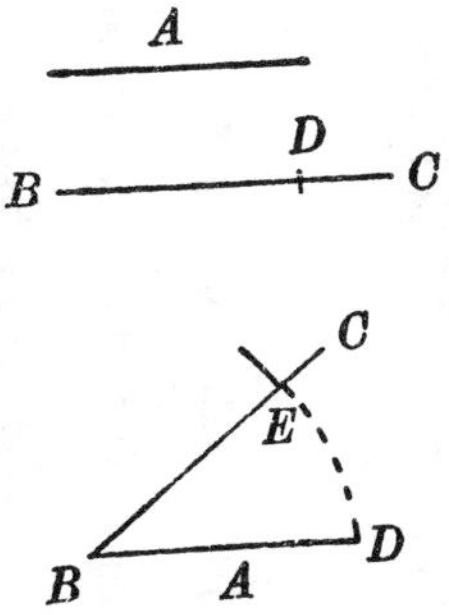

「兩直線，一長一短；求於長線減去短線之度。」如圖：A、短線，BC、長線，求於BC減A。(一)以A置BC上，一端與B齊；卽由BC減A之長，其餘CD爲BC長A之數。此則二線之比相攖者也。(二)以兩線同湊圜心B，以A爲界作弧DE，與長線相交於E；卽BE與A等，而BC校A長EC之數。此則二線之比不相攖者也。故比謂有相攖、不相攖之殊也。

兩有端而後可者：端，點也。蓋無論線之相攖、不相攖，必須兩線各有定點以爲之率，方可得其差數也。

69 **經** 次，無間而不相攖也。

說 次○無厚而后可。

校 經下半句原作「不攖攖」，張謂衍一「攖」字。孫謂當作「不相攖」，非衍文。按孫校是，照改。

釋 孫詒讓云：「言兩物相次，則中無間隙；然不相連合，故云不相攖也。」按孫說是。惟言兩物相次似不然；蓋此不限於兩物也。次者序也。無間，應與上文「有間」相反。彼云「有間，中也。」則此無間即就無中而言。以其無中，則雖本有其間，亦必謂之無間矣。然間而無中，其勢叢積，必致易於合著；合著則厚矣。若有其厚，相攖可知。間而相攖，已成一體；「次」之爲名，必不能立。蓋既謂之次，便當無間而不相攖。張惠言云：「無厚乃無間」。故曰無厚而后可。

上條句法頗與此同，其說有「兩」字者，二線相校故也。本條說祇言無厚者，以其無中之間不相攖而多也；故無「兩」字。此足正孫說之失。

70 經 法所若，而然也。

說 法○意，規，員。三也俱可以爲法。

釋 畢沅云：「若，順。言有成法可從。」按畢說未盡明晰。次條言「然也者民若法也」，正可移釋本條「然」字。蓋一國之治，不獨民若法，而法亦若民。民若法爲「能若」，而法若民當爲「所若」。

法所若者，猶云法爲民所順也。是則法先順民而立，然後民乃順法矣。故曰法所若而然也。淮南主術篇：「法生於義，義生於衆適，衆適合於人心，此治之要也。……法者非天墮，非地生，發於人間而反以自正。」其說與此相會。

意規員三字，係譬詞。意，西名恭什布脫(Concept)，嚴復譯爲意，見穆勒名學引論及篇三第三節。日本譯爲概念，即是。員，圓之省文，與圓同。說文：「圓，圜全也，讀若員。」考工記注：「故書：圜，或作員；當爲圜。」

規之立也，必先有圜之意而後能制之。迨規既制，乃寫交而成圜，正易繫傳所謂「聖人立象以盡意」是也。韓子有度篇云：「巧匠目意中繩，然必先以規矩爲度」。然禮記曰：「目巧之室。」鄭玄注：「但用目巧善意作室，不由法度。」則規矩未立以前，巧匠必有目意之事；目意所不能中者，於是而規矩出焉，方圜形焉。孟子離婁上篇：「聖人旣竭目力焉，繼之以規矩準繩以爲方員平直，不可勝用也。」然則規圜二者之有，必須先逢巧匠之意，而後拙工乃能順規圜而不相背矣。國家立法之初，先必準諸民意，而後民乃赴法，方成法治之民。說與此同，故得相譬。

三也俱可以爲法，「也」與「者」通。俱，具之繁文。「爲」，當讀同「謂」。

三者具可以謂法，言意規圓三者完具，方可謂之法也。蓋有民必有法，有法始成法治之民，亦三者具也。此即出故之語，辟詞在前，其式常見。

71 **經** 佴，所然也。

說 佴○**然也者民若法也**。

釋 爾雅釋言：「佴，貳也。」郭璞注：「佴次爲副貳」。然也者民若法也句，係簡別經文之語，非出故之說也。「然」既爲民若法；則法爲至公大定之制，而「然」則習貫而成自然者耳。惟民若法爲「能然」，而佴當爲「所然」，語聲有剛柔之別(Active and Passive Voices)；則佴者義同副貳，殆猶荀子之言「類」焉。如王制篇云：「其有法者以法行；無法者以類舉。」楊倞於勸學篇有注云：「類，謂禮法所無，觸類而長者，猶律條之比附。」即是。蓋民雖若法，法必有窮；人事萬殊，安能盡著之圖籍？或不及濟，則以法爲推，而類是舉矣。惟類之爲物，既皆比附於法而成；則法者正也，類與佴皆即副貳也。說文法之古文作佱，從亼，從正，疑即函有此義。至於佴爲副貳，誠如上言。然若周禮云：「大宰以六典治邦國，以八灋治官府，以八則治都鄙。小宰掌邦之六典、八灋、八則之貳。」又「正月之吉，乃施灋於官府；而建其正，立其貳」。亦皆分大小正貳，綱舉目張，首次有制；蓋猶本經法佴之比耳。

上文第三十四條謂「君臣萌通約」爲「若名者」；此謂「民若法」，相互見意。

按右二條實爲戰國時代法家學說之精髓，吾人不容忽視。

72 **經** 說，所以明也。

說 ……

校 按本條無說。

釋 荀子正名篇：「期不喻然後說。」楊倞注：「期，會也。若是事多，會亦不喻者，則說其所以然。」按此謂不喻其「辭」，然後說之也。小取篇「以說出故」，經下各條之末皆言「說在……」，係明辭之所以然，所謂出故者也。上第三十二條作「言出故」；言與說同。

73 **經** 彼，不可。不兩可也。

說 彼○凡牛樞非牛。兩也無以，非也。

校 經首「彼」字原誤作「攸」，據張孫校正。「不兩可也」，原作「兩不可也」，與上連讀成句。茲據文義，上「不可」二字讀絕，因乙轉「兩不」二字。梁謂下「不可」二字舊衍，乃竟刪之，非。

釋 經文上一不字，讀爲否。不可，猶言否可。則彼者謂一否一可也。

春秋繁露深察名號篇云：「凡者獨舉其大也。」樞，區之繁文。非牛之「非」，恰與英文 non 字相當，所謂負前詞（Negative Prefix），每加諸正名如牛，如金屬。之前以示其負者也。如非牛，非金屬。　兩也無以，非也，係推辭。以，用也。猶云不用可否兩者則非也。

觀次條「爭彼」之語，知「彼」爲二人對諍一物之稱。大凡人立一辭，原欲求申己意；然設聞者以爲理未見極，荀子正名篇：「辭足以見極，則舍之矣。」或徑認以爲非，則其辭便爲主客爭論之題目。墨辯於此別立專名，謂之曰「彼」。蓋同爭一物，我許、他違，各持異議；故曰彼，否可。如凡牛之中區分非牛，二者抗敵，勢難兩是；究其極也，必至一否一可焉。何則？以一辯辭絕對不能兩可故也。故曰不兩可也。但一辭之辯，若不能用兩義，便成無爭，卽失辯之初意。故曰兩也無以，非也。

韓子外儲說左上云：「鄭人有相與爭年者：其一人曰：『我與堯同年。』其一人曰：『我與黃帝之兄同年。』訟此而不決，以後息者爲勝耳。」按此無所否可，失「彼」之義，其辯不成；故無勝負。

74 經 辯，爭彼也。辯勝，當也。

說 辯○或謂「之牛」，或謂「之非牛」。是爭彼也。是不俱勝；不俱勝，必或不當。不當，若犬。

校 說「或謂之非牛」，原缺「或」字，茲據明陸穩刋本增。「是不俱勝，不俱勝」：兩勝字原皆涉下句誤作「當」，與文義及論式皆不合；茲改正。「必或不當」，畢本作「不必」；孫據道藏本吳鈔本刪「不」字。按陸本亦無此「不」字。「不當若犬」，原文「當若」二字倒；茲乙正。

釋 說文：「辯，治也；從言在辡之間。」又「辡，罪人相訟也」。按辛者罪也。二罪相訟，以言治之於其間，謂之爲辯。引申爲凡兩造是非之爭。或假用辨，荀子正名篇楊倞注：「辯者論一意；辨者明兩端也。」卽是。按此兩端，卽上條所謂否可，合稱曰「彼」。勢不並立，爭以成辯；故曰辯，爭彼也。

辯有勝與無勝，當與不當。本條謂「辯勝，當也。」下經第三十五條謂「辯無勝，必不當。」又云：「辯也者，或謂『之是』，或謂『之非』，當者勝也。」然則不當者亦必無勝矣。

二或字猶云甲乙。「之牛」，「之非牛」，猶云此是牛，此是非牛。牛與非牛，義歧名反，二或相持，辯由是競，乃爭彼也。爭彼必不兩者俱勝；不俱勝，卽有或一不當。其或一不當者，如物本爲牛，或謂爲犬；卽非牛。則言牛者勝，言犬者負。以牛勝者當，以犬負者不當耳。

案經說四篇爲墨辯壁壘，多論辯術；而此二條界說特爲最精，實千古辯學之圭臬矣。

75 經 爲，窮知而縣於欲也。

說 爲○欲雜其指，智不知其害；是智之罪也。若智之慎之也，無遺於其害也；而猶欲雜之，則離之，是猶食脯也，騷之利害，未可知也；欲而騷。是不以所疑止所欲也。廧外之利害，未可知也；趨之而得刀，則弗欲趨也。是以所疑止所欲也。觀「爲窮知而雜於欲」之理：惟食脯而非恕也；雜指而非愚也。所爲與不所爲相疑也，非謀也。

校 說「慎之」，原作「慎文」；「得刀」，原作「得力」：均據孫校改。「則弗欲趨也」，原無「欲」字；茲照上下文例補。「惟食脯而非恕也」句：「惟食」二字，原合爲「雜」字。王闓運謂此「雜」當爲「食」，曹改作「惟養」二字，各得半是。茲改作「惟食」二字者，「雜」爲「惟食」二字之誤合形。蓋「惟」左半篆書作「雔」；「雜」字去「食」，與「雔」正相似耳。「所爲與不所爲」，原誤作「所爲與不所與爲」；茲據張曹刪正。

釋 畢沅云：「縣，同懸。」曹耀湘云：「縣，係也。」按縣，縣之繁文。說文：「縣，繫也。」段謂繫當作系。然則縣之作縣，正猶系之作係耳。孫詒讓云：「此言爲否決於知；而人爲欲所縣係，則知有時而窮。」按孫說甚是。墨家重正欲惡，卽此故也。可參閱下文第八十四條及下經第四十四條。經文言「爲」，說言「所爲」與「不所爲」，與前第十條辭例差近。雜，養之繁文。養指者，孟子告子篇云：「養其一指而失其肩背而不知也，則爲狼疾人也。飲食之人，則人賤之矣，爲其養小以失大也。」曹云：「但養其指，則體之失養者必多，是有害也。智之罪者，當歸咎於智之不足也。慎，審也。」孫云：「史記管蔡世家索隱云：『離，卽罹，罹，被也。』案離，俗作罹，同。詩王風兔爰：『逢此百罹。』釋文云：『罹，本亦作離。』離之，謂因欲而離患也。」案呂氏春秋重己篇云：「有慎之而反害之者，不達乎性命之情也。」此卽其義。

畢云：「騷，臊字假音，讀如山海經云『食之已騷』。」按北山經言「汾水中多鮆魚，食之不驕」。郭璞注：「驕，或作騷。騷，臭也。」疑山海經騷字假爲鱢。說文：「鱢，胜臭也。」晏子春秋雜上第十九：「食魚無反，則惡其鱢也。」然則鮆魚食之不騷者，謂無胜臭耳；非謂已鱢也。已有治病之義，卽見下條。此言食脯有騷者，說文：「脯，乾肉也。」釋名釋飲食云：「脯，搏也；乾臊原作燥，當誤。相搏著也。」故一切經音義一引通俗文：「猳臭曰臊。」說文：「臊，豕膏臭也。」則脯著乾臊，食之有害，殆卽周易噬嗑爻辭「噬腊肉遇毒，小吝，無咎」之謂耳。

畢云：「廧字，牆俗寫。」孫云：「刀，經說下按第三十條亦云王刀，皆謂泉刀也。」按荀子榮辱篇楊倞注：「刀，錢也。刀取其利。」

怨，與下句愚字相對，應卽痴之本字。說文作癡，「從疒，疑聲」，訓爲「不慧也」，與愚義相應。

「欲離其指」至「則離之」共七句，爲經文「窮知縣欲」之簡別語。蓋爲與不爲，皆窮知而縣於欲；然窮知之謂，並非不知之謂，乃知之而後窮也。知之而後窮者，以其縣於欲焉耳。「是猶食脯也」至「是以所疑止所欲也」共十句，皆屬譬辭。此以食脯、得刀爲喻，又與易噬嗑爻辭「九四，噬乾胏，得金矢；六五，噬乾肉，得黃金」，立意略同。

養指之害，智不及知；其罪在智短，非欲之過也。苟智能慎之，應不自遺其害；然猶以欲之故而養之，則罹其害矣。試舉二例以譬之：食脯有臊，未可知其利害，當疑之時，應止食之；然竟以欲之之故而中臊，則所欲不因所疑而止也。又如牆外利害，未可得知，乃亦疑也，然苟趨之則得錢刀；今竟以不欲之故而不趨，則所不欲按此不欲亦欲也亦因所疑而止也。蓋二者欲窮於知而專恃乎欲，實與已知而卒奪乎欲者等耳。故就經文「爲」之一義觀之，惟食脯而非痴，養指而非愚；蓋非痴愚之咎，大抵縣係於欲焉而已。

所爲與不所爲相疑也非謀也句，係本條經文所出之故。上也字當與「者」同。孫於「非謀也」注云：「謂不暇審計而爲之，所謂縣於欲也。」按經文言「爲」，即函「能爲」「所爲」二義，而「所爲」又函「不所爲」一義；故譬辭雙舉，義乃具足。其出之故，亦即重此。蓋所爲與不所爲二者交戰於中，不相爲謀，則皆爲欲所奪耳。

76 經 已，成、亡。

說 已○爲衣，成也。治病，亡也。

釋 張惠言云：「已有二義」。又云：「爲衣以成爲已，治病以亡爲已。」孫詒讓云：「亡，猶言無病也。漢書郊祀志云：『病良已。』注引孟康云：『已，謂病愈也。』」按張孫說皆是。論語：「春服既成。」廣雅釋詁：「既，已也。」皆卽其義。又曹耀湘云：「已，止也。衣成則止；病亡則止。」亦足備一說。

77 經 使，爲、故。

說 使○令謂。爲也，不必成濕。故也，必待所爲之成也。

校 經「爲」，原作「謂」。孫云：「吳鈔本作爲。」茲據吳本改。但「爲、謂」二字，古本通用。說「爲也」，原亦作「謂也」。茲照經改以免參差。

釋 張惠言云：「使有二義」。按二義者：(一)爲；(二)故。令謂二字，卽所出之故也。經文但分言之；若通言之，使者令之謂耳。說文：「使，令也。」據段注本。又「故，使爲之也」。段玉裁注：「今俗云『原故』是也。凡爲之必有使之者；使之而爲之，則成故事矣。」按段說正可移釋本條。

爲也不必成濕，故也必待所爲之成也，二句皆經文之簡別語。上二也字，與「者」通用。成濕，猶云成故。呂氏春秋貴卒篇云：「得之同則遫爲上；勝之同則溼爲下。」高誘注：「溼，猶遲久之也。」畢沅校云：「案荀子修身篇：『卑濕重遲。』作濕字爲是，音他合切。」按遲，直尼切，古讀與濕同在舌頭，故二字聲近義通；蓋事經遲久，即成故事；濕之爲故，義屬引申，此正用之。前第一條謂「小故，有之不必然；大故，有之必然」。此「爲」似屬小故，故曰不必成故，即有之不必然也。此「故」應屬大故，故曰必待所爲之成，即有之必然也。此二語字字對照，完全相反；然就使令言，則不別耳。

列子周穆王篇：「覺有八徵：一曰故；二曰爲。」張湛注：「故，事。爲，作也。」蓋事則已成，作則未必成，語義亦正相反也。

78 **經** 名，達、類、私。

說 名○「物」，達也；有實必待文多也命之。「馬」，類也；若實也者必以是名也命之。「臧」，私也；是名也止於是實也。聲出口，俱有名。若姓字儷。

校 說「若姓字儷」，原誤作「若姓宇灑」。畢張皆校「宇」爲「字」，是也。曹梁皆校改「灑」爲「麗」，亦通。

釋　此言「名」(Noun)具三義：(一)達名(Genesis Noun)；(二)類名(Species Noun)；(三)私名(Proper Noun)。

物達也有實必待文多也命之者：孫詒讓云：「言物爲萬物之通名。」按論衡物勢篇云：「萬物生天地之間，皆一實也。」說文序云：「依類象形，故謂之文。文者物象之本。」蓋凡世有一實，初必依類即此類名之類象形而制爲文；迨欲徧舉括囊，則又增其志義使無所限。如說文，艸從二屮，故云「百卉也」。芔從三屮，原作從艸屮。故云「艸之總名也」。茻從四屮，故云「衆艸也」。又林從二木，故云「平土有叢木曰林」。森下云：「林者木之多也。」森從三木，原作從林從木。故云「木多皃」。籀文囿字從四木作𡈀，亦象艸木蕃蕪可以養禽獸也。則屮木謂之文；艸芔茻，林森𡈀，皆曰文多。又如三隹爲雥；三石爲磊，四口爲㗊。國語曰：「獸三爲羣；人三爲衆；女三爲粲。」皆卽說文序所謂「字者言孳乳而寖多也」。他如一族之民，一師之卒；族也，師也，亦皆由文多推而見之。故曰有實必待文多也命之。言必待者，謂本無有而必待其命耳。馬類也若實也者必以是名也命之者：意謂馬爲四足獸之一類；見下經第二條。若有馬之實者，必以馬之名命之也。臧私也是名也止於是實也者：意謂臧爲一人之名，不公於衆，因謂之私；以其專屬於臧，故曰止於是實。以上三者皆經文之簡別語。

荀子正名篇：「故萬物雖衆，有時而欲徧舉之，故謂之物；物也者大共名也。推而共之，共則有(又)共，至於無共然後止。有時而欲偏舉之，故謂之鳥獸；鳥獸也者大別名也。推而別之，別則有別，至於無別然後止。」春秋繁露天地陰陽篇：「萬物載名而生，聖人因其象而命之。然而可易也，皆有義從也；故正名以名義也。物也，洪名也；皆名也；而物有私名，此物也，非夫物。」据校本。按大共名及洪名，即此之達名；大別名及皆名，即此之類名；至於無別然後止，所謂此物非彼物，即私名也。

聲出口俱有名，出故也。左桓二年傳：「夫名以制義。」疏云：「出口爲名，合宜爲義。」蓋命實有聲，聲出於口；檢名由義，義隨實得；故云爾。

若姓字儷者，荀子正名篇：「累而成文，名之麗也。」楊倞注：「麗，與儷同，配偶也。」公羊隱元年傳注：「婦人以姓配字，不忘本，因示不適同姓。」又左傳疏：「婦人以字配姓，故稱孟子。」蓋有實必有名；經文言名，實亦附見。名實相生，譬如婦人姓字，同時存在，猶配偶耳。故此用以爲譬。

79 **經** 謂，移、舉、加。

說 謂○「狗犬」，命也。「狗吠」，舉也。「叱狗」，加也。

校說「命也」之「命」，經文作「移」。孫改說之「命」爲「移」；梁改經之「移」爲「命」。余疑本條乃一例外，在經言「移」，在說言「命」，相互見意；故兩仍之。「狗吠」，原作「狗犬」，與上句複；疑此「犬」字脫一口旁耳。

釋此「謂」(Verb)亦具三義：(一)移謂或命謂(Noun used as verb)；(二)舉謂(Intrasitive Verb)；(三)加謂(Transitive Verb)。

莊子則陽篇：「雞鳴，狗吠，是人之所知。」禮記曲禮上篇：「尊客之前不叱狗。」

此及上條「名」「謂」二者，若以英國文律(Grammar)論，名即名詞，謂即謂詞。日本譯爲動詞。蓋英文佛波(Verb)，原於拉丁文佛波姆(Verbum)，其義爲字(Word)，正譯爲言；故嚴復英文漢詁翻之爲「云謂字」。茲摘錄嚴說云：「物必有所可言，或動或靜。靜而有所受；動而有所施。二者之外，尚有其所處者。凡此之字，以其謂物，故名云謂。云謂之字，從其義而分之，可爲二大類：一曰事之及物者；一曰不及物者。所以云不及物者，其事盡於作者之身，而無物蒙其影響也。Transitive 脫拉西底夫 = Passing over 拍生呵佛 其字於拉丁文，乃 Transitus 脫拉西都斯，正及物之義。惟其及物，故無物則辭意爲不全，而必有所謂受事之物者(Object)。如『風從虎』：風，施事者也；從，言其所爲作也；而所從者則虎，乃受事之物矣。」按本條「舉謂」，正猶不及物云謂。日本譯爲自動詞。例如「狗吠」：其吠之事僅盡於狗之身，而無外物被其所作，故曰舉。舉者動也，見國語楚語注。猶言僅有自動而不及他物耳。「加謂」，亦正猶及物云謂。日本譯爲他動詞。例如「叱狗！」其叱之事須及於狗之身，而狗卽爲受叱之物，故曰加。加者及物之義也。二者外，尚有移謂或命謂，卽嚴云「其所處者」(to be)。蓋號稱「命謂」者，命卽名也。例如「狗犬」：就犬字部居言，當屬名詞，故曰命；然在本句中，乃襲謂詞之職，則犬字之用，已由名詞而移爲謂詞，卽所謂「移謂」者是也。可參閱下文第八十三條。

80 **經** 知，聞、說、親；名、實、合、爲。

說 知○傳受之，聞也。方不㢓，說也。身觀焉，親也。所以謂，名也。所謂，實也。名實耦，合也。志行，爲也。

校 經「聞」，原誤作「間」；茲據畢依說校改。

釋 爲，譌之省文，古本通用。方言三：「譌，化也。」亦作訛，爾雅釋言：「訛，化也。」釋詁：「訛，動也。」則此「爲」字猶云變動耳。方，猶史記扁鵲傳「視見垣一方人」之方。索隱：「方，猶邊也。」㢓，孫詒讓引集韻四十漾云：「障，或作㢓。」身觀焉者，廣韻：「身，親也。」

此言「知」具七義，可分二項。(甲)言得知之方者三：(一)聞知，(二)說知，(三)親知。(乙)

言求知之具者四：（四）名，（五）實，（六）合，（七）爲。

（甲）言得知之方者三〇兒童不知烈火灼膚，銛刃傷指；爲父母者告以握火必燒，握刃必割。此「傳受之」之聞知也。「故未嘗灼而不敢握火者，見其有所燒也；未嘗傷而不敢握刃者，見其有所割也。由此觀之，見者可以喻未發也。」此用淮南氾論篇語。此「方不㢓」之說知也。若有烈火銛刃於此，狎而翫之，卒乃灼其膚而傷其指也。此「身觀焉」之親知也。此略採梁說。以上三者聞說親，皆得知之方也。

章炳麟云：「親者因明以爲現量；說者因明以爲比量；聞者因明以爲聲量。原注：「案傳受爲聞，故曰聲量。往古之事，則徵史傳；異域之狀，則察地志；皆非身所親歷，亦無術可以比知，其勢不能無待傳受。」赤白者所謂顯色也；方圓者所謂形色也；宮徵者所謂聲也；薰𡏖者所謂香也；甘苦者所謂味也；堅柔燥溼輕重者所謂觸也：遇而可知，歷而可識，雖聖狂弗能易也。以爲名種；以身觀爲極。阻於方域；蔽於昏冥；縣於今昔；非可以究省也。而以其所省者，善隱度其未所省者。是故身有五官，官簿之而不諦審，則檢之以率。從高山下望冢上，木𥓑𥓑若箸；日中視日，財比三寸盂，且莫乃如徑尺銅盤：校以句股重差，近得其眞也。官簿之而不偏，則齊之以例。故審堂下之陰，而知日月之行，陰陽之變；見瓶水之冰，而知天下之寒，魚鼈之臧也；嘗一臠肉，而知一鑊之味，一鼎之調。官簿之而不具，則儀之以物。故見角帷牆之耑，察其有牛；飄風墮麴塵庭中，知其里有釀酒者。其形雖隔，其性行不可隔；以方不障爲極。有言蒼頡隸首者，我以此其有也，彼以此其無也。蒼頡隸首之形不可見；又無耑兆足以擬有無。雖發冢得其髑骨，人盡有骨，何遽爲蒼頡隸首？親與說皆窮；徵之史官故記，以傳受之爲極。今辯者所持，說爾。違親與聞，其辯亦不立。此所以爲辯者也。」國故論衡原名篇。梁啓超云：「人類最幼稚之智識，多得自親知；其最精密之智識，亦多得自親知。人類最博深之智識，多得自聞知；其最謬誤之智識，亦多得自聞知。按荀子儒效篇：「聞之而不見，雖博必謬。」亦卽此意。而說知則在兩者之間焉。中國秦漢以後學者，最尊聞知，次則說知，而親知幾在所蔑焉，此學之所以日竊下也。墨家則於此三者無畸輕畸重也。」

(乙)言求知之具者四〇所以謂爲名，所謂爲實，名實耦爲合。此在邏輯 (Logic) 及文律，實爲主詞 (Subject)，名爲賓詞 (Complement)，主詞賓詞各立一端 (Terms)，而爲之居中綴系者爲繫詞 (Copula)：三者皆成辭 (Proposition) 之資也。例如「此書是墨經」一辭：「此書」先出，爲實，主詞也；「是」字居中，爲合，繫詞也；「墨經」後承，爲名，賓詞也。三者具謂之「正辭」；正卽平鋪直敍之義。反之則爲「譌辭」；譌者雖變化不循常律之謂，而其「志行」則同。蓋一辭之立,「志」則白其義,「行」則獲其用。卽千殊萬詭,而展轉相明,不離此三耳。以上四者名實合爲,皆求知之具也。可參閱嚴譯名學淺說第十一節及第四十七節。

何謂實爲所謂,名爲所以謂耶?曰:如前例,若僅說「此書」,聞者決不能知說者命意之所在。必繼告以「是墨經」,由其命意之屈曲,方能使聞者生其解悟。當參上文第三十一條釋語。所以「實」

學別		構成之具 \ 正辭	此書	是	墨經
墨辯	本文		實	合	名
	釋語		所謂	名實耦	所以謂
邏輯	英文		Subject	Predicate Copula	Complement
	本譯		主詞	表詞 繫詞	賓詞
	嚴譯		句主	綴系	所謂
	日本譯		主語	介語	賓語

必待「名」而後有所表示，斯謂實爲「所謂」；而亦惟「名」爲能表示「實」之所以，斯謂名爲「所以謂」也。茲更將墨辯邏輯二學，辭之所以構成之具，列表如右。（見上頁）

81 【經】聞，傳、親。

【說】聞○或告之，傳也。身觀焉，親也。

【釋】此承上條言「聞」具二義：（一）傳聞；（二）親聞。

曹耀湘云：「或告之者，既往之事也；但得聞之，不必得見之也。身觀焉者，現在之事也；聞之，則得見之也。」按曹說是。惟曹僅論時間而不及空間，尚爲未盡。蓋須同時同地，方可身觀而親聞；否則異地而同時，或異時而同地，皆須或告之而傳聞也。

82 【經】見，體、盡。

【說】見○特者，體也。二者，盡也。

【校】說「特」，原誤作「時」；據孫改。

【釋】此承上文「身觀」言「見」具二義：（一）體見；（二）盡見。

孫詒讓云：「特者奇也；二者耦也。特者止見其一體；二者盡見其衆體。」按上文「體，分於兼也」。「盡，莫不然也。」方言云：「物無耦曰特。」皆卽其義。

淮南說山篇：「視方寸於牛，不知其大於羊；總視其體，乃知其相去之遠。」

梁啓超云：「智識之謬誤，多由體見生。若盲人摸象，得其一節，謂爲全象，則蔽而自信也。然體見之爲用亦至宏，專究事理之一部分而得眞知，愈於博涉而僅游其樊者矣。」

83 **經** 合，𤴓、宜、必。

說 合○「並立」、「反中」、志工，正也。「臧之爲」，宜也。非「彼」、「必」不有，必也。

校 說標題「合」字原誤作「古」，茲從楊葆彝據經改。「並立」，原作「兵立」；據曹校。孫謂「兵」，吳鈔本作「力」；按「力」亦「并」之爛脫字耳。

釋 此承上文第八十條第六目釋「合」之義有三：（一）正合，（二）宜合，（三）必合。正合又分二：（一）並立，（二）反中。

工，功之省文。「志功正也」，與上文「志行爲也」，相對成文，亦相互見意。

並立者，如上文第七十九條「狗犬」一辭：在彼以文律言，犬爲命謂；亦曰移謂。在此以墨辯言，則狗爲實，卽主詞，犬爲名，卽賓詞。今亦曰表詞。因二者間隱去繫詞，如言「狗爲犬」之「爲」字。而唯「實」「名」對偶，故曰並立。反中者，如經下第五十四條「狗犬也」一辭：其繫詞「也」字，不綴於中，轉置辭末；與論語「柴也愚」「參也魯」平敍之辭不同，故曰反中。此二者本皆謂辭，然猶可謂之正合。蓋並立一例，我國古經傳箋疏中用之極多。反中一例，在英文雖云罕見，希臘拉丁實常有之。而中文已成通例；皆與志功不相違異。蓋「志」則白其義，「功」則呈其效，實爲立辭之二大原則；茲二者契此原則，故亦爲正合也。

嚴譯名學淺說第四十九節云：「常語文字之中，則多隱括而少顯露，多顛倒而少平敍。」蓋即此並立、反中之義。

「臧之爲宜也」者：荀子正名篇云：「單足以喻則單；單不足以喻則兼。」楊倞注：「單，物之單名也。兼，複名也。喻，曉也。謂若止喻其物，則謂之馬。喻其毛色，則謂之白馬黃馬之比也。」按凡事物命名之始，多屬單名。有時單名不足以喻，則用複名。複名者，字無多寡，祗言一事，原非二物。如言「臧之爲」：臧，私名也；見第七十八條。爲，乃行爲，見第十條。亦一名也。此二名各含本義，初不相涉。及用介詞（Preposition）「之」爲之聯屬，始共相牽引，以著其對待之情而爲複名。蓋既非「臧」，又非「爲」，乃「臧之爲」，猶云「臧所有行爲」，實不可分爲二事，故謂之合。又正名篇云：「名無固宜，約之以命。約定俗成謂之宜；異於約則謂之不宜。」此「宜」亦即其義。如「臧」「爲」二名及「之」字，一經約定，用之成俗，則志無不喻之患，即宜矣；故曰宜合。可參閱名學淺說第十三節。

「非彼必不有」者：「彼」有否可，見第七十三四條。「必」有是非。見第五十一條。否可方形，是非乃立；因而辯有正反（Affirmative and Negative）。如甲謂「之牛」，卽正辯；非甲謂「之非牛」，卽反辯。正反成辯，名曰「爭彼」；爭彼而勝負見焉。故設其時有第三者乙出而合之，則是非可定。所以非「彼」不能有合，卽不能有「必」也；是謂必合。

84 **經** 𠙺，欲𠙺，權利；惡𠙺，權害。

說 𠙺〇𠙺者兩而勿必（必也者可勿疑）；權者兩而勿偏。

校 經首「𠙺」字，原誤作「且」，又倒誤在二句之間；茲據梁校改乙。說「𠙺〇𠙺者兩而勿必」，原作「聖者用而勿必」；孫謂「聖」或當爲「正」。按「聖」疑卽「𠙺𠙺」誤合爲一者。「𠙺𠙺」二字，一爲標題，一爲說之首字也。集韻四十五勁云：「聖，唐武后作𤯔。」又今所見唐岱嶽觀碑作「𤯔」，係從「長𠙺王」三字。因疑此「𠙺𠙺」誤合，加「長」復誤爲「𤯔」，後又改爲「聖」耳。「用」，與「兩」形近致誤；據下句改。「必也者可勿疑」六字，疑三墨門人案識之語，以示別於上條之「必」字耳。茲以括弧別識之。「權者」，原作「仗者」；孫謂二字草書形近而譌，據改。

釋 前言「利所得而喜；害所得而惡。」見上第二十六第二十七兩條。又謂「爲，窮知而縣於欲。」見上第七十五條。則人之欲惡，直可以左右知識；而知識之道窮。然欲惡苟正，而利害取捨得其宜焉，斯亦已矣。若利害當前，欲惡不正，乃徇一己之私以爲取捨，因而利害莫明，禍福無定：則人之所爲，殆未有不陷於危苦者也。是以墨家重正欲惡；欲惡得正，方可以權利害。大取篇云：「於所體之中而權輕重之謂權。權：非爲是也；亦非爲非也。權，正也。」蓋利爲人所欲；害爲人所惡。苟欲惡正，卽知權利害之輕重以爲取捨；則權亦正，而是非自得矣。荀子正名篇云：「凡人之取也，所欲未嘗粹而來也；按粹，假爲猝。其去也，所惡未嘗粹而往也：故人無動而可以不與權俱。權不正，則禍託於欲而人以爲福；福託於惡而人以爲禍：此亦人所以惑於禍福也。」與此可互相發明。

㸚者兩而勿必：必既釋爲勿疑，則必猶信也。勿必，猶勿信也。兩卽欲惡。欲惡兩正，則當勿信私己之欲惡也。權者兩而勿偏：此兩卽利害。於利取其重者，於害取其輕者；權其輕重使勿偏也。

85 **經**爲，存、亡、易、蕩、治、化。

說爲○亭、臺、存也。病、亡也。買、鬻、易也。霄、盡、蕩也。順、長、治也。鼃、黽、化也。

校說「亭」，原作「早」，疑因篆文形似致誤。「病亡也」句，據文例，或脫去一字。「黽」，原作「買」，形聲相似致誤；茲改之。（按孫云：「買，疑當爲『鼠』。列子天瑞篇：『田鼠之爲鶉。』」蓋古說鼃鼠二者皆能化爲鶉，故上文既以『鼃』釋『化』，此又兼舉『鼃鼠』二者以盡其義；兩文雖異而義實同也。『鼠』，漢隸或作『身』，見仙人唐公房碑；與『買』形極相似，因而致誤。或云『買』當爲『𦎧』，即『鶉』之省；亦可備一義。」曹本改買爲爵，云「『爵』，原訛作『買』」。鼃化爲鶉，爵化爲蛤，是化也。上文云：『化，若鼃爲鶉。』禮記云：『爵入大水爲蛤。』」按孫曹二說皆通；惟曹校「爵買」二字，不甚相似。孫引列子，形義皆安；但不知鼠亦能化鶉否？余意禮記月令篇、呂氏春秋季春紀、淮南時則篇皆云「田鼠化爲鴽」。高誘注：「鴽，鶉也。」列子正作「田鼠之爲鶉」，上文作「若鼃爲鶉」；疑田鼠亦鼃之別名，殆猶今謂鼃爲田雞也。魯問篇：「餌鼠以蟲。」鼠即田鼠，亦即鼃黽，故云餌以蟲也。茲錄此說，將質諸博物君子。）

經亭臺存也，與下經第四十二條「室堂所存也」，同一句法。說文：「亭，民所安定也。」漢書西域傳：「其水亭居。」山海經郭璞注引作「其水停」。亭、停，古今字。釋名釋言語：「停，定也；定於所在也。」所在即所存義。孫詒讓云：「臺謂城臺、門臺。」病亡也，孫云：「言治病之爲，求其亡。左成十年傳：『晉侯有疾，秦伯使醫緩爲之。』呂氏春秋至忠篇：『文摯治齊王疾，曰：請以死爲王。』高注云：『爲，治也。』此即上文『巳、爲衣成也、治病亡也』之義。」買鬻者，俞樾云：「説文貝部：『賣，衍也；讀若育。』今經典通以鬻爲之。」畢沅云：「霄，與消同。」説文：「消，盡也。」又「盡，器中空也」。故曰消盡蕩也。蕩亦廢壞放散之義。順長，猶言訓養長育，故曰治也。説文：「鼃，黽也。」蓋渾言之。爾雅釋魚：「鼁鼀，蟾諸；在水者黽。」邢昺疏云：「鼁鼀，一名蟾諸，似蝦蟆，居陸地。其居水者名黽，一名耿黽，一名土鴨，狀似青蛙而腹大。」蓋分言之。此以鼃黽二者皆可化爲異實也。

此言「爲」具六義。墨家重人爲，主實用；以謂天下萬物，舉凡存、亡、易、蕩、治、化，皆非出之自然。如亭臺之存，疾病之亡，猶言病愈。買鬻之交易，消盡之蕩除，順長之修治，固由於爲；卽鼃黽之化，亦可徵驗其變易。前第四十四條：「化，徵易也。」良由處境不同，天之所設，人其代之；故無往而不見有人爲措施於其間也。此義，莊子殊異。其秋水篇云：「物之生也，若驟若馳；無動而不變，無時而不移。何爲乎？何不爲乎？夫固將自化。」蓋墨家卽反其説者也。荀子亦謂「莊子蔽於天而不知人」，解蔽篇語。殆以此乎。

86 **經**同，重、體、合、類。

説同○二名一實，重同也。不外於兼，體同也。俱處於室，合同也。有以同，類同也。

釋辨別同異，爲辯者持論所必循之塗徑，故此下各條反覆言之。荀子正名篇云：「然則何緣而以同異？曰：緣天官。楊注：「天官，耳目鼻口心體也。」凡同類同情者，其天官之意物也同，故比方之同其疑似而通；是所以共其約名以相期也。然後隨而命之；同則同之，異則異之。知異實者之異名也，故使異實者莫不異名也，不可亂也；猶使同實者莫不同名也。」按六官意物，分別同異，而後以名命之；於是同物皆同名，異物皆異名，不可亂矣。

此言「同」具四義。如言「狗，犬也」。名雖二而實祗一，是謂重平聲同。前第二條云：「體，分於兼也。」此兼與體，皆卽其義。故兼大於體，而體必爲兼所含。如牛羊同爲四足之家畜，兼也；同爲有角，體也。其角雖不必甚同；然牛羊之二，皆爲家畜之一，故曰不外於兼。俱處於室，卽次條之同所，亦卽正名篇所謂「物有異狀而同所者」。大取篇云：「智（知）是室之有盜也，不盡愛是室也。」蓋人盜俱處於室，不盡愛之，以其同所也；是謂合同。正名篇楊注有云：「若謂之禽，知其二足而羽；謂之獸，知其四足而毛。」此卽所謂有以同也，是謂類同。按此卽莊子天下篇惠施所謂「小同」也。

87 **經** 異，二、不體、不合、不類。

說 異○二必異，二也。不連屬，不體也。不同所，不合也。不有同，不類也。

校 經「不體」，原脫「不」字；據畢補。孫謂吳鈔本亦不脫。

【釋】此言「異」亦具四義。異爲同之反面，其文易明。惟第一項不曰「不重」而曰「二」，句法雖變，實一例耳。二必異者，說文：「必，分極也。」如上言狗謂之犬，二名一實。然若將狗犬二名分之極細，則說文謂「犬，狗之有縣蹏者也」。爾雅釋言謂「未成毫，狗。」是二名而二實矣。又曲禮疏云：「狗犬通名；若分而言之，則大者爲犬，小者爲狗。」亦即此意。

按此即惠子所謂「小異」也。

88 【經】同異而俱於之一也。

【說】侗〇二人而俱見是楹也。若事君。

【校】本條原在前第三十八、第四十兩條之間，疑係「旁行句讀」，排列貿亂；茲移歸下截此處以復舊觀。餘詳上文第三十九條校語，可覆閱。

經、孫於「同」下發注：「謂合衆異爲一。」則孫讀「同」字一逗可知。自後梁胡等皆依之。胡並照補「求異」一條，以强附於密爾（Mill）之「求同求異法」，甚非也。蓋上經各條，以首一字小逗者固多，而讀法參差者亦不少。本條「同異」二字，似應連讀；一以承上二條同異之分稱，一以啓下條同異之交得，實顯而易見之事也。

說「若事君」，孫謂「事」，舊本作「是」；今據道藏本吳鈔本正。按明陸穩刊本亦作「事」。

繁文。

【釋】孫詒讓云：「之一，猶言是一。」梁啓超云：「之，訓此。」張惠言云：「佴，當爲同。」按佴，同之二人而俱見是楹也句，卽本條出故之說，似譬辭，頗與前第五十二條形式相近；然立義獨深，驟難了了。考下經第五十七條云：「楹之摶也，見之。」摶，與團通。楹摶，卽柱圓，意謂楹之爲摶，由見而知；故此曰俱見是楹也。茲設甲乙丙三人俱見此楹三次。惟甲見之皆謂是摶。

見楹次數／人名	(1)	(2)	(3)
甲	摶	摶	摶
乙	摶	非摶	摶
丙	非摶	摶	非摶

乙於(1)(3)兩次謂是摶，而(2)次謂爲非摶。丙於(1)(3)兩次謂爲非摶，而(2)次謂爲摶。由是乙(1)(3)同於甲，因謂乙所見是楹；丙(2)同於甲，因謂丙所見是楹：以證同之俱於此一，可耳。然乙(2)異於甲，則謂乙所見非此楹；丙(1)(3)異於甲，則謂丙所見非此楹：以證異之俱於此一，則非也。何則？以乙丙二人實俱見此一楹而不及見他楹故。若以所見之異（卽非摶）而謂所見非此一楹；則其證之謬誤，不待言矣。何則？同異必須俱於此一也。此一，假定卽楹。苟同則謂俱於此一楹，而異則謂不俱於此一楹；則同異之不能相互證明，又

不待言矣。故同而俱於此一楹，必須甲與乙丙二人俱見是摶；異而俱於此一非楹，又須乙丙二人與甲俱見非摶；方無謬誤。然則假立「同異而俱於此一」之辭，若有舉楹摶爲例而問其故者，則可答曰：「二人而俱見是楹故。」

若事君，譬詞。孫云：「似言猶衆人同事一君。」按尙同中篇云：「是故靡分天下，設以爲萬諸侯國君，使從事乎一同其國之義。國君既已立矣；又以爲唯其耳目之情，不能一同其國之義。是故擇其國之賢者，置以爲左右將軍大夫，以遠至乎鄉里之長，與從事乎一同其國之義。上之所是，必亦是之；上之所非，必亦非之。」疑卽此意。當參閱前第三十四條。

89 **經**同異交得，放有無。

說同異交得○旅福、家良，恕有無也。比度，多少也。兔蚓、還圜，去就也。鳥折、甲挏，堅柔也。劍尤甲，死生也。處室子、子母，長少也。兩絕勝，白黑也。中央，旁也。論、行、學、實，是非也。難宿，成未也。兄、弟，俱適也。身處、志往，存亡也。霍、爲，性故也。賈宜，貴賤也。超城，員止也。長短、前後、輕重、……援。

校說「旅福家良」：「旅」，原作「於」；此因「旅」之篆文作「㫋」，與「於」形似致誤。「兔蚓還圜」：「圜」，原誤作「園」；據孫改。「甲挏」，原作「用桐」，不得其解。茲就形義校作「甲挏」者：「甲」

字左右二筆下曳，卽誤爲「用」，「挏桐」偏旁亦易譌也。「劍尤甲」：「甲」，原作「早」。孫詒讓篆文「早」作「𣅀」，從「甲」；故「甲」譌作「早」。茲據改正。「論行」下，原重二「行」字；孫詒讓衍兩「行」字。按「行行」二字，疑後人音釋上一「行」字之旁注，誤入正文者。論語：「子路行行如也」，殆卽取其音義於此耳。茲刪之。「性故也」：「性」，原誤「姓」；此因偏旁篆文形似致誤。茲據張改。「超城員止也」句上有一「諾」字，下有「相從相去先知是可五色」共十一字，覈皆爲後第九十二條之錯簡；茲並移正。

釋 以上三條，皆言同異；本條更言同異交得，交得在放有無。玉篇：「放，比也。」類篇：「放，效也。」此蓋以天下相對之事物爲之比例，而驗其交得之度者也。明鬼下篇云：「天下之所以察知有與無之道者，必以衆之耳目之實，察知有與無之爲儀者也。誠或聞之見之，則必以爲有；莫聞莫見，則必以爲無。」按墨家重實驗，故有無恃乎聞見；聞見塙則有無皆眞。故同異交得，放乎有無也。

牒經標題用「同異交得」四字，乃變例。

旅福家良者：易旅卦孔穎達疏云：「旅者客寄之名，羈旅之稱；失其本居而寄他方，謂之爲旅。」福，疑讀爲偪或逼，侵迫也。漢書古今人表：「福陽子。」左襄十年傳作「偪陽」。釋文：

「偪，本或作逼。」即是。或疑福字爲偪或逼之訛。家良，猶云良家。管子問篇尹知章注：「良家，謂善營生以致富者。」恕，推概之義。見前第六條。則此句猶云旅寄侵迫，足以推知其無；家居富饒，足以推知其有也。又此下如多少、去就、堅柔等，皆屬相對之詞，與「有無」一律；以之爲推，故曰恕有無。

比度，猶云度量。尹文子云：「故人以度審長短；以量受少多。」故云比度多少也。曹耀湘云：「免，讀如挽。」按免，挽之省文。孫詒讓云：「䖗字，亦見經說下，字書所無。竊疑䖗字卽螾之別體。後漢書吳漢傳李注引十三州志云：『胊䏰：其地下溼，多胊䏰蟲。』䏰，音閏，卽螾之音轉。䖗從刃爲聲，猶以䏰爲螾也。方言云：『蚰蜒，自關而東謂之螾䗇，北燕謂之䖡蚭。』彼䖡字亦說文所無，與此䖗字形相近；疑䖡蚭亦當爲䖗蚭。䖗螾字同，蚭䗇聲轉，傳寫譌作䖡，郭璞遂音爲奴六反矣。」按螾，說文或作蚓。本草云：「蚯蚓，一名曲蟺。」則凡上所引胊䏰、蚰蜒、螾䗇、䖡蚭、及蚯蚓、曲蟺等，皆卽章炳麟所謂「一字重音」。國故論衡上。蓋螾蚓䗇蚭蟺爲本字，胊蚰䖡蚯曲則皆以屈曲之義而兼借音。孫必以䖡爲䖗之誤，而爲䖗字索所自出，泥矣。孫云：「還，與旋同。」又云：「彼此相背爲去；相還爲就。」則挽蚓旋圜去就也者：謂若蚓之挽戾，圜之旋轉，若去若就也。鳥折甲摑堅柔也者：折，逝之省文。說文：「逝，往也。」淮南覽冥篇高誘注：「逝，猶飛也。」論衡狀留篇云：「鳥輕便於人；趨遠，人不如鳥。」又龍虛篇云：「形輕飛騰，若鴻鵠之狀。」則鳥逝柔也者，猶云鳥之飛逝，以形體輕柔故耳。禮月令：「其蟲介。」鄭玄注：「介，甲也；象物閉臧地中，龜鼈之屬。」淮南說山篇云：「介蟲之動以固。」高誘注：「介蟲，龜鼈之屬。動，行也。」撊，集韻韻會並音動。玉篇：「撊，動也。」則此甲撊堅也，卽淮南語意。劍尤甲死生也者：說文：「尤，異也。」蓋劍利人死，甲利人生，其性絕異也。孫云：「此與孟子『矢函』韓子『矛盾』之喻，語意略同。」處室子子母長少也者：孫引孟子告子篇趙歧注云：「處子，處女也。」按莊子逍遙遊篇釋文云：「處子，在室女也。」曹耀湘云：「下子字讀曰字。」按子母之子，字之省文。釋名：「慈，字也。」則子母，猶云慈母。慈母、處女，故有長少。曹云：「少而處室則曰子；長而字子則曰母。」亦通。兩絕勝白黑也者：說文：「絕，斷絲也。𢇍，古文絕；象不連體絕二絲。」則此言二絲一白一黑，互相勝也。淮南本經篇有「五采爭勝」語。中央旁也者：孫云：「謂有四旁，乃有中央。」按荀子大略篇：「欲近四旁，莫如中央。」故曹云：「中央無定者也；度之於四旁，而中可得矣。」論行學實是非也者：孫云：「言人論說、行爲、學問、名實、四者：各有是非之異。」難宿成未，似皆卽儺踰盛昧之省文。詩小雅：「其葉有難。」注：「難，盛貌。」又衞風：「佩玉之儺。」注：「儺，行有節度。」論語：「足蹜蹜如有循」。疏：「言舉足狹數。」漢書律歷志：「昧薆於未。」釋名：「未，昧也。」說文：「昧，闇也。」綜觀諸義，其語甚明。蓋謂君子之道，行有節度而日以盛也；小人之道，舉足狹數而日以闇也。兄弟俱適也者：孫云：「適，讀爲敵。言相合俱，相耦敵。」曹云：「凡勢均力敵，則曰兄弟。論語云：『魯衞之政，兄弟也。』」皆是。身處志往存亡也者：曹云：「身必有所居；志則無不之也。身處於今，志在於古；身處於此，志往於彼：或存或亡之理也。」霍爲姓故也者：霍，鶴之省文。史記衞世家：「懿公好鶴。」左傳作鶴。廣韻：「鶴，水鳥名。」說文：「爲，母猴也。」按古讀「爲」如「譌」，聲轉卽「猴」。性故者：孟子云：「天下之言性也，則故而已矣。故者以利爲本。」莊子達生篇「孔子觀於呂梁」一節云：「吾生於陵而安於陵，故也。長於水而安於水，性也。」列子黃帝篇亦有此語，張湛注：「故，猶素也。」蓋猴利於陵，鶴安於水，故曰性故。賈宜貴賤也者：曹云：「賈，與價同。」按賈，價之省文。下經第三十一條：「賈宜則讎。」又第三十條：「買無貴。說在仮其賈。」淮南齊俗篇：「物無貴賤。因其所貴而貴之，物無不貴也；因其所賤而賤之，物無不賤也。」皆卽其義。超城員止也者：員運二字，音義古通。非命中篇「員鈞」，上篇作「運鈞」。山海經東山經：「廣員百里」，越語作「廣運百里」。並其證。蓋員止、卽運止，猶云運動、靜止。後漢書馮衍傳注：「超，過也。」釋名釋姿容：「超，卓也；擧脚有所卓越也。」則城爲靜止，而超越之者乃運動也。說文：「援，引也。」此猶云長短、前後、輕重等等，皆引此類以爲推也。

90 **經** 聞，耳之聰也。

說 ○循所聞而得其意，心之察也。

校 說「心之察也」：「之」，原誤作「也」；茲據畢依次條改正。按本條與次條，舊皆作經四條而無說。以文義求之，疑原爲經與說各二；寫者將說誤插旁行句讀上截作經耳。意此誤甚早，因而牒經標題亦佚去焉。茲將「循所聞……」「執所言……」二條作「聞」「言」二經之說，以復其初。

釋 管子宙合篇：「耳司聽，聽必順聞；聞審謂之聰。」正可援以釋此。耳，能聞也；聲，所聞也。循聲得意，以心之察。心察故耳聰也。荀子正名篇：「心有（同又）徵知。徵知，則緣耳而知聲可也。」又解蔽篇：「心不使焉，則雷鼓在側而耳不聞。」禮記大學篇亦云：「心不在焉，聽而不聞。」皆卽其義。名家分心意爲二，蓋認心爲體而意爲用；形名家不認物有本體，故謂「意不心」，（列子仲尼篇引之。）其說絕異。

91 **經** 言，口之利也。

說 ○執所言而意得見，心之辯也。

釋 論衡書說篇：「出口爲言。」故荀子非相篇楊倞注云：「言，講說也。」蓋口能講說，斯爲捷給；故曰言，口之利也。前第三十二條謂「言出故也」，說謂「故也者諸口能之出名者也」。口能，卽口才。小取篇又謂「以說出故」。然則墨辯所謂出故之說，必須有利口之才而後可也。能言者口也；所言者辭也。執辭而意得見，以心之辯。辯亦明察之義。心能明察，故口利也。荀子天論篇：「心居中虛以治五官。」蓋口爲司言之官，而必聽命於心以爲之制。苟心不之辯，口亦不利矣。淮南泰族篇：「言者所以通己於人也；聞者所以通人於己也。」蓋聞與言皆辯者之所有事也。

92 **經** 諾，五利用。

說 諾○相從、相去、先知、是、可，五也。正五諾，若「人於知」，有說。過五諾，若「員無直」，無說。用五諾若自然矣。

校 經「五利用」：「五」字原分作「不一」二字，疑因篆文「𠄡」形似「不一」致誤也。說「五」字數見可證。

說首段原作「諾相從相去先知是可五色」共十一字，舊錯入上文第八十九條；今析出移此。次段「正五諾」以下共二十五字，舊錯在篇末「若聖人有非而不非」句下；茲據孫校乙正。「五也」，原誤作「五色」；「若人於知」，「若」原誤作「皆」：亦皆據孫改正。

釋 孫詒讓云：「說文：『諾，譍也。』言人之譍諾，其辭氣不同，隨所用而異，有此五者。」按孫說近是。蓋墨辯之設，原所以譍對他人，故凡申恉建辭，別立專名曰「諾」。又諾者許諾；大抵實名成辭，必有一許、一不許，方起爭論。其一許、一不許，即己許之而敵不許也。故凡由己許所提出之題義，以與不許之敵方相論決者，皆謂之諾也。維諾有五：（一）相從，（二）相去，（三）先知，（四）是，（五）可。

孫云：「相從，謂彼謂而我從之。相去，說文：『去，人相違也。』謂口諾而意不從。」按孫說近是。此（一）相從者，謂曲從敵論，意在破他。（二）相去者，謂故違敵論，求申己說也。考窺基（唐僧玄奘弟子）因明大疏言「宗」有四：（一）徧所許宗，（二）先業稟宗，（三）傍憑義宗，（四）不顧論宗。此相從相去之二，似可比之不顧論宗。彼言此宗「是隨立者自意所樂」。「樂之便立，不須定顧。」即是。蓋因明眞實之宗，本具二義：（甲）主張己見，不顧敵者之持論，亦且違敵而張己說；（乙）從順敵意，不顧自己之持論，以便揚己而破敵宗。其（甲）即此之（二），（乙）

卽（一）也。（三）先知者，猶孟子「使先知覺後知」之先知；似亦可比「先業稟宗」。彼云：「若二外道，共稟僧佉，數論派對諍本宗，亦空無果；立已成故。」蓋共稱師說，事屬先知，兩不相背；辯故不成也。（四）是者，字從日正，故「是」可訓正。見易未濟虞注。說文：「日，實也。」故「是」又訓實。見淮南子修務篇注。言凡事眞實而正確者，必不起辯；故「是」亦可比之「偏所許宗」。彼云：「若許立者，便立已成；先來共許，何須建立？」是也。（五）可者，論語子路篇皇疏云：「可者未足之辭也。」則「可」爲「是」之反面。蓋「是」義極成，「可」義偏闕，皆無從置辯也。傍憑義宗與此不侔。大疏論四宗云：「此中前三，不可建立；唯有第四『不顧論宗』，可以爲宗。」蓋謂前三皆屬「似宗」，第四始爲「眞宗」也。按眞宗卽此之正諾，似宗卽此之過諾。然此不云正諾而云正五諾，不云過諾而云過五諾者，猶云五諾中之正諾，五諾中之過諾。故相從、相去、二者爲正諾，先知、是、可、三者皆爲過諾也。

「若人於知」之於字，與烏同。詳下經第四十二條。烏知，猶云何知。「若員無直」之員，圓之省文。

「有說」，「無說」，皆卽小取篇「以說出故」之說。

辯學大旨，原欲對爭辭義，共求理貫；故不妨違反敵意，力伸己宗。所以正諾之中，又以「相去」爲最常用；姑不具論。茲舉「相從」之例：如敵者云：「人於知」，猶云「人何知」。夫人固有知也；今乃曲從其說，而後出「故」對詰以破之，以反證其譌謬，故曰「有說」。過諾之中，亦以「先知」與「可」最易辨知；而惟「是」爲最易混目。茲舉一例：如敵者云：「圓無直。」夫圓爲「規寫交」，第五十八條。形固無直，本爲幾何學不爭之理，盡人所許；不必出「故」證明，故曰「無說」。此五諾者，有正、有過；苟不精於其道，將致殽亂。反之若明其術，則用五諾若自然，持論動中準繩，無一可棄之語，經文所謂「五利用」是已。

93 **經** 服，執、說。

說 服〇執，難成。說，務成之，則求執之。

校 經「說」字下，舊有「音利」二小字。畢云：「音利二字，舊注，未詳其義。」按此非注，前於第四十六條詳之，可參閱。

說標題「服」字，原倒誤在「執」字下；茲乙。「說務成之」，原作「言務成之九」。「九」，疑爲「皃」之爛脫，本與上「言」字合爲一「說」字；因「皃」誤爲「九」，又倒在下耳。茲據文義校正。

釋 孟子言「七十子之服孔子，中心悅而誠服」；蓋以德服人也。莊子天下篇云：「桓團、公孫龍、辯者之徒，能勝人之口，不能服人之心，辯者之囿」；則以其囿於辯不能服人也。平原君謂公孫龍「辭勝於理，終必受絀」。見孔叢子。曹植謂「田巴毀五帝，罪三王，訾五霸於稷下，一旦而服千人；魯連一說，使終身杜口」。見文選書中。若是，但求不致杜口受絀，遑言服人哉？墨辯不然，辯勝且當，見前第七十四條。已自立於不敗之地；而本條論「服」，蓋尤辯者之所宜知焉。說文：「說，言相說司也。」段玉裁注：「說司，猶刺探。說之言惹，司之言伺也。」按唐韻：「說，女加切。」亦作詀說；類篇引埤蒼云：「詀說，言不同也。疑「言相伺也」之誤字。居佳切。」按言相說伺，卽觀色希聲之義。求執，大取篇云：「求，爲是非也。」此言各執一偏，其說難成；必俟其無執言之，方可令人心服。若觀色希聲，務成其說，則人亦服。然此之爲服，未免捨己以徇人，而失辯之初意；若是，又須求其是非而執持之爲得也。

論語衞靈公篇載孔子曰：「**可與言而不與之言**，失人；不可與言而與之言，失言。知者不失人，亦不失言。」荀子勸學篇亦云：「有爭氣者勿與辯也；故必由其道至然後接之，非其道則避之。故禮恭而後可與言道之方；辭順**而後可與言道之理**；色從而後可與言道之致。故未可與言而言謂之傲；兪樾謂躁之假。可與言而不言謂之隱；不觀氣色而言謂之瞽。」當與本條互相發明。

印度宗計繁興，極重辯事。瑜珈師地論第十五卷「論出離」有「三種觀察」。其第二云：「觀察時衆者：謂立論者方起論端，應善觀察現前衆會，爲有僻執、爲無執耶？若知衆會唯有僻執、非無僻執；便自思勉，於是衆中，不應立論。若知衆會無所僻執、非有僻執；便自思勉，於是衆中，應當立論。」蓋卽此所謂執難成，不執則易成之義。又「論莊嚴」第五云：「應供者：謂如有一爲性調善，不惱於他，終不違越諸調善者調善之地，隨順他心而起言說；以時如實能引義利，言詞柔輭，如對善友：是名應供。」蓋亦卽此「說務成之則求執之」之義。

94 **經** 法同則觀其同；巧轉則求其故。

說 法○法取同；觀巧傳。

校 經原文二句互倒。竊意自上文第四十六條「益言利大」錯誤爲「音利大益」，或讀者疑「巧轉」與「音利」命意相關，竟將「巧轉則求其故」全句，插入「音利大益」之間，便成「音利巧轉則求其故大益」矣。迨後校者又以「音利」爲上條「說」字之小注，而「巧轉則求其故大益」遂在「法同則觀其同」之上。但「音利大益」前已改作「益言利大」；則此「巧轉則求其故」正與說之「觀巧傳」立義符同，知必爲本條之語，因據乙正。

釋 上文屢言「辭」「故」二者之用，名墨辯術，已見一班。故凡論者每立一辭，出一故，由其命意之所在，但使聞者渙然冰釋，怡然理順，卽已收明辯之功而達悟他之實，固無竢乎外求也。然聞者若一時根鈍機滯，論者或亦以直告之難喩，乃假物之然否以彰之，而欲人之急憭其意，則設譬之方尙已。小取篇云：「譬也者舉他物而以明之也。」舉他物以明之，皆卽各說中所謂「若……」「不若……」等；而本條及次條之「法同」「法異」，蓋又譬詞之廣義焉。

夫設譬之方，就俗義言，不過舉示其肖似之物，使人易於了解而已。如史記項羽本紀載宋義下令軍中曰：「猛如虎，很如羊，貪如狠。」其意以謂羽之猛正如虎之猛；羽之很正如羊之很；羽之貪正如狠之貪；而特著其相埒之情已耳。但墨辯不然，其設譬也，由其結果之關係，可以發生「侔」與「推」之二要件；見軌範。而「侔」卽此所謂法同則觀其同，「推」卽所謂巧轉則求其故，是也。

所謂法同則觀其同者何耶？小取篇云：「效者爲之法也。所效者所爲之法也。」其「所效」爲一辭之實，在前端者。卽「所爲之法」，茲可省稱「所法」。「效」爲一辭之名，在後端者。卽「爲之法」，茲可省稱「法」，亦卽此所謂「法」。舉例明之：

辭……雷電非神。

說……雷電爲人所使用故。

辟……若雨水。

據右式觀之，辭之「雷電」爲「所法」；其「非神」與「人所使用」皆爲「法」。而「雷電」與「人所使用」皆爲立敵所共許；惟「非神」乃立者所許，立者或主神滅論及無鬼論。公孟子謂「無鬼神」，見公孟篇。而敵者未必許也。今俗謂雷公電母爲神，墨子亦明鬼。蓋「非神」既爲敵者所未必許；於是始出其「人所使用」之「故」之共許法，以成立「非神」之不共許法。則「雷電」之所法上，本具有「人所使用」與「非神」之二法無疑。而今又譬之曰「若雨水」。此「若雨水」三字中，究具何義？茲察其命意之所在，當亦以「雨水非神，爲人所使用」而已。然則所謂「雷電」者，不已完全具有「非神」與「人所使用」之二法耶？如此相似，故曰「法同」。茲表其關係於左：

雷電｛非神……………………人所使用故｝雨水
　　｛人所使用故……………………非神｝

由是依共許法「人所使用」之原理，可得一不共許法「非神」之斷案；則凡與「雷電」相類之物，如雨水等，必可比辭而俱行，卽「侔」也。列式於次：

辭……雷電非神。

說……人所使用故。

辟……若雨，水，舟，車，……。

侔……雨水爲人所使用，故雨水非神；舟車爲人所使用，故舟車非神；……乃至

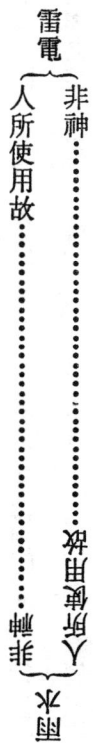

雷電爲人所使用，故雷電非神。

由是知「雷電」之爲物，能與「雨水」等得其同類之果，卽可觀其必爲同類；故曰「觀其同」。說言「法取同」，蓋取「雨水」等以證「雷電」之「非神」，義尤明顯。此與外籀邏輯（Deductive）日本譯演繹法同理。

其次所謂巧轉則求其故者何耶？釋名云：「巧，攷也；考合異類共成一體也。」轉，說作傳。釋名云：「傳，轉也。」則傳、轉、同義通用。轉者展轉。巧轉者：正猶內籀邏輯（Inductive）日本譯歸納法及因明喻體；蓋將天下散見之事例，展轉相明，然後統爲一同，彙爲一貫而已。故由上文侔之結果，定可以得「凡爲人所使用者皆非神也」之一綜例，是曰巧轉。又如上例，其「人所使用」之共許法，原以成立「非神」之不共許法。今既以「人所使用」爲「故」，則彼「非神」之法，勢必隨從而與之俱；卽以「人所使用」之性，印證「非神」之性，是之謂「推」。所以吾人論辯，有時可不用侔；但須求其「故」以爲推，便可觀其巧轉之如何耳。故曰巧轉則求其故。

95 **經** 法異則觀其宜止，因以別道。

說 法○取此擇彼，問故觀宜。以人之有黑者、有不黑者也，止黑人；與以有愛於人、有不愛於人，止愛於人：是孰宜止。

校經「宜止」二字間,夾以上截「動或從也」一條,故孫讀作「法異則觀其宜句……止句因以別道」二條。茲查二條實祇一條,疑旁行改寫直行時,致爲「動字條」所折斷,因而傳譌耳。梁反以爲非,並改「止」字爲「正」,大誤。

說「止愛於人是孰宜止」:原兩「止」字皆作「心」;「於」字脫去。茲據張改兩「心」字爲「止」;據上文補「於」字。

釋法異與法同,絕對相反。如前「雷電非神」一辭,其「爲神」之處,即曰法異。止,即定止之義。觀其宜止,謂所定止者觀其何爲宜也。因以別道:「因」與「故」同,故說作「問故」。窺基論因明「異品徧無性」云:「異者別義;所立無處,即名別異。」此別道,似即別義。蓋「雷電非神」之所立,其無處即「神」,而別異於「非神」;其別異於非神者,則是「不爲人所使用」之因。由是而得「凡神則不爲人所使用」之一綜例,藉以定止「凡爲人所使用者爲非神」之理,不及任何關係於其異;故曰宜止。陳那因明正理門論謂「異喻唯止濫,由離比度義故。」亦即其恉。人有黑者;有不黑者。黑者取此也;不黑者擇彼也。以不黑者而定止黑者;故曰止黑人。又如人有愛於人,取此也;有不愛於人,擇彼也。以不愛於人而定止愛於人;故曰止愛於人。理門論云:「宗無,因不有,名爲異法。」若就墨辯言,亦可謂「辭」所無處,「故」亦不有。則此既以不黑者與不愛於人爲別義，其「故」亦與之無；所以當熟察其故而觀其宜止也。法異、亦可參閱下經第三十五條釋語之第四節。

96 **經** 舌，無非。

說 ○彼舉然者以爲此其然也，則舉不然者而問之。若聖人。有非而不非。

校 經文之上，原有「讀此書旁行」五字，本屬在下，乃倒誤也。茲乙轉別論之。說標題字原缺。說末有「正五諾皆人於知有說過五諾若員無直無說用五諾若自然矣」共二十五字，已移歸上文第九十二條，從孫校也。

釋 前第九十二條，「正」與「過」爲對文。蓋正之反面爲過；過有非，正無非也。彼舉然者以爲此其然也，則舉不然者而問之，出故也。有非而不非，而讀若，與也。爲出故之說明語，據文意，似在「若聖人」上。蓋經文但言「無非」，義實函「非」；恐有不解於出故之「然不然」者，故又以「非與不非」補敍之也。此與前第五十一條體例略同。若聖人，譬詞。夫聖人立言，固自立於正而無非即然者之地；然必先就其過而非者即不然者以問之，使夫正而無非者即然者更爲之定止。故聖人無過，取以爲譬焉。蓋出故之然、不然，即針對經文「無非」立說，義亦同也。

貴義篇載子墨子曰：「吾言足用矣。以其言非吾言者，是猶以卵投石也。」蓋墨子之言皆由論式所組成，堅不可破，故自詡其言爲足用，爲不可非；詳察此言而益信也。

讀此書旁行

楊葆彝云：「五字當是後人所加，適在舌無非三字之上列。」孫詒讓云：「此校語，誤入正文。」梁啓超云：「此五字蓋傳寫者所加案語，錯入正文。因此五字，吾輩乃能得此經之讀法，其功不少也。」按此五字原經本有，別詳經說釋例。

上經下截共四十八條完

下經（經下、經說下）校釋第四

1 **經** 止類以行人。說在同。

說 止○彼以此其然也，說是其然也；我以此其不然也，疑是其然也。此然是必然則俱。

校 經「止類以行人」：孫讀「止」爲句，又謂「疑人當作之」；梁從之，並改「止」爲「正」：均非。蓋經上各條，幾皆以首一字小逗；特例不多。經下以一句爲文，承以「說在」二字，乃爲通例；特例亦少。孫讀斷「止」字，係循經上之舊，祇覺自亂其例耳。

說「疑是其然也」句下，原有「謂四足獸與生鳥與物盡與大小也」共十四字，核屬次條之說，已移正。

【釋】天下事物，端緒繁多；人生有涯，所知無盡。若官肢所接，識其當然，了無綱要；則紊亂煩雜，將無已時，而眞知莫由得也。蓋所謂眞知者，在於能將事物之始終條理，融會貫通，以簡易而御繁變，以單一而持千萬而已。今欲暢明其道，綜計言之，觀念有二：

(一)類之觀念　宇內事物，散見紛呈，吾人苟能一一納諸類中，必有倫脊可尋，統系可得。譬之人然，有紅白黃黑之分，古今東西之別，智愚強弱之判，老少妍醜之殊，時境色性，屈指難窮；然類之觀念，永在恒存，決不因之有所消滅。故以人與類言，則得二事如左：

(甲)行人〇行猶言演變(Change)。人有演變性，如一類雖主故常，而一類之人則必流動不息；故曰行人。

(乙)止類〇止猶言常住(Permanence)。類有常住性，如各人雖有生滅，而各人之類仍然永久得存；故曰止類。

據上二事而言，止與行，類與人，皆相對成文。然以人之演變而見類之常住，其道何由？經上

第八十六條云：「同，……類。」說云：「有以同，類同也。」因此而得——

（二）同之觀念　蓋人雖紛紜萬變，而其類之爲圓顱方趾、涉思治事則同；然則類之觀念當由同之觀念而得之矣。故曰說在同。

說是其然之「說」，即經上第七十二條「說所以明也」之「說」。「疑」，定止之義。詩大雅桑柔篇：「靡所止疑。」傳云「疑，定也。」即是。

夫同固可以得類，而亦惟異可以證同；故凡事物先知其類，再加反證，而後眞理始愈彰明。故彼以爲「此然」，須說明其「此然」之故；我以爲「此不然」，即以其反面而確定「此然」之眞妄。若此然是必然，可由同異而俱於此一，上經第八十八條。則所謂同而類者不致狂舉矣。茲舉上經第三十五條列爲論式以證之如左：

辭……功，利民也。

故……待時。

推……不待時。（猶云若是不利民當爲不待時）（異）

辟……若衣裘。（猶云若冬葛衣，夏鹿裘）（異）（或若夏葛衣，冬鹿裘）（同）

據右式，彼以功爲利民，此然。應即說明其故而曰待時。蓋若夏葛衣，冬鹿裘：於衣裘見其待時而利民也。說是其然。然此從正面以爲推耳。設由反面言，若冬葛衣，夏鹿裘：即須證明「若是不利民當爲不待時」；此不然。而後「若是待時當爲利民」之一辭，始得確定。疑是其然。由是知所謂功者確爲利民，此然是必然。則正反二面皆非狂舉，俱。而類同之能事畢矣。

2 **經** 推類之難。說在之大小。

說 推○四足獸—與牛馬；與物。盡與大小也。

校 說舊錯簡夾入上條；茲移此。標題「推」字，原作「謂」，疑以草書形似致誤；茲據經文首字改。「牛馬」，原誤作「生鳥」；據孫改。

釋 推類之難「之」字，與是同。淮南人間篇：「物類之相摩近而異門戶者，衆而難識也。故或類之而非，或弗類之而是；或若然而不然者，或若不然而然者。」又說林篇：「人食礜石而死，蠶食之而不飢；魚食巴菽而死，鼠食之而肥：類不可必推。」故此曰推類是難。說在之大小「之」字，志之省文。蓋志字，從心，之聲；故志得省作之。墨子「天志」多作「天之」，「志功」亦作「之功」，是其例。漢書：「有十志。」顏師古曰：「志，記也，積記其事也。」周禮春官保章氏鄭玄注：「志，古文識字，記也。」是其義。呂氏春秋別類篇云：「類固不必可推知也。小方，大方之類也；小馬，大馬之類也。小智，非大智之類也。」然苟能記識大小，則類亦不必難推。故曰說在志大小。

爾雅釋鳥：「四足而毛謂之獸。」故曰四足獸。荀子非相篇：「以類度類。」楊倞注：「類，種類，謂若牛馬也。」按經言推類，故說舉牛馬爲喻。盡與大小也之「與」，通「予」；不同上二與字之義。周禮春官大卜：「三曰與。」鄭玄注：「與，謂予人物也。」說文：「予，相推予也。」段玉裁注：「予，與，古今字。」蓋予、與皆有推義，故經言推類，說言盡與大小，卽以大小爲推也。又小取篇「以類予」，亦卽以類推予之謂。

此承上條「止類」言「推類」。天下事物紛呈，殊途同歸，大氐括之以類；然林林總總，類亦無算。故有知此而不知彼者，卽以彼此相似之故而得知，孟子：「故凡同類者舉相似也。」則推類之術(Analogy)尙已。雖然，以類爲推，實爲簡易之思辨；而差謬常不能免者何哉？蓋大地無窮之事物，其形固不盡同，其實亦不必類。卽同矣類矣，而辨別大小，又常錯雜僢馳，漫無紀律；則推類難。然此究不難也，抑有術焉；所謂志於大小者是。此在因明則有三支，在墨辯則有三辯，在邏輯則有三段，凡此皆適用之以解決此項問題者也。茲以次論之如後：

(一) 因明三支　按因明三支所重者在因，故因明爲明因之學。商羯羅主因明入正理論玄奘譯云：「因有三相：呂澂釋相爲表徵。謂徧是宗法性；同品定有性；異品徧無性。」例如云：

宗……牛馬前陳爲物後陳。

因……牛馬爲四足獸故。

此所謂偏是宗法性者，即言「四足獸與牛馬」之關係也。蓋牛馬爲四足獸之一，此外若犬羊等，莫非四足獸。如圖：四足獸之範圍，較牛馬大；即四足獸之含義，得以偏於牛馬之範圍。故因明論式之成立，其因對於宗之前陳，範圍當較大，或相等。決不可使之較小也。其次同品定有性者，即言「四足獸與物」之關係。蓋於牛馬所具「爲物」之條件以外，在物之範圍中，以勘驗其他有無四足獸之關係爲準的。如圖：凡物之中，於牛馬外，其他同品之物，以有四足獸之關係，即可以說「凡四足獸皆爲物」同喻體之

一言。故牛馬若爲四足獸之一，則所謂「牛馬爲物」者，必成定有之事實也。但此云定有而不曰偏有者，特以四足獸之範圍小，物之範圍大之故。

綜觀以上一二兩相，可知牛馬屬於四足獸之一，即四足獸之範圍大於牛馬。所以前陳牛馬必盡(Distributed)，而後陳四足獸必不盡(Undistributed)。夫曰牛馬，自是賅舉一切牛馬言，故謂之盡。若四足獸之爲言，不獨牛馬，此外若犬羊等皆是；則四足獸在此未能盡類，故謂

之不盡。推之四足獸屬於物之一，即物之範圍大於四足獸；故四足獸盡而物不盡也。以如斯簡易條件，推予「四足獸與牛馬」及「四足獸與物」大小之關係，不難立辨「牛馬與四足獸」之盡及「四足獸與物」之不盡；故曰盡與大小也。再以圖明之：

（一）

（>「大於」之符號）

（二）

（三）

觀右圖，因大於前陳，即第一相徧通之理；後陳大於因，即第二相定有之理；皆所謂盡與大小也。蓋以類爲推，藉三支式以記識大小，實不難得其眞妄之情焉。再次異品徧無性，已見上條及上經第九十五條，茲不復贅。

（二）墨辯三辯　按三辯即大取篇末「故、理、類」三物，合「辭」共爲四物以組成論式；蓋因明喻支分爲體依二者，亦四支也。其詳別見三辯義例，茲不多論，但就前式列左以便對照：

墨辯		因明	
辭	牛馬爲物	宗	
故	四足獸故	因	
理	凡四足獸皆爲物	喻	體
類	若犬羊等		依

(三)邏輯三段　三段論法，西名司洛輯沁(Syllogism)，此言「會辭」，嚴復譯「演連珠」，日本譯「三斷法」也。名學淺說第十章云：「凡論一事理而有所斷決者，雖語勢文理，隱現不同，質而言之，要皆從二原而得一委，或由一例(Major Premise)日譯大前提一案(Minor Premise)小前提而得一判(Conclusion)，斷案合三辭而成一辯。所用之詞，有負詞者。如戰國策陳軫設畫蛇之喻，其先成之舍人，以添蛇足而反失酒。後成者駁之曰：

例……夫蛇固無足。

案……今爲之足。(猶言此所畫物乃有足)

判……是非蛇也。(猶言此所畫物不可名蛇)

此吾國文字中甚古之辯也。顧此乃三辭皆見者；而亦有所用例案，存人意中，不待贅說。此如蘇軾武王論，其發端曰：「以臣伐君，武王非聖人也。」二語僅列一案、一斷；若將其全敍，當云：

例……聖人不以臣伐君。

案……今武王以臣伐君。

判……故武王非聖人也。

略舉此二式，學者可悟。凡有論斷，莫不皆然。」茲更將前式列為三段式如次：

例……凡四足獸皆為物。

案……牛馬為四足獸。

判……故牛馬為物。

試以右式與因明、墨辯比較，其不同之點，不過一三兩段互易而已。蓋邏輯之例，即因明之喻，墨辯之理；（即推。）案，即因、故；判，即宗、辭。若以三段法與因明古師之五分作法及墨辯小取篇之六物式對照觀之，三者實同一結構，亦物、支、段之數繁簡不同耳。

墨辯六物式	因明五分作法	邏輯三段式
辭……牛馬為物……………	宗	

故……四足獸故……因
辟……若犬羊等……(新因明爲喻依)
推……凡四足獸皆爲物……喻……例
侔……牛馬爲四足獸……合……案
援……故牛馬爲物……結……判

3 **經** 物盡同名。(二與鬬;子與愛;食與招;白與視;麗與暴;夫與履。)說在因。

說 ○物糜同名。俱、鬬;不俱、二:二與鬬也。包;肝肺:子與愛也。橘;茅:食與招也。白馬多白;視馬不多視:白與視也。爲麗必;暴不必:麗與暴也。爲非以是不爲非,若爲夫以勇不爲夫;爲履以買不爲屨:夫與屨也。

校 經「二與鬬子與愛食與招白與視麗與暴夫與履」,原脫誤作「二與鬬愛食與招白與視麗與夫與履」共十五字,據本經通例,不應有;疑後學所增,茲以括弧別識之。又本條結構,略與上經第八十九條相同,而彼經文甚簡,亦可證此等句之贅也。「說在因」句上,原有「一偏棄之謂而固是也」九字,核係次條經文,已移正。

說標題字缺。「物糜同名」之「物」,原作「爲」,疑「物」之篆文(物)與「爲」之古文(爲)形似致誤；兹據經改。「糜」，孫校作「麋」；謂「舊本誤糜，今據道藏本吳鈔本正。」按舊本作「糜」不誤。「二與鬭也」：「二」，原誤作「三」；**兹據顧改**。「子與愛也」：「與」字原脫；兹據文例補。「爲麗必暴不必」，原作「爲麗不必麗不必」。按據下句「麗與暴也」，知第二「麗」字當作「暴」字。但既云「暴不必」，則「爲麗不必」之「不」字應衍。兹以文意刪改如此。「爲非以是不爲非，若爲夫以勇不爲夫」：原上句「以是」作「以人是」；下句「以勇」缺「以」字。兹據孫補下「以」字；但疑上句「人」字卽此「以」字之闕脫而又倒誤者耳。「爲屨以蕢不爲屨」：「蕢不」，原誤作「買衣」。兹因「蕢買」形似，以文義改；又據孫改「衣」爲「不」。

【釋】孫詒讓云：「物，猶事也。」按上經第四十二條：「盡，莫不然也。」則物盡同名者，謂天下之事物莫不同名也。說在因者，謂物名之所以盡同者，亦因仍爲義故耳。此承上第一條言「同」而論「同名」。張惠言云：「同名之類，有此十者。」孫謂「當云十一者」。曹耀湘云：「此條所辯者凡六事。」按曹說甚是，觀說語便知。物糜同名：張云：「糜，靡同。」按此謂凡事物不以因仍爲義，而剖之極晰，則非同名而爲異名矣。

莊子天下篇惠施曰：「萬物畢同、畢異，此之謂大同異。」按此卽論大同異；蓋盡同猶畢同，糜同猶畢異也。

荀子修身篇楊倞注：「同異，謂使異者同，同者異。」按此物盡同名，所謂異者同也；物靡同名，所謂同者異也。然言雖辯察，究與公孫龍輩「合同異」之說有別。

二，與貳通。禮坊記：「稱二君。」鄭玄注：「二，當爲貳。」可證。爾雅釋詁：「貳，疑也。」玉篇云：「貳，敵也。」蓋鬭毆、疑貳，皆屬敵對之事，故可謂之同名。然曹云：「俱鬭者，人相鬭毆，則糾結而不離；不俱二者，人相疑貳，則乖離而不合：故有俱、不俱之異。」是也。說文：「包，象人褢妊；巳在中，象子未成形也。」按包，今作胞，此當就子形體成熟說。又說文：「肝，木藏也。肺，金藏也。」此藏，今亦作臟，古以心肝肺腑喻愛之深切。秦策：「子元元」。高誘注：「子，愛也。」蓋子訓爲愛，可曰同名。然包胎之褢，肝肺之臟，持養各別，則其所以爲愛者異矣。橘茅者：說文：「橘，橘果，出江南。」楚辭橘頌引異物志：「橘爲樹白華赤實，皮既馨香，又有善味。」周禮甸師注：「茅以供祭之苴；亦以縮酒。」又司巫云：「旁招以茅。」楚辭小招（今作招魂）云：「工祝招君，……食多方些。」管子五行篇：「鬼神饗其氣焉，君子食其味焉。」說文亦謂「歆，神食氣也」。蓋橘以供人之食，亦用以貢神，茅以招神來亯，實皆可以歆其氣；故食招二字，義似可通，正如中山策注「吳謂食爲餽，祭鬼亦爲餽」之比。但細按之，橘以食人，茅以招神，實大有別也。白馬多白，其義見大取篇「因至優指」之釋語。視馬，孫云：「言馬之善視者。」說文：「視，瞻也。」莊子徐無鬼篇：「吾相狗也，中之質，若視日。」釋文引司馬彪云：「視日，瞻遠也。」按說文：「眑，目冥遠視也。冥，幽也。」此謂良狗目明，能於幽暗中瞻遠，其視夜若視日；而良馬亦然，故稱視馬。但黑幽而白明，通言目視須白，下經第四十六條釋語末段。則視爲能視，白爲所視，能所分而白與視若無別矣。惟所視之白，就白馬言，偏去其白而馬仍在，上經第四十五條釋語末段。白似多餘，故云多白。若能視之馬，祇患視少，不患視多，故云不多視。由是而言，則白與視大殊矣。麗，驪之省文。楊葆彝引公孫龍子通變論「驪暴」之義以釋本條；彼舊注云：「驪，色之雜者也。暴，亂也。」則雜亂義通。然謂驪雜必亂；而暴亂未必雜：故曰爲麗必；暴不必。爲非以是不爲非：猶云以是爲非不爲非；以非爲是亦不爲是也。夫，疑假爲跗。詩小雅：「鄂不韡韡。」鄭玄箋：「不，音夫，當作拊，鄂足也。」音義：「拊，亦作跗。」按淮南人間篇有「俞跗」，羣書治要引作「俞夫」；知二字音義古通。跗者：士喪禮：「乃屨綦結于跗連絇。」賈公彥疏：「跗，謂足背也。」足背爲跗，因而屨綦結于跗者亦謂之跗也。勇，踴之省文。類篇：「踊，或從勇作踴。」左昭三年傳：「屨賤踊貴。」韓子難二篇作踴貴。孔穎達疏：「踊，刖足者之屨也。」蓋踊爲刖足者，因而刖足者之屨亦謂之踴。此踴與跗皆屬名起於事之字也。説文：「蕢，草器也。」按孟子告子篇引龍子曰：「不知足而爲屨，我知其不爲蕢也。」蓋蕢形似屨，故用爲言，猶説文謂「履，從舟，象履形」耳。下文第五十七條：「於『以爲』，無知也。」蓋是非二者，對待之名；嚴於封界，不得「以爲」視之。正猶以蹞爲跗不爲跗，以蕢爲屨不爲屨之比；而跗屨雖同爲著足之物，究亦差異，不可謂爲一義也。

4 **經** 一偏棄。謂之而因是也。不可偏去而二。説在見與俱、一與二。

説 一〇一與一亡；二與一在。偏去；未……。有之實也而後謂之。無之實也則無謂也。若數與美。謂是則是因美也，謂也則是非美。無謂則疑也。見不見離，一二不相盈。廣脩——堅白。

校 經首句「一偏棄，謂之而因是也」，原作「一偏棄之謂而固是也」。舊錯入上條；茲移此。孫以「一偏棄之」爲一條，學者多宗之；按皆非是。此當「一偏棄」讀絶；與下「不可偏去而二」，猶云「而二不可偏去」，相對成文。惟「偏去」二字數見，祗此作「偏棄」；「棄、去」本同義也。孫謂吳鈔本作「弃」，亦古文「棄」字。「之謂」茲乙作「謂之」，説亦作「謂之」或「謂是」可證。「固是」，據文義改「因是」。「一與二」句下，原有「廣與脩」句，「脩」，原譌「循」，説同；茲並據俞樾改。但此「廣與脩」句，據文義不應有，因刪去。

説首句原作「二與一亡，不與一在。」梁謂「二」當爲兩「一」誤合；上「一」乃牒經標題之文，下

「一」則與下文連讀：是也。茲據改。但既云「一與一亡」，又云「不與一在」，「亡」即「不在」，意涉矛盾；故此改作「二與一在」。蓋傳鈔者既誤上句爲「二與一亡」，以爲不應再有「二與一在」之句；遂改「二」爲「不」，作「不與一在」耳。兩「之實」，原誤作「文實」；並據孫改。「若敷與美」句上，原衍「不」字，據孫校刪。「因美」，原作「固美」；茲亦照文義改正。「則疑也」，原作「則報也」。按說文：「謂，報也。」此上句既云「無謂」，則下句似不應陡接云「報」；「報、疑」二字形似致誤耳。下第五十條「疑無謂也」，正爲此句轉語，可以證明。

【釋】偏去之義，詳上經第四十五條。如云「美花」：單稱花時，美即偏去，故曰一偏棄。說文言部謂字下段玉裁注云：「謂者，論人論事得其實也。」此謂之，蓋言有實而後謂之也。因是二字，亦見公孫龍子堅白論，彼舊注釋爲「因是天然」；蓋謂因其自然也。不可偏去而二，如云「堅白石」：其堅白之二皆不可偏去於石也。「說在」下各句，堅白論有曰：「石之白，石之堅，見與不見，二與三。」核皆或問之辭，殆即龍援此立論以資辯難者。所謂石之白，石之堅，見與不見，即此見與俱；以見就白言，俱合堅白言也。其二與三，即此一與二。彼以堅白之二，又以二與石之一，合而爲三，故曰二與三；此即謂石之一與堅白之二，故曰一與二。

說「亡、在」二字，即上經第四十五條「去存」之意，亦即下文第三十七條「石一也，堅白二也而在石」之在。偏去未，孫詒讓云：「謂或去或未去也。」按未下省偏去二字，猶云偏去與未偏去。之實，孫云：「之，猶此也。」按實者物實，今曰物體，亦卽本體。實有屬性爲指，今曰品德，亦卽現象。見下第三十八條。如美花：花，實也；美，指也。如堅白石：堅白，指也；石，實也。名家謂物有實有德，故曰「有之實也而後謂之；無之實也則無謂也」。公孫龍輩謂指卽物，指物不過爲實。故其指物論云：「物莫非指，而指非指。天下無指，物無可以謂物。」此云無實則無謂，彼云無指則無謂；偏其反矣。敷，藪之省文。詩召南：「唐棣之華。」釋文：「古讀華爲敷。」集韻：「藪，華之通名。鋪爲華貌謂之藪；或作蕍。」按說文無藪，有華與蕍，云「蕍，華布葉也」。蓋藪、華、蕍、古皆同音；今俗率用花字。段玉裁謂花字起於北朝。謂也「也」字，孫云：「疑當讀爲他。」按「也」，他之省文。非美，美之對稱。離者分隔之義。荀子儒效篇：「堅白之同分隔也。」原作堅白同異之分隔也；今正。楊倞釋爲「分別隔易」，卽是。又公孫堅白論云：「得其白，得其堅，見與不見離；不見離，一一。一不相盈，故離。離也者，藏也。」其辭例略同，而含義亦無異；蓋此本用公孫之說爲反證耳。堅白論又云：「若廣修而相盈也。」彼廣修，卽此廣脩。九章算術劉徽注云：「凡廣從相乘謂之冪。」幾何原本云：「面者止有長有廣。」按廣從，卽縱橫。長廣，卽廣脩。廣以橫言，脩以縱言耳。相盈，此說作不相盈，蓋由反面言之。

本條辯美之於花與堅白之於石不同：蓋美花可偏去；堅白石不可偏去也。美花者：美一；花一。既有花一之實，乃可謂之；而以美一因之。故美一因花一，謂之美花。若偏去美一，則花一如故耳。堅白石不然。如有石一之實，乃可謂之；而以堅白之二因之。然祗可謂之堅白石，斷不可去堅或去白而石尚存者。此緣所見之白一(見)，與白一(見)堅一不見之俱，不同。故曰見與俱。以白一對於他物可偏去，如白馬爲馬。而俱卽堅白二對於石一不可偏去。故曰一與二。一與一，可偏去；二與一，不可偏去。如花一也，美一也而因於花；可謂美花爲花。去美而花仍在；故一與一亡可也。石一也，堅白二也而因於石；故曰堅白石。偏去堅或白，石皆不存；故曰二與一在。蓋物有本體，如花如石，然後謂之。本體若無，復何能謂？故此花既謂，則可因之以美。若謂他物，則因者亦爲非美。此非美猶云異於美。苟無實無謂，將萬事疑惑而不能定矣。又堅白之云，苟見白與不見堅分離於石，則石一與堅白二必不相函。蓋堅白二德，同時存在，正如廣修不偏去，卽能成爲平面。故曰廣脩堅白。

案上條言同異，曰物盡同名；物龐同名。本條言美花曰一可偏去；言堅白石曰二不可偏去。此實名家一絕大論題，而亦所恃以爲其說之張本；故當時研討詳明若此。但形名家如公孫龍輩大反其說；於同異則合之，於堅白則離之。自此以往，幾無一而非對敵焉。莊子所謂「知詐漸毒，『頡滑堅白，解垢同異』之變多，則俗惑於辯」；殆卽斥龍輩言也。今人不察，輒以龍書曲附本經，此援彼據，重悂貤繆，幾不可窮詰矣。用特表而出之，以告讀是經者。別詳形名發微。

經 不能而不害。說在容。

說 不〇舉重不與箴，非力之任也。爲握者之觭倍，非智之任也。若耳；目。

校 經「容」原作「害」；疑因二字形似及涉上句「害」字而誤。

說標題「不」字，原與下「舉」字倒誤；據梁乙正。「觭」，原作「頠」，兪謂字書無「頠」字；茲據孫改。孫謂讀當爲「奇」，周禮大卜杜子春注：「觭，讀爲奇偶之奇。」按孫說是

釋 天下萬事，理無求備，嘗有爲人所不能者不以爲害。卽能矣，而亦未嘗以此見長；且有不任智力而能之者，乃不謂之能也。故曰不能而不害。

說在容，卽說所舉「若耳目」之譬。此正與下文第七十六條經云「說在仵顏」，說云「若左自出、右自入」之辭例同。惟彼則仵其顏，此則容而不仵；蓋兼具含容之義，不見有所偏至爾。

說文：「箴，綴衣箴也。」周禮夏官：「以任邦國。」鄭玄注：「任，事，以其力之所堪。」爾雅釋

言：「握，具也。」邢昺疏：「握持辦具也。」漢書律歷志：「算法：用竹，徑一分，長六寸，二百七十一枚而成六觚，爲一握。」則爲握者，計數之事也。孫詒讓云：「說文：『觭，角一俛一仰也。』經上云：『倍，爲二也。』觭倍者，觭爲一，倍爲二。」按荀子儒效篇：「應當時之變，若數一二。」楊倞注：「如數一二之易。」此卽其義。

箴極輕微，無所任力；舉重而箴不與者，以非力之所事也。孟子：「一羽之不舉，爲不用力焉。」一二最易知，計數者不以能知一二見長，以非智之所事也。二者皆在智力範圍以下，故曰不能而不害。若耳目者，孫謂「視聽殊用，各有所不能」。是也。蓋耳司聞，目司視，其異任也，其無以代也；故目不能聞，耳不能視，不害其爲聰明焉。列子仲尼篇載陳大夫謂亢倉子能以耳視而目聽。亢倉子答曰：「傳之者妄。我能視聽不用耳目，不能易耳目之用。」卽是。

6 **經** 異類不吡。說在量。

說 異○木與夜孰長？智與粟孰多？爵、親、行、賈，四者孰貴？麋與霍孰霍？蚓與瑟孰瑟？

校 說「麋與霍孰霍」句上，原有「麋與霍孰高」一句，係衍文。此疑「高」原作「翯」，或一本如是；校者又據他本增下句「麋與霍孰霍」耳。「翯」與「鶴、皠」古通。詩大雅靈臺篇：「白鳥翯翯。」孟子梁惠王篇作「鶴鶴」；文選景福殿賦作「皠皠」可證。惟「翯」字不常用，校者遂援上文「長、多、貴」三者爲類，乃改爲「高」。不知此下二句用「孰霍」「孰瑟」，文體略變耳。茲刪去此句。

釋 吡，比之繁文。大取篇：「德行、君上、老長、親戚，此皆所厚也。」與此爵、親、行、三者相近。孟子謂「天下有達尊三：爵一，齒一，德一」。莊子天道篇云：「宗廟尚親，朝廷尚尊，行事尚賢。」尸子勸學篇云：「爵列，私貴也。德行，公貴也。」皆是。賈，價之省文。下第三十條云：「買無貴。說在仮其賈。」蓋價有貴賤，孫詒讓謂「賈直之貴」，是也。麋，鹿類，此謂白鹿。霍，鶴之省文，通鶴，見上經第八十九條。孰霍之「霍」，皬之省文，通皠。說文：「皠，鳥之白也。」按皠本訓鳥白，引申爲凡白之稱。故類篇云：「皠，白也；與皬通。」孫云：「蚓，即蚓之異文。」按蚓，疑以同部字假爲壎或塤。說文：「壎，樂器也，以土爲之，六孔。」爾雅釋樂：「大塤謂之嘂」。孫炎曰：「音大如叫呼也。」說文：「瑟，包犧氏所作弦樂也。」徐鍇曰：「黃帝使素女鼓五十弦瑟，黃帝悲，乃分之爲二十五弦。今文作瑟。」韓子外儲說左下云：「夫瑟以小絃爲大聲，以大絃爲小聲。」按瑟之音促，故與索字通用。索居，梁武帝詩作瑟居；蕭索，楚辭九辯作蕭瑟：皆即此第二瑟字之義。又釋樂：「大瑟謂之灑。」釋文引孫炎云：「音多變，布出如灑也。」郝懿行云：「灑瑟以聲轉爲義。」蓋亦即此第二瑟字。

推類致誤，多由於異類相比之故。常人見理未真，動將渺不相涉之事物，雜糅牽合，認爲同類而相校比；以致乖謬叢生，不可究詰。若知異類不比之理，則推類之難，當可大減。說在量者，謂量不能比也。茲列不比之量有五：(一)長短之量不比。如木長，夜長：木以數言，夜以量言，故木與夜不能比長。(二)多寡之量不比。如智多，粟多：智以量言，粟以數言，故智與粟不能比多。(三)貴賤之量不比。如爵親行價四者皆貴：然爵以數言，親以量言；而行以量言，價以數言；故爵親行價不能比貴。(四)色量不比。如麋爲白獸，鶴爲白禽，其皎潔之度各異，不能相比。(五)聲量不比。如塤之叫呼，瑟之布灑，其節奏之度不同，亦不能比。此似承上第三條「物麋同名」申言之，蓋謂異類之名不比也。

7 **經** 偏去莫加少。說在故。

說 偏〇俱一無變。

釋 經上第四十五條：「損，偏去也。」說云：「謂其存者損。」梁啓超云：「加少，增減也。莫，猶無也。」按廣韻：「故，舊也。」則莫加少，猶云無增減者，以其仍舊貫耳

此承上文第四條申言之，卽一偏去；二不可偏去耳。如云美花：美一；花一。苟偏去美一，則花一如故，無所增減，故曰說在故。又如云堅白石：堅白二者俱於一石，不可偏去，則無可變易，故曰俱一無變。

8 **經** 假必誖。說在不然。

說 假○假必非也而後假。狗假霍也——「猶氏霍」也。

釋 說文：「假，非眞也。」又「誖，亂也。悖，誖或從心。」孫詒讓云：「誖與非，義同。正者爲是；則假者爲非。」按孫說是。經上第九十六條云：「正無非。」此云假必誖，假必非，相互見意。但小取篇謂「假也者今不然也」，與此不同。彼云今不然，後乃或然。此直云不然，乃爲上句必誖而出故。然則彼爲假設之假，此乃眞假之假無疑。

物有假名，卽下第七十二條之「非名」，故又曰假必非也。而後假之假，當爲叚。說文：「叚，借也。」然既曰叚借，亦非眞矣。

狗假霍者：霍亦鶴之省文，蓋狗爲一物之本名，再有假名謂之爲鶴，與晉張華博物志謂有蒼犬名鵲略同。戰國齊策三：「韓子盧者天下之疾犬也。」博物志又謂「韓國有黑犬名盧」。而齊策四復云「盧氏之狗」。按盧爲黑色；故犬黑名盧，曰盧氏狗。按韓有盧氏邑，疑後起也。今狗假爲鶴，豈欲形其狗之白，因取鶴以爲之名而曰猶氏霍歟？說文：「猶，玃屬。一曰隴西謂犬子爲猶。」尸子曰：「五尺狗爲猶。」顏氏家訓書證篇引。漢書地理志下顏師古注曰：「凡言氏者，皆謂因之而立名。」又集注云：「古『字、氏、是、』同。」故「猶氏霍」，下第七十二條作「猶是霍」，皆即「猶字鶴」；蓋謂猶之一物而字以鶴之名也。此「猶氏霍」三字，頗似當時名家成語；本條用之，以爲上句「狗假霍」之比況焉。則狗假「鶴」名，與「猶」之字鶴，有同然者矣。左桓六年傳，申繻論命名有五，中云「取於物爲假」。杜預注：「若伯魚生，人有饋之魚，因名之曰鯉。」莊子天下篇釋文引李云：「形之所託，名之所寄，皆假耳，非眞也；故犬羊無定名。」又尹文子云：「康衢長者字犬曰善噬。」按孔子之子名鯉，長者之犬名善噬，皆屬假於事物以爲名；蓋物假他名與名以字物，一也。

經 **物之所以然；與所以知之；與所以使人知之：不必同。說在病。**

說 物○或傷之，然也；見之，智也；告之，使智也。

校 說「告之」，原誤作「吉之」；據王改正。

釋 孫詒讓云：「病與傷義同。」按二字尙有虛實之別。張惠言云：「智，讀爲知。」按說文：「䂞，識詞也。」又「知，詞也」。又「識，一曰知也」。今通讀知平聲，讀智去聲，而䂞廢矣。經說下知字多作智；但亦有例外，見下第三十四條。

小取篇云：「其然也，有所以然也。其然也同；其所以然不必同。」按其然爲成事之果；而所以然方爲成事之因。故有果同而因不必同者，在辯學謂之「果同因異」(Plurality of Causes)。

本條闡發此理，頗爲詳備。蓋謂其然也同，其所以然不必同；其知也同，其所以知之不必同；其使知也同，其所以使人知之不必同也。試言其病：公孟篇曰：「人之所得於病者多方：有得之寒暑；有得之勞苦。」是故一人之病，其致傷之果同；而或由寒暑或由勞苦之因不必同。設有數醫於此，同見其傷於寒暑；然其所以知病之方不必同，則或由脈息或由腸胃以及他驗皆可也。又如立一醫案，其告病人使知則同；而其所以使之知其病原者，則或由脈息或由腸胃以及他驗皆不必同也。

梁啓超云：「例如蒸熱之氣，遇冷而降，此雨之所以然也；吾因偶有所見而明其理，是所以知也；設種種試驗使人共明其理，是所以使人知之也。所謂科學精神者，不惟知其所以然，又須使人知之。我國言學問，言藝術，本已不甚求其所以然矣；再加以有所謂『能以意會不能以言傳』者，此科學之所以不昌也。」按墨辯爲學，極合今之科學精神；觀於本條，已可概見。

梁氏之言，特砭舊日末流耳。

10 經 疑。說在逢、循、遇、過。

說 疑〇蓬爲務則士；爲牛廬者夏寒：逢也。舉之則輕，廢之則重，若石羽，非有力也；梻從削，非巧也：循也。鬬者之敝也，以飲酒；若以日中；是不可智也：遇也。智與？以已爲然也與？

過也。

校 說「逢也」，原作「蓬也」，疑涉首句「蓬」字而誤；茲據經改。「若石羽」，原在「非巧也」句下，無義；茲移在上恰合。杮從削，原作「沛從削」，張謂「沛」當作「杮」，木之見削而下者。孫謂說文「杮」，隸變作「柿」；茲照改。「循也」，原作「楯也」；「遇也」，「過也」，原並作「愚也」；茲並據經改正。

釋 梁啓超云：「易文言傳云：『或之者疑之也。』或如此，或如彼，未能斷定，謂之疑。事物之應懷疑而不可輕下武斷者有四種：一曰逢；二曰循；三曰遇；四曰過。」按梁說是。惟「疑」常具二義：（一）疑惑；（二）疑立。禮經多疑立語；疑，本假爲𠤕。說文：「𠤕，定也。」（據段校）經典通以疑爲𠤕。義相反而實相成。荀子非十二子篇曰：「信信，信也；疑疑，亦信也。」又大略篇云：「是非疑，則度之以遠事，驗之以近物，參之以平心。」然則所謂疑者固爲議物之是非，亦爲求誠之反證，所係於辯學者甚大也。

爾雅釋詁：「逢，見也。」方言一：「逢，迎也。」說文：「循，順行也。」漢書杜周傳集注：「循，因也，順也。」左莊二十二年傳疏：「遇者不期而會之名。」禮記王制疏引異義云：「卒而相逢於路曰遇。」按逢、循、遇、三者皆就現事言。孫詒讓云：「過，已過之事。」然則「過」就往事言耳。

山海經海內經注：「蓬，叢也。」詩小雅采菽篇傳：「蓬蓬，盛貌。」蓋急言之爲蓬，長言之爲蓬蓬也。說文：「務，趣也。」徐云：「言趣赴此事也。」易繫傳上虞注：「務，事也。」則蓬爲務者，猶云蓬蓬爲務，卽謂茫於所事也。方言：「茫，遽也。」通俗文：「時務曰茫。」聲與蓬近。荀子堯問篇楊注：「士，謂臣下掌事者。」白虎通云：「士者事也；任事之稱也。」孫云：「說文：『廬，寄也；秋冬去，春夏居。』此牛廬蓋以養牛，若馬之房。周禮圉師：『夏房，馬。』鄭注：『房，廡也。廡所以庇馬涼。』吳子治兵篇云：『夏則涼廡。』蓋牧馬牛者並有之。凡爲廬者欲其暖，而房則取其夏寒。」按孫說是。公羊宣八年傳何注：「廢，置也。」若石羽者，管子白心篇：「其重如石，其輕如羽。」說文：「柹，削木札樸也。」後漢書楊由傳：「風吹削柹」。顏氏家訓書證篇云：「此是削札牘之柹耳。古書誤則削之，故左傳云『削而投之』者是也。」考工記：「工有巧。」管子形勢篇：「奚仲之巧，非斲削也。」又解云：「巧者奚仲之所以爲器也；斲削者斤刀也。」此卽其義。歛，蔽之省文。若，猶或也。孫云：「日中，謂市也。易繫辭云：『日中爲市。』市以日中時爲最盛，卽周禮司市所謂『大市日昊而市』，故因謂市爲日中；猶嫁娶之禮用昏，因謂之昏也。凡飲酒及市，皆易啓爭鬭，故云不可知也。」兩與字，並歟之省文。說文：「歟，安氣也。」徐曰：「氣緩而安也。俗以爲語末之辭。」下文第三十三條：「過而以已爲然。」

見忙於服務者，疑爲掌事之士；見爲牛廬者，疑所以取夏寒：所謂逢也。舉之輕者若羽，置之重者若石，因疑力之有無而實非也；木札之樸，由於斧斤之斲削，疑者因以爲巧，然非巧也：所謂循也。偶遇鬬者，疑以蔽於飲酒；或疑其蔽於市易；皆不可知也：所謂遇也。天下之事，由現知耶？抑以已過之事而後今知其然耶？所謂過也。

11 **經** 合與一，或復；否。說在拒。

說 ……………………

校 按本條無說。但經文明言「說在拒」，可知原文有說，特今已亡耳。

釋 本條論動力學(Kinetics)之理。合者合數力也，一者一力也，相對爲文。此與左襄二十五年傳「一與一」之辭例正同；則「與」猶敵也，當也。或復否，猶云或復，或不復。復者反也，今力學謂之反動力(Reaction)。拒，抵禦和牴觸之義。

此具二義：(一)合與一或復；(二)合與一或不復。何以知其復？以其相拒故。

牛頓動例第三律曰：「凡動(Action)即謂主動力必復，物等，其力亦等；惟方向反。」今試先舉「一與一必復」之例以明之。如圖：取AB二同質之球，今多用象牙球或鋼球。以線並懸梁上。若移A球至C處縱之，則見A球擊中B球時，A球卽止；而B球乃被擊至D處，且D之高等於C之高。此因A球進擊B球時，A球卽爲主動力卽外力，其方向爲自左至右。B球受擊後，卽生大小相等而方向自右至左之反動力。此反動力旣與主動力相等而相反；故B球相拒，二力相銷，而使A球停止。所以AB二球若大小同，則其速率之大小卽A球由C至A，B球由B至D。亦必相同；而D之高等於C之高矣。由是，吾人可悟——

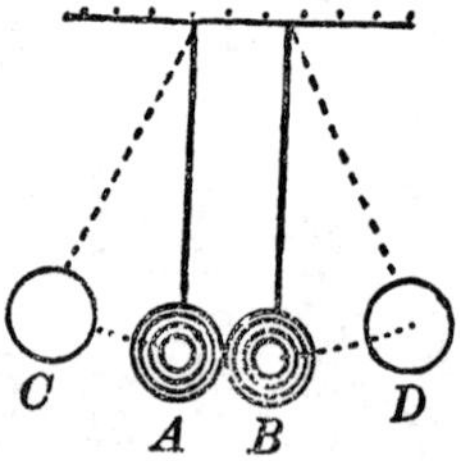

(一)「合與一或復」之理。蓋如前圖：若合二A球自C處擊B，則主動合力大，反動力小。於是自C至二A之速率小，自B至D之速率大，卽D高而C低矣。茲更舉一實例以廣明其義：譬如彈丸射自鎗中，其鎗必因反動力後退。蓋以彈體甚小，鎗體較大；故彈之進程極大，鎗之退路頗小也。然若密著鎗柄於地，則祇見彈之進，而不覺鎗之退。是何故耶？由此吾人卽亦可悟——

(二)「合與一或不復」之理。蓋以彈體綦微，鎗柄合及地球，可稱極大；二者懸殊泰甚，反動力等於無，已無速率之可見，故曰不復。

12 **經** 歐物，一體也。說在俱一，唯是。

說 偏○俱一，若牛馬四足；唯是，當牛馬。數牛、數馬，則牛馬二；數牛馬，則牛馬一。若數指：

指、五；而五、一。

【校】說標題「偏」字，原涉下句誤作「俱」；茲據經「歐」字改正。

【釋】經歐字，說偏字，並區之繁文。王闓運云：「惟是，獨也，若區物。俱一，同也，若一體。」按王先析經文爲四，復括爲二而配偶之，實具卓見。孫詒讓云：「惟，當作唯。唯是者謂物名類相符，則此呼彼應而是也。俱一爲合，唯是爲分。」又云：「公孫龍子謝注：『唯，應辭也。』按唯是言應者，則唯是或牛或馬，名實相符；則此呼而彼應，是名當其物也。」按孫說是。此唯作惟，二字古本通用，但今照改作唯，較爲醒目。

上經謂物爲達名，以「物」爲物之全；又謂體分於兼，以「體」爲物之分。故此「區物」「一體」相對成文，猶云區分物之全而統一物之分也。然一體由於俱一；區物由於唯是。經文錯綜，相互見意。

小取篇云：「一馬，馬也。二馬，馬也。馬四足者，一馬而四足也，非兩馬而四足也。」此云一牛四足，一馬四足，牛馬兩一，俱爲四足；故曰俱一，若牛馬四足。上經第七十四條云：「不當，若犬。」又本經後第七十二條云：「唯吾謂『非名』也則不可。說在仮。」仮者猶云拒卻。蓋吾謂「非名」之不當而人不可唯之，故拒卻也。然則吾之謂當乎牛，則人應之以牛；當乎馬，則應之以馬：方爲兩當。若物本牛馬而謂之犬，則吾不當而彼仮矣。故曰唯是，當牛馬。呂覽審分篇云：「今有人於此，求牛則名馬，求馬則名牛，所求必不得矣。」亦卽此意。數牛、數馬，則牛馬二，卽區物也。數牛馬，則牛馬一，卽一體也。

若數指，指五而五一，譬詞也。分數指，則一手五指，卽區物之說。合謂指，則五指俱一，卽一體之說也。

墨辯終極之鵠，在於自悟以悟他；別詳墨辯軌範。然悟之之術，其大旨要不外乎二端，卽區物(Analysis)今謂之分析法與一體(Synthesis)今謂之綜合法是已。蓋吾人探研事物，取繁複之現象及其爻變，剖判之以爲單一之素質焉，此區物之術也。援單一之素質而貫通之，以明繁複現象及其爻變之所由成，此一體之術也。之二者碻爲攣究一切科哲之始基，此外殆皆實同而名異，或其混合爲用者耳。如歸納法(Inductive Method)乃摭別異之事實，以求其彼此之關係，而匯於通常之理法者，謂其由萬殊以歸一貫，固一體之用也；顧所處理者不外別異之事實，則區物之用亦寓其中矣。次演繹法(Deductive Method)，乃取既知之通常理法，或假定之彼此關係，以獲別異之事實者，謂其由一貫以及萬殊，固區物之爲也；顧所注重者不外通常之理法，則一體之爲亦賅其內矣。可參閱上經第九十四條釋語。此不獨尋繹事物爲然，卽敷陳理致，殆未有不由此道者。史記司馬相如傳贊太史公曰：「春秋推見至隱；易本隱以之顯。」亦即此一體、區物之說焉。

類族（即一體）辨物（即區物）之事，展轉推究，似易而實難。常法：但取其及見而便事者以爲分合，不獨多所挂遺，其大弊尤在雜厠多而相掩入。故欲祛此弊，宜先從事於分而後爲合也。分之道有三：一曰兼（Total Division），即總分。謂所欲分之大類也；二曰別（Member Division），即支分。謂所既分之各節也；三曰準（Principal Division），即初分。謂所據分之本位也。如分獸類然：四足獸爲總分，即兼；牛馬爲支分，即別；牛有角，馬無角，所謂當牛馬，爲初分，即準也。

13 **經** 宇或徙。說在長。

說 宇○長徙而有處，宇。南北在旦有在莫。

校 經原文作「宇或從。說在長宇久」。「從」，據畢校改「徙」。「宇久」二字，在此無義，核係次條之文，誤著於此，當已移正。

說標題「宇」字，原與下句「長」字倒誤；茲乙。又「有處」下之「宇」字，原重作「宇宇」，疑其一爲次條之標題字；茲亦移正。「旦」，原誤作「且」；據王改。

釋 孫詒讓云：「說文戈部云：『或，邦也。』或從土作域。此卽邦域正字，亦此書古字之一也。徙者，言宇之方位，轉徙不常，屢遷而無窮也。」按經言域徙，說言長徙，相對成文。處，亦域也。

王引之云：「有，讀爲又。」

上經第四十條言「宇彌異所；冡東西南北。」則東西南北異所者有域徙之形也。又第三十九條言「久宙彌異時；合古今且莫。」則古今且莫異時者亦有長徙之形也。莊子秋水篇：「何時而不移。」今假定域徙形成而無埒處，長徙形成而無本標；則彌偏所徙之域卽宇也，彌偏所徙之長卽宙也。然域徙則長徙，二者常相需而並起。若以域徙之彌異所，合之所需長徙之彌異時，卽可形成一宇宙；則謂宇由域徙長徙二者之綜計亦可。故曰宇或徙，說在長。

域爲宇之一部分，長爲宙之一部分；則宇宙二者，皆屬至大無際之名也。故名家以宇宙爲渾淪常住；而域長則爲各別遷變。

據上以觀，經文可改言「宇，域徙而有長」；則與說言「長徙而有處，宇」文正相對。蓋凡徙而有長者，亦必徙而有處；以長徙，域徙，皆不外乎宇耳。段玉裁云：「韋昭曰：『天宇所受曰宙。』宙字從宀者，宙不出乎宇也。」故曰長徙而有處，宇。按管子宙合篇：「天地，萬物之橐；宙合有(又)橐天地。」彼以宙賅宇，立意自同。

南北在旦又在莫，係譬詞。按南北爲地軸，惟東西乃有日夜之旦暮，上經第四十三條。故此南北當作東西，後第三十三條同；墨家言天象多精，惟此似未達。竊意古人繪畫天體，總以直爲東西，橫爲南北，如錢塘所著淮南天文訓補注後所附正朝夕圖，原卽以南北爲東西，至今不過百數十年尚如此，則彼所謂南北實卽東西耳。故此謂旦之東西，至暮已非；因有旦暮異時之長徙，方見東西異所之域徙也。

14 經「宇久不堅白」。無久與宇，堅白。說在因。

說宇○宇徙；久……。無堅得白，必相盈也。

校此處經有錯簡，惟說不誤，因據移正。茲將誤本各條錄左：

臨鑑而立景到多而若少說在寡區○本屬後第二十一條。

鑑位量一小而易一大而缶說在中之外內○本屬後第二十二條。

鑑團景一不堅白說在○本屬後第二十三條。

經「無久與宇，堅白。說在因」。此屬本條原文。其首尚有「宇久不堅白」五字：惟「宇久」二字，原錯在上條經文之末；「不堅白」三字，原錯在誤條「鑑團景一」句下。茲並移合。

說標題「宇」字，原亦錯在上條；茲亦移正。

【釋】宇久不堅白：宇久，卽宇宙，見上經第三十九條；此五字係引起下文之辭，於論式爲特例。因，摑之省文，義亦與攖同，上經第六十七條「堅白之攖相盡」是也。此似破辯者「離堅白若縣宇宙」之說也。莊子天地篇有一節云：夫子問於老聃曰：「有人治道若相放，『可不可，然不然』。辯者有言曰：『離堅白若縣寓。』」竊意此語證之本條，容非寓言所謂「離堅白若縣寓」，縣亦離隔之義；漢書高帝紀「縣隔千里」可證。寓，說文宀部謂籀文從禹；故寓宙，今多作宇宙。但此祇言縣寓而不言縣寓宙者，疑本脫落宙字，或單稱寓兼宙言耳。史記秦皇本紀：「宇縣之中。」集解：「宇，宇宙。」卽其例。此「辯者」意卽指鄧析一輩之形名家而言。別詳形名發微。蓋彼時辯者以堅白之分離取譬於宇宙之縣隔，故曰「離堅白」若「縣宇宙」。但名家非之，以謂宇宙固不可縣隔，而堅白亦斷不可分離。蓋宇宙二者，雖常連繫以爲存在，究不待他物爲之依附。若堅白不然，二者必待有石而後見。石之存在，卽堅白之存在。石苟無之，堅白何有？是以宇宙與堅白，各成其事，不相比喩；故直曰「宇久不堅白」。著一「不」字，決定之詞也。按宇兼宙言亦見上條。既謂宇宙不堅白，則堅白二者，宜非宇宙之可比；卽析言之，亦無宙與宇之存在：故曰「無久與宇，堅白」。何以故？以堅白攖而宇宙非攖故。

無堅得白之「無」，撫之省文，與拊通用。

宇宙本體，常住不變；特以域徙長徙之故，乃生關係。故曰「宇徙；久……」，猶云宇徙，宙亦徙也。若堅白二者，攖而相盡；關係密合，不容判分。一經拊堅，即可得白；其必相盈無疑。

15 **經** 在諸其所然若未然。說在於是推之。

說 在〇堯善治，自今在諸古也。自古在之今，則堯不能治也。

校 經「若未然」，原作「未者然」；茲據曹校改乙。

釋 張惠言云：「在，察也。」按若，與也。「於是推之」之「是」，係代詞 (Pronoun)，即代上句之「其所然若未然」六字。故此猶云「在之於『其所然與未然』。說在於『其所然與未然』推之」。所然者既知界，未然者未知界。茲合既知界與未知界之全體而察知之，其道何由？曰：此由以既知界與未知界而總合推斷之是也。

墨辯論式，於「辭故」外設「譬」，以佐證「辭」義；正猶因明三支，於宗因外設喻，以曉明所宗。無著雜集論曰：「立喻者，謂以所見邊與未所見邊，和合、正說。」宗喻二處共相隨順曰和合，因喻無過曰正說。 所見邊者即既知界，未所見邊者即未知界。蓋因明以由已知界推斷未知界爲軌則。如上第二條所釋最後論式中，即由「若犬羊等」正說，以結合「四足獸」因之既知界與「物」宗之未知界，使「凡四足獸皆爲物」之事實，確然成立；則既知未知之邊，畢竟和合也。師子覺對法論釋前論文曰：「所見邊者，謂已顯了分；未所見邊者，謂未顯了分。以顯了分顯未顯了分，令義平等，和合義。所有正說，簡別似喻。是名立喻。」由是以觀，因明之所謂喻，與墨辯之所謂譬者，不僅以同類之事物，使人易於了解；其大要尤在和合既知界與未知界之全體，使其義平等，未知、已知，同一顯了。而證明立論者之斷案也。

說之末句不能治之「能」，當與上句善治之「善」同義。荀子勸學篇：「假舟檝者，非能水也」楊倞注：「能，善也。」卽其證。

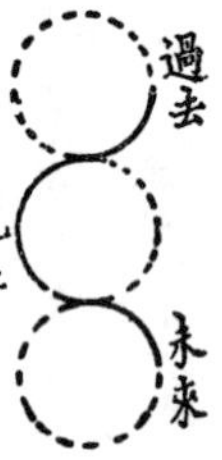

（甲）

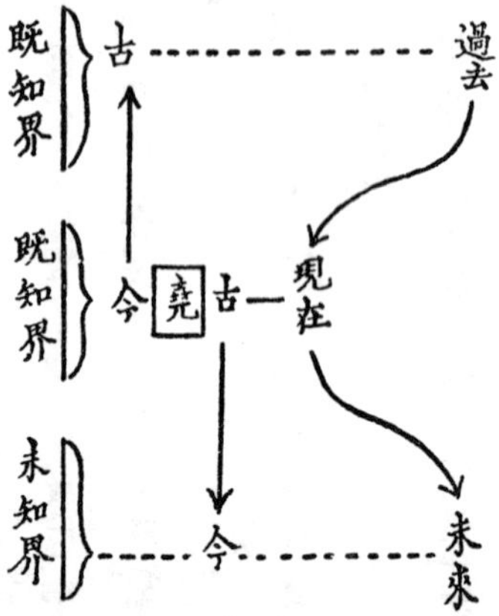

（乙）

本條之說，以所然未然推斷古今治道進化之理，可以謂爲名墨歷史進化論。蓋世運演進，貌似往復之環(Cycle)，實則一螺旋形(Screw)耳，如圖(甲)。故既知過去之治，不及現在之善；卽可推知現在之治，不及未來之善也。如圖(乙)：設堯爲現在，已前爲古，卽過去；自後爲今，卽未來。其過去現在皆既知界，卽所然。未來爲未知界。卽未然。故以堯之現在而察堯之過去，事屬既知，可相校比，當知堯之善治；故曰堯善治，自今堯時在諸古也。又以堯之現在而察堯之未來，卽以堯之現在與過去之比，推斷堯之現在與未來之比，當知堯之不善治；故曰自古堯時在之今，則堯不能治也。

論語載孔子曰：「大哉堯之爲君也！巍巍乎唯天爲大，唯堯則之！蕩蕩乎民無能名焉！巍巍乎其有成功也，煥乎其有文章！」泰伯篇。蓋深歎堯之善治，敻絕千古，後世莫能及矣。本條似駁孔子之說；意謂治化演進，非卽以堯爲止境也。

印度因明古師曰：「如以現在比類過去，或以過去比類未來，名體比量。」瑜伽師地論卷十五。蓋自今在古，自古在今，皆體比量之事也。

呂氏春秋長見篇云：「智所以相過，以其長見與短見也。今之於古也，猶古之於後世也；今之於後世，亦猶古之於今也。故審知今則可知古，知古則可知後。古今，前後，一也。故聖人上知千歲，下知千歲也。」按此亦言比類推概之效如是。

本條之說，係以事實證明經文之理論。

16 經 景徙。說在改爲。

說 景○光至，景——亡、若在；盡、古息。

校 經「景徙」，原作「景不從」。茲據王改「從」爲「徙」；惟「不」字亦疑譌衍。(一)下句既云「改爲」，則上句應云「景徙」；若云「不徙」，其義適相反。(二)說云「景亡」，「景盡」，皆含「徙」義。(三)列子仲尼篇載公孫龍有「影不移」之語，後文謂「影不移者，說在改也(迆)。」張湛注引墨子曰：「影不移，說在改爲也。」又莊子天下篇稱辯者公孫龍之徒有「飛鳥之景未嘗動也」之文，釋文引墨子曰：「影不徙也。」援彼互校，似此亦當作「景不徙」。但公孫龍輩之學術屬形名家，正與名、墨相左，故其立辭亦各不同。如列子之「影不移」，自與「有物不盡」「意不心」「指不至」諸辭爲一類。莊子之「飛鳥之景未嘗動也」，自與「矩不方」「目不見」「指不至」諸辭爲一類。名墨既言「心意」「目見」「指至」「矩方」，則此本當作「景徙」無疑。(四)此句「不」字疑衍之極早；故莊列注釋中所引此語，皆有「不」字。如下文第四十七條「火熱」，今誤作「必熱」，孫卽據天下篇校作「火不熱」；不知公孫龍本作「火不熱」，墨經本作「火熱」。此「景不徙」，亦疑漢晉學者照莊列諸書增「不」字耳，茲刪去不字。

釋 景，卽今影字正文。本畢說。說文日部段注：「後人名陽曰光；名光中之陰曰影。別製一字，異義異音，斯爲過矣。」顏氏家訓書證篇云：「凡陰景者因光而生，故卽謂爲景。至晉世葛洪字苑傍始加彡，音於景反。」集韻：「影，物之陰影也。」爲，古讀如譌。方言：「譌，化也。」郭注：「譌、化、聲之轉也。」按譌通訛，故爾雅釋言：「訛，化也。」訛者吪之或體，故說文：「吪，動也。」然則此云改爲者，猶云改動譌變耳。

名家言影徙，以謂影由光照實物而遮蔽之所成。如A至B之一長影，中須經過12345之五處。此五處影影相續，合成一片，了無際痕，便爲全影。蓋此實物前進之程途，以其經過12345改動譌變之故；因而其影之徙，亦由12345改動譌變故耳。但公孫龍輩(形名家)反之，謂「影不移」。張湛注列子云：「景改而更生，非向之景。」然則龍輩但就影之靜止言耳。

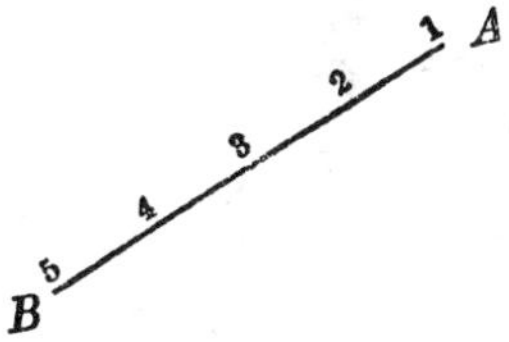

本條說語景字，承上起下，故可讀作「光至，景：」及「景——亡，若在；盡，古息。」其後句猶云景亡，景盡；蓋景字下雙承之耳。

說文：「至，鳥飛從高下至地也。」彝器銘文至字象矢從高下至地。則此「光至」之至，亦謂其光自此至彼而成影耳。故曰光至，景。亡，同無。盡，猶言全部；經上第四十二條：「盡，莫不然也。」卽其義。古，姑之省文。禮記檀弓篇：「細人之愛人以姑息。」注：「姑，且也。息，休也。」此處正可借用其義。

此「光至景亡若在盡姑息」一語，係經文之譬辭；正猶莊子天下篇「飛鳥之景未嘗動也」句，乃以飛鳥作例耳。蓋經文之景，係言光下陰影；說語之景，當謂暗中光影。因光下陰影言徙，不易涉思；乃以暗中光影比況之也。茲更援例為喻：小童常持香炷暗中旋轉；其炷端燃處，以旋轉勢速之故，若成無數赤圈。佛書謂旋火輪。又今電影寫真(Biograph or Cinematograph)，皆卽此理。蓋謂炷光自此至彼而成一影：炷所無處，視之光焰若在；宛見赤圈，實則節節且休也。如此著想，方不蹈空。

17 **經** 景二。說在重。

說 景○二光夾一光。一光者景也。

釋 此言由光成影之理。莊子齊物論篇：「罔兩問景。」郭象注：「罔兩，景外之微陰也。」釋文引崔譔本作「罔浪」，云「有無之狀」。文選幽通賦注引司馬彪云：「罔浪，景外重陰也。」蓋當光體如燭焰外射時，苟以物置前，其光線所不及之黑暗處，卽謂之景；今光學謂之本影(Umbra)。景外又有重陰，卽微陰，其狀若有若無，謂之罔兩；今謂之副影(Penumbra)。景與罔兩，卽本影與副影，故曰景二。然何緣而得二影？以重之故。故曰說在重。

二光夾一光句，係說明重字之理。二光一光，爲義各異，故又以一光者景也句簡別之。此如(甲)圖：以一九而得一景，故可簡別上句。又如(乙)圖：設AB爲一光體；CD爲一物，置前。則由AB所四射之光線，一方爲CD所閡；於是沿ACE及BDF，而成一EF之本影。復次，A點光線又沿ADG，B點光線又沿BCH，而成一HG之副影。此副影必須ADG與BCH二光線相會於K，而夾AB一光體，方能得重；故又以二光夾一光句說明之也

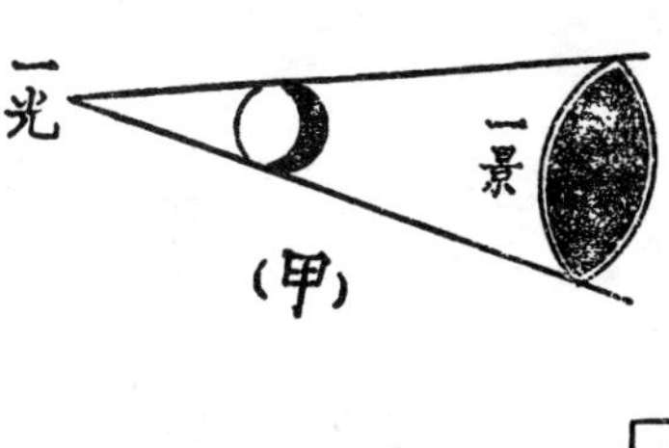

(甲)

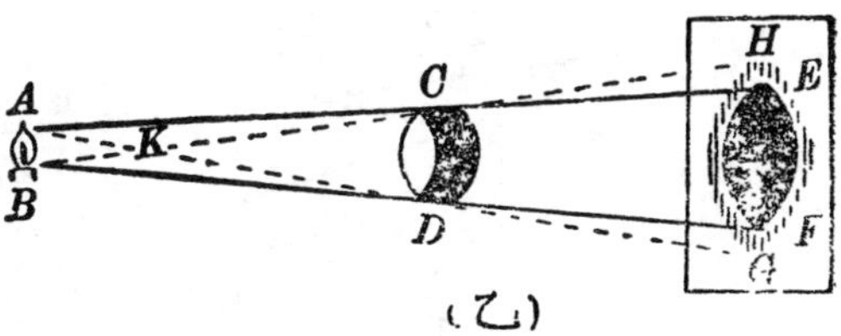

(乙)

18 **經** **景到在午有端，與景長。**說在端。

說 景○光之人，照若射。下者之人也高；高者之人也下。足蔽下光，故成景於上；首蔽上光，故成景於下。在遠近有端與於光，故景庫內也。

校 說「照若射」：「照」，原作「煦」，形似致誤；茲據曹改。二「蔽」字，舊皆作「敝」，明陸穩刊本作「蔽」；茲據正。

經景到，卽今影倒字正文。本畢說。張惠言云：「午，交午也。」劉嶽雲云：「古者橫直交互謂之午，其形爲×；×者光線之交點。」孫詒讓云：「此卽光學所謂約行線，由侈而斂，交聚成點。端卽點也。」又云：「凡約行線中有物隔，按當作中有隔孔。則光線必交；穿交而過，則成倒景。在午有端與景長：長，謂線，對端爲點而言。謂凡光在交聚成點之時，則有礙於光線之行，故穿交而景到也。」按張劉孫三說，均於「景到在午有端」六字，發揮明確；惟未盡「與景長」三字之義。茲更以圖明之。如下圖(甲)：設AB爲一光體，其AB間之各光線，一一穿過隔屏午孔，而射於右之照壁上，成CD之倒影，所謂「景到」也。AB二光線交午，必有一點。然既云「在午」，又云「有端」者；蓋謂在交午之處，僅須一甚小之孔如點，決不可令其稍大，卽

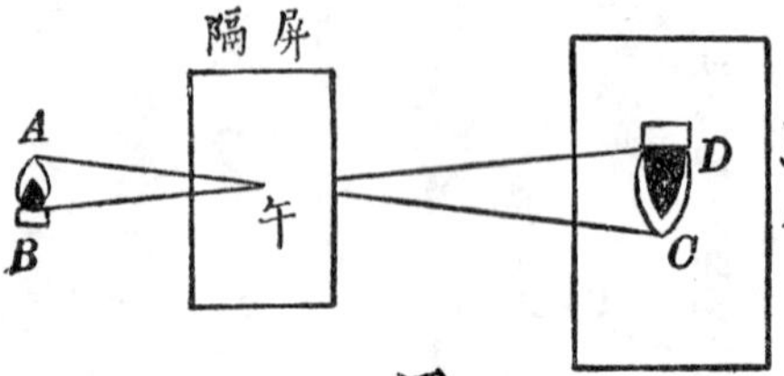

(甲)

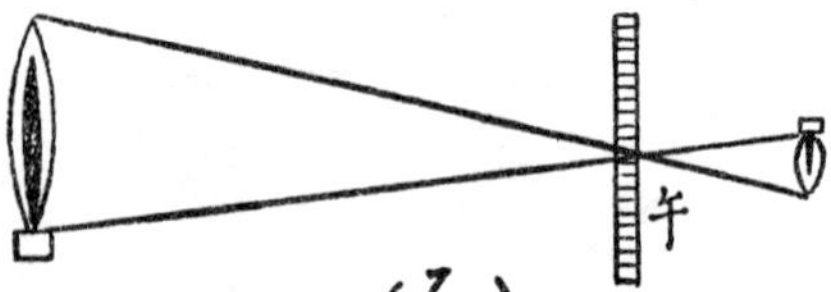

(乙)

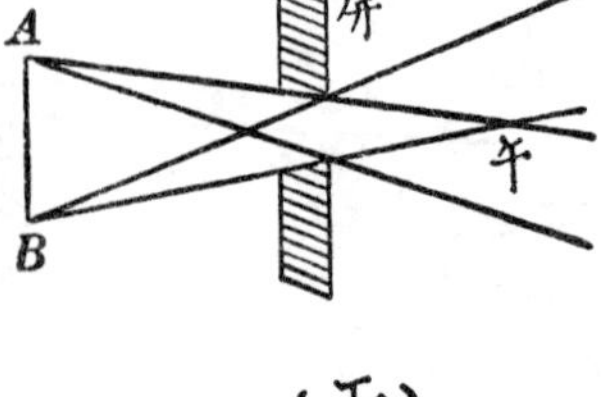

(丙)

今攝影暗箱所謂針眼。如圖(甲)與(乙)之午點是。又影之所以倒及影之所以大小，殆全由此點爲其主因；是以更出其故曰：「說在端。」反之，若屏孔過大，如圖(丙)：則孔周之光線，繁複散漫，而影卽模糊。苟置照壁於屏午之間，將映出孔形矣。與景長：與，當讀預；長，猶言長短。計長而短自見。蓋影之大小，係於光線之長短；若午點距光近，線短；距壁遠，線長；則影大：如圖(甲)。午點距光遠，線長；距壁近，線短；則影小：如圖(乙)也。

光之人：光，卽光線。詩柏舟箋：「之，至也。」下二之字義同。照若射者：射用矢，故其本字從矢作躲。射矢必直，詩小雅大東「其直如矢」，是也。張云：「高，猶上也。」景庫內：上經第四十八條：「庫，易也。」庫假爲窟，易卽暘之省文，謂光線由窟穴射入，卽是。

說承經文推言光之直達(Rectilineal Propagation)反射(Reflection)及今照像(Photography)之理。玆分三段言之：

(一)光之直達　據今光學，光之傳布，恆依直線進行；故取譬飛矢直入，曰照若射。如上條圖(乙)：ＡＢ一光，被ＣＤ遮斷，而現本影ＥＦ於照壁上；卽爲光線不能曲行之證。又如本條圖(甲)：Ａ光線由午孔徑射於Ｃ，Ｂ光線由午孔徑射於Ｄ，若目在ＣＤ以內，必盡見ＡＢ之光；以光線直行故也。

(二)光之反射　日體極大，光線四布。如圖(丁)：有AB無數光線至人CD之間，盡行反射；其達午點者，一一入暗箱至EF之間，以成EF之倒像。蓋光線下至人反射於上，上至人反射於下；其CD午與EF午之兩三角形，皆屬光域，今僅以CE及DF二線表其外界而已。鄒伯奇云：「密室小孔漏光，必成倒影。雲鳥東飛，其影西逝。」按即此所謂光之反射也。

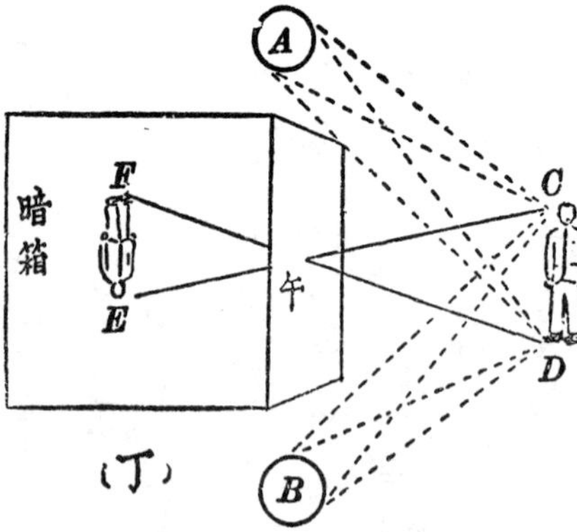

(丁)

(三)照像之理　足蔽下光故成景於上者：因日光至人，爲D足所遮蔽；故D光反射入午而達於F，即成人足F之影於上。首蔽上光故成景於下者：因日光至人，爲C首所遮蔽，故C光反射入午而達於E，即成人首E之影於下。首下、足上，所謂景倒也。在遠近有端與於光，與經文「與景長」句相應。蓋當照像時，其午端與CD距離之遠近，須參合於光之强弱，以進退其暗箱，庶能使影明晰；故曰景庫內也。

韓子外儲說左上云：「客有爲周君畫筴者，三年而成；君觀之，與髹筴者同狀。周君大怒。畫筴者曰：『築十版之牆，鑿八尺之牖，而以日始出時加之其上而觀。』周君爲之，望見其狀，盡成龍蛇禽獸車馬，萬物之狀備具。」周君大悅。」按此亦今照像之術。所畫髹筴，或多針孔，望見之狀，疑別有畫圖張之也。其理致大抵與本條相似，兩相推勘，疑非虛文。

19 **經** 景迎日。說在轉。

說 景〇日之光反燭人，則景在日與人之間。

校 經「轉」，原作「摶」。孫謂道藏本作「慱」，吳鈔本作「博」，亦並難通；以形聲校之，疑當作「轉」，今本涉下（按卽下截第六十二條）而誤耳。茲據改正。

釋 孫詒讓云：「迎日，卽回光反燭之義。」又釋轉字云：「謂鑑受日之光，轉以射人成景，亦卽反燭之義也。」劉嶽雲云：「此釋回光之理。如人依鑑立，日射鑑上。若人與日之間有壁，其距鑑與日距鑑交角等，則人必成景於上。若其間無壁，則回光線成景極長，而射於無量遠空界中。凡海與沙漠，恆見樓臺人物之象，卽此理。然雖無量遠空界中，仍爲景在人與日之間也。」按本條似專釋光線反射律（Law of Reflection）之理。今光學家論反射律云：「凡光線之反射，其射入角恆等於射出角；且二角必同在一平面內。」如圖（甲）：A爲一平面鏡；若光線BA射於A面，則卽反射如AD。設

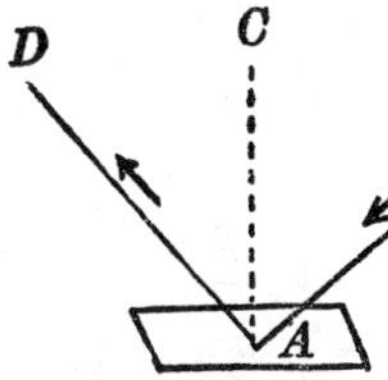

（甲）

CA爲鏡面之垂線，則BAC角謂之射入角，DAC角謂之射出角。迨經多次試驗，知BAC射入角，等於DAC射出角，而二角同在A平面上也。此如屋漏之光，若以平鏡承之，卽見其狀。但射入線如正射於平鏡面上，卽彼線爲平鏡之垂線；則此時之射出線，當循原徑退轉，於是而射入角與射出角俱等於零。故射入線稍斜，則射出線亦稍斜，而二角皆最小。蓋本條卽準此理，如圖(乙)：設B爲壁隙日光一點；A爲平鏡。其光線BA射於A面，則卽反射如AE。因A鏡對於B光稍爲斜向，故CA爲A面之垂線；而BAC射入角，等於EAC射出角，皆最小。今設一人立在E處，則E人受AE反光而成D影；其D影適在B日與E人之間。故曰景迎日，說在轉。

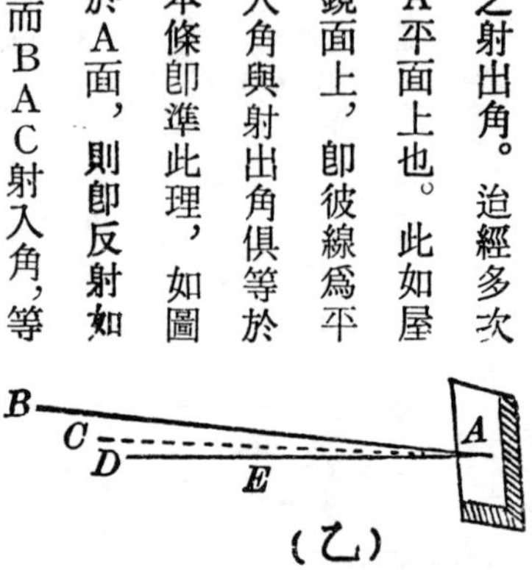

(乙)

20 經 景之小大。說在杝缶；遠近。

說 景○木正，景短大；木杝，景長小。火小於木，則景大於木；非獨小也。遠……近……。

校 經「杝缶」，原作「地缶」；據孫改。

說「木杝」，舊本作「木柂」；茲據道藏本及明陸穩刊本改正。惟「木正」，「木杝」，原文先言「木杝」，後言「木正」，與今光學之理不合；或讀者妄據經文先「杝」後「正」乙之耳。茲互乙轉。「火小於木」，原「火」誤爲「大」；據曹改正。

釋　孫詒讓云：「杝，卽迤之叚字。杝、缶、文正相對。」按杝，當假爲迆；說文：「迆，衺行也。」引申爲凡邪之稱，故畢沅謂「木杝猶言木斜」，是也。殷家儁云：「木，卽謂立柱也。」按說文：「相，省視也，從目木。」管子君臣上篇：「猶揭表而令之止也。」尹知章注：「揭，舉也。表，謂以木爲標有所告示也。」蓋立木爲表，用以告示於人；引申爲凡標準物之稱者謂之木耳。非獨小也句，係上二句之反辭，猶云「火大於木，則景小於木」。遠近二字，省文；若全敍出，當云「木遠，景長小；木近，景短大」。

本條論光之小大(Intensity of Light)。經云「景之小大」者：說文：「景，光也。」是也。此謂光之小大，可由杝正、遠近、二種試驗而得。今光學家以由杝正試驗者曰光度(Illuminating Power)，卽謂光體發光强弱之度，可由標準物之邪正而得也。以由遠近試驗者曰照度(Illumination)，卽謂物體受光濃淡之度，可由標準物之遠近而定也。茲先言——

(一)光度　光度者須視光線之射入角而異。如圖(甲)：n爲光

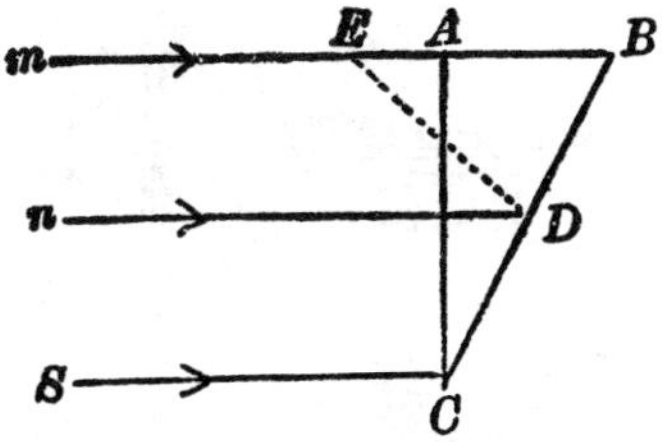

(甲)

線，射於BC面上，而ED爲BC面上之垂線；則nDE角，即爲n光線之射入角。今設AC及BC爲異向之二面，AC與m、n、S等光線成正角，即九十度之角。而BC與m、n、S等成斜角；即非九十度之角。則AC及BC面上，每一單位所受光之强弱如下式(子)。

(子)

$$\text{AC面上光度}=\frac{\text{AC所受光之總量}}{\text{AC之面積}}$$

$$\text{BC面上光度}=\frac{\text{BC所受光之總量}}{\text{BC之面積}}$$

故——

$$\frac{\text{BC面上光度}}{\text{AC面上光度}}=\frac{\dfrac{\text{BC所受光之總量}}{\text{BC之面積}}}{\dfrac{\text{AC所受光之總量}}{\text{AC之面積}}}$$

$$=\frac{\text{BC所受光之總量}\times\text{AC之面積}}{\text{AC所受光之總量}\times\text{BC之面積}}$$

然凡m、n、S等光線，能射於AC面上者，即能射於BC面上。故AC所受光之總量，等於BC所受光之總量，因此可以相消，當得如下式(丑)。

（丑）

$$\frac{\text{BC面之光度}}{\text{AC面之光度}}=\frac{\text{AC之面積}}{\text{BC之面積}}$$

照三角理——

$$\text{AC之面積}=\text{BC之面積}\times\text{餘弦ACB角}$$

故——

$$\frac{\text{BC面光度}}{\text{AC面光度}}=\frac{\text{BC之面積}\times\text{餘弦ACB角}}{\text{BC之面積}}=\text{餘弦ACB角}$$

詳言之，即BC面光度與AC面光度之比，視餘弦ACB角而異。然ACB角等於nDE射入角；故BC及AC二面光度之比，須視餘弦射入角以爲差。但按三角理：ACB角愈大，餘弦ACB角愈小；則BC面之光度當愈小。蓋即射入角愈大，則光度愈小；射入角愈小，則光度愈大。故射入角若小至於零，（即AC面與n光線成正角是。）其光度當爲最大。此外之斜面上，（如BC是。）其光度概較爲小；且愈斜則愈小。由是可知，當AC標準（即木）正時，n爲其垂線。據幾何理：垂線爲諸線中最短之線，（考工記匠人注：「日中之景，最短者也。」）所以AC面上之光度爲最大；故曰木正，景短大。次之，當BC標準杝時，n爲其斜線。此斜線自較AC之垂線爲長，所以BC面上之光度亦漸小；故曰木杝，景長小。

列子湯問篇云：「孔子東遊，見兩小兒辯鬬；問其故。一兒曰：『我以日始出時去人近，而日中時遠也。』一兒曰：『我以日初出遠，而日中時近也。』一兒曰：『日初出，大如車蓋；及日中，則（讀財，同纔。）如盤盂。此不爲遠者小而近者大乎？』一兒曰：『日初出，滄滄涼涼；及其日中，如探湯。此不爲近者熱而遠者涼乎？』孔子不能決也。兩小兒笑曰：『孰爲（同謂）汝多知乎』？」然論衡說日篇釋之云：「二論各有所見；故是非曲直，未有所定。如實論之，日中近而日出入遠。何以驗之？以植竿於屋下。夫屋高三丈，竿於屋棟之下，正而樹之，上扣棟，下抵地；是以屋棟去地三丈。如旁邪倚之，則竿末旁跌，不得扣棟；是爲去地過三丈也。日中時，日正在天上；猶竿之正樹，去地三丈也。日出入，邪在天旁；猶竿之旁跌，去地過三丈也。夫如是，日中爲近，出入爲遠，可知明矣。日中去人近，故溫；日出入遠，故寒。然則日中時日小；其出入時大者：日中光明，故小；其出入時光暗，故大。猶晝日察火光小；夜察之火光大也。」按王充博物，故能言之中理。此因吾人所居地面，徑向太陽。其午日射來，已與地面成一垂線；故受光極大。迄旦暮時，陽光已斜，與地面成大射入角；故受光極小。且自旦至午漸熱，自午至暮漸涼，皆卽此理。

據上以觀，光度雖由射入角之大小以爲差，而光體所發之火與光，每有歧異。例如油火較燭火爲小，而油光較燭光爲大；又電火較油火爲小，而電光較油光爲大。如以一燭光爲測光大小之標準單位：卽木。則油電之火，雖小於標準燭之火；而油電之光，乃各大於標準燭之光若干倍矣。故曰火小於木，則景卽光大於木。反之，若以一電光爲標準單位；則油燭二火雖較電火爲大；而油燭二光乃皆小於電光若干倍。故曰非獨小也：猶云火大於木，則光小於木矣。今光學家卽準上理製有光度表（Photo-meter），以驗各光之大小，茲不錄。

（二）照度　照度者卽光體距離上某單位面積所受光量之謂也。如圖（乙）：取B、C、D三方片。B每邊長二寸；C四寸；D六寸。則此三方片面積之比例爲一與四與九之比：卽B面積爲一單位；C面積爲四單位；D面積爲九單位。今以一光體A置D前；嗣以C隔D、A之間，至D面之光適被C全蔽爲止。又以B隔C、A之間，亦至C面之光適被B全蔽爲止。由是可測知B、C、D三方片與光體距離之

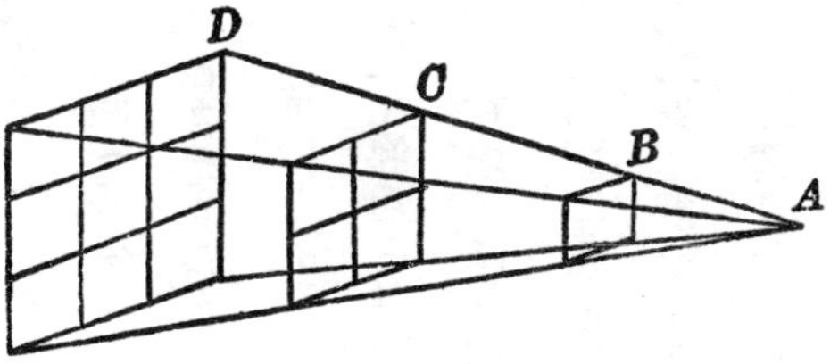

（乙）

比例爲一與二與三之比。蓋每前片旣適將其後片全蔽，則每片面所受光之多少，自必相同。然以同一多少之光：B片則以一單位受之；C片則以四單位受之；D片則以九單位受之。因一四九卽方片面積單位之比例。故C片每一單位上所受之光，較B片之一單位爲小四倍；而D片每一單位上所受之光，較B片之一單位爲小九倍。是B、C、D三片每一單位上所受光量漸小之比例爲一與四與九之比；亦卽爲彼三片與光體距離比例各數卽一與二與三之比之平方。可知方片離光體愈遠，則每單位所受之光愈少；其所少之數，卽等於其與光體距離之平方。故離光體遠二倍，則每單位所受之光少四倍；　四卽二之平方也。　離光體遠三倍，則每單位所受之光少九倍；九卽三之平方也。以此類推，可得一定律曰：「凡光度與離光體遠近之平方，成反比例。」蓋卽D片卽木遠，則A光之射線長，而D面所受之光淡卽小；故曰木遠，景長小。B片近，則A光之射線短，而B面所受之光濃卽大；故曰木近，景短大。

21 **經**臨鑑而立，景到。多而若少。說在寡區。

說臨○正鑒，景寡。貌能、白黑、遠近、杝正，異於光。鑒當，景俱。就、去，亦當，俱。俱用北。鑒者之臬於鑒，無所不鑒。景之臬無數，而必過正；故同處其體俱，然鑒分。

校自本條起，共經三條，原錯在上第十四條之前，已照說之次序移正矣。

說「柂正」，舊本作「栘正」；茲據明陸穩刊本。「鑒當景俱」：原「當景」二字誤倒，與今光學理不合；下文「當俱」，卽雙承此言，疑讀者卽據下文妄乙耳。茲再乙轉。「就去亦當俱」：「亦」原誤作「尒」；茲據畢改。二「臬」字，原皆作「臭」，疑因形似致誤，茲照文義改。

【釋】禮檀弓疏：「以尊適卑曰臨。」按此臨字，猶云自上俯下也。周禮秋官司烜氏注云：「鑒，鏡屬。」景到，見前；但此景當爲像。篇海：「景，像也。」卽是。張惠言云：「若，如也。」區，卽面，見上經第六十三條。

正鑒，卽今之平面鏡 (Plane Mirror)，省曰平鏡。景寡，猶云單像，與經文寡區訓少者有別。釋名：「寡，倮也；倮然單獨也。」卽是。張云：「能，態字。」孫詒讓云：「備城門篇，態作㑷；此又㑷之省。」按能，態之省文。異，冀之省文。冀於光者，謂像之差別，望光而生也。當者相値之義。說文：「當，田相値也。」鑒當者，二鏡交置也。俱者，相合之義。景俱者，二像同聚也。就、去，言二鏡面就而近之，或離而去之也。用，以也。北，背之省文。按說文：「北，乖也；從二人相背。」吳語韋昭注：「北，古之背字。」然則北爲背之本字。說文：「臬，射的。」徐曰：「射之高下準的。」按卽其義。過，讀爲咼。通俗文：「斜戾曰咼」。正，指二正鑒言。咼正，謂斜置二正鑒。其，與「之」同。體，分像。然，猶乃也，則也，見經傳釋詞卷七。分，謂分界處。

本條論平鏡成像及重複反射 (Multiple Reflection) 之理。茲先論平鏡成像。吾人日常所用以對照者，多係平鏡；其像之成，即由鏡面反射所致。故物若爲一點，則像亦爲一點。如圖(甲)：設mn爲一平鏡，A爲臨鏡之一點。光線AB射至平鏡時，即依反射律而反射至D；又別線AC亦反射至E：皆入於眼。今延長DB及EC於鏡後，皆相會於O點。可知凡自

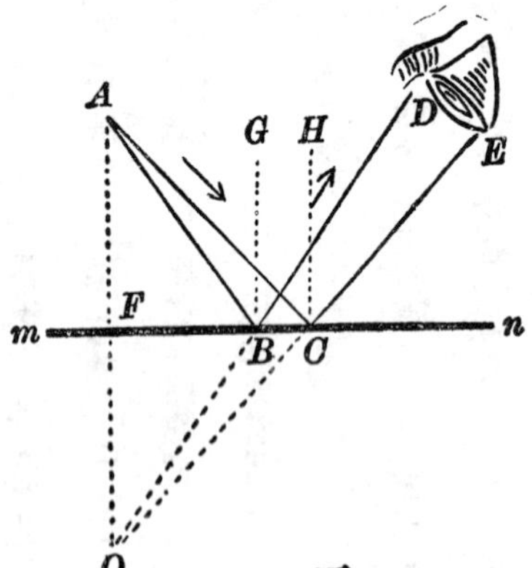

(甲)

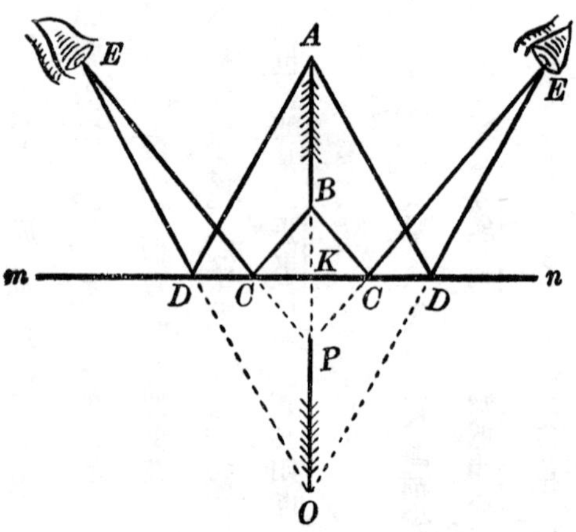

(乙)

A所發出之各光線一一反射後，其延長線總合於O。茲連AO二點，成AFO線。則按幾何理：AF與OF同長；而AFO線爲mn之垂線。由是，若推測平鏡中物體之像：只須由物點如A，垂一直線於鏡面如AF，而後引長之，使OF等於AF；則O點卽爲A點之像。若物體爲多點所成，亦可照法求之；連合諸點，卽得其物之全像。如圖(乙)：設mn爲一平鏡；AB爲臨鏡之一物。若欲得AB之像，可由A點作一AK垂線，繼將AK引長，使OK等於AK；則O點卽爲A點之像。同法：由B點作一BK垂線，引長，使PK等於BK；則P點卽爲B點之像。此外AB間各點，亦可用同法得其像點。於是聚合諸像點而成OP，卽爲AB之像。若人眼在鏡外E處；則AB物體之反射光線CE及DE入於眼中，祇覺光線一若由OP像而來者。凡此所成，皆爲虛像(Virtual Image)。由是可知，凡臨正鑒而立之物體如AB，其所成之像必倒如OP。故曰臨鑑而立，景到。又正鑑若爲極平之面，則僅有一像；而像之貌態、白黑、遠近、斜正等之差別，皆望光而生，與物毫髮不爽。故曰正鑒，景寡。貌態、白黑、遠近、杝正、蘽於光。

次論重複反射。若以二平鏡交置成一正角，則當得三像。如圖(丙)：設AB與AC二鏡相交，而BAC角爲正角；D爲物體；人目在H。則於AB鏡內見E像；AC鏡內見F像。

又E復反射於AC鏡中，見G像；F復反射於AB鏡中亦見G像。故此成像凡三，卽E、F、G是也。至諸像之方位，可按以上平鏡求像法而得。其光線入目之路，亦可按圖知之。若二鏡之交角漸小於九十度，卽小於正角。則所成之像亦漸多。如圖(丁)：設AB與AC二平鏡相交之角爲四十五度；D爲物體；人目在E。其成像次序：先於AB鏡內見(1)像；次(1)像復反射於AC鏡內見(2)像；此(2)像更反射於AB鏡內見(3)像；此(3)像更反射於

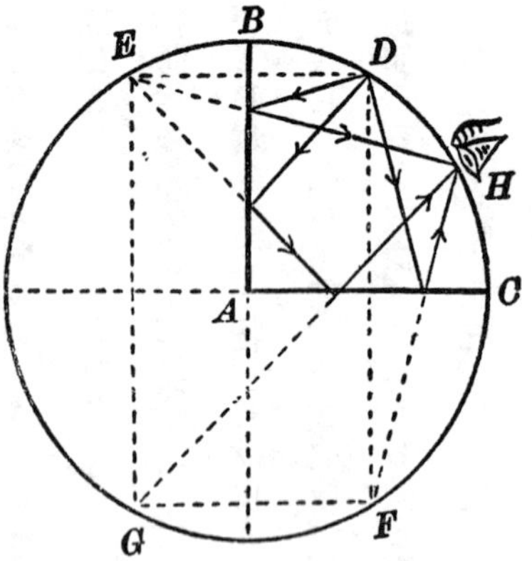

(丙)

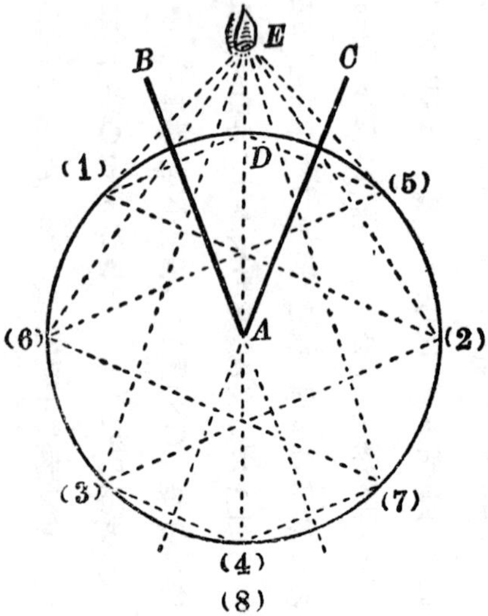

(丁)

AC鏡內見(4)像。自此不能再反射者，以像之位置，恰在鏡背之方向故也。又D物之反射於AC鏡中者，先見(5)像；次展轉反射，成(6)(7)(8)各像。但(8)像重在(4)像上；故其像數惟七。由是可知，凡二平鏡成角所得像數，等於以其角度除三百六十度之數減一。譬如二鏡之角小至十二度時，則應共得二十九像也。

據右以觀，正鑑爲一平面，準幾何理，角之兩邊在一平面上者謂之平角，有一百八十度爲最大，故衹成一單像；減半爲直角九十度，便得三像；再減半爲四十五度，乃得七像；迨小至十二度時，乃得二十九像。由是可知：角度愈大，成像愈少；角度愈小，成像愈多：故曰多而若少。此何以故？蓋成像多者，以其角度之區面寡少，反射重複故也。故曰說在寡區。凡二鑒相交成正角時，其間必有二像俱於一處，如圖(丙)之G，故曰鑒當，影俱。又二鑒之當，或相就小於正角，或相去大於正角，其中必有二像之俱。其相就者，卽如圖(丁)之(4)(8)；其相去者，所成俱像幾乎不可得見，設如圖(丙)AB鏡向左斜置，約與AC鏡成一百十五度之鈍角時，其物體D須置於AC鏡之面上右端，人目須高懸於AB鏡之上端，方能得見AB鏡內之映像及俱像：故曰就、去，亦當，俱。玆總括以上三類之俱像，莫不爲鏡背所蔽，故曰俱用背。

人目注視線於像，猶射之有臬也。所以二鑒之間，高下任取一點，皆可爲見像之臬。故曰：鑒者之臬於鑒，無所不鑒。夫二鑒間之臬既無數，而其像應亦無數。但欲像之無數，自必使二正鑒咼斜置之方可，卽如圖（丁）；因此而同在一處之分像相俱，乃會於二鏡間之分界處。故曰：影之臬無數，而必咼正；故同處之體俱，然鑒分。

莊子天下篇「今日適越而昔來」句下釋文有云：「鑒以鑒影，而鑒亦有影。兩鑒相鑒，則重影無窮。」正論二鏡重複反射之理。疑惠施「歷物之意」，原有論「鑒景」一條；今本正文譌挩，注遂竄入此耳。別詳莊子天下篇校釋。然此注不知屬諸誰氏，妙理能解，料當有所受之。又淮南萬畢術據葉氏輯本云：「高懸大鏡，坐見四鄰。」注曰：「取大鏡高懸，置水盆於其下，則見四鄰矣。」按大鏡與盆水相對，水性內景，宛若二鏡，能成重複反射，故見四鄰。淮南萬畢，或卽遠承墨惠也。不佞初援西學，抽繹本經光學各條，頗疑其無此精密；及得莊子釋文與萬畢二證，始知輕於疑議之非矣。庚申重九日識。

22 **經** 鑑低，景——一小而易；一大而缶。說在中之外；內。

說 鑒○中之內：鑒者——遠中，則所鑒大，景亦大；近中，則所鑒小，景亦小：而必正。起於中緣正而長其直也。中之外：鑒者——近中，則所鑒大，景亦大；遠中，則所鑒小，景亦小：而必易。合於中緣正而長其直也。

校 經「低」,照篆文本寫作「低」,致因形似誤爲「位」耳。「低」下「景」字,原誤作「量」;據王改。說「中之內」與「中之外」下各句,原本除「正易」二字外,餘皆同,必無此理。茲據光學理,於「中之內」下,以「遠中」移前,「近中」移後,正合,因移改。「合於中緣正而長其直也」:原缺去「中緣正」三字,茲照上補。

釋 低下曰凹,故鑑低即今凹面鏡 (Concave Mirror),省曰凹鏡。楊葆彝云:「易,變也;正之反也。」按楊說是。正之反者,則易有倒義。易繫辭云:「易者使傾。」荀子解蔽篇:「心,……小物引之,則其正外易,其心內傾。」正、易、亦相對言之,而易、傾、皆即倒轉之義也。中之外內之「中」,殆兼凹鏡之弧心 (Center of Curvature) 與焦點 (Focus) 言;蓋弧心即圜之中,焦點又常在弧心與鏡心 (Vertex of Spherical Mirror) 之中也。故說云中之外,即謂弧心之外;以下三中字同。又中之內,即謂焦點之內;以下三中字亦同。鑒者,即能照之物,在此爲光體,次條亦謂之刑。如燭類是。所鑒大或小,與下景大小字異義;蓋此謂所照之光有強弱也。中緣正之「正」,即正軸 (Principal Axis)。緣正,猶言平行於正軸之光線。直,與值通,相遇也;在此即指共軛點 (Conjugate Foci) 言。

本條論凹鏡成像之理。據經文，凹鏡成像有二：(一)光體在弧心之外，成像小而倒；(二)光體在焦點之內，成像大而正。說反言之，先內後外；茲仍經文以次論之。

取凹鏡、燭光、紙屏、各一於此。燭光置凹鏡前，以紙屏置其間，左右移動，至得有明瞭之燭像爲止。其結果如左：

(一)燭光置弧心以外：其所成之像，在弧心與焦點之間，倒而實，較燭光小。所謂景一小而易，說在中之外也。

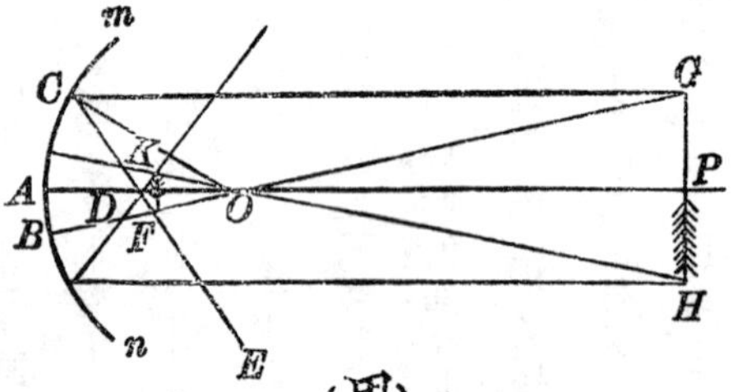

(甲)

如圖(甲)：設mn爲凹鏡；A爲鏡心；O爲弧心；D爲焦點；GH爲燭光。茲取燭光之G點，其GB爲副軸光線，卽循BG反射。GC係與正軸卽AOP平行之光線；至鏡面時，反射如CE。出入射角相等。此二反射線交於F，則F卽G之共軛點，獨爲明亮；故成G點之像。乃再將燭上他點依法求出，並連接之。此時若將紙屏置OD之間而偏近於D，當成倒而小之實像如FK。此因GH離弧心遠，其所照之光弱，故所得之倒像極小。故說曰：中之外，鑒者遠中；則所鑒小，景亦小，而必易也。若如圖(乙)：

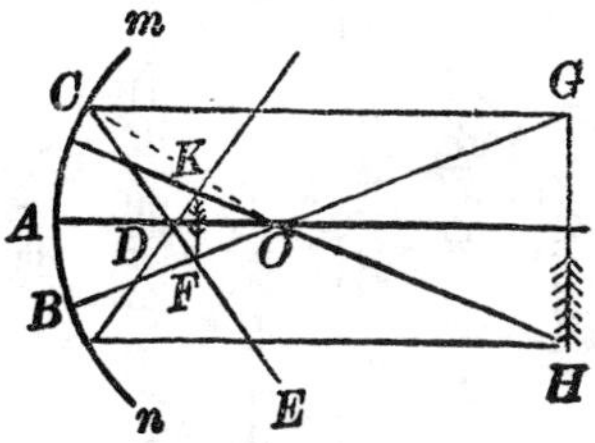

（乙）

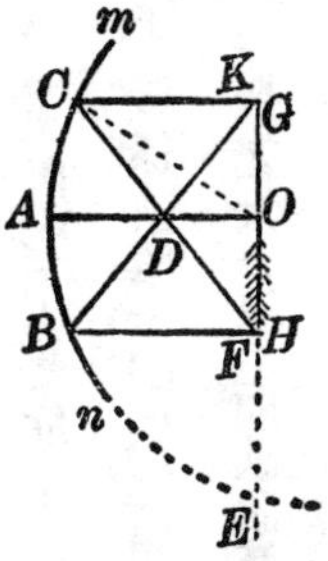

（丙）

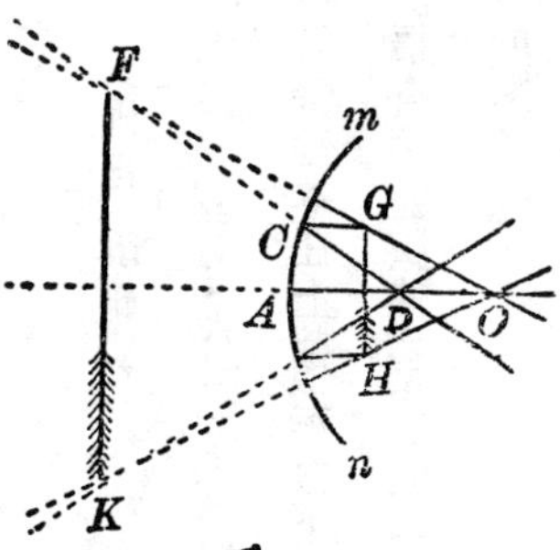

（丁）

燭光GH移近弧心O；亦須將紙屏逐漸移近弧心，始得明亮之像。蓋所照之光漸强，而像始得逐漸增大；然仍小於燭光而必倒立。故曰：中之外，鑒者近中；則所鑒大，景亦大，而必易也。由此類推，若燭光合在弧心處；則所成之像亦合於弧心，大與燭光等，仍倒立如前。此如圖（丙）：因GH合在O處；則平行正軸（卽AO）之光線GC，反射如CF。F卽共軛點，卽CF與GE相交所成。因成G點之像。但此F較（甲）（乙）二圖之F，實爲極長之共軛點；故所成之像亦爲極大，與燭光相等。故曰合於中緣正而長其直也。

反之，若燭光置在弧心與焦點之間，如（甲）（乙）二圖，以FK爲燭，則所成之像必爲GH，較FK大，亦倒立。此不具論。

(二)燭光置焦點以內：其所成之像，在鏡後，正而虛，較燭光大。所謂景一大而正，說在中之內也。

如圖(丁)：燭光GH遠於焦點D，卽近於鏡面；則所照之光漸强，而像亦漸大。若GH近於焦點，卽遠於鏡面；則所照之光漸弱，而像亦漸小。然仍大於燭光而必正立。故曰：中之內：鑒者——遠中，則所鑒大，景亦大；近中，則所鑒小，景亦小：而必正也。然燭光若置焦點處，則無像可成。蓋焦點乃平行光線反射後相聚之點；燭光若在其處，則反射各光線必皆平行，故不能成像。所以燭光距焦點最近，卽幾起於焦點；則平行正軸之光線GC反射後引長所得之共軛點，當爲最長，因而像與鏡面之距離亦最大。故曰起於中緣正而長其直也。

23 **經** 鑑團，景一。說在荆之大。

說 鑒○鑒者近，則所鑒大，景亦大；亓遠，所鑒小，景亦小：而必正。景過正，故招。

校 經「景一」下，原有「不堅白」三字，覈係前第十四條之錯簡，已移正矣。「荆之大」三字，原缺。曹補「形之大小」四字，謂涉下文「荆之大」三字而誤脫耳。案本條旁行本在上截，正當下截第五十六條「荆之大」句，曹雖善悟，尚未全解光學理，故所補不能暗合。茲據補「荆之大」三字，因「荆」字，漢石經作「荆」，與「荆」俗作荆相似；疑校者以爲重出而删之耳。

說「亓遠」，原作「亦遠」；據王校改。「亓」，古「其」字。

釋 團如毬丸之摶，係突出者，可參閱下文第六十二條。故鑑團卽凸面鏡(Convex Mirror)，今亦曰球面鏡，省曰凸鏡。荆字與形通用，卽形物，在此爲光體，亦如燭類也。此過正同上條讀咼正。招，疑假爲柖。說文：「柖，樹搖皃。」然亦卽用招字；漢書禮樂志注：「招搖，申動之貌。」是也。

本條論凸鏡成像之理。據經文，凸鏡所成之像惟一，但較形物爲小；卽燭光任置鏡前何處，皆較所成之像爲大也。故曰荆之大。如圖：設mn爲凸鏡；O爲弧心；GH爲燭光。卽荆。照前法，得所成小而正之假像如FK。但小像亦有大小之分：蓋GH 卽鑒者 苟移近於鏡，則所照之光漸强，而所成FK之像稍大；苟移遠，則所照之光漸弱，而像乃小。此像無論大小，皆必正立。惟燭光離鏡，亦不可失之太遠；若GH在極遠處，像卽反其正常而咼斜，遂覺其招搖無定矣。

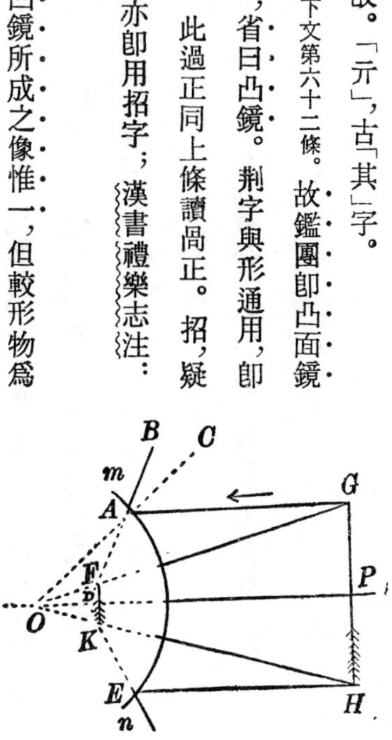

24 經 負而不撓。說在勝。

說 負〇衡木。加重焉而不撓，極勝重也。右校交繩。無加焉而撓，極不勝重也。

校 經本條與次條先後互誤，茲照說之次第移正。「負」，原作「貞」；茲據說標題改。說「加重焉」之「加」，原誤作「如」；據畢改。

釋 釋名：「負，背也。」廣韻：「負，荷也。」孫詒讓云：「說文：『橈，曲木也。』撓即橈之俗。」又於說「而不撓」下云：「言平而不偏撓。」按皆是也。說文：「勝，任也。」衡者，平衡 (Equilibrium) 之義。極，應據洪範疏訓為中。說文訓極為棟，徐謂屋脊之棟；屋脊亦在中也。然則極勝重者，似即今力學所謂重心 (Center of gravity)。蓋謂凡物全體之重，一若可以聚於一點者；此點謂之重心。如小童伸一食指撐毬之底，舉諸空中以為戲樂，得重心也。

說文繫傳云：「校，連木也。」按連木，猶云木相支柱。然則右校交繩者，亦旁支互絏之義耳。本條論物體重心之理。設有一物於此，施以負荷之力而不致偏橈者，為其勝重故也。夫勝重云者，得其重心焉耳。故曰負而不撓，說在勝。

衡木與右校交繩，皆譬詞。

譬如平衡之木，以其所重加諸一方而不橈敗者，其重心能勝之也。若夫旁支互絏，雖不加而亦橈；失其重心，故不勝耳。

25 **經** 臾而必正。說在得。

說 衡〇加重於其一旁，必捶。權、重，相若也相衡，則本短標長。兩加焉，重相若，則標必下。標得權也。

校 經「奐」，原爛脫上半誤作「天」；茲改正。「奐」爲「衡」之古文，見說文角部，正與牒經標題合。

釋 月令鄭玄注：「稱上曰衡；稱錘曰權。」漢書律歷志：「權與物鈞而生衡。」韓子飾邪篇：「衡執正而無事，輕重從而載焉。」劉子新論明權篇：「衡者測邪正之形，權者揆輕重之勢。量有輕重，則形之於衡。今加一環於衡左則右蹶，加之於右則左蹶；唯莫之動，則平正矣。」總羣諸義，故此曰衡而必正。得，卽說「標得權」之義。

一旁，猶言一邊。捶，垂之繁文。唐韻：「垂，自上縋下。」按引申之，可爲凡下之稱。故張惠言云：「捶，偏下也。」標，原訓「木末」，引申之亦爲凡末之言耳。

本條論槓桿（Lever）之理。槓桿共分三點：（一）支點（Fulcrum）；（二）重點（Weight）；（三）力點（Power）。家常日用之天秤及稱，皆卽槓桿之類。秤、稱各有二臂。秤之中柱爲支點，其二臂等長；一端盤中法碼爲力點；他端盤中之物爲重點。若加物於其重點一邊，其盤必下。故曰加重於其一旁，必捶。稱之支點在提挈處，其錘卽權爲力點；物卽重爲重點。其二臂一大一小；大者爲本，小者爲標。管子霸言篇：「大本而小標。」苟力點與重點相等而成平衡；

則重點在本臂而短，力點在標臂而長。故曰權重相若也相衡，則本短標長。又上文謂加物於重點一邊者，其本臂固下，而標臂亦必上。今兩臂皆加，而求力點與重點相若，又須下其標臂而後可。故曰兩加焉，重相若，則標必下。然標若令下，亦必移權於標，延長力點，方能得之。故曰標得權也。

26 **經** 挈與收板。說在薄。

說 挈〇挈，有力也；引，無力也。不必所挈之止於施也；繩制之也，若以錐刺之。挈：長重者下；短輕者上。上者愈得；下者愈亡。繩下直，權重相若則正矣。收：上者愈喪；下者愈得。上者權重盡則遂。

校 經原文作「契與枝板」，茲據張改。說標題「挈」字，原錯在下「繩制之也」句之中間；茲據文義移正。「不必」，原作「不心」，無義。畢改作「不正」，亦非。茲就文義改。「下者愈亡」，「繩下直」：原作「下下者愈亡繩直」。茲照下條有「下直」之文乙轉「下」字。「則正矣」，原誤作「則心矣」；茲據畢改。

釋 孫詒讓云：「說文：『挈，縣持也。』挈與提義同。板，疑當作仮。仮，反同；謂挈與收二力相反也。」按板，反之緐文。王闓運云：「板卽反。」薄，猶言迫也。易說卦傳：「雷風相薄」；左僖二十四年傳：「薄而觀之」：皆卽其義。

說謂挈，上者愈得，下者愈亡；收，上者愈喪，下者愈得：故曰挈與收反。然何以反？以其爲力所迫故耳。故曰說在薄。

本條論挈之種別。說言挈略分三種：

（一）挈與引。張惠言云：「挈，自上挈之；引，自下引之。」按自字，當作向。今物理學謂宇宙物體之間，不論其距離遠近，皆有互相吸引之力，名曰萬有引力（Universal Gravitation），亦曰吸力；如地球引物下墜，其顯著也。故凡人力或他力與物體相接所生之作用，謂之接觸效力；若其力用於相隔之物體間，人目視之，髣髴無作用之媒介者，名曰間隔效力。春秋繁露同類相動篇：「物固有實使之，其使之無形。」此挈力，接觸效力也；引力，間隔效力也。蓋挈力由人亦由機械；引力由物。挈物使上，可從形得，故曰有力；引物令下，或使之近。似由虛生，故曰無力。

（二）挈與掣，刺。今且先言所挈及施。蓋所挈，猶云所挈之功（Work）；施，卽直接之施力（Effort）。莊子天地篇：「有械於此，用力甚寡而見功多。」韓子難二篇亦云：「舟車機械之利，用力少，致功大。」皆謂施力於一器，又能於其處輾轉發生他力而獲多功者，卽謂之機械（Machine）。故曰不必所挈之止於施也；抑有繩與錐焉。繩制之者：制，掣之省文。爾雅釋訓：「掣，曳也。」玉篇：「掣，同㨖，牽也。」說文：「引縱曰㨖；從手，瘛省聲。」但制、掣、古亦通用；釋名釋車云：「紲，制也；牽制之也。」卽其證。據今機械學，如輪軸（Wheel and Axle）滑車（Pulleys）之類，皆須資繩以爲運轉之器，是也。若以錐刺之者：若，猶或也。見王氏釋詞。說文：「錐，銳器也。」此亦機械學之尖劈（Wedge），常用以刺入木隙而破之者耳。

(三)挈與收。此仍引「衡」爲例：長臂重則下，短臂輕則上。蓋謂衡不得其平，則臂之一上一下，其輕重之差數必等；故上者愈得，而下者亦愈失也。亡卽喪失。苟將下者挈而向上，使繩垂直，卽繩之於衡成爲垂直。則權兩二者相若而正矣。反之，設以短臂之上者收而向下，則上者愈失，而下者亦愈得；由是權重懸殊而上者墜矣。孫云：「遂，隊通。」

27 **經** 挈……。說在……。

說 挈○兩輪高兩輪爲輲車。梯也：重其前，弦其前。載：弦其前，載弦其軲，而縣重於其前。是梯，挈且掣則行。凡重：上弗挈；下弗收；旁弗劫：則下直。扡，或害之也。𣲖梯者不得𣲖直也。重不下，無跨也。若夫繩之引軲也，是猶自舟中引橫也。

校 本條經文原闕。按經文旁行本分上下二截，直行本皆條文相間。今下截第六十六、第六十七兩條之間，脫落一條，正當在此；則此處應有一條明矣。但原文無從考正，僅能據標題補一

「挈」字，及例補「說在」二字而已。

說「是梯」、「汸梯者」，二「梯」字原均作「埒」；茲據畢改。「挈且掣則行」：「掣」原誤「挈」，與上複；茲照文義改。「重不下」句之上，原有「今也廢尺於平地」七字，屬係下第二十九條之文；已移正。

釋本條論輲車之用。考工記：「凡察車之道，必自載於地者始也；是故察車自輪始。」故此先言輪與輲；後言梯與載。

兩輪高兩輪者：漢書貨殖傳：「牛車千兩。」顏師古曰：「謂之兩者，言其轅輪兩兩而耦。」按此重言兩輪，卽與同意。單言高者，言高可以見卑，卽孫詒讓所謂「四輪高卑不同，車成梯形」者是也。禮雜記：「載以輲車。」鄭玄注：「輲，讀爲輇。」說文繫傳：「輇，藩車下庳輪也。」桂馥云：「五經文字：『輇，蜃車下庳輪也。』案地官：『蜃車，人輓之以行。』凡輓車皆用輇。春官：『輦車組輓。』注：『爲輇輪，人輓之以行。』既夕記注：『其車之轝，狀如牀；中央有轅，前後出，設前後輅。轝上有四周，下則前後有軸，以輇爲輪。』按前後有軸，則四輇矣，東京賦所謂重輪也。今大河南北有無轅車，四輪；其輪無輻而庳。柩車有後轅、後輅，是有人推之。雜記注：『輇崇，蓋半乘車之輪。』正義云：『考工記：乘車之輪，六尺有六寸。今云半之，得三尺有三寸也。』」按說文：「輪，有輻曰輪；無輻曰輇。」段玉裁引戴震曰：「輇者輪之名；輲者車之名。」茲綜上說及本條以觀，知輲爲四輪車之名；其輪爲無輻之輇，而前輇較庳也。「梯也」者，言輲車爲梯之用也。備梯篇云：「雲梯者重器也，其動移甚難。」通典兵門云：「以大木爲牀，下置六輪，上立雙牙。牙有檢梯節，長丈二尺，有四桄。桄相去有三尺，勢微曲，遞互相檢。飛於雲間，以窺城中。」若據孫氏閒詁所引史記集解引服虔說，以軒車爲雲梯，則其制似即本於輲車。蓋此言重其前者：前輇卑而後輇高，即後端昂而前端下；恐易傾仄，故制以重心在前，縱登者高集後端，亦無他虞矣。弦其前者：釋名釋天云：「弦，月半之名也。其形，一旁曲，一旁直，若張弓施弦也。」據此，則車之前端卑下，乃成張弓施弦之曲形也。「載」弦其前者：言輲車用以載物，亦須令前端形曲。雜記注：「輲，或作槫。」喪大記：「士葬用團（原誤爲國）車。」然則前端形曲，始有團車之稱也。載弦其軲者：此載字當假爲再。呂氏春秋制樂篇：「北面載拜。」淮南道應篇、新序雜事篇、論衡變虛篇，並作再拜。詩小戎：「載寢載興。」文選曹植應詔詩注引並作再。是二字古通。王闓運云：「玉篇：『軲，車也』，即胡；車前疾謂之胡。」孫云：「軲爲前胡之叚字。周禮大行人：『侯伯立當前侯。』注，鄭司農云：『前侯，駟馬車轅前胡下垂拄地者』，是也。胡在車前，與此上文正合。」按王孫說皆是。詩豳風：「狼跋其胡。」說文：「胡，牛顄垂也。」因牛、狼頷垂者曰胡，引申爲凡下垂在前者之稱。則此所謂軲，正與鄭司農之說合；知軲即爲駟馬車轅前胡下垂拄地者之專名矣。蓋輲車用以載物，既弦其前，再須弦其軲也。而縣重於其前者：說文：「縣，繫也。」釋名釋州國云：「縣，懸也；懸係於郡也。」蓋載車之制，略與梯車不同。梯車祇利以升高；因高在後端，故須重其前端。此載車專以載物，必非梯形；其前端既非重心所在，故須將重物懸係於前，方可運行而不傾側也。

「是梯」至「無蹐也」各句，專承上文梯車言。挈且掣則行者：史記仿宋王本劉敬傳：「婁敬脫輓輅。」索隱曰：「輓者牽也。輅者鹿車前横木，二人前輓，一人後推之。」蓋梯車以後端兩高輪爲支點；其轅前後出皆設輅，人手自後按推之，即力點。藉以起車前之重；即重點，所謂挈也。復有人在前輓之，則車行矣。「凡重」至「抴或害之也」各句，蓋廣言之。旁弗劫者：說文：「劫，人欲去以力脅止曰劫；或曰『以力去曰劫』；從力去。」則下直者：張惠言云：「其著於下也必直。」孫云：「案直與正義同。」抴或害之也者：張云：「抴與栧同，不直也；或害之，乃不直。」孫云：「言重物不挈之、收之、劫之，則下必正；其不正者，必或挈、或收、或劫、害之也。」沶梯者不得沶直也者：玉篇：「沶，古文流字。」按此流字無義，疑假爲疏。禮玉藻注：

「疏之言麤也。」則疏梯者，猶云不精於梯事之人。汴，張云：「當作下。」按下之緐文。此蓋謂疏於梯事之人，或害於挈、收、劫、三者之不當，致梯不得著下而正也。重不下無跨也者：跨，或假爲傍。說文：「傍，近也。」正韻：「傍，倚也。」蓋梯車必重其前，而前端卑下，故重必下，而後升梯者始有所傍倚；反之若重不下，則無所傍倚矣。

「若夫繩之引軲也」二句，專承上文之載車弦其軲言。孫云：「說文：『橫，闌木也。』此蓋以爲舟前橫木之名。廣雅釋水云：『舳，謂之桄。』集韻十一唐云：『桄，舟前木也。』一切經音義云：『桄，古文橫同。』是二字音近字通。」按孫說是。此蓋謂車之前軲，正如舟之橫木，皆可以繩引之行也；故用爲譬。

28 經 倚者不可正。說在剃。

說 倚○倍、拒、擊、射。倚焉則不正。

校 說「擊」，原作「堅」；據孫改。「射」，原作「䠶」；畢謂唐宋字書無「䠶」字。按「射」篆作「[illegible]」，疑右偏旁「ㄋ」以形似誤爲「出」耳。

釋 倚者偏側之詞；禮問喪：「居于倚廬」，是也。說苑建本篇：「夫本不正者末必倚。」故曰倚者不可正。剃，弟之緐文。爾雅釋詁：「弟，易也。」說文髟部：「鬀，鬀髮也；易聲。」據大徐本。

鬀，鬄髮也；弟聲。」又鬄，亦從易聲；或從「也聲」作髢。集韻：髢、鬀、鬄、並讀「他計切」，則「也、易、弟」、三字亦音近義通。考說文辵部：「迆，衺行也；也聲。」引申爲凡邪之稱。由是知剃字從弟，亦具偏邪之義。蓋所謂倚者不可正，殆以偏邪故耳。

孫詒讓云：「掔，與牽通。言相依倚，相倍負，相楷拒，相掔引。」按句首倚字爲標題，當讀倍、拒、掔、射。射者，張弓射物，身必偏倚，正與孫釋義同，故此特舉四者以譬於倚也。

倚焉則不正句，於論式六物爲「援」。

此似釋機械學斜面 (Inclined Plane) 之理。蓋謂偏倚與倍、拒、掔、射，皆係移其重心以增長其施力者也。

29 **經** 堆之必柱。說在廢材。

說 堆○峅石，絫石，耳夾寯者：堆也。今也廢石於平地，方石去地尺，關石於其下，縣絲於其上，使適至方石，不下：柱也。膠絲去石，挈也。絲絕，引也。未變而石易，收也。

校 經原作「推之必往」，茲據字形相似及文義改，且說作「柱也」可證。說標題原作「誰」，其草書與「堆」字形似致誤也。「堆也」，原亦誤作「法也」；亦因草書致誤。「今也廢石於平地」句，由上移此。「石」，原誤作「尺」；據孫改。「而石易」：此「石」原誤作

「名」；據文義改。

釋本條似論建築(Building)之術。集韻：「堆，聚土也。」按此堆，猶今言砌。說文：「柱，楹也。」段玉裁注：「柱之言主也，屋之主也，引伸爲支柱。」按據說語，此柱應非指楹言；似謂牆壁下之石基；蓋石基亦屋之主也。屋必石基立，而後牆壁得以支柱；故曰堆之必柱。廢材者：莊子徐無鬼篇釋文：「廢，置也。」材者，據說「廢石於平地」，則就石言耳。周禮太宰職以石爲八材之一。尚書大傳：「大夫有石材。」鄭玄注：「石材，質也。」按質，即礩；今曰磶，古曰楮。說文：「楮，柱砥也；古用木，今以石。」蓋楮、礩、古今字，故有從木從石之異。石取其堅，柱礩用之，屋基亦用之；故曰說在廢材。

畢沅云：「垪，幷字異文。」按垪，幷之繁文。絫，厽之繁文。說文：「厽，絫坺土爲牆壁。」則此絫石，猶云絫石爲牆壁耳。耳，佴之省文，義見上經第七十一條。畢云：「寑，寢字省文。」孫詒讓云：「說文：寑，籀文省人作寑，此又省又作寑。集韻：『寑，古作寑。』」按爾雅釋宮：「室有東西廂曰廟。」郭璞注：「夾室，前堂。」又云：「無東西廂、有室曰寢。」郭注：「但有大室。」邢昺疏：「凡大室有東西廂、夾室、及前堂有序牆者曰廟；但有大室者曰寢。」按釋名釋宮室：「夾室在堂兩頭，故曰夾也。」葉德炯曰：「廟制：中爲太室；東西序外爲夾室；夾室之前小堂爲東西廂。」然則佴夾寢者：寢爲太室；夾卽夾室；佴爲東西廂，蓋卽覲禮注所謂「相翔待事之處」，故有副貳之義耳。

說首言堆：姘石者，拚合諸石也；絫石者，累石至高成牆壁也；耳夾寁者，謂相次建成東西廂、夾室、及寢廟也。

平地者，謂既平之基地也。古者營造國城，先須平地。考工記：「匠人建國，水地以縣。」鄭玄注：「於四角立植而縣，以水望其高下；高下既定，乃爲位而平地。」賈公彥疏：「云於四角立植者，植卽柱也；於造城之處四角立四柱。而縣，謂於柱四畔縣繩以正柱。柱正，然後去柱遠，以水平之法，遙望柱高下定，卽知地之高下。然後平高就下，地乃平也。」按此卽古者建城平地之法，推之廟寢室屋，莫不皆然；故此云平地也。方者，比也；論語：「子貢方人。」何晏注：「比方人也。」則方石，猶云比石。亦通放，卽放效；蓋謂餘石皆倣此石，其義正同。去地尺者，石高距平地一尺也。關石者：正韻：「關，聯絡也。」按亦通貫；孟子「關弓」，史記伍子胥傳作「貫弓」。貫亦聯絡貫穿之義，見漢書董仲舒傳注。二其字皆指方石言。縣、懸、古今字。張惠言云：「絲，繩也。」按縣絲，猶今匠人所用墨線。法儀篇云：「直以繩，正以縣；無巧工不巧工，皆以此爲法。」卽是。使適至方石不下者：謂使所關之石，適至方石而不越過，亦不低下也。爾雅釋詁：「膠，固也。」則膠絲，猶言固定之線。去石，謂石過大者須除去之。說文：「挈，縣持也。」按石大相持，懸不能下，故曰挈也。絲絕，猶言膠絲石絕，殆省文也，月令疏：「不續曰絕。」則石絕，謂石短不及線耳。蓋石過小者須添補之；石小不能滿，故曰引也。未變而石易者：爾雅釋詁：「平，均，易也。」蓋謂石之大小，無所變動，然後石得平易，故曰收也。收者收成、收斂之義。

次言柱：蓋謂奠屋基而興建也。凡建屋者，基地既平，而後於其平地上四角置石；復比度其石相距於平地一尺。於是於方石之下，逐次將石貫聯之。因方石之上，著有墨線；故使所關之石，適至方石而止，不過高，亦不低下也。惟線本固定，而石不無長短大小之差；長短大小相差，遂不免有扞格、空闕之患。故須長大者去之，短小者接之；迄至長短大小不變而石平易，然後收其全功也。

古籍論建築工程者，周禮而外，略見於此；雖頗膚淺，亦無棄之言矣。

30 **經**買無貴。說在仮其賈。

說買○刀糴相爲賈。刀輕則糴不貴，刀重則糴不易。王刀無變，糴有變。歲變糴則歲變刀。若鬻子。

【釋】說文：「買，市也。」急就篇注：「出曰賣，入曰買。」畢沅云：「仮，反字異文。」孫詒讓云：「集韻二十阮：『反，或作仮。』說文辵部：返，重文作彶；云『春秋傳返从彳』。仮蓋彶之異文叚借爲反字。」按仮，反之緐文。張惠言云：「反，變也。」買，價之省文。

本條論經濟學物價轉變之理。買無貴者，猶云買賣無貴賤，言買可以該賣，貴可以該賤也。

史記貨殖傳：「無敢居貴；論其有餘不足，則知貴賤。貴上極則反賤；賤下極則反貴。貴出如糞土；賤取如珠玉。」按卽本條經文之義。畢云：「刀，謂泉刀。」按史記平準書索隱曰：「刀者錢也，以其形如刀。」說文入部：「糴，市穀也。」又米部：「糶，穀也。」糶糴二字有名謂之別。疑此糴，糶之繁文；則刀糴，謂錢與穀也。昜，傷之省文。說文：「傷，輕也。」梁啓超云：「輕也者賤也。」王刀，張云：「王者所鑄，故曰王刀。」按王刀，卽漢書食貨志下所謂法錢；師古曰：「法錢，依法之錢也。」考戰國泉布，多有夻匕二字，卽法貨。

刀糴相爲價者，猶管子權修篇所謂「金與粟爭貴」也。食貨志云：「或用輕錢，百加若干；或用重錢，平稱不受。」蓋卽刀輕、刀重之說。史記貨殖傳云：「夫糶：二十病農；九十病末。」蓋卽糴有貴賤之說。此謂民利輕錢，則錢價日高而穀價賤；故糴不貴，如斗直二十也。若錢不堪重，則錢價日低而穀價貴；故糴不賤，如斗直九十矣。故曰相爲價也。

古今注：「秦錢半兩，徑寸二分，重十二銖。」平準書：「秦錢重難用，更令民鑄錢，一黃金一斤，約法省禁。」所謂王刀無變也。又云：「而不軌逐利之民，蓄積餘業，以稽市物；物踊騰，糶米至石萬錢。」所謂糴有變也。歲變糴，則歲變刀者：孫云：「此言糴之貴賤，每歲不同；則刀之重輕，亦隨而變。」梁云：「物價遞年不同，卽貨幣之實價遞年有升降也。」按一說皆是。

若鬻子，譬詞。左昭三年傳：「有鬻踊者。」注：「鬻，賣也。」按鬻，假爲儥，俗寫作賣。管子八觀篇：「什一之師，三年不解，非有餘食也；則民有鬻子矣。」故食貨志云：「凡米石，五千人相食，死者過半。高祖乃令民得賣子，就食蜀漢。」蓋子爲不可賣者，自無貴賤之價可言。然因糴貴而變爲貨，竟乃反其價而賣之，所謂買無貴者此也；故得用以相譬。

本條論錢穀爭衡，經言其理，說詳其事。

31 **經** 買宜則讎。說在盡。

說 買○盡也者盡去其所以不讎也。其所以不讎去則讎，正買也。「宜不宜」正「欲不欲」。若敗邦：鬻室、嫁子。

【校】說「盡去其所以不讎也」句，原缺「所」字；據孫補。

【釋】買，價之省文。畢沅云：「售字，古只作讎，後省。前漢書高帝紀云：『高祖每酤，留飲酒，讎數倍。』如淳曰：『讎，亦售也。』」按彼張說注云：「買者賣者相宜，謂讎也。買者欲賤，賣者欲貴，是買也。」正可移以釋此。

經文盡字之義不明，故說補釋之曰：「盡也者盡去其所以不讎也。」史記貨殖傳載計然曰：「知鬬則修備；時用則知物。二者形，則萬貨之情，可得而觀已。積著之理：務完物，無息幣；以物相貿易，腐敗而食之貨勿留。」周禮泉府云：「掌以市之征布，斂市之不售貨之滯於民用者。」戰國趙策三：「夫良商不與人爭買賣之賈，而謹司時。時賤而買，雖貴已賤矣；時貴而賣，雖賤已貴矣。」論衡骨相篇：「商則有居善疾售之貨。」蓋商貨所以不讎，必有其弊；若弊盡去，當無有不讎者。故價宜則讎，即以其所以不售之弊而盡去之故耳。

此論物有價格（Value）價值（Price）二者。價值即時價表（Index number）之所示，本經謂之價宜，即宜價。價格謂之正價，若詩大雅抑篇鄭箋所謂「如賣物，物善則其售賈貴，物惡則其售賈賤」，是也。蓋凡貨之腐蝕不完或貿易失時者則不售；苟其所以不售之緣因盡去，則貨必售，此正價也。但宜價不然，因貨隨時升降，以致貴賤無定，上經第八十九條：「價宜，貴賤也」，卽說明此理。

大凡物之有用無用，須視適時與不適時，卽此所謂「宜不宜」是也。因有宜不宜，故人之「欲不欲」遂爲操縱去取之大權。不欲，卽惡。上經第八十四條：「正：欲正，權利；惡正，權害。」可知此宜不宜卽彼權利、權害；此正欲不欲卽彼欲正、惡正。欲惡正則權利害乃得其正。如鶡冠子學問篇云：「賤生於無所用，中流失船，一壺千金。」彼時失船，千金雖至貴而不宜，亦卽不欲；一瓠雖至賤而宜作浮水拯救，亦卽是欲。所以人處此境，權利取其大者，權害取其輕者。因欲與不欲得正，而宜與不宜亦得其正矣。故曰：「宜不宜」正「欲不欲」。

「若敗邦鬻室嫁子」爲宜價之譬辭。

敗邦，敝敗之國。鬻室，卽賣妻妾。嫁子，卽賣子女。曲禮記：「三十曰壯，有室。」注：「有室，有妻也。」疏：「不云有妻而云有室者含妾媵也。」喪服儀注：「凡言子者可以兼男女。」皆可證。此謂戰國時代，敝敗之國每遭水旱凶荒之慘禍，不能聊生，故人民以賣去妻女就食爲適時，亦卽所謂欲正權利。此意亦見上條。

32 **經** 無說而懼。說在弗必。

說 無〇子在軍，不必其死生；聞戰，亦不必其生。前也不懼；今也懼。

校 經「弗必」，原誤爲「弗心」；據孫改。

釋 上經第七十二條云：「說，所以明也。」然則此無說者莫明其所以也。夫事莫明其所以，則疑心生；疑則懼心生。何以故？以不必故。

子在軍，從軍在戍地也。聞戰，兩軍相接矣。張惠言云：「前，在軍；今，聞戰。」

子在軍不必其死生者，忘其爲死生也，故不懼。及聞戰，疑其或死，卽不必其生矣，故懼。兼愛下篇云：「今有平原廣野於此，被甲嬰冑將往戰；死生之權，未可識也。」弔古戰場文：「其存其殁，家莫聞知；人或有言，將信將疑。」皆與此意相會；蓋屬今人所謂心理作用耳。

33 經 或，過名也。說在實。

說 或○知是之非此也，有知是之不在此也，然而謂「此南北」：過而以已爲然。始也謂「此南方」；故今也謂「此南方」。

釋 此言過名之非實。孫詒讓云：「或，域正字。」前第十二條，經言域徙，說言長徙。又曰：南北應作東西，下文皆同。在旦又在暮。蓋域徙者異所也；長徙者異時也。既曰異所，卽有東西；既曰異時，卽有旦暮。就徙而言，旦暮無定，皆屬過名。若衡以域徙則長徙之說，則域亦爲過名無疑。何以故？以驗之於實故也。

張惠言云：「有，讀曰又。」以已爲然者：上經第三十三條云：「自後曰已；方然亦且。」此卽其義。

旣知暮之東西非旦之東西，又知暮之東西之所在，已非旦之東西之所在；則「此東西」之名，按之於實，不能合也。蓋「此東西」一語，直名存而實亡；然其實已過而仍謂之者，特以已然者爲方然耳。故始謂「此東方」；而今亦謂「此東方」。惠施謂「今日適越而昔來」，莊子天下篇。亦卽此理。

公孫龍子名實論云：「夫名實，謂也。知此之非此也，知此之不在此也，則不謂也。」蓋龍輩揭櫫形名，以形名不過爲實，故名實當乃得謂之；若知此之非此又知此之不在此者則不謂也，與此「謂之」者大殊矣。

34 **經** 知——「知之」「否」——之足用也誖。說在無以也。

說 智○「論之」。「非智」無以也。

校 經「誖」，原誤作「諄」；據張改。

釋 本條似駁孔子之論「智」。荀子子道篇載孔子誨仲由之言曰：「由志之！吾語女：奮於言者華，奮於行者伐，色知而有(又)能者小人也。故君子知之曰知之，不知曰不知，言之要也。能之曰能之，不能曰不能，行之至也。言要則知（智），行至則仁。既知（智）且仁，夫惡有不足矣哉？」此文，論語爲政篇乃約略其辭曰：「由！誨女知之乎？知之爲知之，不知爲不知，是知（智）也。」蓋仲由在孔門，獨爲好勇，或有强不知以爲知之事，故孔子誨以言之要；言要則智，殆未有不足於用者也。但本文疑卽反對此論。

經首「知」字，當照說讀爲「智」。古人知、智二字本隨用，後人乃有平去與名謂之別，略見上文第九條釋語。

「知之否」卽「知之爲知之、不知爲不知」之省文。蓋墨家重知，曾謂「生，形與知處」，上經第二十二條。則求知幾等於求生；故不知者當更求其知，方爲足用。若謂「知之否」之智爲足用，必成誖謬。以，亦訓爲用。無以者，謂「知之否」之智不獨不足用，直無用而已。

「論之」二字，在此爲譬詞之異。上經第六條：「以其知論物。」故此以「論之」之智爲足用，反證「知之否」之智爲不足用也。非智無以也句，在此爲推辭之同。

經言誖，說言非，與前第八條同。此謂「知之否」之智爲足用者直可謂爲「非智」。既曰非智，則「知之否」之智之無用可知。故曰「非智」無以也。

35 **經**「謂」「辯」無勝，必不當。說在不辯。

【說】謂○所謂：非同也；則異也。同：則或謂「之狗」；其或謂「之犬」也。異：則或謂「之牛」；「牛」或謂「之馬」也。俱無勝是不辯也。辯也者：或謂「之是」，或謂「之非」。當者勝也。

【校】經「不辯」，原缺「不」字；按說「是不辯也」句，與此應；當據補。

說「所謂」，孫謂舊本「所」字誤作「非」，今據道藏本吳鈔本正。

【釋】本條論式當分爲二：（一）謂無勝。說在不辯。（二）辯無勝。必不當。

茲先論「謂」。凡將起辯，必有其謂；則謂者辯之始事耳。蓋辯必立辭；辭有實名二端，皆謂也。上經第八十條：「所以謂，名也。所謂，實也。」卽是。故二謂必當，始可成辯，始可言勝。二謂不當，則必無勝。何以故？以不辯故。故曰謂無勝。說在不辯。

由上以觀，欲辯之勝，尤必先有「謂勝」。然「所謂」之實，或有不能使人亟憭者，須假譬詞以彰之。譬詞者，卽上經所謂「法同」「法異」，小取篇所謂「他者同」「他者異」是也。茲就「謂無勝」一辭而論，其所謂「謂」字，究爲何似，遽難明知。於是乃必佐之譬詞，而後「謂」義始有所定也。故此等譬詞，或取同類之物以直證之；或取異類之物以爲反證；卽有時同異並用，皆無不可。故曰「所謂」：非同也；則異也。

茲先言同。後第五十四條：「狗，犬也。」上經第七十九條：「狗犬：命也。」又第八十六條：

「二名一實，重同也。」據此，知狗犬之爲物，乃一實而二名者也。設有甲焉，謂「此爲狗」。又有乙焉，謂「此爲犬」。狗犬重同，則二或所謂者一耳。二或同謂，辯必不興；遑論乎勝？故此一「譬」適與「謂無勝」之辭義相應，可直證之，卽法同也。

其次言異。如甲謂「此爲牛」；此本牛也，而乙謂「此爲馬」：辯由是作。然甲當乎牛，其謂有勝，大與「謂無勝」者相左；故因此而可反證辭義之不虛。法異之云，如此而已。此爲（一）式之譬辭。

俱無勝是不辯也句，卽（一）式之推辭。俱者皆也，凡也；言凡無勝者皆屬不辯者也。

上經第七十四條云：「辯勝，當也。」此（二）式言「辯無勝，必不當」，其辭雖反而義實同。

辯也者三字，在此爲更端之詞，蓋繼「謂」而進言之也。

或謂「之是」，或謂「之非」，有彼可爭，辯必有勝，正與「辯無勝」一辭相反，知此爲譬之異也。

當者勝也句，爲（二）式之推辭，且屬推之異者。

此「辯無勝」二式，似破莊子之說，見齊物論篇「旣使我與若辯矣」一節，文繁不引。

36 **經** 無不讓也不可。說在殆。

說 無〇讓者，酒未讓。殆也，不可讓也；若殆於城門與於臧也。

校　經「殆」，原誤作「始」；依孫改。說上「殆」字，原亦誤作「始」；依孫改。「若殆於城門與於臧也」句，原誤在下文第五十三條之末端；據孫校移此。

釋　國語周語下載史佚之言曰：「居莫若儉，德（同得）莫若讓。」知墨家固崇讓也。然就世法言，謂不可凡事卽讓。故曰無不讓也不可。

讓者酒未讓，譬詞。殆也，猶云殆者。殆者不可讓也，為經文「說在殆」之說明語。若殆於城門與於臧也，係言殆之何若，又為上句「殆也」舉例耳。

讓者，謂禮讓之人。鄉飲酒儀：「無算爵。」注：「算，數也；賓主燕飲，爵行無數，醉而止也。」故曰酒未讓。若殆於城門與於臧也，殆義見上經第三十七條。殆於城門，卽荀子「小涂則殆」之意。蓋城門為出入孔道，擁擠搶攘；後者當接踵前者而逮及之，不可讓也。與於臧，省文，猶云與殆於臧也。殆於臧者：此臧當為小人之名；小人猶小涂，亦不可讓。論語陽貨篇謂「小人難養，近之則不孫（遜），遠之則怨。」然則小人在側，務宜及時警惕以制之，不可稍為寬假；此又不可讓者也。

酒固可讓，然欲盡歡，故曰未讓；而興之所至，不肯下人，亦未讓也。至於殆，情固可讓，而勢不可耳。

儒者謹守禮讓，如孔子曰：「能以禮讓爲國乎，何有？」論語里仁篇。頗有「無不讓」之意，疑本條或卽辯其說也。

37 **經** 於一：有知焉，有不知焉。說在存。

說 於〇石，一也，堅、白，二也而在石；故「有智焉、有不智焉」可。子智是，有智是吾所先舉，重。則子智是，而不智吾所先舉也，是一。且其所智是也、所不智是也，則「是智」之「是不智」也，惡得爲一？而謂「有智焉、有不智焉」？

校 說「子智是」句之上，原有「有指」二字，梁謂下條之文，錯入此；茲據移正於次條之首。「且其」下共四句原亦錯簡在下條，文義不合，現亦移此。「則是智之是不智也」：之是二字原倒，茲乙。「而謂有智焉有不智焉」句原亦錯在下條，「而謂」二字並倒，亦乙轉。但本條末原亦有「謂有智焉有不智焉也」一句，疑是後加，茲刪去。

釋 上經第六十六條云：「堅白，不相外也。」說云：「於石，無所往而不得，得二。」又第六十七條云：「堅白之攖相盡。」按本條於一，卽彼於石。有知焉、有不知焉，卽彼堅白不相外及無所往而不得二之義。存，卽攖相盡，亦卽本經前第十四條「撫堅得白必相盈也」之義。蓋堅白、性色二者，域於一石；設以手撫石，卽可知堅，而同時亦可得其不知之白。何以故？以堅白皆存於石故。

本條似破形名家見前第十四條釋語之堅白論。形名家持「離堅白」之說，大抵起自鄧析而盛於公孫龍。龍固集大成者，其言曰：「石、一也，堅、白、二也而在於石，故『有知焉、有不知焉，有見焉、有不見焉』。故知與不知相與離，見與不見相與藏。藏故，孰謂之不離？」兩相比勘，因知二家之所同者：如堅白二而在石一，一也；有知焉、有不知焉，二也。所異者：彼謂知與不知相與離，見與不見相與藏。以爲「拊不得其所白而得其所堅；視不得其所堅而得其所白」耳。但名家不然，以爲堅白二者皆在石一，拊堅卽可得白。雖有知不知之分，實則同時皆知，固不待見不見爲之贅言也。故曰「故有知焉、有不知焉，可」。有智是吾所先舉：張惠言云：「有，讀曰又。」則子智是：則，猶若也。形名家曰：「無堅得白，其舉也二；無白得堅，其舉也二。」蓋謂視石得白，祗舉白石；拊石得堅，祗舉堅石而已。但名家不然，上經第三十一條云：「舉，擬實也。」蓋謂堅白既在石之實，若舉堅而不舉白，或舉白而不舉堅，皆不能擬實矣。無已，則有先後之別乎。今子知白，又知此吾所先舉之堅；則堅白固重而兩在也。若子知白，而不知吾所先舉之堅；則是知一而已。且其所知之堅在此石也，所不知之白亦在此石也，則在此石者堅與白，卽是知與不知也。原文之字，義同與。知與不知是二，何得爲一？既不爲一，乃謂有知焉、有不知焉，當無疑矣。

38 **經**有指於二而不可逃。說在以二參。

說有〇指，若智之；則當指之智告我，則我智之。兼指之，以二也；衡指之，參直之也。若曰：「必獨指吾所舉；毋舉吾所不舉！」則者固不能獨指；所欲指不傳，意若未校。

校經「參」，原誤作「絫」；茲照楊張據說改。

說「有指」二字，由上條移來。「所欲指」之「指」，原誤作「相」；據孫改。末有「且其所智是也」共五句，核是上條之錯簡，已移正。

釋此承上條申言之。淮南原道篇高誘注：「指，所之也。」漢書河間獻王傳顏師古注：「指，謂意之所趣，若人以手指物也。」按人以手指物謂之指，因而所指某物之形色性亦曰指；則物卽實，指卽德耳。德形於外，所謂物之現象是也。「於二」，與上條「於一」對文。於一言石，卽物；於二言堅白，卽指。逃者避藏或離隔之義。有指於二而不可逃，意謂有指於石之堅白二者，而堅白不可離隔也。孫詒讓云：「二參，卽二三。廣雅釋言云：『參，三也。』」按以二三者，猶云以二合一而爲三。公孫龍子堅白論或問之辭所謂「堅白石不相外，藏三」：卽此義也。

若智之，與上條「子智是」句法同。下「之智」：梁啓超云：「之，訓此。」按此「之智」，猶言其所知也。蓋知物之指曰知，卽能知；因而其所知某物之指曰所知。指在物而知在心，內外相應，故曰之知。「兼」本含「二」義，見上經第二條。「衡」亦含「三」義，見本經前第二十五條。上經第五十七條：「直，參也。」張惠言云：「直，當也。」說文：「者，別事詞也。」增韻：「者，此也；凡稱此箇爲者箇，是也。今俗多用這字；這乃『魚戰切』，迎也。」不傳，猶云不達。校，同較。廣雅四：「較，明也。」史記伯夷傳：「彰明較著」，是也。

物之品德，子既知之；則當指子之所知告我，而我亦知之。後第七十條：「聞所不知若所知，則兩知之；說在告。」亦卽其義。蓋謂聞指尚可以知物；固不必視石而後知白，拊石而後知堅也。又何論夫拊石知白，視石知堅哉？此似破形名家「視不得堅而得白，拊不得白而得堅」之說，乃設此論。故就堅白言：則指堅知白，指白知堅，卽指一而知二也；是曰兼指。若就石言：則指石而值堅白，卽指一而知三也；是曰衡指。兼指、衡指，故曰以二三也。然形名家曰：拊石得堅，視石得白，其舉皆二而非三。蓋謂吾所舉者白石，則必獨指其白；吾所舉者堅石，亦必獨指其堅。若吾所不舉，子亦勿舉；遑言指乎？雖然，此固不能獨指也。設獨指堅，則所欲指之白不傳；設獨指白，則所欲指之堅不達。是堅白石之意，若未較然明矣。

39 經所知而弗能指。說在春也，逃臣，狗犬，遺者。

說所〇春也其執固，不可指也。逃臣不智其處。狗犬不智其名也。遺者巧弗能兩也。

校經「遺者」，原作「貴者」，蓋貴本爲遺之省文，但此仍據說改。

釋所知者物也，而能指由於心。心內物外，內由外定。故曰所知而弗能指。

春，人名。前第三十六條已有臧名，後第五十條「臧也」「春也」並言，可證。

形名家持「堅白石二」之說，以謂拊石之堅不能指白，視石之白不能指堅；蓋視內心不與於知見之事也。名家乃曲從其說以駁之曰：世固有所知之物而弗能指者，如下四種皆是；然非所論於堅白也。

說惟春也爲「不可指」，其餘三者皆屬「不能指」，經文已言，故不復出。

春爲執役之僕，從其主人之意志而守之固，不能自作主張；故曰不可指也。逃臣：逃，亡也；臣，亦僕也。臣僕逃亡，不知其處；此不能指者一也。說文類字，從犬頪爲義，說文：「類，難曉也。」蓋以犬類大同，甚難別白而名之，故曰狗犬不知其名；此不能指者二也。淮南齊俗篇：「若夫規矩鉤繩者，巧之具也；而非所以爲巧也。」又云：「今夫爲平者準也，爲直者繩也。若夫不在準繩之中可以爲平直者，此不共之術也。」按不在準繩之中可以爲平直者，即此所謂遺者也；不共之術，卽此所謂巧弗能兩也：則不能指者三矣。

40 經 知狗而自謂「不知犬」過也。說在重。

說 智○智狗不重智犬則過。重則不過。

校 說「不重智犬」之「不」字，原錯在下句之首；茲據文義乙正。

釋 此「重」卽因明比量所謂重緣，由此事以推度他事之謂。如先見烟爲一緣 由之而推知有火，卽重緣耳。上經第八十六條：「二名一實，重同也。」故知狗者卽以重同之故而推知犬。今知狗而自謂不知犬，卽不重知犬，故謂之過。此過卽比量相違。知狗不重知犬則過，義與經同，推辭之同也。重則不過，猶云知狗重知犬則不過，取爲反證，推辭之異也。形名家言「狗非犬」，見莊子天下篇。此似駁之。

41 經 通意後對。說在不知其誰謂也。

說 通○問者曰：「子知䮄乎？」應之曰：「䮄，何謂也？」彼曰「䮄施」，則智之。若不問「䮄何謂」，徑應以「弗智」，則過。且「應」必應「問」之時。若應「長」：應有「深淺」「大小」，不中；在「兵人」「長」。

校 說「大小不中」，原作「大常中」；疑因篆文「小不」二字誤合爲「常」耳。「乓」，原誤作「兵」。凡此二者，均從曹校改正。

釋 此言辭令中答對之術。張惠言云：「先通彼意，後乃對之，否則不知其何謂。」

駣，𦌴之別體。說文：「𦌴，馬落頭也；从网、馽。馽，絆也。羈，或从革。」按馽即縶之本字；莊子馬蹄篇作羇，集韻作䍜，字彙作𦋇，其屮屮〇皆卽卝之變形。故此𦌴字隸譌爲駣，將网化作覀，其絆馬足之卝化作廾而又從下移書於右耳。今古籍中𦌴字罕見，多通用或體羈，後又作䩭，變爲形聲字。駣施，此當寫作䩭施，假爲旖施。說文：「旖，旖施，旗皃。」段注：「旖施、疊韻字，讀如阿那。檜風：『猗儺其枝。』傳云：『猗儺、柔順也。』」「䩭施」連文；故此問駣何謂，乃答以駣施之駣，因知其意之所在矣。且應之應，假爲譍；說文：「譍，以言對也。」必應之應，如字讀；說文：「應，當也。」乓，古文長字。雜守篇：「有善人，有長人。」孟子告子篇：「不識長馬之長也，無以異於長人之長與？」按此「長人長」，蓋卽所謂「長人之長」。說前段以問羈爲喩，其文自明。後段謂應對必當乎所問之時，又以應長讀去聲爲喩。蓋應長而應爲深淺之深，大小之大，則不中。若應在長人之長，則其意甚明，聞者憭然矣。韓子難一篇云：「雍季之對，不當文公之問。凡對問者有因；因小大緩急而對也。所問高大而對以卑狹，則明主弗受也。」又論衡刺孟篇云：「孟子見梁惠王；王曰：『叟！不遠千里而來，將何以利吾國乎？』孟子曰：『仁義而已！何必曰利？』」夫利有二：有貨財之利；有安吉之利。惠王曰『何以利吾國』；何以知不欲安吉之利，而孟子徑難以貨財之利也？行仁義得安吉之利。孟子不且語問惠王，何謂『利吾國』；惠王言『貨財之利』乃可答。若設令惠王之問未知何趣，孟子徑答以『貨財之利』；如惠王實問『貨財』，孟子無以驗效也。如問『安吉之利』，而孟子答以『貨財之利』；失對上之指，違道理之實也。」按上二節確能顯出本條之旨，特錄於此。

下經上截共四十一條完內原缺經第二十七條，今補入。

42 經 所存與存者；於存與孰存：異。說在駐。

說 所○室堂，所存也；其子，存者也。據存者而問室堂，惡可存也？主室堂而問存者，孰存也？是一主存者以問所存；一主所存以問存者。

校 經「與存者」，原缺「存」字；據張補。「異，說在駐」，原作「駟異說」。張謂「駟」字衍，「異說」下脫，疑當作「說在主」。按張校近是。但疑此「駟」非衍，本是「駐」字；因脫「在」字移上而又誤耳。茲據補「在」字，並乙改。

說「𢯱存者」：原「存」作「在」，孫詒讓謂義同；茲據張改。

【釋】此言辭令中詢問之術。於存者：說文：「𢇇，象古文烏省。」段玉裁注：「此卽今之於字也。」按於、說作惡，二字本通用。王氏釋詞云：「惡，猶安也，何也；字亦作烏。」卽其證。惟說作「惡可」者：可，何之省文。惡何，卽於何也。公羊桓六年傳：「惡乎淫？」何休注：「惡乎，猶於何也。」史記大宛傳司馬貞注：「惡，於何也。」蓋單言曰於，或曰惡；重言曰於何。於何，卽惡也。駐，說作主；則駐，主之繁文。然說又作𢯱；蓋主、𢯱，音義皆近，得通用也。詩柏舟傳：「𢯱，依也。」周禮春官司巫注：「主，神所依也。」引申凡依皆可曰主，故𢯱、主、義通。室堂二字，古書多連用；禮內則篇：「灑埽室堂」，卽其例。其子，猶詩「之子于歸」之「之子」，蓋存在室堂之人也。主室堂而問存者孰存也，曲禮：「將入門，問孰存」，卽是。此言問名當察能所。室堂爲所存；之子爲存者，卽能存。依能存而問所存，當云惡存，猶云室堂何在？依所存而問能存，當云孰存，猶云誰在此室？是一𢯱能存以問所存；一𢯱所存以問能存。𢯱問不同，故經曰異。

43【經】五行毋常勝。說在宜。

說五〇金、水、土、木、火、離。然火爍金，火多也。金靡炭，金多也。金之府水，火離木。若識麋與魚之數，惟所利。

校說「金水土木火」，原作「合水土火火」。說文有古文「金」作「金」，彝器毛公鼎銘作「金」，因形似誤作「合」；「木、火」二字尤易譌也。「金之府水，火離木」：原「金」亦誤作「合」，而「火」又反誤爲「木」矣。

釋本條含論式二：（一）駁五行相勝之說；（二）駁五行相生之說。

（一）經文二句，卽屬第一論式之辭故二物。「然火爍金，火多也，金靡炭，金多也」四句，乃第一論式之侔辭。

書鴻範篇：「初一日五行。」鄭玄注：「行者順天行氣。」周禮考工記：「五材，金木水火土也。」按材以質言，行以用言耳。張惠言云：「毋，無也。」按二字通用，孫子虛實篇正作五行無常勝。宜，當讀爲多。說文宜字從多省聲作宐，古文不省作㝖，廣韻作冝，可證。

孟子告子上篇云：「水勝火；以一杯水救一車薪之火，不熄，則謂之水不勝火。」白虎通云：「五行所以相害者：天地之性，衆勝寡，故水勝火；精勝堅，故火勝金；剛勝柔，故金勝木；專勝散，故木勝土；實勝虛，故土勝水也。」論衡命義篇云：「譬猶水火相更也，水盛勝火，火盛勝水，遇其主而用也。」故曰五行毋常勝。何則？以多勝少故耳。

「然火爍金」然字，爲上句之轉詞；在論式中，可棄去之。爍，與鑠通。說文：「鑠，銷也。」易中孚注：「靡，散也。」方言：「靡，滅也。」禮月令：「伐薪爲炭」。說文：「炭，燒木餘也。」火爍金者，金少火多，非火勝金也。金靡炭者，金多炭費，非金勝木也。

(二)金水土木火離一句，爲第二論式之辭。「金之府水，火離木」一句，卽其所出之故。「若識麋與魚之數惟所利」一句，乃譬辭也。

易離彖傳云：「離，麗也。」說文：「府，文書藏也。」按引申爲凡藏之稱；故玉篇云：「府，聚也。」

金水土木火五者皆彼此相附麗，並非相生；故曰金水土木火離。何以故？以水聚藏於金而火附麗於木故耳。

玉篇：「識，認也。」增韻：「識，能別識也。」呂氏春秋壅塞篇：「寡不勝衆，數也。」高誘注：「數，道數也。」惟所利者：按麋爲山物，魚爲水物；故各有所利。淮南說山篇：「爲魚德者非挈而入淵，爲蝯賜者非負而緣木；縱之其所利而已。」由是以觀，麋之所利，於山之林；魚之所利，在川之水。故林盛而麋赴焉；水大而魚藏焉。若能識別此道，則水非生於金而木非生火，可以恍然悟矣。

漢書藝文志數術略云：「五行者，其法亦起五德終始。」宋書曆志曰：「五德更生，惟有二家之說：鄒衍以相勝立體；劉向以相生爲義。」按五行相勝，皆言昉自鄒衍。至相生之說，董仲舒春秋繁露並有五行相生相勝二篇；玆證以本條駁語，則相生說之創立，疑不得下及仲舒，遑論劉向？大抵衍後逐漸滋生，故墨者得以援義遮撥；而仲舒反得據五行家之舊說而揚其波耳。然或者謂貴義篇載「子墨子北之齊，遇日者。日者曰：『帝以今日殺黑龍於北方；而先生之色黑，不可以北。』子墨子不聽。」卽此可證墨翟之時，已有五行相勝之說，亦非昉自鄒衍明矣。余謂貴義等篇所載子墨子之語，未必盡屬之於翟；蓋戰國時門弟子之言，多有增飾歸之於其先師者，猶之後人之言，歸之古人。此類是也。

44 **經** 無「欲惡之爲益損」也。說在宜。

說 無〇欲、惡：傷生損壽，說以少連，是誰愛也？嘗多粟，或者欲，不有能傷也？若酒之於人也；且恕人利人愛也，則惟恕弗治也。

釋 此言欲惡必得其宜。蓋欲惡之心，人皆有之；苟得其宜則益，失其宜則損。故謂欲之爲益，惡之爲損，則無此理。

說首欲惡二字，總冒下文，但僅就不宜之欲惡爲說耳。

節葬下篇述「處喪之法」云：「哭泣不秩，聲翁，縗絰，垂涕。處倚廬，寢苦枕凷。又相率强不食而爲飢，薄衣而爲寒，使面目陷陬，顏色黧黑，耳目不聰明，手足不勁强，不可用也。」按此卽所謂「傷生」。又云：「上士操喪也，必扶而能起，杖而能行，以此共三年。……故百姓冬不仞同忍寒，夏不仞暑，作疾病死者不可勝計也。」按此卽所謂「損壽」。禮記雜記篇載孔子曰：「少連、大連善居喪，三日不怠，三月不解，期悲哀，三年憂，東夷之子也。」說文：「嘗，口味之也；從旨，尙聲。」按旨訓「甘美」，尙旨，意卽嗜甘。此不言食而言嘗，卽有味甘食飽之意。不有能傷也，當讀作「不又能傷耶」，承上傷生說，故言「又」。

若酒之於人也：於，淤之省文。後漢書馬融傳：「淤賜犒功。」注云：「淤，與飫同。」考左傳襄公二十六年傳：「加膳則飫賜。」杜注：「飫，饜也。」按饜，本作猒，字從「甘肰」，訓爲「飽」。此云酒之淤人，蓋謂以酒饜人、使之醉飽之意。恕，痴之本字，詳上經第七十五條釋文。利，猶言利賴，意卽贏得。也，讀同者。治，謂療治。

此首提欲惡二字以淸眉目。如傷生損壽，皆說少連善居喪，可謂愛其所親，然此究誰愛耶？蓋恐無益於所親而徒害及己身矣。夫或者飢而欲食，故嗜多粟；然過飽則滯，不又能傷身耶？斯則欲之不宜之爲無益矣。抑就惡而言：如酒以盡歡，乃竟有强人以致醉者；亦有痴人，己不先施其愛，徒欲贏得他人之愛己，則惟此痴當成爲不治之症。斯又惡之不宜之爲損矣。是以欲惡之爲益損，不以有無而定，當以宜與不宜爲斷。

本條之說，係以四項事實證明經文之理論。

45 **經**損而不害。說在餘。

說損○飽者去餘、適足、不害。能害、飽。若傷麋之無脾也。且有損而後智益者，若㾎病之止於㾎也。

校說「而後智益者」：「原「智益」二字倒誤；茲乙。「之止」，原作「之之」；據曹改正。

釋此承上條申言之。夫益之爲利，損之爲害，常道也。然據上經第四十五及四十六兩條，益固言利大，而損則曰偏去。偏去，殆猶本條說語「去餘」之義。蓋人若知有餘而去之，則所謂損者不害矣；故曰說在餘。老子謂「有餘者損之」，亦此義也。

飽者去餘、適足，殆所謂知有餘之道而不任性者耳。廣韻：「飽，食多也。」麋，與糜通。釋名釋飲食：「糜，煮米使糜爛也。」說文：「脾，土藏也。」釋名釋形體：「脾，裨也；在胃下，裨助胃氣，主化穀也。」畢沅云：「㾎，卽瘧省文。說文云：『瘧，熱寒休作。』今經典省几，此省E，一也。E，卽爪字。」正字通云：「瘧有風寒、暑熱、濕食、瘴邪八種。先寒後熱爲寒瘧；先熱後寒曰溫瘧；熱而不寒曰癉瘧，卽脾瘧：皆痰中中脘、脾胃不知所致。」黃帝內經三瘧篇云：「瘧，風寒氣也，不常；病極則復至。病之發也，如火熱風雨，不可當也。故經言曰：『方其盛時，勿敢必毀；因其衰也，事必大昌。』此之謂也。」楊上善注：「此言取其衰時有益者也。」上條云：「嘗多粟，或者欲；不有能傷也？」卽此所謂能害飽，猶云飽而能害也。然使不害奈何？惟令欲飽之人，去其羨餘之食，俾適足而止，則不傷耳。蓋飽能傷人，如食糜過多，中懣不暢，致脾失其助胃化穀之用；則五臟之內直與無脾等耳。然此以多食爲有益而反得損者也。若今有損而後始知其爲益者，如瘧病之止於瘧是已。蓋脾胃不消，苟發之劇變，可成險症，不敢必其無傷也。若止發於瘧，或熱或寒，間時起伏；則沴氣漸消而病去，事乃大昌矣。大取篇云：「害之中取小也，非取害也，取利也。」卽是此意。

辭過篇云：「古之民，其爲食也，足以增氣充虛、彊體適腹而已矣。」三辯篇云：「食之利也，以知饑而食之者智也；因，爲無智矣。」因卽因仍積多之義。呂覽盡數篇云：「凡食之道，無饑無飽，是之謂五藏之葆。」又重己篇云：「味不衆珍；味衆珍則胃充，胃充則中大鞔，高注：「鞔，讀曰懣；不勝食氣爲懣病也。」中大鞔則氣不達。以此長生，可得乎？」按皆此謂「適足不害，飽能害」之義。

按此二條皆屬衞生常識，可見墨經無所不談。

46 經知而不以五路。說在久。

說智○以目見；而目以火見，而火不見。惟以五路智。久：不當以目見，若以火見。

釋梁啓超云：「五路，五官也。官而名以路者，謂感覺所經由之路，若佛典以眼耳鼻舌身爲五入矣。」按佛典五入之外有意，猶此五路之外有知。管子君臣下篇：「四肢六道，身之體也。」其道卽此所謂路耳。考列子楊朱篇載養生之目，有耳目鼻口體意六者。荀子正名篇所謂天官，亦擧目耳口鼻體心六者。又莊子外物篇六鑿，亦爲目耳鼻口心知。然則五路之外有知，較然明矣。惟列子謂耳欲聽，目欲視，鼻欲向，口欲言，體欲安，意欲行；則所謂聽者耳知也，視者目知也，向者鼻知也，言者口知也，安者體知也，行者意知也。由是以觀，意知者知自行也；而耳目鼻口體之五路，又皆藉乎知，始能副其所欲焉。故知當有二用：(一)知與五路俱行：如目緣色時，知亦緣色；目知雙緣，方能得視而起分別。餘四皆同。(二)知不與五路俱行：此卽知自行，如五路無所緣時，則知獨自有所緣也。此知而不以五路，卽知自行之義。而，當讀能。以，用也。知能不用五路，殆與亢倉子所謂「我能視聽不用耳目」見前第五條文句相同。久，猶云積久貫習。蓋謂「知」能不用五官者，以其積久貫習故耳。按積久貫習，猶今所謂經驗。

荀子正名篇云：「心有(又)徵知。徵知，則緣耳而知聲可也，緣目而知形可也。然而徵知必將待天官之當簿其類，然後可也。」此謂六官當簿六類，而六官中之心官又能徵知，故緣耳知聲，緣目知形；蓋卽心官具有二用之意。

以目見，而目以火見，而火不見者，謂火不能見物也，其文自明。火既不能見物，然則能見者仍目也。目爲五路之一，目見則知；推之五路皆知矣。故曰惟以五路知也。此因經文謂知不用五路，則亦可謂見不用目。然見實用目；則知必用五路無疑。蓋經文云云者，徒以久耳。久則不當以目見，一若以火見之矣。

本條當與前第三十七、八兩條參看，彼所謂「有知焉、有不知焉、可」者，蓋因有久之故。形名家持「目不見」見莊子天下篇之說。公孫龍子堅白論云：「且猶白：以目、以火、見。而火不見；則火與目不見而神見。神不見，而見離。」蓋名家所持者「目見」，並謂以久之故，見不用目，知不用官；則其所以見、所以知者，若有「神」以運乎其間也。此神卽謂久，亦猶經驗。故若堅白石：視白時，似神能知堅；拊堅時，似神能見白。則知見不離，卽堅白不離矣。形名家反之，以謂火固不見；目待火見，當自不見；而神無所附，亦爲不見：則神者不見不知也。不見不知，卽知見離，而堅白亦離矣。按名家、形名家皆不主張有「神」，不可誤會。

47 經 火熱，說在頓。

說 火〇謂「火熱」也，非以火之熱我有。若視日。

校 經「火熱」之「火」，原作「必」，因篆文形似而誤；茲改之。孫據莊子天下篇疑作「火不熱」，非也。詳前第十六條。「若視日」，原「日」誤作曰；據曹改。

釋 頓，屯之繁文。莊子寓言篇：「火與日，吾屯也。」釋文：「屯，徒門反，聚也。」此卽其義。

火爲體；熱爲火之性，故火熱。蓋熱之性常聚於火體故耳。

非以火之熱我有，係申言頓字之義。說文「我，或說『我頃，頓也。』」又「俄，行頃也。」蓋俄爲我之繁文，乃後起字。古祇作我頃，後作俄頃；故今之俄有，古曰我有也。俄有，猶云頓然而有；然與經文頓字，其義各別。茲恐讀者如字作解，故又轉易其語以釋之曰：「非以火之熱俄有。」蓋謂熱聚火中，非俄然而有耳。謂火熱也非以火之熱俄有，猶云熱非俄有卽屯則火熱也，係論式之推辭。

若視日，譬辭。論衡說日篇：「日者天之火也。」日爲火體，亦爲全熱；故尚賢中篇云：「乃熱照無有及也。」熱照，卽日照。蓋吾人視日卽知其熱，與握火得熱無以異也，因用爲譬。

形名家謂「火不熱」，見莊子天下篇。淮南詮言篇許愼注作「炭不熱」，此則駁之；蓋謂炭固有本體，而火亦有本體，故熱性得以屯聚之也。

48

經 知其所不知。說在以名取。

說 智〇夫名：以所明正所不智；不以所不智疑所明。若以尺度所不智——長。

校 經原文作「知其所以不知」，據章梁刪「以」字。

說標題下各句，原係後文第七十條之後段，與此互相錯簡。茲兩條互易，此首句上增一「夫」字。

釋 此言用名取舍以知物之理。知，即能知。有能知必有所知，亦有所不知。故曰知其所不知。

此取字，與小取篇「以類取」之取同義。上經第九十四條「法取同」，又第九十五條「取此擇彼」，亦然。蓋取此名以衡所不知之事物，因而所不知者皆得知也。

「疑所明」之疑，擬之省文，義見上經第三十一條釋語。

若以尺度所不知長，係譬辭。

度長之物為尺，名也。尺有固定之長，所明也。取所明之尺以度所不知之長，正也。引所不知之長以議所明之尺，擬也。故正名者，以所明正所不知，不以所不知擬所明也。

貴義篇云：「今天下之君子之名仁也，雖禹湯無以易之。兼仁與不仁，而使天下之君子取焉，不能知也。故我曰『天下之君子不知仁』者，非以其名也，亦以其取也。」按取兼舍言，取仁而舍不仁，方爲知仁。故呂氏春秋異寶篇云：「其知彌精，其所取彌精；其知彌觕，其所取彌觕。」由是以觀，凡知之不盛者，雖取其名，殆以不仁而擬仁，亦以所不知而擬所明，則其所取者彌觕矣。可參閱後第七十條。

49 **經** 無不必待有。說在有「無」。

說 無○若無「焉」，則有之而后無。無「天陷」，則無之而無。

校 經「說在有無」，原與次條互譌；茲兩相互易。

釋 老莊皆謂「有生於無」，又謂「有無相生」，齊物論更謂「自無適有以至於三，而況自有適有乎？」此言無不必待有，似卽破其說。蓋「無」不必與「有」對待，自可獨立永存；故曰說在有「無」。

說文：「焉，鳥，黃色，出於江淮；象形。凡字：朋鳳者羽蟲之長；鳥者日中之禽；鳥者知太歲之所在；燕者請子之候，作巢避戊己。所貴者故皆象形，焉亦是也。」按山海經海內經：「北海之內，有五采之鳥，飛蔽一鄉，名曰翳鳥。」郭注：「鳳屬也。」玉篇：「翳，鳥名也，似鳳。」離騷：「駟玉虬以乘鷖兮。」王逸注：「鷖，鳳皇別名也。」爾雅釋鳥：「鶠鳳，其雌皇。」說文：

「鷗，鳥也，其雌皇；一曰鳳皇也。」則鶠、鷖、鷗皆卽焉耳。論語子罕篇：「鳳鳥不至。」墨子備城門篇亦謂「由聖人之言，鳳鳥之不出」。蓋歎古有鳳而今無也。故曰，若無「焉」，則有之而後無。無天陷者：莊子天下篇載黃繚問惠施「天地所以不墜、不陷之故」，惠子徧爲萬物說，蓋不信有天陷之事也。古無天陷，今亦無天陷：故曰無之而無。無天陷二句，譬、推之同。若無焉二句，譬、推之異。

無之而無，並不與有對待。有之而后無，則有尚在前，安能生於無耶？

50 **經** 擢慮不疑。說在所謂。

說 擢○疑無謂也。臧也今死，而春也得之又死也可，且猶是也。

校 經「說在所謂」，原與上條互譌；茲已易之。

說「之又」，原作「文文」；並據孫校改。

釋 說文：「擢，引也。」荀子議兵篇楊倞注：「慮，大凡也。」按慮，長言之爲亡慮，或無慮。漢書趙充國傳注：「亡慮，大計也。」又食貨志下注：「無慮，亦謂大率無計慮耳。」擢慮不疑者，謂引彼事而推及此事，其是非之實大率可定，故曰不疑。此與上經第六條之恕略同，蓋恕爲主而擢爲輔耳。

前第四條云：「有之實也，而後謂之；無之實也，則無謂也。無謂則疑也。」彼三謂字皆能謂，「實」當卽所謂。此言引擢大率不疑，將得其實；實得卽得其所謂也。反之而疑，其實不得；實不得則無能謂矣。故曰疑無謂也。疑無謂也句，係推辭之異者，正爲「無謂則疑也」之轉辭。

臧也今死，而春也得之又死也可，且猶是也，係譬辭。春與臧並稱，則春當亦臧獲之類。且，將也。蓋謂如服毒物，臧苟得之而死，則春得之亦可以死，將來猶然。小取篇云：「援也者，曰子然，我奚獨不可以然也？」與此句法頗同；蓋擢與援義皆爲引耳。

51
經 且然不可止而不害用工。說在宜。

說 且○且，必然。且已，必已。且用工而後已者，必用工而後已。

校 經「止」，原作「正」；據曹改。

說「必用工而後已」：原缺「而」字；據王補。

釋 上經第三十三條：「且，言且然也。」此說謂「且，必然。」則且然卽必然矣。孫詒讓云：「工，與功古字通。用工，猶言從事也。」按工，功之省文。小取篇云：「且入井，非入井也。止且入井，止入井也。」彼且字訓將，故可止之。此且既訓必然；若謂且入井爲必然入井，何由止之？故曰且然不可止。雖然，人之用功，當有必然之志，則且然之宜於用功而不相害明矣。故曰說在宜。

本經前第一條有「此然是必然」之言，故本條曰「且，必然。」又上經第三十三條謂「自後曰已」，彼謂自後而言前曰已，爲已往，當指過去說。此已，非謂過去。曹云：「已，止也。事之止也，不用功也；亦有必用功而後已者，如除害之事是也。」按不害，不能說除害；惟訓已爲止，與經文相應，甚是。故本條猶云且止，必止；且用功而後止者，必用功而後止。

52 **經** 均之絕，不。說在所均。

說 均〇髮。均縣。輕而髮。絕不均也。均，其絕也；莫絕。

校 經、孫謂「不」，吳鈔本作「否」，古通用。

說、曹本不列標題字，孫讀「均」句，「髮均縣」句，殆即認「均」字爲標題，是也。但三字爲句亦不妥。考本條說語，列子湯問篇全抄之；惟「輕」下有「重」字，「不均也」上有「髮」字，末句「均」下有「也」字。自孫星衍畢孫梁以來，皆照補「重」字。曹謂墨子本無「重」字，非脫文也；列子之文，自多一「重」字耳。按列子之文頗難據，不知誰是。又本條句讀，今與常異，係就論式組織爲之。

釋 此論靜力學平衡之理。蓋謂均之絕與不絕，皆須視其所均之物輕重何如。若畸輕畸重則絕；

否則不絕也。經文二句，互文見義；均卽能均，與所均對文。髮，譬詞。輕而髮，猶云而髮輕，意卽不均之髮，亦譬詞。惟「髮」以譬於不絕；「輕而髮」以譬於絕耳。

均縣，推辭之同；縣卽不絕，猶云所均則不絕。絕不均也，推辭之異；猶云絕則非所均也。均其絕也莫絕，係援辭，與經文正反二面相應。

列子湯問篇有此文，張湛注云：「髮甚微脆而至不絕者，至均故也。今所以絕者，猶輕重相傾，有不均處也。若其均也，寧有絕理？言不絕也。」又仲尼篇張注：「夫物之所以斷絕者，必有不均之處。處處皆均，則不可斷。故髮雖細而得秤重物者。勢至均故也。」皆卽此義。世說新語巧蓺篇云：「陵雲臺，樓觀精巧，先稱平衆木輕重，然後造構，乃無錙銖相負揭。臺雖高峻，常隨風搖動，而終無傾倒之理。魏明帝登臺，懼其勢危，別以大材扶持之，樓卽穨壞。論者謂輕重力偏故也。」按此節正可爲本條確證。

形名家亦言「至不絕」，見莊子天下篇；又言「髮引千鈞」，見列子仲尼篇。今觀其立說與名家無甚異處，而辭句孤簡，或有遺脫耶？不可考矣。

53 經　堯之義，也於今而處於古而異時。說在所義二。

【說】堯〇或以名視人；或以實視人。舉「友富商也」，是以名視人也。指「霍是臛也」，是以實視人也。堯之義也：是聲也於今；所義之實處於古。

【校】經「也於今」，原作「也生於今」；各家皆以「也」字連上文爲句，讀「堯之義也，生於今」云云，非。蓋此本以「也於今，處於古」相對成文，說亦如是。此因後人未憭此「也」字之義，遂將「也」字讀絕；忽覺「於今」上脫去一字，乃妄增「生」字耳。

「指是臛也」，與上文「舉友富商也」相對成文，則「指」下當缺一字，疑標題下多一「霍」字，正爲此處之錯簡，今乙轉。

說末原有「若殆於城門與於臧也」一句，已據孫移入前第三十六條矣。

【釋】堯之義，即能義。能義與下所義，相對成文。能義，謂堯能成其義，即論語贊堯「其有成功」之意；故曰堯之義。也，𢻫之省文。說文：「𢻫，敷也；從攴，也聲。讀與施同。」玉篇：「𢻫，亦施字。」按經傳多以施代𢻫。大雅：「施於孫子。」鄭玄箋：「施，猶易也，延也。」則也於今，猶云延及於今耳。玉篇：「處，居也。」廣韻：「處，留也，息也，定也。」而異時：孫詒讓云：「古今異時。」按施於今者名也；處於古者實也。然時異則事異，或名同而實不必同。故堯時之所謂義，已非今人之所謂義矣。故曰所義二。

前第十五條云：「堯善治，自今在諸古也；自古在之今，則堯不能治也。」可參閱。儀禮士昏禮：「視諸衿鞶。」鄭玄注：「視乃正字，今文作示，俗誤行之。」按古作視，漢人作示，其義一也。霍，鶴之省文，今多作鶴。臛，霍之繁文，亦卽鶴字，或此特加偏旁以別之耳。「霍是臛也」：「是」與「此」同，則本句猶云「鶴是此鶴」，與上文「友是富商」相對。聲，亦名也。呂覽過理篇：「臣聞其聲。」高誘注：「聲，名也。」可證。

或以名示人，陶唐之謚爲堯也；或以實示人，陶唐之高義隆於其時也。夫唯名可擧以相告，而有實必指而後知。詳上經第三十一條。故擧「友是富商」，乃以富商之名而擧示人。指「鶴是此鶴」，則以鶴之實而指示人矣。是以堯之高義，名垂於後；故曰也於今。所義之實，及世而終，今人莫能指示；故曰處於古也。

按本條分析「指實」與「擧名」之異，更爲明晳，可參閱上經第三十一條釋語。

54 **經**「狗，犬也」，而「殺狗非殺犬也」可。說在重。

說 狗○「殺狗謂之殺犬」可。若兩脾。

校 說「殺狗」，原作「狗犬也」；疑「殺」字爛脫分成「犬也」二字，因涉經文而又倒誤耳。「若兩脾」之「脾」，原作「䏶」；茲據文義改。

【釋】狗犬也句，爲起下之辭，與前第十四條同例。上經第八十六條：「同，重。」說云：「二名一實，重同也。」又第八十七條：「異，二。」說云：「二必異，二也。」按同異相形，重二相對；舉同可以見異，舉二可以見重，故狗犬同物；而殺狗非殺犬者，重而二也。既重而二，亦二而重；故殺狗亦可謂之殺犬矣。若兩脾，譬詞。脾，亦作髀。廣韻載「髀與𩪘同，或作䏶」蓋偏旁从骨从肉可通用也。說文：「髀，股外也。股，髀也。」所謂兩脾者，殆即韓子外儲說右上篇之末節「解左髀、說（脫）右髀」之例耳。蓋兩股同體而有左右之異，謂之同物則可，謂之異物亦可；故得相譬。小取篇云：「盜，人也。殺盜非殺人也。」與此辭例正同。疑本條本用爲取證「殺盜非殺人」辭之義，乃立此論。

55 【經】使役義。說在使。

【說】使○令使也：義使，義；義不使，亦義。使役：義亦使役；不義亦使役。

【校】本條譌字太多，錄原文於次：

【經】使殷美。說在使。

【說】使○令使也：我使，我；我不使，亦使我。殿：戈亦使殿；不美亦使殿。

說文我部謂「義，墨翟書，義從弗」，作「羛」。按今墨子無「羛」字。疑本條「義」字本亦有作「羛」者；幾經傳寫，作「羛」者訛作「美」，作「義」者訛作「我」，「我」又訛作「戈」耳。至經文「殷」字，說三「殿」字，疑皆「役」字之誤。「亦使我」之「使」，當乙轉，以「使殿」連讀，即「使役」也。

然本條譌舛過甚，以意校改，未知是否？

釋 使役而義者，以其令使故耳。故曰說在使。

上經第七十六條：「使，令謂。」故此令使連文。蓋以令使言：義使固義；義不使亦義。若以使役言：禹治洪水，興人徒以傅土，行山表木，定高山大川，史記夏本紀。義之使役也。秦皇三十五年，營作朝宮〔于〕渭南上林苑中，先作前殿阿房，隱宮徒刑者七十餘萬人，秦始皇本紀。不義之使役也。

淮南繆稱篇：「君子誠仁，施亦仁，不施亦仁；小人誠不仁，施亦不仁，不施亦不仁。」與此說語略似。

56 **經** 荆之大，其沈淺也。說在具。

說 荆○**沈**，荆之貝也。則沈淺非荆淺也。若易，五之一。

釋 本條有具字、貝字、及易五之一句，疑論古之圜法。然荆沈二字，實難索解。淺，似即賤之假字，以二字皆從戔聲之故。

釋名釋宮室云：「廩，矜也；寶物可矜惜者投之於其中也。」急就篇顏注云：「京，方倉也。一曰京之言矜也，寶貴之物可矜惜者臧於其中也。」按廩爲穀倉，尚有藏義；若矜爲「矛柄」，京是「人所爲絕高丘」，二者皆見說文。並無藏義；且三者皆非寶物藏器之專名。但以聲類求之，疑其專名當卽鼎字。古者貨貝而寶龜，鼎之上半目卽貝，下半爿說文謂象析木卽牀，亦卽藏也。唐時杜光庭虯髯客傳有曰：「家人自東堂舁出二十牀，各以錦繡帕覆之；旣陳，盡去其帕，乃文簿鑰匙耳。虯髯曰：『此盡寶貨泉貝之數，吾之所有，悉以充贈。』」蓋牀卽藏，亦卽爿，唐人猶有此語。考爿、牀、藏旣與京爲同韻通轉，又與泉及錢爲同聲通轉。而鼎、丁二字亦聲韻全同，如頂從丁聲，籀文作顯從鼎聲。頂、顚互訓，故此二字亦以聲音通轉而爲泉。管子侈靡篇有「水鼎之汨也」句，鼎卽假爲泉字可證。周禮泉府注：「布，泉也。其藏曰泉，其行曰布。」余意古時寶物，卽閣爿上，謂之爲鼎；交易出入，爿不分離，因曰藏幣。貝則貫之，雙垂可見；絡成多貝，以便使用，乃曰行幣。而貝、布聲近，行用義通，因謂之布。若統言之，布卽泉，鼎卽貝；分而言之，藏者鼎、泉，行者貝、布耳。愼到有言：「定鼎分財由法。」蓋鼎爲泉、貝藏器，量有多少，故用法以定之而後分也。漢書韋賢傳：「遺子黃金滿籝。」籝或卽鼎之後起字。

迨後鼎義爲「禹鼎」及「和五味之鼎」所專，於是藏珍物者遂借用京、矜二字，而矜又轉麇。其本條之㓝，適以韻紐通轉之故，遂爲鼎及京、矜二字通其郵焉。蓋一㓝可直多貝，故曰㓝之大。㓝義既明，說謂沈爲㓝之貝，又謂若易五之一，則沈似卽假爲朋。易損卦五爻：「或益之十朋之龜。」崔憬注：「雙貝曰朋。」詩小雅菁菁者莪篇：「錫我百朋。」毛傳：「兩貝爲朋。」鄭玄箋：「古者貨貝，五貝爲朋。」朋爲雙貝、五貝，故彝銘多寫作犇。王國維云：「古貝與玉皆五枚爲系，二系爲朋。釋二貝者言其系，釋五貝者舉其一系之數也。」按王說未知其柢。彝文有朋友字作㑭，从人，犇聲，說文有古文鳳字作𠣧，許氏「以爲朋黨字」，實卽㑭之譌體。說文又有倗字，云「輔也」，亦卽㑭字之變。考鳳，從凡聲，凡與冘古同韻，推之朋沈二字自可通假。又戰國齊器國差𦉜銘有「齊邦貭靜安寧」語，貭字從貝，凡聲，字書所無；余認爲卽此沈之本字。貭本貨幣名，故從貝，銘文反假用爲「沈靜」字耳。

又易有鼎卦，係和味之器，其爲寶貨之藏器者似原作龜。龜，古讀如鉤，與京、矜、㓝皆同見紐之聲。故釋名云矜，急就篇云京、矜，以及易卦云龜，本經云㓝，皆各用方言，所謂「名無固宜，約定俗成」，不以爲異也。然十朋之龜，與此五沈卽朋之㓝，有何區別？竊意古時雙貝曰朋，言其制；五貝爲朋，言其直。漢書食貨志載王莽時貨貝五品，前三品皆二枚爲一朋，而直各異。

莽好法古，其制如是。然則十朋之龜者，其龜當十雙貝，直貝五十，所謂若易五之一也。若此，則此荆之大，當與龜直等耳。

沈賤非荆賤者：五貝爲朋，不作五朋爲荆，乃作十朋爲荆；知荆之貴於朋，乃以十倍之數也。

說在具者：說文：「具，从廾，从貝省。」按具卽象兩手持貝形，引申有備具之義。蓋此貝、沈、荆，卽貝、朋、鼎，三品小大無缺，圜法備全；故曰說在具。

兹將荆、沈二字聲韻通轉變化列表於下：

（二）橫由聲轉
（一）縱由韻轉

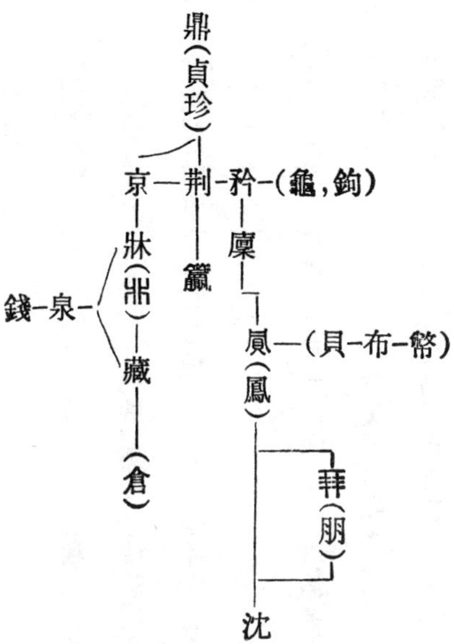

57 〔經〕「以檻爲搏」。於「以爲」無知也。說在意。

〔說〕以○楹之搏也，見之。其於意也，不易先智。意，相也。若「楹輕於秋」，其於意也洋然。

〔釋〕說文：「檻，櫳也；一曰圈。」又「圈，養畜之閑也。」又「搏，圜也。」按檻爲畜欄，多作方形，而圈爲防閑之用，皆作圓形；據許說，似檻原有方圓二種。此檻方圓難定，遽以爲搏，故未可知。

辭例與前第十四條同。

公羊莊五年傳：「以爲雖遇紀侯之殯，亦將葬之也。」何休注：「以爲者設事辭而言之。」陳立疏云：「凡未事而億度之，皆曰以爲，故爲設事辭。」嚴復譯穆勒名學部乙上、篇四、第二節有云：「夫理不本於實測，而本諸人心所意『以爲』者，名曰**心成之說**。」又注云：「西語阿菩黎訶黎（Opinioni）。凡不察事實，執因言果，先爲一說以概餘論者，皆名此種。」

本條言意之無知，大取篇謂「知與意異」，是也。「以爲」二字，意度之詞。如謂以檻爲搏，是意也；究竟搏否，尚未可知。故於「以爲」一詞，可直謂之曰無知也。

上經第八十八條：「二人而俱見是楹也。」故此曰，楹之搏也，見之。相，同象。韓子解老篇：「故諸人之所以意想者，皆謂之象也。」孫詒讓云：「秋，當讀爲萩。」按秋，萩之省文。說文：「萩，蕭也。」爾雅釋草：「蕭，萩。」郭璞注：「卽蒿。」按蒿之大者可以爲柱，疑卽萩也。大戴禮盛德篇：「周時德澤洽和，蒿茂大以爲宮柱，名蒿宮也。」呂覽召類篇：「明堂茅茨蒿柱。」故此曰楹輕於萩。洋然，猶言汒然；汒洋疊韻聯綿字，義得通也。又集韻：「汒，亦作芒；通作茫。」則茫然，猶言茫昧然，不可知之貌也。

戰國趙策一載張孟談曰：「臣聞董子之治晉陽也，公宮之垣，皆以狄蒿苦楚（韓子作荻蒿楛楚）廧之。」狄秋形似易譌，未知孰是。

楹之摶也，以見之故。若於未見之先而意之，則不易知矣。意者想像也。若以萩爲楹，而意楹輕於萩；則其人之於意也，茫然無知矣。

58 經 意未可知。說在可「用」；「過」仵。

說 ○段、椎、錐，俱事於履：可「用」也。成繪屨過椎；與成椎過繪屨同：「過」仵也。

校 說標題字缺。「過仵也」：「仵」原誤作「件」；據張依經改。

釋 此承上條言意未可知。韓子外儲說左上云：「先王之言，有其所爲小，而世意之大者；有其所爲大，而世意之小者：未可必知也。」正可移釋此句。可用，過仵，皆詳說語。

孫詒讓云：「吳鈔本段作斷，誤。」說文：『段，椎物也。椎，擊也；齊謂之終葵。錐，銳也。』詩大雅篤公劉：『取厲取鍛。』毛傳：『鍛，石也。』說苑雜言云：『干將鏌鋣，以之補履，曾不如兩錢之錐。』」按釋名釋言語：「斷，段也，分爲異段也。」段、斷、本通用。鄭箋大雅云：「鍛石，所以爲鍛質也。」說文繫傳曰：「椎，謂織屨畢，以椎叩之使平易也。」韓子外儲說右下云：「椎鍛者所以平不夷也。」玉篇：「錐，鍼也。」管子輕重乙篇：「一女必有一刀、一錐、一箴、一鉥。」則段、椎、錐三者，製履必用之，故曰俱事於履。事，猶用也。說文：「可，肯也。」按此可字，猶云當也。小爾雅：「雜彩曰繪。」玉篇：「繪，綵畫也。」則繪履，猶云文繡之履耳。過椎者，謂製成繪履時，須經過椎之一叩也。過仵，亦卽此過字。仵，畢沅云：「卽午字異文。」孫云：「此仵當卽啎之異文。」按二說皆通。說文：「午，啎也。啎，逆也。」廣雅釋言：「午，仵也。」皆是。蓋可用，過仵，相對成文。可與仵對，用與過對耳。

經謂意未可知，然間亦有可知者，論語所謂「億則屢中」是也。如意段、椎、錐三者俱爲製履之用，是意夫「用」之當者，卽可用也；猶云所意乎用者尚可也。若成繪履須經過於椎，遂意成椎亦須經過於繪履，是意夫「過」之逆者，卽過仵也；猶云所意乎過者乃背也。

淮南說山篇：「先針而後縷，可以成帷。先縷而後針，不可以成衣。」與此說語略同。不可，卽仵字之義。又覽冥篇云：「若夫以火能焦木也，因使銷金，則道行矣；若以慈石之能連鐵也，而求其引瓦，則難矣。夫燧之取火，慈石之引鐵，蟹之敗漆，葵之鄉日，雖有明智，弗能然也。

故耳目之察，不足以分物理；心意之論，不足以定是非。」此亦發明意未可知之義。佛典成唯識論述記卷五破勝論義云：「比有二種：（一）見同故比，見不相違法而比於宗果，如見煙時比有火等；（二）不見同故比，見相違法而比宗果，如見雹時比禾稼損，見禾稼損比有風雹。」按比者推論之義，此「意」亦然。蓋推論當則可知，推論乖則未可知也。故可用，猶之見同故比；過仵，猶之不見同故比耳。

59 **經** 一少於二而多於五。說在建位。

說 一〇五有一焉。一有五焉。十，二焉。

校 經「位」，原作「住」；據曹改。

釋 此言算術定位之理。張惠言云：「建一爲端，則一爲十，是多於五。五析之，則有一者五，是一少於二也。建一以爲十，則一有五者二，是多於五也。建一爲十，累一爲二。」俞樾云：「數至於十，則復爲一，故多於五。五有一者，一二三四之一也。一有五者，一十、一百之一也。」曹耀湘云：「建，立也。位，上下左右之位也。珠算之法：上二，下五。上一當五，下一當一。左一而當十，右一而當一。故曰一少於二而多於五者，視其所立之位也。」按數至九而變，列子天瑞篇謂「九變者究也，乃復變而爲一」。卽其義。蓋因建位不同，遂令一、二、五、十諸不名數，見上經第六十條。時有大小之殊也。至珠算之名，雖始見於北齊甄鸞周髀注，而晳說甚合，若論其理，則自隸首作數以前，當已具之矣。（按秦有隸書，施諸徒隸，隸首或爲徒隸之首，非人姓名。因土木盛，戍役頻，故作算數以趣約易；傳爲黃帝臣，疑卽秦皇帝耳。）

60 經「非半」弗斮則不動。說在端。

說非○斮半，進前取也。前則中無爲半，猶端也，前後取，則端中也。斮必半。「無」與「非半」，不可斮也。

校說「無與非半」：「無」原作「毋」；茲據孫引吳鈔本。但二字古本通用。

釋玉篇：「斮，知略切，破也。」楊葆彝云：「斮，同欘。」孫詒讓云：「楊說是也。集韵十八藥云：『欘，說文：斫謂之欘；或從斤作斮。』此斮卽斲之變體；舊本作斱，譌。斮、斫同詁。」按孫說是。

「非半」爲「半」之負前詞。見上經第七十三條。

斮半至端爲止。蓋端爲最小，斮至最小，不可再斮，卽成非半，已不能動；是非半則弗斮也。故曰非半弗斮則不動。說在端。

說文：一小，物之微也；从八，『丨』見而八分之。」段玉裁注：「八，別也；象分別之形。」按古人制字，既謂之小，自無有較之更小者，則小必爲究盡之義。由是知八應爲半分之形；許君謂「『丨』見而八分之」，亦謂「丨」每見而半分之不已也。故曰小，物之微。然則小爲斱半之動象，端爲非半弗斱之不動象也。中庸：「至小，天下莫能破焉。」謂之至小，勢必莫破；蓋由動而靜，所謂非半之端是已。

「丨」見斱半，斱之不已，取捨隨之。進前取半，取之不已；則二半之中，無可爲半。是所餘者直一至小之線而已。線由端積，攖之或盡；見上經第六十七條。茲卽盡者而言，故曰猶端也。線既多端，復進前取，所取仍半；更歷再三，最後所取，中惟一端：故曰前後取則端中也。然斱必以半；若不以半，將失所取。所取既失，勢必爲「無」。「無」與「非半」，皆不可斱。然非半者，有而非無也。

上經第六十一條云：「端，體之無序而最前者也。」與此相互見意。蓋本條言斱必半，係分之順次者；言前後取，其所取乃最後者也。

莊子天下篇司馬彪有注云：「若其可析，則常有兩；若其不可析，其一常在。」又列子仲尼篇張湛有注云：「在於麤有之域，則常有有；在於物盡之際，則其一常在。其一常在而不可分。」按二說皆與本條相會。

本條似駁形名家尺棰不竭之說，其言曰：「一尺之棰，日取其半，萬世不竭。」見莊子天下篇。萬世不竭者，無窮之說也。然尺棰取半，日日爲之，必至於竭。今云不竭者，乃就無窮之「無」言耳。無窮之「無」，非蘄可得；故名家謂「無」不可蘄也。蓋名家認「實」，以「莫不容尺」爲無窮，見上經第四十一條。卽謂無窮之「有」。無窮之「有」，蘄至非半而止；非半又前卽窮矣。

61 經 可無也，有之而不可去。說在嘗然。

說 可○無也已給，則當給不可無也。

校 說句末原有「久有窮無窮」五字，在此無義；疑本下文第六十三條末之錯簡，已移正。

釋 張惠言云：「本可無也，嘗有之則不可去。」又云：「給，具也。嘗已具之，則當具之。」此似破形名家「孤駒列子仲尼篇作孤犢未嘗有母」之論。此論見莊子天下篇，李頤注云：「駒生有母，言孤則無母。孤稱立，則母名去也。」但名家不然，以謂駒生母在，母死駒孤。世固可以無駒，卽亦可以無母。然既有孤駒，則母名不可去矣。何則？以孤駒嘗然有母故也。說語與經文同意。蓋原無母名者今已具之；則當具之者不可復無也。曩疑名家曾立「孤駒嘗然有母」之論，以與形名對揚；後細繹本條，知卽二家駁詰之語矣。蓋駒者馬子也，子必有母；則就駒之所謂（卽主詞）言，已具母義，故母名不可去也。名家責實，其言如此。

62 經 缶篅不可擔。說在摶。

說 正○丸。無所處而不中。縣摶也。

校 「缶篅」，原作「缶而」。據本條大意，似論天體運行之理；畢「缶」字決不能說成爲「正圜」，因「正方」亦可言「正」之故。今疑「而」字有誤，或卽「篅」字之脫落者，茲逕改「而」作「篅」以符全條文意。篅，音讀如顓，古亦曰笔。可參閱前第二十五條。

說之「丸」字原誤作「九」，畢謂「一本作凡」；茲據孫改。

釋 說文：「篅，以判竹，圜以盛穀者。」段注：「以判竹（句），謂用析竹爲之。」按說文本訓「圜」爲「天體」，因篅形圓可象天體，故許氏卽用圜字以釋篅；此則竟用篅比喩天體也。古人取譬，每引實物作證，如周髀卷下謂「天象蓋笠」，考工記輪人職亦謂「蓋之圜也，以象天也」，皆是。此缶篅殆猶元史曆志言「天體渾圜」。今通常以立體成圓形者稱渾圜，數學上謂之爲球，故缶篅在此宜指星球說。然篅或有不能盡正者，此既以篅比喩天體之圜，而圜隨所置而正，故必云正篅，其意乃足，實較周髀考工記爲精密矣。

說文：「儋，何也。」今作擔荷。釋名釋姿容：「儋，任也。任，力所勝也。」畢沅校本。摶，當假爲轉，說同，蓋同從專聲，自可通用。

呂氏春秋論人篇云：「何以說天道之圜也？精氣一上一下，圜周復襍(帀)，無所稽留，故曰天道圜。」按天體運行，無所稽留，正與星球轉動不可擔相同；蓋任力擔荷者止於肩背，引申卽有稽留之義，所以此經當謂星球不可稽留，以轉動之故。

說文：「丸，圜也，傾側而轉者。」又云：「毬，鞠丸也。鞠，蹋鞠也。」按毬卽今俗所用球，蹋鞠亦卽今所謂蹴球。球圓能轉，故淮南原道篇云：「員者常轉。」高誘注：「員，輪丸之屬也。」

丸無所處而不中，在此爲譬詞。丸爲正圜，其形如毬，隨在皆中，故曰無所處而不中。無所處而不中一語，卽釋經之「正」字。莊子天下篇載惠施曰：「我知天下之中央，燕之北、越之南是也。」司馬彪注：「天下無方，故所在爲中。」與此同意。

縣，同懸。懸轉也者：今天文家謂行星皆圓如毬，懸於太空，運轉不息，此說似之。惟今人謂行星懸轉，皆有向心、離心二力爲之引、拒以致不敧，殆卽此所謂正篇「不可擔者矣。

63 **經**宇進無近。說在敷。

說宇〇傴不可偏舉，宇也。**進行者**：先敷，近；後敷，遠。久，有窮無窮。

校 說標題「宇」及下「偏」字，原互倒誤；據梁乙正。「宇也」，原誤作「字也」；據孫改。「久有窮無窮」句，由前第六十一條移此。

釋 孫詒讓云：「說文寸部云：『尃，布也。』敷義則與尃近，蓋分布步履之謂。」按敷，尃之繁文。史記司馬相如傳子虛賦：「尃結縷。」徐廣注曰：「尃，古布字。」

此承上條推言之。宇無方分，所在爲一，故進行者無近遠之可言。何則？以尃步言，始有近遠耳。

偏，區之繁文。區不可偏舉宇也，猶云宇者不可偏舉一區也。區卽域，亦卽異所。故在一區域內進行者，其先所尃步，近也；後所尃步，遠也。蓋卽以進行之先後爲近遠，決不可以進行之長短爲近遠耳。莊子天下篇釋文引司馬彪云：「燕之去越有數，而南北之遠無窮。由無窮觀有數，則燕越之間未始有分也。天下無方，故所在爲中；循環無端，故所行爲始也。」亦卽此意。

久，有窮無窮，譬詞也。久爲時間，原無起訖，正與宇進無近之義相同，皆所謂無窮者也；若就所行爲始而言，則爲有窮，亦與尃步先後之說相似：故得用之爲譬也。

64 經 行脩以久。說在先後。

【說】行○者行者必先近而後遠。遠近，脩也。先後，久也。民行脩必以久也。

【校】經「行脩」，原誤作「行循」；據楊、張依說改。

說「遠近」，原作「遠脩近」；據俞刪「脩」字。孫謂各「脩」字，吳鈔本並作「修」。

【釋】本條復承上推論之。脩字皆修之借。說之遠近脩也句，爲經文行脩之簡別語。者行者必先近而後遠句，爲說在先後之說明語。

說第一者字，諸之省文。然諸，古本作者；詛楚文諸侯作「者侯」，卽其例。諸行者，猶云凡行者。

前第十三條釋云：「域徙則長徙。」此謂行於域之修，須以時之久；故曰行修以久。何則？以有先後故耳。蓋凡行者必先近而後遠也。

先後久也，爲推辭之同者；蓋謂凡行者先近後遠卽有久也。

民行修必以久也，係援辭。

65【經】一法者之相與，皃盡（若方之相合也）。說在方。

【說】一○方貌盡。或木或石，不害其方之相合也。俱有法而異，盡貌猶方也。物俱然。

【校】經「皃盡」，原作「也盡」，「也皃」篆文（[illegible]）形似致誤；據說改。「若方之相合也」：「合」原誤作「召」；據王改。但照本經通例，此句似不應有，且與下句「說在方」意複。疑此六字爲後學釋「方」之旁注誤入正文者；兹以括弧別識之。說「相合」，原誤作「相台」；據王校改。「俱有法而異」句，原在「方貌盡」句下；據王乙轉。

【釋】說文：「法，荆也。型，鑄器之法也。」則「法」本爲鑄器之型。周語注：「與，類也。」荀子不苟篇：「五寸之矩，盡天下之方也。」蓋矩爲正方之法；如以一矩皃交而成多方，其多方之相類，可以形貌盡之。呂氏春秋別類篇云：「小方，大方之類也。」卽是。故曰說在方；又曰方貌盡。

俱有法，與經文「一法者」相對爲文。異，亦與經文「相與」爲對。蓋相與，卽相類；猶云同也。同異，故相對。又盡貌猶方，爲上文「方貌盡」之轉辭。

由右說以觀，「方貌盡」，推辭之同。「或木或石，不害其方之相合也」，譬辭之同。「俱有法而異，盡貌猶方也」，推辭之異。「物俱然」，譬辭之異。但此之同異，純係廣狹之分，乃相對而非殊絕之義耳。蓋方之爲形皆同，而木石之質乃異；然若以木石爲方，則不害其相合也。相合卽同。諸法異，雖與一法同相反，但以物俱然之故，則盡貌亦猶方矣。

66【經】狂舉不可以知異。說在有不可。

說　狂○「牛與馬惟異」：以「牛有齒」「馬有尾」說「牛之非馬也」不可；是俱有，不偏有、偏無有。曰「牛與馬不類」：用「牛有角」「馬無角」，是類不同也；若舉「牛有角」「馬無角」以是爲「類之不同也」，是狂舉也，猶「牛有齒」「馬有尾」。

校　說標題「狂」字與下「牛」字，原互倒；據曹梁乙正。「牛與馬不類」：「牛」原作「之」，篆文「屮屮」形似致誤耳。「用牛有角」，原漏「有」字；據王照下句增。

釋　萬物皆有同異；苟欲知異，固不可舉二物之所同具以爲異，而在墨辯亦不可舉人所習知之異以爲異。若舉人所習知之異以爲異，謂之狂舉。韓子解老篇：「心不能審得失之地，則謂之狂。」此謂狂舉不可以知異，猶云舉之無關得失者不可用以知異也。說在有不可者：下第七十一條云：「誖，不可也。之人之言可，是不誖，則是『有可』也。」彼「有可」與此「有不可」，正遙相對。蓋有可，謂不可之中有可；有不可，謂可之中有不可也。

惟，獨也，特也。「牛之非馬也」之「非」，在此與異字同義。

牛與馬有特異處；決不可以牛有齒，馬有尾，說牛之異於馬也。何則？齒尾爲牛馬所俱有：而牛不偏有齒，馬不偏有尾；又牛不偏無有尾，馬不偏無有齒故也。今謂牛與馬不類，以牛有角、馬無角爲言；誠哉類之不同矣。然此就通常言之耳。若就辯者而言，舉牛有角、馬無角以爲類之不同，是狂舉也。何則？蓋牛有角，馬無角，爲人人所習知之異。自辯者觀之，無爭彼之可言，無當勝之可見；與舉牛有齒，馬有尾，何異？

按類與不類，俱有、不俱有之別，公孫龍子通變論有互駁之文，茲不贅錄。

此云狂舉，與因明之「相符極成過」正同。正理論云：「相符極成者，如說『聲是所聞』。」窺基疏云：「對敵申宗，本諍同異；依宗兩順，枉費成功。凡對所敵、立『聲所聞』，必相符故。」蓋辯之大用，在乎「爭彼」；爭彼而勝，謂之辯當。若舉「聲是所聞」、或「牛有角」「馬無角」爲辯之宗，則敵我兩順，了無異義，失其辯之精神，故曰狂舉。又大疏云：「徧所許宗，如『眼見色』：彼此兩宗，皆共許故。」此牛有角，馬無角，亦卽徧所許宗也。徧許爲宗，故謂之過。可參閱上經第九十二條釋語。

67 **經**「牛馬之非牛」，與「可」之同。說在兼。

說牛〇或「不非牛而非牛也」可，則或「非牛而牛也」可。故曰「牛馬非牛也」未可，「牛馬牛也」未可。則或可，或不可，而曰「牛馬牛也未可」亦不可。且牛不二，馬不二，而牛馬二。則牛不非牛，馬不非馬，而「牛馬非牛非馬」無難。

校說「或不非牛而非牛也可」：原無「可」字，茲據明陸穩刋本增。「則或非牛而牛也可」：「而」

上原有「或牛」二字，據孫校刪；但標題應有「牛」字，疑卽錯簡在此，又衍「或」字耳。

釋本條說語「牛馬非牛也」意卽「牛馬非牛也可」一辭，當卽形名家所立。今公孫龍子雖大半亡佚，然詳察白馬論與通變論二篇，尚可得其崖略也。蓋公孫龍「白馬非馬」之論，卽其生平所持形名學之中堅；乃欲彰明其說，遂設各種比論以左成其義。是以白馬論謂「馬馬非獨馬」，此約辭。通變論謂「羊合牛非馬」，皆爲「白馬非馬」之例證。此謂「牛馬非牛」，亦可謂爲「牛馬非馬」，其例正同。至「牛馬牛也未可」一辭，卽由「牛馬非牛也」推出，皆名家引用形名家言，乃著「故曰」或「而曰」二字於上以攝之，蓋卽名家轉據以資駁詰者。考上經第七十三條云：「凡牛區非牛。」又第七十四條云：「或謂『之牛』，或謂『之非牛』，是不俱當。不當，若犬。」彼犬卽喻非牛；則本條牛外之非牛，固無妨斥馬言也。故牛之對待爲「非牛」，卽「馬」；而「非牛卽馬」之對待，不徑謂之牛，乃謂之「不非牛」，猶云「非非牛」。然非非牛，

(一)

牛－牛

非牛＝馬

不非牛＝牛

故——

不非牛＋非牛＝牛＋馬

非牛＋牛＝馬＋牛

(二)

甲
(1)牛…………
(2)馬＝非牛…

乙
(1)牛…………
(2)馬…………
(3)非牛＝馬…

仍卽非馬，亦仍卽牛也。茲以(一)式表示如上：

據上式以觀，若兼牛馬言，則「或不非牛而非牛也可」者，猶云或牛而馬也可；「或非牛而牛也可」者，猶云或馬而牛也可。然則「牛馬之非牛」，猶云「牛馬中之馬」，自與「牛馬非牛也」句不同。以(二)式甲乙示之當如上：

夫牛與馬爲二，卽牛與非牛亦爲二，如甲；而牛與馬與非牛卽馬則爲三，如乙。今形名家謂「牛馬非牛也」，實已爲三；故未可也。若名家謂「牛馬之非牛」：非牛卽馬，卽牛馬中之馬，仍爲牛馬二者；故曰與可之同，說在兼也。蓋此可字爲加謂，之字爲代詞，極宜重視。其「可」之者，實與「可」「不非牛而非牛」或「可」「非牛而牛」，辭例同也。由是而言，若云「牛馬之馬」，其亦可矣。然則「白馬馬也」見小取篇之說，猶云白馬之馬，何獨不可？

復次：形名家既謂「牛馬非牛」，又可謂「牛馬非馬」。而非馬卽牛；然則卽謂「牛馬牛也」，似亦可矣。但彼於「牛馬非牛也」則可；而於「牛馬牛也」則不可。然則或可；或不可：所謂「牛馬牛也未可」之說，當亦不可矣。且所謂「牛馬」者：牛一而不二，馬一而不二；必兼牛馬乃始爲二。然則牛不非牛而卽爲牛，馬不非馬而卽爲馬；無已，則謂「牛馬非牛非馬」，庶幾無有難之者。

68 **經**「彼彼此此」與「彼此」同。說在異。

說彼〇正名者「彼此」。彼此可：「彼彼」止於彼；「此此」止於此。彼此不可：彼且此也；此亦可彼。彼此止於彼此。若是而彼此也，則彼彼亦且此此也。

校經「彼彼此此」，原作「循此循此」；據曹梁乙改。

說「此亦可彼」：原作「彼此亦可」；據梁乙正。「則彼彼」：原「彼」字不重，似脫；茲補之。

釋本條「彼彼此此」爲形名家言，名家乃引而駁之耳。考公孫龍子名實論曰：「其名正，則唯乎其彼此焉。……故彼彼當乎彼，則唯乎彼；其謂行彼。此此當乎此，則唯乎此；其謂行此。其以當而當也。以當而當，正也。故彼彼止於彼；此此止於此：可。彼此而彼且此；此彼而此且彼：不可。」蓋龍輩以「謂彼而彼」即「彼彼」，「謂此而此」即「此此」，均爲不當，爲亂；必彼彼而又當乎彼，此此而又當乎此，方可云當、云正也。然名家乃辯之曰：正名者惟有彼此之異，故彼彼此此可與彼此同耳。若以彼此爲可以正名：則彼彼之云仍止於彼，此此之云仍止於此，其義固無增損也。若以彼此爲不可以正名：則彼將爲此，此亦可爲彼，名乃混矣。故就名正之彼此言，則彼此止於彼此，固無須云彼彼此此也。但就名不正之彼此言，則不獨彼將爲此，亦可云彼彼將爲此此，而其不當乎彼此自若也，豈可謂之爲正哉？

69 **經** 唱和同患。說在功。

說 ○唱無過，無所周，若粺。和無過，使也，不得已。唱而不和，是不學也；智少而不學，功必寡。和而不唱，是不教也；智多而不教，功適息。使人奪人衣，罪或輕或重。使人予人酒，義或厚或薄。

校 說標題字缺。「功必寡」，原缺「功」字；據楊孫補。「智多」，原缺「多」字；據孫補。「義或厚或薄」，原缺「義」字。大取篇云：「義可厚，厚之；義可薄，薄之。」茲據增。

釋 本條言教學相需之理。禮學記篇云：「善歌者使人繼其聲，善教者使人繼其志。」亦以歌和比教學，正與此同。

患，串之繁文；然古亦通用。詩皇矣篇：「串夷載路。」毛傳：「串，習也。」釋文：「串，本作患。」即其證。曹耀湘云：「串，與貫同。唱，教也。和，學也。貫，習也。同貫者，猶云教學相長也。功者，凡有益於人，有益於己，皆有功也。」按曹說是。唱和同串，亦猶先後相資。蓋有爲之先者，所以彰其美也；有爲之後者，所以傳其盛也。故曰說在功。

無過，猶云無過差。周，徧也。說文：「粺，毇也。毇，米一斛舂爲八斗也。」故玉篇謂「粺，精米也」。按此喻專精。使，有事服其勞也。已，止也。備梯篇云：「禽滑釐子事子墨子三年，手足胼胝，面目黧黑，役身給使，不敢問欲；子墨子甚哀之。」按曲禮謂「宦學事師」，古時爲弟子者必先爲師服役，似今言助手。曹云：「適，祇也。」

敎無過者，當重在培植，雖不周徧而有專精。學無過者，必先在觀摩，爲師給使而不得止。然此謂有唱之、和之者也。若唱而無和，則人不學也；智少而不學，其功必寡少　和而無唱，則人不敎也；智多而不敎，其功祇自息滅矣。使人奪人衣者：其奪衣之罪輕，而使人之罪重，蓋敎之所係者大也。使人予人酒者：其使人之義薄，而予酒之義厚，蓋學之所需者急也。孟子公孫丑篇引孔子曰：「我學不厭而敎不倦也。」子貢曰：「學不厭，智也；敎不倦，仁也。」尸子勸學篇云：「學不倦，所以治己也；敎不倦，所以治人也。」荀子法行篇云：「少而不學，長無能也；老而不敎，死無思也。」呂氏春秋尊師篇云：「故敎也者義之大者也；學也者知之盛者也。義之大者莫大於利人，利人莫大於敎；知之盛者莫大於成身，成身莫大於學。」皆與本條之旨相會。

70 **經** 聞所不知若所知，則兩知之。說在告。

說 聞○在外者所知也；或曰「在室者之色若是其色」，是所不智若所智也。猶白若黑也，誰勝是？若「其色」也若白者必白；今也智「其色」之若白也，故智其白也。夫雜所智與所不智而問之，則必曰：「是所智也；是所不智也。」取、去，俱能之，是兩智之也。（外，親智也。室中，說智也。）

【校】說「在外者所知也」：「所」下原有「不」字，據後言「外親知也」，則「不」字當衍；因刪之。「夫」字下，自「雜所智」起至「是兩智之也」止，共三十二字，原爲前第四十八條之說，與此原文「名以所明」下共二十四字，互爲錯簡；茲據文義移正。「外親智也室中說智也」共九字，疑後學案識之語，羼入正文；茲以括弧別識之。

【釋】本條似爲「告聞」舉例，告聞二字，見公孟篇。上經第八十條：「知，聞。」說云：「傳受之，聞也。」兩知，說謂「取去俱能之」，即其義。說在告者：前第九條云：「告之，使知也。」蓋當以所不知者告之使知；故耕柱篇謂「不以人之所不知告人，以所知告之」爲未得。

在外者所知也；在室者所不知也。或曰：在室者之色，若在外者之色；則所不知如所知也。此猶白之與黑，究誰勝是？上經第八十九條：「兩絕勝，白黑也。」設其室之色若在外之白者，則其室之色必白。今既知其色之若白，故知其白也。夫雜所知之白與所不知之黑而問之；則必告之曰：白所知也，黑所不知也。今取白去黑，俱能不紊；則在外者與在室者兩皆知矣。

親知，說知，詳上經第八十條。

貴義篇記子墨子曰：「今瞽曰：『鉅者白也；鉅業係以白晝之者。黔者黑也。』雖明目者無以易之。兼白黑，使瞽取焉，不能知也。故我曰『瞽不知白黑』者，非以其名也，以其取也。」又非攻上篇：「今有人於此，少見黑曰黑，多見黑曰白；則以此人不知白黑之辯矣。今小爲非，則知而非之；大爲非攻國，則不知非，從而譽之，謂之義。可謂知義與不義之辯乎？是以知天下之君子辯義與不義之亂也。」其言正可援以釋此。

71 經「以言爲盡誖」誖。說在其言。

說以○誖，不可也。之人之言可，是不誖；則是有可也。之人之言不可，以當，必不審。

校經「說在其言」：孫謂「在其」二字，舊本倒；今據道藏本吳鈔本乙。

說「之人之言可」：「之人」，原誤作「出入」；據孫改。

釋前第五十七條：「以檻爲摶：於『以爲』無知也。」此謂「以言爲盡誖」，所意以爲，亦屬無知之說；故曰誖。其言者：貴義篇記子墨子曰：「吾言足用矣；以其言非吾言者，是猶以卵投石也。」畢沅謂太平御覽引「其言」作「他言」。按其、他、義同。蓋「以言爲盡誖」爲一言，此外皆他言，卽其言也。墨子之意，以謂吾言甚爲足用；他言背謬者，必不能立。苟以他言而非吾言，直若卵之投石矣。然本條之意，乃以一言爲誖，他言不誖；故曰說在其言。

之人，即指立言之人。

誖者不可之謂也，可者不誖之謂也；則誖與不誖，即可與不可耳。

此人立「以言爲盡誖」之一言；苟此言可，即是不誖。然則盡誖之中，亦有可者在，則立者矛盾矣。苟此言不可，即是誖；然他言不必誖，若即以此言爲當，必不審確矣。

此似破莊老之說。莊子曰：「辯也者有不見也。」「大辯不言。」「言辯而不及。」「道不可言，言而非也。」老子曰：「不言之教。」「大辯若訥。」「知者不言，言者不知。」「善言不辯，辯言不善。」似皆以言爲盡誖者，故非之也。

本條與因明「自語相違過」正同。大疏曰：「理門論云：『如立一切言皆是妄。』謂有外道立『一切言皆是虛妄』。陳那難言：『若如汝說諸言皆妄，則汝所言稱可實事；既非是妄，一分實故；便違有法之言。若汝所言自是虛妄；餘言不妄。汝今妄說，非妄作妄；汝語自妄，他語不妄；便違宗法言皆是妄。』故名自語相違。」按本條「以言爲盡誖」之一言爲妄，則他言不妄；即陳那「汝語自妄，他語不妄」之意。

72 **經** 唯吾謂「非名」也則不可。說在仮。

說 唯○謂「猶是霍」可；而「之非夫霍也」，謂「彼是是也」不可。謂者毋唯乎其謂。「彼猶」唯乎其謂，則吾謂必行；「彼」若不唯其謂，則不行也。

校經「唯吾謂」：孫謂「唯」，舊本作「惟」；今據吳鈔本正。按二字古本通用，茲據孫本；說亦盡改以歸一律。

說「猶是霍」之「猶」，原在下句「而」字下；茲據文義及前第八條乙正。「則吾謂必行」：「必」原誤作「不」；茲改之。孫謂衍一「不」字，亦通。

證孫詒讓云：「說文口部：『唯，諾也。』言部：『諾，譍也。』唯吾謂，言吾謂而彼應之。若非其正名，則吾謂而彼將不唯，故不可也。仮，亦與反同。」按孫讀「唯吾謂」一逗，似非；此當作一句讀，猶云吾謂「非名」，以彼爲此，而人則不可唯之也。故曰說在仮。仮，反之繁文；乃以謂者與唯者之意相反也。

猶是霍，卽前第八條之猶氏霍，亦卽猶字鶴。之非夫霍也，猶云此非彼鶴也。彼是是也，猶云彼是此也。毋，疑假爲務。非命中篇「毋僇其務」，書泰誓作「罔懲其侮」。詩小雅常棣篇：「外禦其務」，左僖二十四年傳及孟子皆引作「其侮」。侮、毋、音近古通，故毋得借爲務也。又莊子德充符篇「伯昏無人」，列禦寇篇作「伯昏瞀人」。蓋無之通作瞀，正猶毋之通作務耳。

謂猶字之爲鶴者可也；然此鶴爲猶之字而非彼鶴鳥可比，則此鶴爲「非名」，而謂彼鶴卽是此鶴，不可。夫謂者務欲人之唯乎吾謂。苟吾所謂者「彼猶」而人唯之，則吾謂必行。若吾祗謂彼而人意不屬，因不唯之，則吾謂不行矣。

本條似駁形名家「謂唯」之說。公孫龍子名實論曰：「謂彼而彼，不唯乎彼，則彼謂不行。……其以當，不當也。不當而當，亂也。」按龍認「謂彼而彼」爲不當，爲亂名。但名家不然，以「猶字鶴」爲「彼而彼」之一例，故云「謂『猶字鶴』可」，亦即以「謂彼而彼」爲當；而又以「謂彼是此」爲不可，爲不當，亦即非名、亂名也。「彼猶」即「彼而彼」，亦即「猶字鶴」，故吾謂之，人將唯之，則吾謂必行；反之，若單謂「彼」，人將不唯，則吾謂不行矣。

73 **經** 無窮不害兼。說在盈否。

說 無〇「南者」有窮則可盡；無窮則不可盡。有窮、無窮未可智；則可盡、不可盡亦未可智。「人」之盈、之否未可智，而恙人之可盡、不可盡亦未可智：而必人之可盡愛也，誖。人若不盈无窮，則人「有窮」也；盡「有窮」無難。盈無窮，則「無窮」盡也；盡「无窮」無難。

校 說「則可盡不可盡亦未可知」：原重「不可盡」三字，無「亦」字；疑「不」爲「亦」之誤而又衍「可盡」二字耳。畢謂衍三字，似非。「而恙人」：「恙」原作「必」，疑損泐也。「恙」，即愛字；因不常用，遂涉下句而誤爲「必」焉。「人若不盈无窮」，原誤作「先窮」；據孫改。末句「盡无窮」，

「无」原誤作「有」；據文義改。

釋此謂人雖無窮而不害於兼愛。墨子倡兼愛之説，墨徒傳之，其言更爲閎遠；時有「別士」，二字見兼愛下篇。不明其故，以謂天下無窮，安得盡天下之人而兼愛之？本條乃駁之曰：「無窮不害兼。」何以故？以人之盈無窮或不盈無窮皆無難故。

南者、南方，皆爲戰國常語；惠子謂「南方無窮而有窮」，見莊子天下篇。荀子謂「南者之不可盡」，見正名篇。是也。竊意戰國以前，吾華民族多起河朔，其遠征之民，意皆在南；故有司南之器以爲之導也。蓋東有瀛海，西北大漠，不易前往；惟南可耳。韓子有度篇謂「先王立司南以端朝夕」。舊注：「司南，即指南車也。」器名司南，其故可想；豈非先民以南爲拓殖地而制此器歟？及戰國末年、鄒衍掓大九洲之説，始謂「方今天下在地東南，名赤縣神州」。王充駁之曰：「天極爲天中；如方今天下在地東南，視極當在西北。今極正在北，方今天下在極南也。以極言之，不在東南。鄒衍之言非也。」見論衡談天篇。尋繹王説，必有所承；蓋墨惠及荀皆言南方、南者，相傳若是，仲任或即襲之耳。

南者有窮則可盡，無窮則不可盡。有窮、無窮未可知，則可盡、不可盡亦未可知。人之盈、之否未可知，而愛人之可盡、不可盡亦未可知；而必人之可盡愛也，誖。以上文極明白。蓋南者無窮，人若不能充滿，則人有窮也。既有窮而盡愛之，何難之有？反之，人苟充滿，則所謂無窮者仍有盡也；如是而盡愛之，亦不難矣。

74 **經** 不知其數而知其盡也。說在問者。

說 不〇不智其數，惡智愛民之盡之也？或者遺乎其問也。盡問人，則盡愛其所問。若不智其數而智愛之盡之也無難。

校 經「說在問者」：「問」原作「明」；據孫從說改。

說「不智其數」：「不」原作「二」；曹謂古書疊字多作「二」，蓋當與標題「不」字相重，是也。兩「盡之也」：「之」原皆誤作「文」；據孫改。「遺乎其問也」：「問」原誤作「門」；據孫依道藏本改正。

釋 此承上條推論之；蓋不知一國之人數而知其盡愛，可以問者之數而定。問字，頗與管子問篇之義相近，殆猶今所謂統計(Statistics)舅氏顏息庵師箸管子校釋有此說耳。

不知人數之多寡，何以知其盡愛耶？或者有失乎其問也。凡盡我所問之人，即盡我所知之人也。盡我所知之人而盡愛之，即兼愛矣。故不知其數而知愛之盡之也無難矣。

75 **經** 不知其所處，不害愛之。說在喪子者。

說……………

校 按本條無說。

釋 此仍申言不知人之所處而亦可及其愛也。曹耀湘云：「喪，出亡在外也。子，人之所至愛也。亡子不知其所處，而其愛之也相若。」按曹說甚是。

76 經 仁義之爲外內也冈。說在仵顏。

說 仁○仁，愛也。義，利也。愛、利、此也。所愛、所利、彼也。愛利不相爲內外，所愛所利亦不相爲外內。其爲「仁、內也；義、外也」：舉「愛」與「所利」也，是狂舉也。若左自出；右自入。

校 經「冈」，原作「內」；曹謂或「冈」字之誤。「冈」，古罔字。茲據改。說「所愛所利亦不相爲外內」：「利」上原缺「所」字；茲據上文補。「若左自出，右自入」：孫謂舊本脫「出」字；今據道藏本吳鈔本補。又兩「自」字，原皆作「目」，似無「出入」可言；茲並以意改作「自」。「自」，鼻之古文。

釋 此辯「仁內義外說」之非。孟子載告子之言曰：「仁、內也，非外也；義、外也，非內也。」考管子戒篇亦有「仁從中出，義從外作」之語。惟管子時代先後不一，則此仁內義外說，大抵起於告子；或稍先於告子，亦未可知。墨家不然其說，謂之爲「冈」；冈即說「狂舉」之義。仵顏，亦即說「左自出，右自入」之意。

仁，愛也；義，利也：爲墨家所立之界。愛利，猶云能愛能利，與所愛所利對文。故梁啓超云：「能愛能利者我也，所愛所利者彼也。能愛能利俱內，不能謂能愛爲內，能利爲外。所愛所利俱外，亦不能謂所愛爲內，所利爲外。今謂仁內義外者，於愛則舉能，於利則舉所；是猶左目司出而右目司入也。非狂舉而何？」按梁說是；惟目似無出入可言。茲校作自者：說文：「自，鼻也；象鼻形。」又皇字下云：「自，讀若鼻。」則此猶云左鼻司出氣，右鼻司入氣，必無此理。蓋以鼻氣出入而分左右，即所謂作顏，亦即所謂狂舉耳。

本條似與因明「現量相違過」相近。正理論謂「現量相違者，如說『聲非所聞』」。蓋聲爲所聞，屬現量智；今說反是，則與現見之事實，完全不符，故得爲過。此仁內義外說，亦顛倒自相之智，顯與現體相背，因曰狂舉。其以左鼻出、右鼻入爲譬者，鼻在顏面，一見即知；今逆現見而妄生分別，故曰作顏。

77 經「學之益也」。說在誹者。

說學○也以爲不知「學之無益也」，故告之也；是使智「學之無益也」，是教也。以學爲無益也教，詩。

【釋】上經第三十條云：「誹，明惡也。」此誹，謂謗議。蓋謂爲學有益，由謗議者反面得其證明故。此「學之無益也」爲戰國時人之言，本條特引之以資駁斥也。「誹者」猶云謗學之人，殆以學爲有益者必不謗學；而謗學者方認學爲無益，因發此言耳。竊意時至春秋，失學者多；故左昭十八年傳載周大夫有原伯魯者不說學，閔子馬曰：「夫必多有是說而後及其大人。大人患失而惑；又曰：『可以無學，無學不害。』不害而不學，則苟而可！」逮至戰國，其風更盛。如墨子南遊使衞，關同扃中載書甚多，弦唐子見而怪之。見貴義篇。又有二人遊於其門，墨子謂其一曰：「盍學乎？」對曰：「吾族人無學者。」謂其他曰：「子不學，則人將笑子；故勸子於學。」皆見公孟篇。故淮南書按淮南書多記先秦故說曰：「世俗廢衰，而非學者多。」又曰：「夫學亦人之砥錫也；上文言磨劍用砥，抆鏡用錫。而謂『學無益』者，所以論之過也。」皆見修務篇。是以戰國諸子，多作勸學之篇以勵世俗，將以救其敝也。本條乃列「學之無益也」以爲敵宗，而糾之以「誹者」，故說著其誖，而經曉以正宗「學之益也」。

說即駁其矛盾之處，以明其辭之不能立也。句首也字，他之省文。他者彼也，即指立言之人。蓋彼輩立此「學之無益」之一辭者，其意以爲世人不知「學之無益」之理，故舉以告之。然既舉以告之，是欲使人知「學之無益」也。既告人使知，非教之而何？夫教之者原欲使人知我言之有益而學之也；今乃以學爲無益而又教之，其誖顯然矣。

本條頗似因明「世間相違過」。大疏曰：「此有二種：（一）非學世間，除諸學者所餘世間所共許法；（二）學者世間，卽諸聖者所知麤法。卽蘊處界三科。若深妙法，卽離言眞如。便非世間。」按此「學之無益」一辭，實犯二者。蓋無論學者世間及非學世間，皆謂「學之有益」；如老子謂「爲學日益」。今竟反之，故謂之過。

78 **經** 誹之可否，不以衆寡。說在可非。

說 誹○論誹之可不可：以理之可非，雖多誹，其誹是也；其理不可非，雖少誹，非也。今也謂「多誹者不可」，是猶「以長論短」。

校 說標題「誹」字，與下「論」字原互倒誤；據曹乙。「以理之可非」，「非」原誤作「誹」；依張據下文改。

釋 此謂誹之可與不可，不以多誹、少誹爲準，當視理之可非與不可非以爲斷。蓋承上條推論誹之合理與否。

就誹之可不可論之：苟理有可非者，雖多誹，其誹是也；苟理有不可非者，雖少誹，其誹非也。今不揣理之可非與不可非，而謂多誹者不可，是猶以長論短。「以長論短」，疑本當時成語。論、同倫，卽比倫之義。以長比短，殆與孟子「不揣其本而齊其末，方寸之木，可使高於岑樓」同意；故此用以爲譬。

淮南氾論篇云：「夫弦歌鼓舞以爲樂，盤旋揖讓以修禮，厚葬久喪以送死，孔子之所立也；而墨子非之。兼愛，尚賢，右鬼，非命，墨子之所立也；而楊子非之。全生，保眞，不以物累形，楊子之所立也；而孟子非之。」按戰國諸子，互相攻難，同門異戶，概所不免；而其尤者，殆莫過於莊生所謂「儒墨之是非，以是其所非，而非其所是」。見齊物論。疑當時本有「多誹者不可」之論；如莊生謂「與其譽堯而非桀也，不如兩忘而化其道」。見大宗師。蓋彼「不譴是非，以與世俗處」，見天下篇。不辯爲宗，或有此言也。墨者常以辯勝爲當，故本條駁之。

79 **經** 非「誹者」誖。說在「弗非」。

說 非〇「不非」，言「己之誹也」不非。「誹」：非「可非也、不可非也」；是「不非誹也」。

校 經「誖」，原誤作「諄」，據張改。

說原作「不誹非己之誹也不非」，既缺佚隸經標題，又文義不甚明確，當有錯誤。頗疑「己」上「非」字本爲標題，再上「不誹」二字本爲「不非言」三字；茲照上下文義乙改。

釋 此承上條更言誹在人己之間。張惠言云：「誹皆當，則非誹者誖。」孫詒讓云：「弗非，卽當理之謂。」按說首句「不非」卽承經「弗非」作釋，正與上文第三十一條之經「說在盡」，說首卽接以「盡也者盡去其所以不讎也」句作釋，其文法結構相同。

「己之誹」，有「誹議己過」之意，與經之「誹者」爲「誹議人過」相對。誹議人過，當知上條「以理之可非，雖多誹，其誹是也，其理不可非，雖少誹，非也」之定義，所謂誹之中理者則不非；故可誹者而非之則誖矣。

此經說緊接，人、己分明，至可循省。夫人能誹議己過則不非，及誹議人過則非之，將失「善與人同」及「與人爲善」之旨，故名家視之爲誖。

誹：非「可非也、不可非也」；是「不非誹也」：此實本條之正意，認爲「誹」不是謂「可非、不可非」，乃是謂「不非其誹」，卽從誹議己過者不非之中，推而誹議人過者亦不非也。蓋此本以「非誹者」爲誖，而又必以「不非誹」爲正，上經第九十六條「正無非」。其義始足。

呂氏春秋正名篇云：「名正則治，名喪則亂；使名喪者淫說也。說淫，則可不可而然不然，是不是而非不非。……凡亂者刑名 卽形名 不當也。」按本條似駁形名家「非不非」之說，今形名說已亡於公孫龍子佚篇，無由考見其對揚之義，滋可惜已！

80 **經** 物甚不甚。說在若「是」。

說　物○甚長；甚短。莫長於「是」；莫短於「是」。「是」之「是也、非是也」者，莫甚於「是」。

校　經「物甚」，原作「物箕」；茲照各家改正。惟字彙補收有「筭」字，云古文「甚」。此與「箕」篆極似，或「箕」篆卽爲「筭」之誤歟？

釋　此言物非絕對，以比較而定；而比較須循標準也。甚在此有極至之義。若者順也。是者題之省文，卽標準之義。則若是者，猶云順其標準也。長可以至於無窮，短亦可以至於其極，二者皆有究盡之義，所謂甚也。然就標準而言，則長者莫長於標準，短者亦莫短於標準，此所謂不甚也。愼子曰：「有尺寸者，不可差以長短。」蓋以尺寸爲標準，則凡天下之長短，必皆如其尺寸而莫能外矣。雖然，尺寸亦不齊也，標準亦非一也；故「題」又有「題」與「非題」之分。題與非題，設欲齊一，仍須應以標準，亦且莫甚於標準，猶云以標準爲極也。故曰物甚不甚，說在若題。史記秦始皇本紀謂「一法度衡石丈尺」，蓋平六國以後之所有事也。

81　經　取下以求上也。說在澤。

說　取○高下以善不善爲度。不若山。澤處下善於處上。下所請，上也。

釋　本條似駁老氏之學。老氏之學，舉凡高下、貴賤、堅柔、强弱、動靜、大小、多少、先後、有無等類，莫不取其次者，終以致勝。故其說曰：「反者道之動；弱者道之用。」王弼注曰：「高以下爲基，貴以賤爲本，有以無爲用，此其反也。」按道之靜處爲正，動處爲反。道之體爲至剛，用爲至柔。蓋老氏以謂「天之道其猶張弓與！高者抑之，下者舉之」。故曰：「大國者下流，天下之同是交。牝常以靜勝牡，以靜爲下。故大國以下小國，則取小國；小國以下大國，則取大國。故或下以同已取；或下而同能取。」又曰：「欲上民，必以言下之。」又曰：「善用人者爲之下，是謂不爭之德。」故曰：「受國之垢，是謂社稷主；受國之不祥，是爲天下王。正言若反。」蓋其取下以求上之理，可謂闡發無遺者矣。說在澤者，澤爲卑下之處；故老氏常用水地、江海、淵谿諸名以揭其說曰：「天下莫柔弱於水，而攻堅强者莫之能先，以其無以易之也。」「江海所以能爲百谷王者，以其善下之。」「居善地。心善淵。」「知其雄，守其雌，爲天下谿。」皆其證也。

澤處下善於處上者，推辭之同也。蓋老氏既謂江海善下、居善地、心善淵、而善用人者爲之下，則已見其澤之處下爲善於處上矣。

高下以善不善爲度者，推辭之異。度者度其取也。不若山者，譬詞之異。夫山高澤下，各擅其用，有度取山善，或度取澤善；然從無以澤處下爲獨善者矣。吾嘗謂以山爲善者有時將爲澤國之民；以澤爲善者有時亦多爲山國之士。如尙書盤庚第三篇云：「古我先王將多於前功，適於山。」蓋商都屢圮，六遷至殷，自以高地爲宜也。降至春秋，數見水患；齊桓公葵丘之會，其載書五命卽有「無曲防」語，因當時各國多曲爲隄防，故共相立約禁阻。但戰國尤甚，其治水動以鄰國爲壑，致水逆行而泛濫。以上皆見孟子告子下篇。時墨家目見其害，以爲澤不若山，自當以度高爲善，因發此言歟？

下所請，上也，係援辭。廣雅云：「請，求也。」則此猶云下所求者上也；有此一語而經義益明。

經　不是與是同。說在不州。

說　不〇是是，則是且是焉。今是，是於是而不是於是，故「是不是」。是不是，則是而不是焉。今是、不是於是而是於是，故「是」與「是不是」同說也。

校　經「不是」，原作「是是」；按標題係「不」字，因據改正。

按本條說共二十三「是」字，中有八字譌爲「文」，惟首句不譌。茲列「今是」以下原文如次：

今是，文於是而不於是；故是不文。是不文，則是而不文焉。今是，不文於是而文於是；故文與是不文同說也。

孫謂「文」疑並「之」字之誤，是也。然「之、是」二字雖通用，而此處原似作「是」；或傳鈔者任寫作「之」，再誤爲「文」耳。又「而不於是」，孫謂「不」下亦當有「之」字；茲亦擬補「是」字。

【釋】廣雅：「州，殊也。」此云不是與是同，蓋以二者不殊之故。

前第五十一條云：「且，必然。」則此且字當有必然之義。

本條似破形名家「是不是」之說。前第七十九條已駁形名家所持「非不非」之說，此又駁其「是不是」一義，惜原篇已佚，而文句又過於繳繞，無由察見其命意之所在矣。

按莊子齊物論篇云：「何謂『和之以天倪』？曰：『是不是；然不然。』是若果是也，則是之異乎不是也亦無辯；然若果然也，則然之異乎不然也亦無辯。化聲之相待，若其不相待。」亦似與本條互爲對駁之辭，所謂「是異不是則無辯」是也。

此說可分四節，實二大段，在論式皆屬侔辭。第一段以「是是」起，第二段以「是不是」起，對仗極明晰，大抵「今是」以上各句當爲名家之言，以下各句爲形名家之言。茲就二家平日爭論各點，結合本條文意，畧爲推究如次：

首先：(一)名家謂「白馬爲馬」卽「是是」，其結論乃成「是且是」。(二)形名家謂「白馬非馬」，「白馬」已爲「是於是」，而「非馬」却爲「不是於是」，其結論乃成「是不是」。(三)名家之「白馬爲馬」謂爲「離白」，亦卽「是不是」，蓋「白」已偏去，確爲「是而不是」矣。(四)形名家謂「白馬非馬」，「非馬」已爲「不是於是」，但謂爲「不離白」，亦名「守白」，却又成爲「是於是」，此已陷入於「是」與「是不是」同說之中焉。

其次：(一)名家謂「堅白石三」卽「是是」，分明具有堅性、白色、石形之三，卽「是且是」。(二)形名家謂「堅白石二」，「堅白石」既爲「是於是」，而「二」却爲「不是於是」，故成「是不是」。(三)名家謂「堅白二而在一石」，謂爲「堅白不離」，名爲「盈堅白」，亦爲「是不是」，卽「是而不是」。(四)形名家之「堅白石二」，「二」既爲「不是於是」，而彼主張「離堅白」，卽「堅石二」與「白石二」，却又成爲「是於是」，此亦陷入於「是」與「是下是」同說之中矣。

下經下截共四十一條完

大取校釋第五　(末二章見第三編)

孫詒讓曰：「此篇文多不相屬，蓋皆簡札錯亂，今亦無以正之也。」按本篇原非一人一時之作，其羼雜之迹觸目皆是，特今次第不易辨認耳。王闓運別出「語經」，頗似漢志七十一篇中本或有此；然卽以彼二字爲界，前屬大取，後屬語經，又恐非是。竊意大取所辯者在學，而語經專在於辯，文固前後混雜，未必畫然分明若此也。余嘗摘取篇末二章別行，一附墨辯軌範，一名類物明例；雖竄易陳編勇於王氏，而事理所在，要爲近眞。蓋戰國晚世名辯之說甚盛，其思慮恢曠，已非子墨舊義所能範圍；後學莫省，各錄師說，彙聚成篇，故文多不相屬。若强爲牽合，恐乖原恉，遂仍故書，逐段作釋，凡涉語經者，別行輯出若干條附後；由是而孫氏所謂簡札錯亂之患，庶幾免矣。（公元一九二〇年春初稿，一九三六年三月寫定。）

天之愛人也，薄於聖人之愛人也；其利人也，厚於聖人之利人也。大人之愛小人也，薄於小人之愛人也；其利小人也，厚於小人之利人也。

校 薄於小人之愛人也及厚於小人之利人也，原作愛大人、利大人，二大字疑後人肊增以資偶對者，茲刪之。

釋 本條薄字，似與下厚字爲正反之偶者，其實不然；蓋薄本從溥聲，可讀爲溥，若讀薄如字，便失墨家本恉矣。法儀篇略謂「父母、學、孫云：「學，謂師也。」君，三者不可以爲法，莫若法天。天之行廣而無私，其施厚而不德，故聖王法之。天必欲人之相愛相利，以其兼而愛之，兼而利之也。」其謂天行廣施厚，兼愛兼利，聖王法之；是天之溥愛厚利，皆過於聖人矣。又天志上篇云：「故天意曰：『此之我所愛，兼而愛之；我所利，兼而利之。』愛人者此爲博焉；利人者此爲厚焉。中庸謂「溥博如天」；則愛博利厚，尤爲明證。傅山云：「大人，有德有位者，治人者也；小人、……治於人者也。」此言愛利之度，惟天爲最大，他如政長——天子、國君、鄉里之長見尚同篇——次之，下至衆民皆能愛利，惟所及人者小耳。墨徒之意，謂人人皆當法天，各如其分，以盡其兼愛兼利之道；蓋仍遠承子墨子所嘗揭櫫諸義而括論之也。

以臧爲其親也而愛之，愛其親也；以臧爲其親也而利之，非利其親也。以樂爲利其子而爲其子欲之，愛其子也；以樂爲利其子而爲其子求之，非利其子也。

校 愛其親也，原作非愛其親也。孫詒讓云：「非字疑衍，此篇多以一是一非相對言之。」按孫校是，茲據刪正。

釋 畢沅曰：「說文云：『葬，臧也。』卽藏字正文。謂葬親。」按畢說是；惟此臧當指厚葬言，樂當指繁樂言耳。故前段猶云，以厚葬爲其親也而謂爲愛親則可，以厚葬爲其親也而謂爲利親則不可。後段文易明；惟求之，似謂本無繁樂而求之於人，有害於從事，故云非利其子也。畢又曰：「此辯葬之非利親，樂之非利子，卽節葬非樂之說也。」按畢此說似尚未盡其義。蓋本條雖言葬、言樂，正合墨子節葬非樂之說，然其論旨當不全在此。考墨子嘗言「兼相愛，交相利」，此見兼愛天志諸篇。其於愛利二字，輒平等相視，不爲軒輊。及後學嫺習名辯，推求益精，始於二字生出差別；蓋以同一事端，謂愛之者或是而利之者或非也。然則此引葬樂二事，原不過爲愛利二字之差別作一例證而已；特由是而知厚葬之非利親，繁樂之非利子，其於墨子節葬非樂之舊義，將益堅其說焉。

於所體之中而權輕重之謂權。權，非爲是也，亦非爲非也。權，正也。斷指以存擘，利之中取大，害之中取小也。害之中取小也，非取害也，取利也。其所取者人之所執也：遇盜人而斷指以免身，利也；其遇盜人，害也。

校 亦非爲非也：亦非，原作非非。孫詒讓云：「上非字乃亦之誤。」按孫校是，據改正。

釋 「所體」與下段「事爲」，相對成文。後世論學，多言體、用或事、理。此所體者體也，理也；事爲者事也，用也。曹耀湘云：「論理則有是非，論事則有利害。是非本由利害而生；而是不必利，非不必害，故權不爲是非設也。兩利兩害，於中各有大小之別，權者擇而取之。」按曹說甚是；惟利害亦有理存，兩利取大，兩害取小，即理也。於理中而權輕重，故權與正同矣。此正猶言經，權亦言變，四者相反而亦相成。淮南主術篇曰：「故仁智錯，有時合。合者爲正，錯者爲權，其義一也。」文意與此相會。

畢云：「擥，此捥字正文，舊作𢴈，誤。說文云：『擥，手擥也；从手，臤聲。』鄭注士喪禮云：『手後節中也；古文擥作捥。』」孫云：「意林引作脛。」

「害之中取小也」：下句也字，畢謂「當爲者」；按也、者、古通用。其所取者人之所執也：所取，卽指利言；人之所執，意謂盜之殺人，原以求利，而斷指免身，我以爲利，盜以爲害，故利者盜與我之所共執也。當此之時，我宜於所體之中而權輕重以取其利，不復爲是非所拘；然世人每昧於此。

按本段論害之中取小，特爲下文作勢，似非墨徒本恉。

斷指與斷腕，利於天下相若，無擇也。死生利若一，無擇也。殺一人以存天下，非殺一人以利天下也；殺己以存天下，是殺己以利天下。於事爲之中而權輕重之謂求。求，爲之非也。害之中取小，求爲義，非爲義也。

〔箋〕畢沅曰：「玉篇云：『腕，烏段切，手腕；亦作捥。』案捥、腕皆擥字之俗。」爲之非也：之，當讀是，古本通用。此求，與論語「求仁得仁」同；此義，與孟子「舍生取義」同。求與權對；權非爲是非，求乃爲是非也。是非屬理，然仍不外於事；故求義者須於事爲之中而權其輕重焉。

求既爲是非，則取之合於義者是而背於義者非矣。夫害之中取小，乃避害趨利之行，所計較者全在利害，罔論是非；故欲於害中取小而求爲義，乃非爲義也。總而言之，雖權亦於理中而權輕重，然祗顧利害，不顧是非；雖求亦於事中而權輕重，然祗顧是非，不顧利害。審如是也，凡利於天下者，其利當爲至大，而亦最合於義，有是無非；故利中取大，雖斷指斷腕，害有大小，而以利於天下相若，當無所擇，卽推而至於生死所關，以其爲利若一，亦無擇也。雖然，所謂無擇者，乃就一己而言，非所以期於他人也。如殺一人以存天下，實卽殺一人以利天下；但不殺己而殺人，卽利於天下，亦爲非義，故曰非殺一人以利天下也。反之，若殺己以存天下，是殺己以利天下，方合於義而得所求矣。按此或就戰國時代某事說，似非一概之言。

按經上謂「士損己而益所爲」，此謂殺己以存天下，卽是利天下，以損己者小，益所爲者大也。可見利之中取大，乃墨徒本恉所在，篇名大取，殆卽以此故歟。

爲暴人語天之，爲是也；而惟爲暴人歌天之，爲非也。

校 曹耀湘云：「是也下，原衍而性二字。」按性字當是惟字之形誤，茲就文義改之。

釋 天之，卽天志。曹云：「墨書中凡言天志，多作天之，古字通用。」按說文言字下：「論難曰語。」徐鍇曰：「語者相應答。」

子墨子法天，故有天志之論。天志上篇云：「昔三代之暴王桀紂幽厲，此反天意而得罰者也。」其暴王，當與此言暴人同。此言爲暴人解說天志，勸其法兼愛，天志下篇云：「順天之意何若？曰：兼愛天下之人。」乃爲是也。但爲暴人歌頌天志，遂其背天兼惡，法儀篇云：「暴王桀紂幽厲兼惡天下之百姓。」則非矣。

諸陳執既有所爲，而我爲之陳執；執之所爲，因吾所爲也。若陳執未有所爲，而我爲之陳執；陳執，因吾所爲也。

釋　曹耀湘略云：「諸陳執者，人之所執不一也。如執無鬼，執有命，執厚葬久喪，人之有所執而不化也久矣，是陳執也。墨子節用節葬非命非樂之說，亦陳執也；兼愛尚同天志明鬼各篇，亦陳執也。」按曹說是。此「所爲」與「爲之」，對文。爲之者於陳執而能爲之也；所爲者陳執之有成效者也。執之所爲而不曰陳執者，殆已變本加厲矣。故此猶云：如儒家執無鬼，執有命，執厚葬，執繁樂，既皆有所爲矣。今我以彼既有所爲，而又爲之陳執，不獨仍舊，或尤甚焉；則凡此時執之所爲，殆因吾所爲而然也。又如墨子明鬼、非命、節葬、非樂，亦皆陳執也。但此類陳執若尚未有所爲，而我爲之陳執，益發揮而光大之；則凡此之陳執，亦因吾所爲而然也。

按此似謂前賢有所創建，如已見事效，則後學或當改絃更張，救其偏敝；設事效尚未彰著，或當循途精進，致其完成也。

暴人爲：「我爲天之」：以人非爲是也，而性不可正而正之。

釋 曹耀湘改此首句作「暴人謂：我爲天志」，其義甚是；惟爲與謂，之與志，古皆通用，不改可也。曹釋之云：「暴人本拂逆天意，而自以爲合乎天意，以人之所非者爲是也。如夏桀矯天命以布命于下，商紂謂有命在天，是皆自謂天志也。此其性殆不可正，而墨者欲從而正之。」

按此節似當接上文「爲暴人歌天之爲非也」下。

利之中取大，非不得已也；害之中取小，不得已也。於所未有而取焉，是利之中取大也；於所既有而棄焉，是害之中取小也。

校 於所未有而取焉句，原缺於字；茲據下文補。

釋 上文謂殺己以利天下，則死生之權操諸自我；故曰利之中取大，非不得已也。又上文謂其所取者人之所執，則利害之權操諸他人：故曰害之中取小，不得已也。夫天下至危，尚未見有殺身圖存之士，而我乃殺己以利天下；是利之中取大也。若途遇盜人，既有殺害一身之患，乃寧棄指腕以免其身；是害之中取小也。

按據文意，此節疑不在此，當在上。

義可厚，厚之；義可薄，薄之：謂「倫列」。德行、君上、老長、親戚，此皆所厚也。爲長厚，不爲幼薄。親厚，厚；親薄，薄。親至、薄不至，義。厚親，不稱行而顧行。

釋倫列者雙疊聯綿詞。孫詒讓引戰國策宋策高注：「倫，等也。」又引禮記服問鄭注：「列，等比也。」倫列同義，故長言之爲倫列，短言之亦卽倫耳。孟子載墨者夷之謂「愛無差等」，蓋此倫列卽無差等，亦卽今言平等之意。倫列須以義爲標準，厚薄皆由以定；如於世人、義所當厚者厚之，而於盜、義所當薄者則薄之，蓋義與倫列實無二致也。莊子天道篇云：「宗廟尚親，朝廷尚尊，鄉黨尚齒，行事尚賢，大道之序也。」大道之序，亦猶此言倫列；故德行卽彼行事尚賢，君上卽彼朝廷尚尊，老長卽彼鄉黨尚齒，親戚卽彼宗廟尚親。曹耀湘云：「親戚，謂父母也。」按戚可訓近，此親戚殆卽同宗廟之近親，非命上篇謂「入則孝慈於親戚」，可證。德行、君上、老長、親戚四者，皆爲義所當厚之類，實則此但舉大略言之；蓋倫列並不限於四者，如長與幼，親與疏，概無差等也。故就義言，既可爲長而厚，亦不爲幼而薄。又世人每謂親者應較厚，疏者應較薄，戰國時惟儒家主此最堅，論此最詳；然墨者不然，以謂親之義當厚者厚，親之義當薄者薄，推之於疏，亦同此理。親至，卽親之至者，猶云至親，此當指父母言。蓋本句係承上文「親薄、薄」言，謂親之當薄者則薄之；若於父母至親，雖薄不爲已甚，亦得爲義。厚親之親，承上「親至」，亦指父母言。曹云：「稱，審量也。」說文：「顧，還視也。」書太甲篇傳：「顧，謂常目在之。」按此語乃申說上文親至、薄不至爲義之由；蓋厚親爲人子分內事，其於父母之行爲，不可稱量亦計較意其得失，而但目存之以冀其善耳。

孟子嘗謂：「墨氏兼愛，是無父也。」見滕文公下篇。不云墨子按盡心上篇作「墨子兼愛」，係指墨子一人言。而曰墨氏，知其所指斥者墨家後學耳。夫墨子兼愛之說，據其現存遺書三篇以觀，固未至於無父之極也。但由來者漸，流弊乃生；迨至晚世，恐有不免於孟子所譏者矣。大取之篇，不知作於何時，然似在孟子稍後；若就本節言，頗有鍼鋒相對之慼，抑墨徒已見孟子譏辭，因而爲之申辯者歟？

爲天下厚禹，爲禹厚也；爲天下愛禹，乃爲禹之人愛也。厚禹之爲加於天下，而厚禹不加於天下；若惡盜之爲加於天下，而惡盜不加於天下。

【校】爲禹厚也，爲天下愛禹，其厚字原錯在次句愛字上；茲特乙轉，方與下句「乃爲禹之人愛也」同例。厚禹之爲加於天下，原缺爲字，茲照孫說增入。

【釋】天下，猶云天下之人，與下文禹之人句例同，特一省、一不省耳。此謂爲禹而厚禹，私也；爲天下之人而厚禹，公也。然禹能厚天下之人，故亦爲天下之人而厚禹；蓋厚禹雖私，猶爲公也。惟愛亦然。愛禹，別也；然禹能愛天下之人，故亦爲天下之人而愛禹，兼也。又爲禹之人而愛，亦兼也。故爲天下之人愛禹，與爲禹之人而愛，其道一矣。厚禹之「爲」，卽上爲天下之「爲」。加，增益也。此蓋謂爲天下之人而厚禹，則可以勸善，故能增益於天下；設祇厚禹之一人，則於天下之人無所增益矣。猶之爲天下之人而惡盜，則可以懲惡，故能增益於天下；設祇惡盜之一人，是曰私惡，則於天下之人亦無增益矣。下文「厚，不外己；愛，無厚薄」：厚，愛，對言。此厚禹愛禹亦對言，故上下辭意略異也。

禹極惡盜，其義詳小取篇第四章第三節，故此以惡盜取譬厚禹，愈見爲禹厚之出於公也。

愛人不外己，己在所愛之中。己在所愛，愛加於己。「倫列」之愛己，愛人也。

釋 墨子兼愛，三篇言之詳矣；然未若此節言之明顯而直切者。蓋墨徒言愛，祇限於人，不從己出，以己亦人之一耳。故愛人卽愛己，以己已在所愛之中，而愛加於己，人己不分，墨子時實未有此深至之說也。蓋己未嘗不可愛；惟平等之愛己，不涉於私，卽與愛人同矣。按此說似頗受楊朱說之影響，而本節或駁之。

聖人惡疾病，不惡危難，正體、不動，欲人之利也，非惡人之害也。

釋 墨道重在利世，疾病足以妨身廢事，故惡之。墨徒皆可使赴火蹈刃，死不旋踵，見淮南泰族篇。故不惡危難。惡疾病，則必自衞其生，而不爲沴疫所累，故曰正體。不惡危難，則必自堅其志，而不爲艱阻所搖，故曰不動。蓋欲人之利，故惡疾病；非惡人之害，故不惡危難也。

聖人不爲其室臧之故，在於臧。

【校釋】下經第四十二條云：「室，堂，所存也。」按存，卽此之臧。言聖人兼利天下，不爲其居室足以存藏之故，而心在於貨財之藏也。

聖人不得爲子之事。

【校釋】天志中篇：「今有人於此，讙若愛其子，竭力單務以利之，其子長而無報于其父；故天下之君子，舉謂之不仁、不祥。」又上經第十二條云：「不利弱子。」蓋爲父者有爲父之事，爲子者有爲子之事；苟爲父者爲子「隱謀遺利，而不爲天下爲之」，（用節葬下篇語。）則一自私自利之人耳。聖人以兼利天下爲心，不得如此。

聖人之法：——「死亡親」，爲天下也。厚親，分也；以死，亡之，體渴興利。有厚薄而毋「倫列」之興利，爲己。

【校釋】孫詒讓云：「亡，忘通。謂親死而忘之，卽薄喪之義。」按荀子禮論篇論「三年之喪」節，有「彼朝死而夕忘之」語，蓋卽隱駁墨家之說，如此類是也。此聖人，或指禹言。尸子謂「禹之治水，爲喪法曰：『毀必杖，哀必三年。』是則水不救也。故死於陵者葬於陵，死於澤者葬於澤，桐棺三寸，制喪三日。」宋書禮志引。蓋墨家法夏，疑此聖人之法，卽遠承禹之喪法耳。尸子之言，全信與否雖不可知；要之禹爲天下治水，固宜有此短喪薄葬，方足以赴事機，其理自可信也。體渴者：經上第二條：「體，分於兼也。」說文：「渴，盡也。」畢謂今經典多以竭爲渴。此卽其義。夫親死則忘，非墨者獨以薄爲其道也。蓋厚親爲人子分內事，墨者所同；其謂以親死而忘之者，欲令天下之人，分盡興利之責焉耳。節葬下篇曰：「死者既以(已)葬矣，生者必無久喪，而(乃)疾而從事，人爲其所能以交相利也，此聖王之法也。」人爲其所能以交相利，卽此體渴興利之意。有厚薄，言事親而校量厚薄。毋，通無，與上有字意正相對。倫列之興利，言人人有同等之興利。此謂爲人子者，徒事校量厚薄而執厚葬久喪，不能與人爲同等之興利，直是「爲己」而已。

按自此以下，每有語經各條錯雜其間；茲皆別行會輯，附諸篇末。

三物必具，然後足以生。

校 按此節二句已照孫詒讓所校移後，歸入墨辯軌範。

臧之愛己，非爲「愛己」之人也。厚，不外己；愛，無厚薄。

釋 上文云：「己在所愛，愛加於己。倫列之愛己，愛人也。」此謂臧之愛己，並非倫列之愛己，必不愛人；然則臧旣不可爲愛人之人，自亦不爲愛己之人矣。何則？以厚而言，厚人固不外己也；以愛而言，人己皆無厚薄也。

孫詒讓云：「此節疑當接上文『倫列之愛己愛人也』下。」按孫校是。蓋上條總括而言，可以謂之愛人卽爲愛己；然恐別愛之士，轉易其詞，以爲愛己卽爲愛人，則其害於兼愛之道匪淺。由是特著此條，以謂愛己者卽爲愛人，則不獨不爲愛人，亦且不得謂之愛己，庶免後世將有以墨道爲詬病者矣。

擧「己」，非賢也。

釋 據上文以觀，墨家固不諱言「己」也；惟視合乎倫列與否耳。此節之意與上文不接，故別出釋之。

孟子盡心上篇曰：「楊子取爲我；拔一毛按高誘注呂覽引作拔體一毛而利天下，不爲也。」又滕文公下篇曰：「楊氏爲我，是無君也。」按取爲我，猶云貴己，故呂氏春秋不二篇謂「陽生李善注文選引作楊朱貴己」。又爲我，亦卽愛己，故列子楊朱篇張湛注：「楊朱與禽滑釐辨論，其說在愛己，不拔一毛以利天下，與墨子相反。」亦見荀子王霸篇楊倞注。蓋楊子之爲我，極有妨於墨子之兼愛；故墨徒謂愛人不外己、倫列之愛己及厚不外己，皆卽反覆以釋「己」義之不可私。此又謂「擧己非賢」，更大聲疾呼以斥楊氏棄人崇己之非是；而「非賢」之云，亦正猶孟子譏爲「無君」之意歟。

義，利；不義，害：之功爲辯。

【釋】之功，孫詒讓曹耀湘皆作志功。孫云：「志，舊作之；今據道藏本吳鈔本正。」按墨子志字多作之，當是故書，不必改。經下第二條釋語已詳言之。然下文謂「志功不可以相從也」，魯問篇謂「合其志功而觀焉」，皆作志功；而耕柱篇又作意功，意志同義。曹云：「義者必其利於人也；不義者必其害於人也。志，意也；功，事也。人之志與功，皆當明辯也。愛人，志也；利人，功也。」按曹說是；惟謂愛人志也，利人功也，似非此節所云。此當云：義不義，志也；利害，功也。蓋人存義不義之意志，苟見諸行事，卽呈利害之功効；然則去義、懷不義以爲害，何如去不義、懷義以爲利乎？此當辯之而知所取，故曰志功爲辯。

按孟子對彭更之問，亦有「食志、食功」之喻，見滕文公下。蓋志功乃戰國之通語耳。

愛衆世與愛寡世相若。兼愛之，有相若。愛尙世與愛後世，一若今世之人也。

【校】愛衆世，原衍一衆字，茲據王引之及孫詒讓刪正。一若今世之人也，原「世之」二字倒，王謂當作今世之人，今世與尙世、後世相對爲文也。茲據以乙正。

【釋】有相若，孫云：「有，與又通。」愛尙世，王云：「尙，與上同。」按皆是也。

孫云：「衆世、寡世，以廣狹言；尙世、後世，以古今言。」按廣狹，就今空間言，墨經謂之宇；古今，就今時間言，墨經謂之久，卽宙。世，猶云世之人，祇末句言今世之人，知以上各句皆省文耳。此衆世、寡世，頗似佛典稱大千世、小千世；尙世、今世、後世，亦似稱過去、現在、未來諸世也。蓋墨者之意，以謂愛衆世之人與愛寡世之人相若；而兼愛世人，又皆相若。且兼愛不獨愛今世人，亦宜愛上世人與後世人也。夫子墨子揫兼愛之說，其義初極平庸，固非幽深奇詭之談也。及三墨出，率其門徒，肆其論辯，推而廣之，因以曼衍。乃晚世墨者，風會所趨，愈益馳騖其說，如本節所述，茫無畔厓，蓋已不可究詰矣。別詳小取篇第四章第五節。

天下之利驩！「聖人有愛而無利」，「俔曰」之言也，乃「客」之言也。

校 曰字原作日，因宋以來刻本字體多狹長，曰字每似日字耳。

釋 曹耀湘云：「驩，動也。言人之趨利者若馳騖也。」按之字常訓爲往、爲至，引申亦有趨義；則天下之利，猶云天下人趨利也。驩，猶云驩然，用以形容「之」字之動作。說文：「俔，譬諭也。」又「客，寄也」。曹云：「俔曰，猶藉曰也；客者非主也。」蓋此謂天下之人，騷動而趨於利。聖人恐世人有利而無愛，因盛稱愛，罕稱利。乃淺識者遂謂「聖人有愛而無利」；不知此爲「藉曰」之詞，非主言，乃客言耳。

按此頗似特爲孔子作迴護者，殆晚世有儒墨兼從之士歟？ 然孔子雖「罕言利」，其義究與墨子有異；若在墨徒，更無論矣。

天下無人，子墨之言也猶在。

校　子墨下，孫詒讓據吳鈔本補子字。按舊本無子字，不必補。

釋　戰國之末，墨道衰微；天下無人者，謂天下無繼其業之鉅子，故深致慨歎也。言猶在，謂其所掇之各說，傳之於禽滑釐三墨及其他弟子者，今猶在世也。

按呂氏春秋上德篇載楚悼王（前401—381）薨，墨者鉅子孟勝死陽城君之難，使二人傳鉅子於宋之田襄子。考墨子卒於周威烈王之初，距孟勝死約四十年，或孟勝即爲第二代鉅子，禽滑釐是否第一代，不得而知，而田襄子當爲第三代。又呂氏去私篇載秦惠王（前337—311）時，墨者有鉅子腹䵍，相距孟勝死約六十年，則或爲第四、五代鉅子。考楚地陽城，在今河南省登封縣境，與宋皆屬中原；及腹䵍居秦，墨學重心移於西方，故有天下無人之嘆耶？據此所言，則大取之纂輯，當在戰國中晚年之際乎。

〔凡學愛人〕

校　孫詒讓云：「此句或當接後『利人也爲其人也』句。」按此四字以下，文共三節，皆屬語經，若將三節別出，適與下「利人也」云云銜接；因此，知語經之文，每多羼雜於大取中也。

凡譽——愛人利人也，爲其人也；富人，非爲其人也，有爲也，以富人富人也。

校 譽，原作學，茲據孫詒讓改正。又此節讀法，亦當留意；蓋「凡譽」二字，當雙領下文(1)愛人利人，(2)富人，故首用凡字。至「以富人富人也」句，第二富字爲加謂，即他動詞，頗與孟子離婁篇「不以堯之所以治民治民」句法畧同。

釋 此謂凡譽人之愛人利人者，爲其人也；凡譽人爲富人者，非爲其人，實爲己耳。蓋有爲於己者，即以富人爲能富人也；苟無所爲，則人雖富，將不欲譽之矣。

此言凡人視愛利與視富貴有別；蓋富貴私，愛利公耳。

治人有爲鬼焉。

釋 此有，當讀爲又。爲，亦治也。淮南說林篇：「莫欲學治鬼而皆欲學治人。」彼治鬼、治人對文，此治人、爲鬼亦對文也。孫詒讓謂「言治人之事兼有事鬼，若祭祀之類。」按言祭祀甚是，論語載孔子稱禹致孝鬼神，墨子法夏，故有明鬼之說。嘗謂「古聖王治天下也，故(固)必先鬼神而後人。」又曰：「今若使天下之人，偕(皆)信鬼神之能賞賢而罰暴也，則夫天下豈亂哉？」其意以爲如欲治人，必先治鬼。但此謂治人又爲鬼者，蓋時當季世，治鬼之念稍殺，故其言治人乃先於治鬼矣。

爲賞譽利一人，非爲賞譽利人也；亦不至無貴於人。

【釋】曹耀湘云：「爲賞譽而專利一人，不得謂之利人者，以其小也；然以爲無貴於人亦不可。」按「亦不至無貴於人」者，猶云此賞譽亦可見重於人；蓋以賞譽利一人而天下勸也。

智親之一利，未爲孝也；亦不至於智「不爲己之利於親也」。

【釋】畢沅云：「智，同知。」按以下諸智字同。此謂知親之一利，而不知兼利人之親，即「爲己之利於親也」，充其量將至於舍親而利己，故未足爲孝。耕柱篇載巫馬子謂子墨子曰：「我不能兼愛。我愛鄒人於越人，愛魯人於鄒人，愛我鄉人於魯人，愛我家人於鄉人，愛我親於我家人，愛我身於吾親，以爲近我也。」又兼愛上篇曰：「子自愛，不愛父，故虧父而自利。」凡此皆由爲己之一念以生，勢非愛我身於吾親，甚而虧親以自利不止。

此謂爲人子者，既不知「爲己之不利於親」，則反之「不爲己之利於親」，當亦不至於知之矣。蓋「不爲己之利於親」，方可謂爲倫列之利親也。

智是世之有盜也，盡愛是世。智是室之有盜也，不盡愛是室也。智其一人之盜也，不盡惡是二人。雖其一人之盜，苟不智其所在，盡惡其弱也。

校 智是世，原作智是之世，孫詒讓謂吳鈔本無之字；茲據刪。不盡愛是室也，原缺愛字，茲據王闓運刻本增。不盡惡是二人，原挩惡字，茲據孫說增。盡惡其弱也：孫謂弱疑朋之形誤。按朋，古文作扇，其字形雖似，而文義不甚合，孫校似非。

釋 知此世之有盜，而盡愛此世之人者，以世盜有限，世人無窮，不得因至少之盜而廢至多之愛也。知此室之有盜，而不盡愛此室之人者，以此室之人有限，苟盡愛此室，則並盜而亦愛之，不可也。設有二人於此，知其中之一人爲盜，必不盡惡此二人；以其他一人不爲盜者仍須愛之故。弱，溺之省文。說文：「溺，沒也。」蓋沒入於水爲溺，隱匿似之，今俗謂窩藏，又言包庇，皆卽其義。此謂就中雖祇一人爲盜，苟不知盜在何處，則凡隱匿彼盜者亦盡惡之。若盡惡其朋，不免太泛。

諸聖人所先爲人，欲名實。名實不必后。

校 不必后，原作不必名，因二字形相似而誤也。后，與後同。

釋 孟子告子下篇載淳于髡曰：「先名實者爲人也；後名實者自爲也。」朱熹注：「名，聲譽也；實，事功也。言以名實爲先而爲之者，是有志於救民者也；以名實爲後而不爲者，是欲獨善其身者也。」按「所先爲人欲名實」，較之「先名實者爲人」，其語尤爲急切懇至。蓋謂先有爲人之心而後欲名實，此固甚善；實則先能爲人，名實卽隨之，不必待「欲」而後有，故曰名實不必后。

墨家志在救世，不欲獨善其身，於此可見。

智與意異。

【校】孫詒讓云：「舊本挩異字，今據吳鈔本補。」按孫校是，茲據增。

【釋】下經第五十七條：「以檻爲摶：於『以爲』無知也。說在意。」又第五十八條：「意未可知。」蓋理、不本於實測，而由一己所意以爲者，其非眞知明矣；故此曰知與意異。

子深其深，淺其淺；益其益，尊其尊。

【釋】俞樾云：「尊，當讀爲剸。說文刀部：『剸，減也。』剸有減損之義，故與益其益對文成義。」按俞說是。句首子字，當卽稱子墨子，猶孔門常稱孔子爲子耳。此言墨子教人，深淺、益剸；卽加減損益。隨機順應，觀耕柱貴義等篇可證；蓋亦孔子因材施教之意歟。

夫辭惡者，人有以其請得焉。諸所遭執而欲惡生者，人不必以其請得焉。

【校】人有，原作人右，茲據孫詒讓改正。

【釋】孫云：「有，與或義同。請，讀爲情，下同。」按周禮秋官小司寇：「以五聲聽獄訟，求民情，一曰辭聽。」鄭注：「觀其出言不直則煩。」賈疏：「直則言要理深，虛則言煩義寡，故云不直則煩。」此辭惡，猶云訟者辭煩也。辭煩則其情易見，故曰人有以其情得焉。易繫辭下篇：「將叛者其辭慙，中心疑者其辭枝；吉人之辭寡，躁人之辭多；誣善之人其辭游，失其守者其辭屈。」此謂人有此情而出辭惡也。吉人句係帶說。孟子公孫丑上篇：「詖辭知其所蔽，淫辭知其所陷，邪辭知其所離，遁辭知其所窮。」此謂辭惡者其情皆可得而知也。說文曰部：「𣍘，獄兩曹也；从㯥，在廷東也；从曰，治事者也。」段玉裁注：「兩曹，今俗所謂原告、被告也。曹，猶類也。史記曰：『遣吏分曹逐捕。』古文尚書：『兩造具備。』史記：兩造，一作兩遭。兩遭、兩造，即兩曹，古字多假借也。」按此遭、曹之繁文。曹執，言兩曹各執一辭也。諸，凡也。蓋凡兩曹有所諍執，欲惡即生，紛紜雜沓，其情乃不易得矣。

聖人之拊瀆也，仁而無利愛，利愛生於慮。昔者之慮也，非今日之慮也。昔者之愛人也，非今之愛人也。愛獲之愛人也，生於慮獲之利，非慮臧之利也；而愛臧之愛人也，乃愛獲之愛人也。

校 拊瀆，原作附瀆。孫詒讓云：「附，道藏本吳鈔本並作拊。」瀆，字書所無，曹耀湘校作覆，形不甚似。余疑瀆當爲瀆之形誤。瀆字从賣聲。賣、篆文本作𧷏，說文謂「讀若育」。此瀆爲𧶠之繁文，即假用爲育字耳。

釋 曹云：「拊，與撫同。撫覆者天下皆在含育之中也。」按拊瀆，即拊賣，亦即撫育。經上第四條：「慮，求也。」此謂聖人撫育天下之人，祇見其仁，不見其利愛，故曰仁而無利愛；實則非無利愛，以利愛須由慮求而生耳。譬如天之雨暘，或煦嫗之，或潤澤之，人蒙其庥，爲應其求故也。若旱暵、水溢，已非所求，則人不欲之矣。故曰昔者之慮，非今日之慮也。又如母之於子，寒則衣之，及暑而褫；飢則食之，及飽而歠。子之所求不一，因覺母之於子今昔各殊。故曰昔者之愛人，非今之愛人也。由是以觀，愛人之有今昔，實因慮利之有彼此。如臧獲然：獲有獲之利，臧有臧之利；臧所利者未必利獲，而獲所利者亦未必利臧。故愛獲之愛人，生於慮獲之利，非慮臧之利；推之愛臧之愛人，生於慮臧之利，非慮獲之利可知也。雖然，慮臧獲之利雖異，而愛人之實則同；故曰愛臧之愛人，乃愛獲之愛人也。

墨者常連言愛利，此獨言利愛不同者，蓋聖人之愛此者或以爲無利於己，愛彼者亦以爲於己無利；實則聖人之仁於彼此，皆由慮利而生，非偏有所愛也。

去其愛而天下利，弗能去也。

【釋】愛利二者，關係至切，故墨子常言「兼相愛，交相利」。今若去其愛，勢必失其利。微論無愛則無利；即天下獲其利，而所謂利者非從愛生，則亦不得謂之利矣。故欲天下利，其愛終弗能去也。

按此言「去愛則非利」，足見墨家言利須由愛生也。

昔之知嗇，非今日之知嗇也。貴爲天子，其利人不厚於匹夫。二子事親，或遇孰，或遇凶，其利親也相若。非彼其行益也，此非加也；外埶無能厚吾利者。

【校】曹耀湘云：「兩穡字，原訛作牆。」俞樾云：「牆字不可通，乃嗇字之誤。」匹夫，原作正夫，茲據顧廣圻校改。孫詒讓云：「孰，道藏本吴鈔本並作熟。」按孰、熟，古今字。其利親也相若，原缺利字，句義不全，茲據上文補利字。此非加也，原無此字，與上句不接；上句言彼，下句當言此，茲補此字。外埶，原作外執，茲據孫改正。埶，卽勢字。

【釋】俞云：「呂氏春秋情欲篇：『論早定則早知嗇。』先己篇：『嗇其大寶。』高注並曰：『嗇，愛也。』」按說文：「嗇，愛濇也。」韓子解老篇：「少費之謂嗇。」然經典通用穡。如左傳僖二十一年：「務穡勸分。」杜注：「穡，儉也。」孔疏：「穡是愛惜之義，故爲儉。」又昭元年：「大國省穡而用之。」注：「穡，愛也。」皆卽其義。天子，匹夫，相對成文。天子爲貴，匹夫爲賤；孫謂「利人之心，貴賤所同」，是也。或遇孰，或遇凶，畢云：「言歲孰、歲凶。」亦是。此非加也，猶云此其行非加也。加與益同義，上言益，下言加，互文耳。又彼指遇孰之子，此指遇凶之子。其行，言二子事親之行。外埶無能厚吾利者，孫云：「謂外物不能使吾利親之心加厚。」是也。

墨子常言「節用」，此復進言「知嗇」；蓋所謂知嗇者，乃實知乎節用之道而已。夫昔之人儉省愛濇，但知爲己；今言節用，志在利人。故非樂上篇曰：「利人乎則爲，不利人乎則止。」又節用上篇曰：「去無用之費，聖王之道，天下之大利也。」斯即實知節用之利人；故曰昔之知嗇，非今日之知嗇也。今日知嗇既在利人，必無分乎貴賤；故天子之貴，匹夫之賤，其利人皆無厚薄。故曰貴爲天子，其利人不厚於匹夫。此如二子事親，一遇歲熟，一遇歲凶。其遇歲凶者物少宜嗇，則口體之養，容有不同；然其利親固相若也。而利親所以相若者，非彼遇熟之子其事親之行獨優，而此遇凶之子其行獨薄；實則二子各視其年之豐歉，各稱其家之有無，行其力之所能以奉其親故耳。若夫歲凶歲熟，形成豐歉，純因外勢使然，初無與於二子利親之有厚薄也。

藉臧也死而天下害，吾持養臧也萬倍，吾愛臧也不加厚。

校　孫詒讓云：「首句臧字，舊本誤藏；今據吳鈔本正。」按此臧，猶今言「某甲」。

釋　孫云：「藉，即假借字。」荀子榮辱篇：「以相持養。」楊倞注：「持養，保養也。」此謂吾持養臧，萬倍於持養衆人；則吾之愛臧也可謂加厚矣。然苟臧死而天下蒙其害，則臧爲不利於天下之人；雖吾萬倍養臧，而愛臧乃不爲加厚也。

按此言「去利則非愛」，亦見墨家言愛須合乎利，正與前「去其愛而天下利，弗能去也」一節命意相似。

語經

釋 王闓運云：「此本在大取篇，今分出。」孫詒讓云：「語經者言語之常經也。」按墨子有經上經說上經下經說下四篇，原皆論式所組成，號稱墨經，爲三墨之徒所俱誦；見莊子天下篇。此稱語經者，其中名辯雖略同於墨經，而其不用論式組織則異也。著書名「經」，戰國晚年始有；此語經或尤在墨經以後，本不連第而別行，不知何時羼入大取，淆亂甚矣！茲據王氏別出，而又加以抉擇焉。

語經也：求白馬焉，執駒焉；說求之舞，說非也。漁木之舞，求非也。

校 求白馬焉，求字原作非，無義；竊意下文既言「求之」，則非字當卽求字之誤。此或因求字中直，爛分爲二，形似非字；讀者不察，遂涉下有二非字而據以肊改邪？孫詒讓云：「舞，當從畢校，爲無之誤。」按舞字從無聲，此乃無之繁文耳。末句「木」「求」二字，原皆作「大」，孫與曹耀湘皆校作犬，仍難解說。余疑上大字爲木之誤，中直損其下半耳；下大字亦當作求，不獨中直損半，而兩旁又挩數筆也。

釋 語經也，畢沅云：「也，同者。」按此三字總冒下文，王闓運謂「自釋其題」，非也。執駒者：執爲持守之義。詩小雅「皎皎白駒」，則駒亦小白馬耳。漁木者，猶孟子「緣木求魚」之喻。公孫龍善持「白馬非馬」之說，當時疑難者多，因作白馬論以辯之；而其引爲質詰者，實皆名家言也。其第二節答詞曰：「求馬，黃黑馬皆可致；求白馬，黃黑馬不可致。使白馬乃馬也，是所求一也。所求一者，白者不異馬也。所求不異，如黃黑馬有可、有不可，何也？可與不可，其相非，明。故黃黑馬一也，而同乃可以應有馬，而不可以應有白馬。是白馬之非馬，審矣。」龍之辯論如此；惜今簡籍亡缺，已無復名家反駁之詞。惟語經存有此節，尚可得其梗概，其字句雖有差誤而幸無挩落；推尋對揚事迹，略見詞鋒，聊足慰矣。蓋此節大意，謂求白馬固與求馬同也。如求白馬，謂黃馬、黑馬不可致；然執駒以應之，有何不可？駒雖白馬而名異，異名者可求而致；則黃馬、黑馬固屬於馬，豈終不可求而致邪？故求白馬而執駒，此事之可行者；乃說「求之無有」，殆非求之非，乃說之非也。至若求魚於木，必不得魚，斯眞求之非矣。

有有於秦馬，有有於馬也；智求者，之馬也。

校　此求字原作來，與上文意不應；蓋亦因形似致誤耳。

釋　孫詒讓云：「疑當作有友於秦焉，有友於□焉。」按孫校誤，惟二有字讀一爲友，甚是；但余意二「有有於」，皆當讀作「友有於」爲較合於句義也。有友二字，古多通用。兼愛下篇「兼之有，別之有」，即「兼之友，別之友」。荀子大略篇：「友者所以相有也。」楊注：「友，與有同義。」皆其例證。「有於」之有，古多用作「舉謂」，今日自動詞。增一於字，始成「加謂」；今日他動詞，詳見上經第七十九條。實則有字本屬加謂，「於」字可省，則「秦馬」即其所轄「受事之物」耳。故此二語可讀作「友有秦馬，友有馬也；知求者，此馬也。」

此承上文更言求馬固與求白馬同也。蓋求馬而得之者即有也；如友求秦馬而有之，當亦可謂友有馬也。故友既有秦馬，而友即有馬也。何則？知友求者必此馬也。今有馬與有秦馬無異，然則求馬與求白馬何獨不同？

鬼，非人也。兄之鬼，兄也。

釋 此義見小取篇第四章第六節第四項，彼作「人之鬼，非人也。兄之鬼，兄也」。此似更爲明顯。

不得已而欲之，非欲之也。欲殺臧，非殺臧也。專殺盜，非殺盜也，

校 孫詒讓云：「舊本重非欲之三字。畢云：『一本無』。按顧校季本亦無，今據删。」王引之云：「非殺臧也上有脱文；以下二句例之，當云專殺臧，非殺臧也。」按孫王二説皆是，兹據删補；惟專殺臧句，當承上文改作「欲殺臧」爲得。

釋 孫云：「此即前『害之中取小、不得已也』之義。」按孫説甚是。經上第七十五條：「爲，窮知而縣

〔懸〕於欲也。」蓋謂人之行爲恃乎知而尤懸於欲；人苟爲欲所懸係，則知有時而窮。故墨家重正欲惡，如經上第八十四條謂「欲正，權利；惡正，權害」：以欲惡得其正，而權利害亦可得其正焉。此言欲不言惡者，惡特欲之反面，欲可該惡耳。蓋不得已而欲之，卽所謂欲正權利；然實亦害之中取小，又卽所謂惡正權害也。故凡此類之欲惡，均非可以左右知識者，故曰非欲之也。此如上文言「臧死而天下害」，爲利天下，則臧必蒙極惡之誅；今非不得已而欲殺臧，則實非殺臧，乃利中取大耳。故曰欲正權利。且殺臧僅害於一人，不殺臧則害及天下；而臧又爲人所衆惡，揆以害中取小之義，則殺臧宜矣。故曰惡正權害。然有一盜，殘賊衆人，殺之可也。但治盜者苟不爲利人而殺，乃專擅以行之；則其所殺之盜，實非殺盜，直殺人耳。王闓運謂「律所謂擅殺，有罪」，卽是。

小圜之圜與大圜之圜同。方……。

釋上經第五十八條：「圜，一中同長也；規寫交也。」按凡圜無論大小，皆爲規寫交而一中同長，故曰同。

下經第六十五條：「一法者之相與，皃盡；說在方。方貌盡。」按法本爲鑄器之型。周語注：「與，類也。」皃，籀文作貌，故此皃、貌互見。蓋謂凡物之出於一模型者，其相類可以形貌盡之，猶方之形貌，無論大小皆相類似。呂氏春秋別類篇：「小方、大方之類也。」可證。此僅出一方字，猶云「小方之方與大方之方同」。

不至尺之不至也，與不至鍾之不至異。其不至同者，遠近之謂也。

校 句首不字原缺，茲照文意補足。不至異，原作至不異，蓋至不二字倒誤耳；茲據王闓運改乙。

釋 尺，度名也。鍾，量名也。說文：「尺，十寸也。」小爾雅：「二缶謂之鍾。」注：「鍾，八斛也。」尹文子大道上篇云：「以度審長短，以量受少多。」是也。夫十寸爲尺，未及十寸者謂之不至尺。八斛爲鍾，未及八斛者謂之不至鍾。其不至雖同，而其所以爲不至者異也。然不至如求其同，可以遠近言之。蓋尺以長短言，鍾以多少言。其不至遠者，在尺爲短，在鍾爲少；其不至近者，在尺爲長，在鍾爲多。故曰其不至同者，遠近之謂也。

是璜也，是玉也。意楹非意木也，意是楹之木也。意指之入也，非意人也。意獲也，乃意禽也。志功不可以相從也。

校 本段首二句下，文意不接；曹耀湘因增十八字云：「意璜非意玉也，意是璜之玉也。是楹也，是木也。」讀之氣脈相貫，然究未知是否？但是璜也，是玉也，若改作「是楹也，是木也」，亦通；以璜玉、楹木，語意全同，不必煩喻耳。

釋王闓運云：「璜，半璧；玉，大名。」按此二句今不再釋。是楹也，是木也，上是字同此，猶云此楹是木。此楹雖是木，而意楹則非意木，以楹特爲木所作物之一類耳。但若意此楹之木則可，以木專屬於此楹故也。意指之人也，非意人也，文句變換，似與下二句相對；若具體言之，猶云意指非意人也，意是指之人也，復與上二句全同矣。今觀意指之人也句，指字上不出是字，殆因前後各成其事，不必從同。此指之人，猶云枝指之人，莊子所謂「駢拇枝指」是也。枝指之人，亦爲人之一類；故意枝指之人則可，謂意人則不可。故曰，意指之人也，非意人也。意獲也，乃意禽也：說文犬部：「獲，獵所獲也。」孫詒讓云：「此與上文反正相對，言獵者之求獲欲得禽也。」按白虎通云：「禽，鳥獸總名，言爲人禽制也。」此禽本爲獵所獲之一物，若如上文辭例，亦可云「意獲非意禽也」。然此云意獲乃意禽者，亦猶上例「意是獲之禽」，猶云意此次所獲之禽耳。且此尚有志功之別焉。曹云：「心所之爲志，事所成爲功；不可以相從者，言未可同也。」蓋意楹非意木，意指之人非意人，均就志言；意楹乃意是楹之木，意獲乃意禽，均就功言：故曰不可以相從也。

志功，亦作之功，可見本篇作者，前後非一人。

苟是石也白，敗是石也，盡與白同。是石也唯大，不與大同。是有便謂焉也。

【釋】此似破形名家「離堅白」之說也。公孫龍子有堅白論，其略曰：「無堅得白，其舉也二；無白得堅，其舉也二。」又曰：「視不得其所堅而得其所白者，無堅也；拊不得其所白而得其所堅者，無白也。」又曰：「石，一也，堅、白，二也而在於石。故有知焉，有不知焉；有見焉，有不見焉。故知與不知相與離；見與不見相與藏。」凡此皆卽形名家所主離堅白之通義，以謂目視石形，卽見白色，並舉形、色，合而爲二；堅則非目之所能見，故堅離矣。手拊石形，卽知堅性，並舉形、性，合而爲二；白則非手之所能知，故白離矣。然名家反之，如上經第六十六條：「堅白，不相外也。」又云：「於石，無所往而不得，得二。」又第六十七條云：「堅白之攖相盡。」又下經第三十七條云：「石，一也，堅、白，二也而在石，故『有知焉，有不知焉』可。」凡此皆卽名家針對龍輩反駁之辭如此；然本節乃掊擊益力，而持說亦愈强。苟是石也白，敗是石也，盡與白同者：說文：「敗，毁也。」嘗試推其大意，似謂龍離堅而只舉白石，不知石色固不必皆白也。藉令此石爲白，其白將不獨拊石可以知之；卽毁敗此石，仍當盡與白同而亦知之也。是石也唯大，不與大同者：孫云：「唯，雖通。」按「唯大」下，當承上文省去「敗是石也」一句。此蓋謂形名家祇認物之定形，而名家不然。設此爲大石，乃認石爲實而形爲大；故此石雖形大，及毁敗之，而其形已變，不與大同，則其所謂物形者無定矣。是有便謂焉也：是，同此。便謂，猶云謂白、謂大之辭甚便利也。禮記檀弓篇：「穆公召縣子而問然。」鄭注：「然之言焉也。」然則焉亦猶「然」耳。此謂石之形大與色白，雖毀爲至小，而堅、白二性皆未嘗一離。並非强詞，蓋其謂之利巧方便然也。如晏子春秋問下篇第四云：「堅哉石乎落落！視之則堅，循之則堅，內外皆堅。」又呂氏春秋誠廉篇：「石可破也，而不可奪堅。堅，……性之有也。性也者所受於天也，非擇取而爲之也。」凡此皆足助名家張目，持以攻龍而綽乎有餘裕矣。

以形貌命者，必智是之某也，焉智某也；不可以形貌命者，唯不智是之某也，智某可也。諸以居運命者：苟入於其中者皆是也；去之，因非也。諸以居運命者，若鄉里齊荆者皆是。諸以形貌命者，若山丘室廟者皆是也。

校　苟入於其中者句，入字原作人。孫詒讓云：「人，當作入。入是、去非，文正相對。」

釋　焉智某也，孫云：「焉，猶乃也。」唯不智是之某也，孫云：「唯，與雖通。」諸以居運命者，畢沅云：「居運，言居住或運徙。」按畢孫各說皆是。

按本節疑亦駁正「形名」之學者。考公孫龍子白馬論言「馬者所以命形」，蓋以馬之爲物，僅至形名而止，固無所謂實也。惟名家不然，控名必須責實，以謂馬先有實而後賦之以形，形具而名自效；其異於形名家如是。故此曰：以形貌命者，必知此之某也，乃知某也。大意謂凡以形貌命者，若山丘室廟之類，其形名雖同而實則異。譬如長沙岳麓山，其形貌爲衡岳之山麓，因名岳麓山。故以衡岳山麓之形貌而命爲岳麓山者，必知此爲在長沙省會之麓山，乃爲眞知岳麓山。否則衡岳山麓，設徒以形貌命名，則其爲麓山者正多，其名混矣。且尤不止此，山丘室廟，固有形貌可言者也；若仁義道德之類，不可以形貌命者，形名家又將何以爲驗邪？但在名家，雖不知仁義道德之爲誰何，然有名實可說，如下經第七十六條謂「仁，愛也；義，利也」：愛利卽爲仁義之實，故謂之爲眞知仁義亦可矣。茲又有更甚者焉，蓋凡以居住運徙爲名者，若鄉里齊荆之類皆是。如居於荆者固爲荆人，卽由齊而徙於荆者亦爲荆人；故曰苟入於其中者皆是也。設其人復由荆而他去，便非荆人；故曰去之，因非也。此在名家，處之甚易；然形名家須隨定形定名爲轉移者，勢將無所取信，於以知「形名」之難立矣。

重同。具同。連同。丘同。鮒同。

校「丘同鮒同」四字，舊在下節「同名之同」句下，茲移此以從其類。

釋重同者，上經第八十六條云：「二名一實，重同也。」具同者，孫詒讓云：「具，當爲俱。」按具，俱之省文。上經第八十六條云：「俱處於室，合同也。」則此具同卽合同；俱處於室，猶云同所耳。連同者，孫引國語楚語韋注云：「連，屬也。」按上經第八十六條言「同」，謂「不外於兼、體同也」，

第八十七條言「異」，其與「同」對文者爲「不連屬，不體也」。不體則不連屬；反之，體同則連屬。然則此之連同，卽彼不外於兼之體同耳。丘同者，孫云：「丘，與區通，謂同區域而處。」按孫後句與上文「具同卽同所」句義複，似非；惟前說是，因古語丘區二字之音不別，今讀則異耳。此本顏師古語。韓詩外傳云：「殖盡于己而區略于人。」區略與盡，義反文對；則區略不盡，猶言大略。荀子大略篇曰：「言之信者，在乎區蓋之間。」漢書儒林傳曰：「疑者丘蓋不言。」是丘蓋，卽區蓋，猶言區略，皆大略之義；故丘同當爲大略之同也。但大略之同，與連同之爲體同者有別；以體同之「體」，當合「兼」言。如牛羊兼爲四足而有角之畜，而四足有角，在牛羊祇可謂之體同；若丘同者，當如黄牛與水牛，大略相同耳。鮒同者：孫云：「鮒：附通。史記魏世家，屈侯鮒；說苑臣術篇，鮒作附。」按孫說是；但鮒本自含有附義。儀禮士昏禮：「魚用鮒。」疏：「義取夫婦相依附者也。」酉陽雜俎：「洞庭之鮒。」陸佃曰：「此魚好旅行，……以相附謂之鮒。」皆其例證。然則鮒同者，殆如論衡變動篇所謂「人在天地之間，猶蚤蝨之在衣裳之內」。蓋人與蚤蝨，天地之間與衣裳之內，至不同也。然二者同爲以小附大，若就其所附之一端言，乃相同耳。

同類之同。同名之同。同根之同。

校同根之同句，舊在下節「然之同」句下，兹據孫詒讓校移於此以歸一律。

【釋】同類之同者：上經第八十六條云：「有以同，類同也。」小取篇曰：「夫物有以同而不率遂同。」蓋類同之物，不皆遂同；然如因明三支式：「聲是無常宗，所作性故因，譬如瓶等喻依」一例，聲與瓶雖極不同，而同爲「所作」「無常」之一物，故曰同類之同也。同名之同者：如莊子天下篇釋文引司馬彪云：「鄭人謂玉未理者曰璞，周人謂鼠未腊者亦曰璞。」蓋玉與鼠雖極不同，然可同名之曰璞，而其所以同名者，徒以未理、未腊之相似耳；故曰同名之同。同根之同者：說文：「根，木株也。」又云：「本，木下曰本；從木，一在其下，草木之根柢也。」按大雅文王之詩言「本支百世」，今史家謂「人猿同祖」，此義殆爲近之。

是之同；然之同。有非之異；有不然之異。有其異也，爲其同也。爲其同也，異。一曰乃是而然。二曰乃不是而不然。三曰遷。四曰强。

【校】二曰乃不是而不然句，原缺上一不字，據上文有非之異，非卽不是，然則此「乃是」應作「乃不是」爲宜。

【釋】按本節文義，原頗錯雜，若整齊連類，當分四項。今更列其文云：「一曰乃是而然：是之同；然之同。二曰乃不是而不然：有非之異；有不然之異。三曰遷：有其異也，爲其同也。似亦可云有其同也，爲其異也。四曰强：爲其同也，異。」考此一二兩項，其例今皆在小取第四章。彼第一項共舉四例，起句，承句，辭皆屬於正。起句爲是，承句爲然，而同爲正辭，故曰是之同，然之同，具言之卽所謂是而然也。其第二項，彼分作「或是而不然、或不是而然」二目。第一目共舉九例，起句辭屬於正；承句辭屬於負。此起句亦爲是，而承句爲不然，故曰是而不然。次第二目共舉六例，起句辭屬於負；承句辭反屬於正。此起句爲不是，而承句爲然，故曰不是而然。由是或不是而然，或是而不然，合而簡言之，可謂不是而不然；蓋辭或一正一負，或一負一正，兩者相反而異，故曰有非卽不是之異，有不然之異也。至三四兩項，原無明確之例可資引用者；但在論式源流中引有下經第二十四條爲「還」之例。蓋論式組織，大凡譬詞之同，接以推辭之同；譬詞之異，亦接以推辭之異。今乃於異譬下忽接以推辭之同，故曰有其異也，爲其同也。復次：又於同譬下接以推辭之異，故亦可云有其同也，爲其異也。至於「强」之一例，亦引上經第五十條以明「爲其同也異」之故焉。

察次由比；因至優指。復次：察聲端名，因請復正。

校 由比，原作山比，茲據王闓運與曹耀湘校正。

釋 察次由比者，曹云：「謂察物之次第，由比類而得也。」按上經第六十八條云：「仳，以有相攖、有不相攖也；兩有端而后可。」又第六十九條云：「次，無間而不相攖也；無厚而后可。」仳，比之繁文。攖爲相得，見第六十七條。意卽結合。端者點也。蓋以兩線隨點合著、校其長短爲比，謂之相攖；亦有兩線隨點不合而相比者，謂之不相攖。「次」則無厚無間而又不相攖，則與比同者不相攖、而異者相攖矣；故曰察次由比。因至優指者，小爾雅云：「優，多也。」按下經第三條云：「白馬多白。」其多白殆卽此優指之義耳。考列子仲尼篇載公孫龍有「指不至、白馬非馬」之論，以謂天下之物，皆由極微今物理學謂爲原子電子等積聚而成，而其所表見之形色性等謂之「指」。指既表見，物類萬千，惟變所適，並非實體；體空指懸，無由至之；故曰指不至。又白馬非馬者，白爲色，馬爲形，色形平等，羌無主從之分；蓋馬非實體，白固不能爲馬所屬，其謂白馬，猶之色形相加：故曰白馬非馬。然墨家後學之擅名理者不以爲然，以謂馬爲實體，白爲所屬，白之有無，固無關於馬之存在；蓋白馬與馬，同一有馬，白馬特多白而已。且馬既有實體，實體以外，方謂之指；今實體可至，因至及指，則指亦至。然不至於指，而實體仍在，故每因實體之可至，然後知指之終爲多指也；故曰因至優指。此因至優指，乃名家用以駁形名家「指不至」之說，其二家立言之次第，可由比校而知；故曰察次由比，因至優指也。王云：「復次，又也。」曹云：「復次，又其次也。」察聲端名者，曹云：「謂聽其言以正其名，名不正則言不順也。」按上經第七十八條云：「聲出口，俱有名。」端，說文作耑，云「物初生之題也」。左傳文公元年：「履端於始。」引申之，則端有始初發生之義。此謂人聲出口，意必有在，若能察知其意，即爲名之所由生；故曰察聲端名也。因請復正者，孫詒讓云：「請，讀爲情。」按墨書，請、情二字常通用。情者實也。此情與上句之名相對成義。蓋形名家之於物，不承其有實。名家不然，以謂名由察聲而始生，若徒有其名，而無情實以應之，則檢物將無由得也；如欲反復以正其名，自非因其情實不可：故曰察聲端名，因情復正。

綜觀四辭，上二語當係駁形名家言形之非，下二語又是駁形名家言名之非，措辭極簡，若不相貫；實則前後一致，意義明顯，壁壘森嚴，斯固不能苟爲外人道矣。

長人之與短人之同；其貌同者也，故同。指之人也與首之人也異；人之體非一貌者也，故異。將劍與挺劍異；劍以形貌命者也，其形不一，故異。楊木之木與桃木之木也同；諸非以舉量數命者敗之盡是也，故同。

校俞樾云：「長人之異短人之同，當作長人之與短人也同，下二句正釋長人短人所以同之故也；下文並與此文一律，可證。」按俞謂異爲與之誤，甚是；下之字似可不必改作也字。「敗之盡是也故同」，原無同字，據上文三例，故下當有同字，蓋脫去耳；舊皆以故字屬下文讀，非也。

釋一人長，一人短，不同也；然二人之貌同，故長人與短人同也。指之人，猶云枝指之人，見前。

首之人，似亦謂有首疾之人。莊子人間世篇云：「支離疏者，頤隱於臍，肩高於頂，會撮指天，五管在上，兩髀爲脅。」疑卽此所謂首之人也。此言指之人與首之人，同一人也；然以人之體各異其貌，故指之人與首之人異。按以上論同而異。將劍與挺劍異，孫詒讓云：「將，牂之借字。說文：『牂，扶也。挺，拔也。』」此謂劍，一也，而有將劍與挺劍之異；蓋劍之以形貌命名者，如用以將扶，或用以挺拔，其形不一，故異。楊木之木與桃木之木，其第二木字，曹耀湘云：「言木之材也。」又「敗之」句下云：「如石敗而白同。」按二說皆是。蓋楊木、桃木，若以大小、多寡、輕重、堅韌、良楛之量數言，當不同也；然其爲材之木則同。故凡不舉量、數而命名之物，如楊木、桃木，祗將二木破之，則見其實盡爲材之木，因知楊木、桃木同屬木材，故曰同也。按以上論異而同。

一人指，非一人也；是一人之指，乃是一人也。

釋 按此亦駁形名家指物合一之說也。公孫龍子指物論曰：「物莫非指，而指非指。」物莫非指者，意謂吾人五官所感覺之物，祗有形色性等，並無實體；故曰物莫非指。既云物莫非指，則指已不爲指而爲物；故曰而指非指。但名家不然，以謂人有實體，指特其所屬者。故一人之形色性，並非一人；如一物之形色性，並非一物，以物亦有實體耳。「是」者，荀子富國篇：「其所是焉誠美。」楊倞注：「是，謂可其意也。」此猶云有一人於此，其形强大，其色正黃，其性善良，則我於其人之形色性以爲可者，乃卽認其人以爲可也；故曰是一人之指，乃是一人也。

方之一面，非方也；方木之面，方木也。

釋 孫詒讓云：「言方冪與方周、方體不同。」曹耀湘云：「立方凡六面，一面未足以爲方也；若方木，則見其一面而可知其餘。」按二說皆是；蓋此節亦駁「形名」二字者也。如方之一面，與方木之面，同一方形、方名也。然方之一面，祇見方周而不見方體，故曰非方，猶云非方體也；若方木之面，雖祇見方周而未見方體，亦可知其爲方木焉。然則徒恃形名以定知見之眞妄，將不可得矣。按此二節頗與小取篇第四節論「不是而然」同例。

小取校釋第六（前三章見第三編，此祇第四章。）

小取篇純爲戰國時墨徒研習名辯者推理之作，共分四章，章各有節，類皆字同珠玉，辭成律令，格局謹嚴，條貫明顯；蓋先秦諸子中，此爲獨掓，惟荀子正名篇差可匹敵，而其造詣尚無若此之傀偉深邃也。余嘗摘取前三章，詳加科判詮證，別名墨辯軌範，錄歸三篇。茲第四章，計分六節，體制綴與前三章不類，似專用「侔辭」以爲辯之應用者；蓋前三章多論術爲始條理之事，本章多論學爲終條理之事也。往嘗校釋，厠諸大取之後；篇名小取，或卽以專論辯事，所取者爲小歟？

夫物——或乃是而然；或是而不然；或不是而然；或一周而一不周；或一是而一非也。

校 或不是而然句，原缺；按下文第四節有，據補。二周字，原並作害，隸書形似致誤；下第五節正作周，據改。舊本末句「非也」上，夾有「不是也不可常用也故言多方殊類異故則不可偏觀也」共二十二字，綴係衍文；茲據下文第六節删改。

右第一節　總冒

此章用「夫物」二字起，與前第三章同。物者事也，件也。疊辯論式有四物、六物之分；此非論式而亦稱物者，以中有侔辭故也。共分五事，以後依次詳論。

白馬，馬也。乘白馬，乘馬也。驪馬，馬也。乘驪馬，乘馬也。獲，人也。愛獲，愛人也。臧，人也。愛臧，愛人也。此乃是而然者也。

右第二節　論「是而然」

公孫龍子白馬論曰：「馬者所以命形也，白者所以命色也。命色形，原譌作者。非命形也；故曰白馬非馬。」按白馬非馬之說，惟公孫龍集其大成，持之甚固，當時殆莫不駭怪而非笑之；其能據理力爭者，特戰國晚年擅長名辯之墨徒耳。然經說四篇，尚無此等駁議；（下經第三條及第六十七條略有其迹。）大取篇始有之，而亦專辯「求馬」，究未見有「非馬」之爭彼也。直至本節乃決然曰：白馬，馬也。乘白馬，乘馬也。蓋公孫龍輩爲形名家，以謂「物莫非指」，指卽物之品德，如言「白馬」，特白色與馬形二者之表現而已，初非如世俗所謂有馬之實也。但名家不然，控名責實；白馬固有馬在，非實而何？故徑曰：白馬，馬也。謂余不信，試乘白馬，豈非乘馬乎？故又曰：乘白馬，乘馬也。斯誠所謂當前指認，言無遁辭矣。又公孫通變論曰：「兩明者昏不明，非正舉也。非正舉者，名實無當，驪色章焉。」莊子天下篇末章所引龍說亦曰：「黃馬驪牛三。」蓋驪者兩色爭明，混雜昏亂，最爲形名家所不許；故驪非正舉，減四爲三，徒以此故。但名家視馬爲實，色特其所屬者，與實無干，固無拘泥於白與驪也。故徑曰：驪馬，馬也。乘驪馬，乘馬也。似此皆二家對揚之辭，初非僞然虛設；但既不爲墨辯之論式，而亦不似邏輯之三段，若由比傅而暗合於推理，固其宜也。

復次：畢沅引方言云：「臧獲，奴婢賤稱也。」按此愛獲愛臧，名有專屬，辭特淺易，初似無甚要義；然實察之，乃知不然。嘗考大取篇云：「聖人之拊瀆（撫育）也，仁而無利愛。利愛生於慮。愛獲之愛人也，生於慮獲之利，非慮臧之利也；而愛臧之愛人也，乃愛獲之愛人也。」考經上第四條：「慮，求也。」此言聖人撫育天下之人，祇見其仁，不見其利愛；實則非無利愛，以利愛須由慮求而生也。如愛臧、愛獲，同爲愛人，然利臧者未必利獲；故愛獲者當爲獲慮其利，非爲臧慮其利。聖人之仁正亦如是。故慮人之利雖異，而愛人之仁實同：故曰愛臧之愛人，乃愛獲之愛人。本節卽證明此理，蓋仍墨家「兼愛無差等」之意。

按此「是而然」者，起句承句同爲正辭，蓋卽大取篇所謂「是之同，然之同」也。茲且立式示之於次：

是之同	然之同
白馬馬也	乘白馬乘馬也
驪馬馬也	乘驪馬乘馬也
獲人也	愛獲愛人也
臧人也	愛臧愛人也

獲之親，人也。獲事其親，非事人也。其弟，美人也。愛弟，非愛美人也。車，木也。乘車，非乘木也。船，木也。入船，非入木也。盜，人也。多盜，非多人也。無盜，非無人也。奚以明之？惡多盜，非惡多人也。欲無盜，非欲無人也。世相與共是之。若若是，則雖「盜，人也；愛盜，非愛人也；不愛盜，非不愛人也；殺盜，非殺人也」：無難矣。此與彼同類。世有彼而不自非也，墨者有此而衆非之，無它故

焉。

所謂內膠外閉與（心毋空乎、內膠而不解也）！此乃是而不然者也。

校 獲之親，親原誤作視；入船非入木也，兩入字原皆誤作人：茲據文義改正。兩愛盜字下，殺盜下，原皆衍一人字；無難矣上，原衍無難盜三字：茲均刪去。而衆非之，原缺衆字；茲據下節文補。無它故焉，荀子多有此語，此文原倒作無故也焉，蓋不知本書常以「也」作「它」耳；茲乙改。以後凡也字用作他字義者皆改作它。「所謂內膠外閉與」句下之「心毋空乎內膠而不解也」十字，孫詒讓連上句讀閉字、乎字句絕；曹耀湘讀與字句絕，謂「與，與歟同」；胡適讀與字、內字句絕。茲讀與字爲句；其下十字，單承「內膠」言，疑係後人案識語羼入正文者，於義無關，特括去之。末句「不然」，原誤作不殺，或然字初誤作煞，復寫作殺耳；茲據上文改正。

右第三節　論「是而不然」

莊子天運篇云：「禹之治天下，使民心變。人有心而兵有順。而，讀爲如。按說文：「兵，械也。刀，兵也。」此謂人心多變，祇可順而治之，猶刀兵鋒利，逆之則必傷。「殺盜非殺人」：自爲種而天下耳（佴）。是以天下大駭，儒墨皆起。」按據此說，知「殺盜非殺人」一語，實禹教也。墨家法夏，儒家法周，故此語遂爲儒墨爭點。他姑勿論，如論語爲政篇載孔子曰：「道之以政，齊之以刑，民免而無恥。道之以德，齊之以禮，有恥且格。」又顏淵篇：「季康子患盜，問於孔子。孔子對曰：『苟子之不欲，雖賞之不竊。』」又「季康子問政於孔子曰：『如殺無道以就有道何如？』孔子對曰：『子爲政，焉用殺？子欲善而民善矣。』」又荀子正論篇引孔子曰：「天下有道，盜其先變乎！」又孔叢子多輯錄雜說，亦有足以證成其義者。如刑論篇載孔子曰：「民之所以生者衣食也。上不敎民，民匱其生，飢寒切於身而不爲非者寡矣。故古之於盜，惡之而不殺也。」由此以觀，孔子於盜不殺，在乎教民資生而有恥，自能向善。然其於禹敎一言，固未有明詰之辭也。直至荀子，乃始厲聲以駁之曰：「殺盜非殺人也，此惑於用名以亂名者也。」見正名篇。意謂盜爲人中之別名，則殺盜應卽爲殺人；乃既云殺盜，又謂不殺人，斯卽用非殺人之名以亂殺盜之名矣。先是荀子論「所爲有名」曰：「知者爲之分別，制名以指實，上以明貴賤，下以辨同異；如是，則志無不喻之患，事無困廢之禍。」蓋前引荀子駁言，正指擊禹墨之敎；故又繼之曰：「驗之『所爲有名』而觀其孰行，則能禁之矣。」但墨家不然。墨子固尙兼愛者也，以謂「盜愛其室，不愛異室，故竊異室以利其室，皆起『不相愛』」；兼愛上篇。故惡盜獨甚，而以「非人」差等之。逮至墨徒，其立論殆尤有進者，如大取篇云：「知是世之有盜也，盡愛是世。知是室之有盜也，不盡愛是室也。知其一人之盜也，不盡惡是二人。雖其一人之盜，苟不知其所在，盡惡其溺也。」蓋世盜有限，世人無窮，不得因少盜而廢至多之愛。然室人有限，並盜而亦愛**之，不可也。**設二人中有一人爲盜，必惡其一而愛其一。但就中雖祇一人爲盜，苟不知其所在，則凡藏匿盜者而亦盡惡之。其惡盜之甚，愛人之周，一至如此！本節謂愛盜非愛人，不愛盜非不愛人，乃至殺盜非殺人，皆卽證明此理。荀子謂此語惑於用名以亂名，若在墨徒視之，正坐內膠外閉之病。

本節文極明暢犀利，眞可使人不敢置喙；蓋利用論式侔辭以爲推斷，其壁壘甚堅故也。蓋自「獲之親」至「入船非入木也」各辭，皆爲下文「盜人也」各辭作勢。中間「奚以明之」四字，忽用反詰，隨作答語，愈見盜與人之不可混爲一談。由是便曰「世相與共是之」，以明諸說爲人所公認；如是，則「愛盜非愛人、殺盜非殺人」等說，不難成立矣。此「愛盜非愛人、殺盜非殺人」等說，與彼「多盜非多人、惡多盜非惡多人」等說同類。今世人有彼說而不自非，墨者有此說而衆非之，殆內膠固而外閉塞者；不然，何若是之背也！

按此所謂「是而不然」者，起句皆爲正辭，承句皆用「非」字爲負辭。

且讀書，非讀書也。好讀書，好書也。且鬬雞，非鬬雞也。好鬬雞，好雞也。且入井，非入井也。止且入井，止入井也。且出門，非出門也。止且出門，止出門也。若若是，「且夭，非夭也；壽，非夭也；有**命，非命也；**非執有命，非命也」：無難矣。此與彼同類。世有彼而不自非也，墨者有此而衆非之，無它故焉。所謂內膠外閉與（心毋空乎、內膠而不解也）！此乃不是而然者也。

【校】首二句，原作「且夫讀書非好書也」；茲據孫詒讓增「讀書也好讀書」六字，並刪夫字。非鬬雞也句，原脫鬬字；茲據文例補。壽非夭也句，原缺非字，大誤；茲補非字。此與彼同類，原脫類字；茲據上節文補。而衆非之，原衆作罪；茲據孫校改。無它故焉，原倒誤作「無故焉也」；茲據孫乙正。所謂內膠外閉與句下，原亦有「心毋空乎內膠而不解也」十字，茲仍據上節掊去。末句，原脫不字；茲據文義補正。

右第四節　論「不是而然」

論語爲政篇載孔子自謂「五十而知天命」。又於季氏篇曰：「君子畏天命。」於堯曰篇曰：「不知命，無以爲君子也。」於憲問篇曰：「道之將行也與？命也。道之將廢也與？命也。」而顏淵篇載子夏答司馬牛曰：「商聞之矣：『死生有命，富貴在天。』」此二語，王充論衡命義篇直以爲子夏之言；但子夏自謂聞之於人，故王氏命祿篇等又以爲孔子之言。總之，孔子乃信有天命而又知之畏之者，必知之畏之而後爲君子；否則謂「小人不知天命而不畏也」。自後孔門弟子三千，皆宗其說；然數傳而離其本，至於任命聽天，流弊滋大，已非孔子所及料矣。墨子生當孔子之末，正七十子及其門徒言論厖雜、指意紛岐之際，故力持「非命」，以冀救世之急。嘗謂「儒之道足以喪天下者四政焉」。其謂命曰：「儒以命爲有，貧富、壽夭、治亂、安危有極矣，不可損益也。爲上者行之，必不聽治矣；爲下者行之，必不從事矣。此足以喪天下。」程子曰：「甚矣先生之毀儒也！」墨子曰：「儒固無此而我言之，則是毀也。今儒固有此而我言之，則非毀也；告聞也。」又公孟子曰：「貧富、壽夭，齰然在天，不可損益。」又曰：「君子必學。」墨子曰：「教人學而執有命，是猶命人葆而去其冠也。」以上皆公孟篇。按程子，卽今三辯篇之程繁；公孟子，孫詒讓疑卽說苑修文篇之公孟子高：蓋皆七十子之弟子。斯二子者，概以貧富、壽夭歸之天命，至於不可損益，已失孔子知畏之旨，無怪墨子卽目程繁爲「迷之」也。故王充命義篇曰：「墨家之論，以爲人死無命；儒家之議，以爲人死有命。」此雖言其大略；然當時儒墨爭論命之有無，主張絕異，固至明顯也。

本節所謂「不是而然」者，起句皆用「非」字爲負辭，而承句皆爲正辭。但墨子揭櫫「非命」，非命二字用在承句，其形頗似負辭，涉思略窘，措辭獨難，故較前節爲不易憭矣。此「且讀書」至「止出門也」，辭例先負後正皆合。孫詒讓云：「且，將也。」蓋將讀書，係尚未讀書，故曰非讀書也。若好讀書，原以有此愛好，卽曰好書可已。以下各辭皆同。及入本題，先言夭壽，以執有命者皆以夭壽爲命定故；如前公孟子及儒言皆是。又孟子盡心上篇亦云：「殀壽不貳，修身以俟之，所以立命也。」故此曰：且夭，非夭也。壽，非夭也。蓋將夭而尚未夭，可云非夭；此「非」於文字部居爲疏狀詞(Adverb)，故其辭爲負。至壽之非夭，「非」乃負前詞(Negative Prefix)，辭似負而義實正，與上句大有別矣。其次：有命，非命也：此辭驟似難曉，然考非命中篇曰：「今天下之士君子，或以命爲有，或以命爲亡。我所以知命之有與亡者，以衆人耳目之情知有與亡。有聞之、有見之謂之有；莫之聞、莫之見謂之亡。然胡不嘗考之百姓之情？自古以及今、生民以來者，亦嘗有見命之物、聞命之聲者乎？則未嘗有也。若以百姓爲愚不肖，耳目之情不足因而爲法；然則胡不嘗考之諸侯之傳言流語乎？自古以及今、生民以來者，亦嘗有聞命之聲、見命之體者乎？則未嘗有也。然胡不嘗考之聖王之事？古之聖王，舉孝子而勸之事親，尊賢良而勸之爲善，發憲令以教誨，明賞罰以勸沮；若此，則亂者可使治而危者可使安矣。若以爲不然，昔者桀之所亂，湯治之；紂之所亂，武王治之。此世不渝而民不改；上變政而民易教。其在湯武則治；其在桀紂則亂。安危、治亂，在上之發政也；則豈可謂有命哉？夫曰『有命』云者，亦不然矣。」據此，有命之說，實非是命；此非字仍屬疏狀，故爲負辭。又非執有命，非命也：考非命上篇曰：「執有命者以雜於民間者衆也。執有命者之言曰：『命富則富，命貧則貧；命衆則衆，命寡則寡；命治則治，命亂則亂；命壽則壽，命夭則夭。』命雖强勁，何益哉？上以說王公大人；下以駔(阻)百姓之從事。故執有命者不仁。故當執有命者之言，不可不明辯。」又曰：「執有命者之言曰：『上之所賞，命固且賞，非賢故賞也。上之所罰，命固且罰，不(非)暴故罰也。』」又曰：「昔上世之窮民，貪於飲食，惰於從事；是以衣食之財不足，而飢寒凍餒之憂至。不知曰『我罷不肖，從事不疾』；必曰『我命固且貧』。昔上世暴王，不忍其耳目之淫，心志之辟，不順其親戚；遂以亡失國家，傾覆社稷。不知曰『我罷不肖，爲政不善』；必曰『吾命固失之』。今用執有命者之言，則上不聽治，下不從事。上不聽治，則刑政亂；下不從事，則財用不足。執有命者之言，不可不非；此天下之大害也。」蓋墨子此論至爲沈痛，其非「執有命者」而成立「非命」之說，原因即在於此；故曰「非『執有命』，『非命』也」。此非命與上非夭同，均辭似負而義實正，不背於前舉諸例，故曰「若是無難矣」。

按上節「是而不然」，本節「不是而然」，皆即大取篇之「不是而不然」，所謂「有非即不是之異，有不然之異」；蓋起句承句皆爲辭各異也。茲亦立式示之於次：

獲之親人也	獲事其親非事人也
其弟美人也	愛弟非愛美人也
車木也	乘車非乘木也
船木也	入船非入木也

不然之異——是
- 盜人也
  - 多盜非多人也
  - 無盜非無人也
  - 惡多盜非惡多人也
  - 欲無盜非欲無人也
- 盜人也
  - 愛盜非愛人也
  - 不愛盜非不愛人也
  - 殺盜非殺人也

不然

不是之異——不是
- 且讀書非讀書也——好讀書好書也
- 且鬬雞非鬬雞也——好鬬雞好雞也
- 且入井非入井也——止且入井止入井也
- 且出門非出門也——止且出門止出門也
- 且夭非夭也——壽非夭也
- 有命非命也——非執有命非命也

然

愛人，待周愛人而後爲愛人。不愛人，不待周不愛人；有失周愛，因爲不愛人矣。乘馬，不待周乘馬然後爲乘馬也；有乘於馬，因爲乘馬矣。逮至不乘馬，待周不乘馬而後爲不乘馬。此一周而一不周者也。

校 有失周愛之有字，原作不；茲據下文「有乘於馬」句法改正。舊本，不待周乘馬句脫不字，而後爲不乘馬句脫爲字，下又衍而後不乘馬五字；茲並據王引之所校增刪。

右第五節　論「一周而一不周」

墨家之言愛人，先後計凡三變：即(一)兼愛；(二)盡愛；(三)周愛：是已。斯三變者，自春秋之末以至於戰國之終，約三百年間，展轉遞化，皆有其最大之因爲之前，而此特其所收之果耳。論語學而篇載孔子曰：「汎愛衆而親仁。」又子罕篇曰：「子罕言利。」但墨子不然。莊子天下篇曰：「墨子汎愛；兼利。」故墨子兼愛中篇曰：「仁人之所以爲事者，必興天下之利，除去天下之害。今諸侯獨知愛其國，不愛人之國；是以不憚舉其國以攻人之國。今家主孫詒讓云：「家主，謂卿大夫也。」獨知愛其家，而不愛人之家；是以不憚舉其家以篡人之家。今人獨知愛其身，不愛人之身；是以不憚舉其身以賊人之身。天下之人皆不相愛，強必執弱，衆必劫寡，富必侮貧，貴必敖賤，詐必欺愚。

凡天下禍簒怨恨其(之)所以起者，以不相愛生也；是以仁者非之。既以非之，以『兼相愛交相利』之法易之。視人之國若視其國；視人之家若視其家；視人之身若視其身。天下之人皆相愛，强不執弱，衆不劫寡，富不侮貧，貴不敖賤，詐不欺愚。凡天下禍簒怨恨可使毋起者，以相愛生也；是以仁者譽之。」按墨子所謂仁人之事，卽在於「兼相愛，交相利」；蓋因有感於孔子之言汎愛，故又廣之而言兼相愛，復因孔子罕言利，乃反而言交相利以申己見耳。墨子卒後，相里祖夫鄧陵三子，承其流風，門徒極盛，競尙談說 完成辯經；而兼愛之義，又較前擴大。如經下第七十三條云：「無窮不害兼，說在盈否。」說下云：「南者有窮則可盡；無窮則不可盡。有窮、無窮未可知，則可盡、不可盡亦未可知。人之盈、之否未可知；而愛人之可盡、不可盡亦未可知：而必人之可盡愛也，誖。人若不盈無窮，則人『有窮』也；盡『有窮』無難。盈無窮，則『無窮』盡也；盡『無窮』無難。」又第七十四條云：「不知其數而知其盡也，說在問者。」說云：「不知其數，惡知愛民之盡之也？或者遺乎其問也。盡問人，則盡愛其所問。若不知其數而知愛之盡之也無難。」夫若輩言愛，至謂盡有窮，盡無窮；不知其數而知愛之盡之，皆無所難：誠哉非墨子之兼愛說所復能範圍矣。然此實由墨子之說過於狹小所致也，如兼愛下篇云：「姑嘗本原孝子之爲親度者。吾不識孝子之爲親度者，亦欲人之愛利其親與？意(抑)欲人之惡賊其親與？以說觀之，卽(則)欲人之愛利其親也。然卽(則)吾惡先從事，卽(則)得此？若我先從事乎愛利人之親，然後人報我以愛利吾親乎？意(抑)我先從事乎惡賊人之親，然後人報我以愛利吾親乎？卽(則)必吾先從事乎愛利人之親，然後人報我以愛利吾親也。然卽(則)之『交孝子』者果不得已乎？毋先從事愛利人之親者與？意(抑)以天下之孝子爲遇(愚)而不足以爲正乎？」按墨子雖言兼愛、交利，然仍重一「報」字，先由我愛利人之親，而後人報我以愛利吾親，謂之「交孝子」；則其說之淺易，事之凡近，固已與三墨及其徒衆以擴大之機矣。蓋「兼愛」之名爲墨子所立，其含義略有所限；於是後學乃易以「盡愛」之名，而含義之突越兼愛亦自然之勢也。惟自此以後，時丁戰國晚季，異說叢生，曼衍駘蕩，散無友紀；而愛義之大，幾無畔厓。如大取篇云：「愛衆世與愛寡世相若。兼愛之，有(又)相若。愛尙(上)世與愛後世，一若今世之人也。」其衆世、寡世，幾同佛典稱大千世、小千世，殆欲超絕空間。其上世、後世、今世，又合過去、未來、現在而彌徧之，殆將超絕時間。以若是偉大之胸懷，實不可以方物；而彼等竟謂又與子墨子之兼愛相若，其比擬不倫，誠有大山、毫末之感矣。然當此時也，言愈荒唐悠謬，而其行必愈詭僻而不可恃；老子謂「道者反之動」，於是而「周愛」之說乃應運而起。

俞樾云：「周，徧也。」按說文云：「周，密也。」密者不疏之義。蓋周愛人，殆卽普徧而不疏漏，較之「兼愛」義寬，較之「盡愛」又義狹矣。

愛人待周，本節關鍵。不愛人不待周者，非必一人不愛卽爲不愛人，謂於周愛而有所失，乃不得爲愛人；其平實如此！乘馬各辭，係反襯周愛之不可假借。蓋乘馬不待周；不乘馬待周，愈足以明愛人必周之旨。

愛人待周，不愛人不待周；或愛人待周，乘馬不待周；或不乘馬待周，乘馬不待周：皆所謂一周而一不周者也。

有謂墨家所主兼愛，並不必周愛人，又謂雖僅愛一人，亦可獲愛人之名者，持論未免稍偏矣。考大取篇云：「兼愛相若，一愛相若。一愛相若，其類在宛虵。」孫詒讓注：「言愛一人與兼愛衆人同。」亦失其義。蓋一愛不二，已上躋乎天志，非謂僅愛一人也。如法儀篇云：「天之行廣而無私，其施厚而不德，故聖王法之。天必欲人之相愛相利，以其兼而愛之，兼而利之也。」又天志上篇云：「順天意者，兼相愛，交相利，必得賞。昔三代聖王禹湯文武，此順天意而得賞者也。故天意曰：『此之我所愛，兼而愛之；我所利，兼而利之。』愛人者此爲博焉；利人者此爲厚焉。」蓋天能博愛厚利，純一不私；墨子取法天志，亦欲人之兼相愛，交相利也。故曰兼愛相若，一愛相若。然一愛之說，恐人泥於名相而有害於兼；故曰其類在宛虵。「類」卽墨辯論式之一物，所以爲譬喻者也。宛虵者：說文：「宛，屈草自覆也。」引申有屈曲之義。焦延壽易林：「蛇行蜿蜒」，東方虬蚓賦：「或宛轉而蛇行」，其義皆是。亦作委蛇，莊子應帝王篇：「虛而委蛇。」釋文：「委，於危反；蛇，以支反：至順之貌。」列子黃帝篇作「倚移」，釋文同義。然則一愛者必得天下人人而愛之，正取委曲隨順爲喻，所謂僅愛一人者誤矣。

居於國，則爲居國。有一宅於國，而不爲有國。桃之實，桃也。棘之實，非棘也。問人之病，問人也。惡人之病，非惡人也。人之鬼，非人也。兄之鬼，兄也。祭人之鬼，非祭人也。祭兄之鬼，乃祭兄也。之馬之目眇，則爲(謂)之馬眇。之馬之目大，而不謂之馬大。之牛之毛黃，則謂之牛黃。之牛之毛衆，而不謂之牛衆。一馬，馬也；二馬，馬也。馬四足者，一馬而四足也，非兩馬而四足也。白馬，馬也。馬或白者，二馬而或白也，非一馬而或白。此乃一是而一非者也。

校　祭人之鬼，原脫人字；茲據文例補。之馬之目眇，則爲之馬眇，二眇字原皆誤作盼；茲據顧千里校改。白馬馬也，原白字誤作一；茲據下句文意改正。馬或白者，原白字亦誤作自；茲據畢沅改。

右第六節　論「一是而一非」

本篇前第一章有「明是非之分」一語，本節卽以形同實異之侔辭，分作六目說明之。

(一)居於國則爲居國；有一宅於國而不爲有國。此謂詞性不同，故有是非之分。按居於國之居係謂詞（Verb）；居國之居則由謂詞變爲區別詞（Adjective），猶云所居之國也。有一宅之有與有國之有皆屬及物謂詞（Transitive Verb），則僅於國有一宅者當然不可謂之有國。故云居國是，有國非也。

(二)桃之實，桃也；棘之實，非棘也。此謂名約不同，故有是非之分。詩魏風：「園有棘，其實之食。」毛傳曰：「棘，棗也。」說文：「棘，小棗叢生者。」孫詒讓云：「棘之實，棗也，故云非棘。」按桃之實名桃，棘之實名棗，皆由人所約定，不得擅易；故棘之實非復名棘矣。

(三)問人之病，問人也；惡人之病，非惡人也。此謂語意不同，故有是非之分。說文：「存，恤問也。」俗語「問人」，卽存恤之意。故問人之病，係問病之瘉否；蓋因人有病而存恤之，乃可謂之問人。若惡人之病，乃因病而惡，非惡其人也。大取篇云：「聖人惡疾病。」蓋墨道重在利世，疾病足以妨身廢事，故惡之也。

(四)人之鬼，非人也；兄之鬼，兄也。祭人之鬼，非祭人也；祭兄之鬼，祭兄也。此言名之大別見荀子正名篇與專屬不同，故有是非之分。按人與鬼原有生死之隔；既謂之鬼，則人已死矣，決不可復謂爲人。故曰，人之鬼，非人也。若兄之鬼，其鬼卽專屬於兄；故曰兄之鬼，兄也。明鬼下篇云：「天下之陳物孫詒讓曰：『謂陳說事故。』曰：『先生者先死。』若是，則先死者非父則母，非兄而(則)姒也。今絜爲酒醴粢盛以敬慎祭祀，若使鬼神請(誠)有，是得其父母姒兄而飲食之也。」據此，則祭兄之鬼，乃祭兄也。

(五)之馬之目眇，則爲之馬眇；之馬之目大，而不謂之馬大。之牛之毛黃，則謂之牛黃；之牛之毛衆，而不謂之牛衆。此言名之特性與共相不同，故有是非之分。蘇時學云：「之馬，猶言是馬。」按之，係指事詞(Article)，與英倫文字the音義皆同。則爲之馬眇，畢沅云：「爲，當作謂。」按下文正作謂，二字古本通用。說文：「眇，一目小也。」孫詒讓云：「莊子天下篇釋文引司馬彪云：『狗之目眇，謂之眇狗；狗之目大，不曰大狗。此乃一是一非。』即襲此文而易馬爲狗。」按淮南說山篇曰：「小馬大目，不可謂大馬；大馬之目眇，所(斯)謂之眇馬。物固有似然而似不然者。」蓋淮南全據此文而略有變易耳。此謂此馬目眇，他馬不皆目眇，則目眇爲此馬所具之特性，即謂之爲眇馬可也。若此馬目大，他馬亦多目大者，則目大爲衆馬所有之共相，則此馬不得謂之爲大馬矣。餘例準此。

(六)一馬，馬也；二馬，馬也。馬四足者，一馬而四足也，非兩馬而四足也。白馬，馬也。馬或白者，二馬而或白也，非一馬而或白。此言名之單稱、複稱不同，故有是非之分。按我國文字無單數複數之分，如馬四足之馬爲單數，而馬或白之馬爲複數，乃無別異；然此未爲甚病也。蓋各國文字之用，皆須聞者善會其意，而吾國語爲甚。故一馬謂之馬，二馬亦謂之馬。馬四足者，明爲一馬有四足，聞者莫不知之，則非二馬而四足也審矣。至白馬爲馬，本無一馬二馬之分。然謂馬或白者，至少必有二馬，方有或白、或不白之可言。若一馬，則白卽白，不白卽不白，羌無比較，尙何一馬或白之有？

墨辯發微第三編

墨辯軌範第一

一　小取前三章

夫辯者——將以明是非之分，審治亂之紀，明同異之處，察名實之理；處利害，決嫌疑：焉（乃）摹略萬物之然，論求羣言之比；以名舉實，以辭抒意，以說出故；以類取，以類予：有諸己不非諸人，無諸己不求諸人。

右第一章　總論「辯」

辯爲學而亦爲術，學與術又各有其體與用也。列表明之：

辯學
- 體
  - (一)明是非之分……(1)
  - (二)審治亂之紀……(2)
  - (三)明同異之處……(3)
  - (四)察名實之理……(4)
- 用
  - (五)處利害……(1)
  - (六)決嫌疑……(2)

辯術
- 體
  - (一)摹略萬物之然(1)
  - (二)論求羣言之比(2)
- 用
  - (三)以名舉實……(1)
  - (四)以辭抒意……(2)
  - (五)以說出故……(3)
  - (六)以類取……(4)
  - (七)以類予……(5)

總結
- 體用
  - (一)有諸己不非諸人
  - (二)無諸己不求諸人

第一節　論辯學

第一款　論辯學之體

第一目　明是非之分

淮南書曰：「至是之是無非，至非之非無是，此眞是非也。若夫是於此而非於彼，非於此而是於彼者，此之謂一是一非也。」齊俗。夫是非封界，原有定軌，世人妄執，輒起紛爭。莊子所謂「彼亦一是非，此亦一是非；是亦一無窮，非亦一無窮也」。故曰「言惡乎隱而有是非」。以上皆見齊物論。意謂是非之有，於言無所依據也。但墨家不然，謂是非所依據者惟辯。故曰：「辯也者，或謂之是，或謂之非，當者勝也。」下經第三十五條。然何由而當？曰：「辯勝，當也。」上經第七十四條。復何由而能辯勝邪？墨家於此，因立軌範以明之，小取篇大取末段亦屬辯術是也。又有求之之法，大取云：「於事爲之中而權輕重之謂求。求，爲之(是)非也。」如謂：「殺一人以存天下，非殺一人以利天下也；殺己以存天下，是殺己以利天下。」「爲暴人語天志，爲是也；而惟爲暴人歌天志，爲非也。」「暴人謂『我爲天志』：以人非爲是也。」又如：「一人指，非一人也；是一人之指，乃是一人也。」以上皆大取文。其於是非之際，求之甚明如此！

第二目　審治亂之紀

墨家以辯爲可以審治亂之紀，故謂計其所以治亂者爲智者之事。如論尚同云：「知者之事，必計國家百姓之所以治者而爲之，必計國家百姓之所以亂者而辟(避)之。然計國家百姓之所以治者何也？上之爲政，得下之情則治，不得下之情則亂。何以知其然也？上之爲政，得下之情，則是明於民之善非也。若苟明於民之善非也，則得善人而賞之，得暴人而罰之也。善人賞而暴人罰，則國必治。上之爲政也，不得下之情，則是不明於民之善非也。若苟不明於民之善非，則是不得善人而賞之，不得暴人而罰之。善人不賞而暴人不罰，爲政若此，國衆必亂。故賞罰不得下之情，不可而(以)不察者也。然計得下之情，將奈何可？故子墨子曰：『唯能以尚同一義爲政，然後可矣。』」尚同下。又論兼愛云：「聖人以治天下爲事者也，必知亂之所自起，焉(乃)能治之；不知亂之所自起，則不能治。當察亂何自起？起不相愛。若使天下兼相愛，則天下治。故天下兼相愛則治，交相惡則亂。」兼愛上。由是觀之，以尚同言，得下情則治，不得下情則亂；以兼愛言，兼相愛則治，交相惡則亂：所謂治亂之紀也，辯則能審乎此。

第三目　明同異之處

同異之處，爲辯學之最要者，故須明之。墨家於此，論列甚多，茲引數則，以示辜較。如云：「同：重、體、合、類。」「二名一實，重同也；不外於兼，體同也；俱處於室，合同也；有以同，類同也。」「異：二、不體、不合、不類。」「二必異，二也；不連屬，不體也；不同所，不合也；不有同，不類也。」「同異而俱於之一也。」「同異交得放有無。」此皆見於上經者。又如：「重同，具同，連同，丘同，鮒同。」「同類之同，同名之同，同根之同。」「是之同，然之同。」「有非之異，有不然之異。」「有其異也，爲其同也。」「爲其同也，異。」「小圜之圜，與大圜之圜同。不至尺之不至也，與不至鍾之不至異。其不至同者，遠近之謂也。」「長人之與短人之同；其貌同者也，故同。指之人也與首之人也異；人之體非一貌者也，故異。將劍與挺劍異；劍以形貌命者也，其形不一，故異。楊木之木與桃木之木也同；諸非以舉量數命者敗之盡是也，故同。」此皆見於大取者。因知墨辯對於同異之處，非常重視矣。

第四目　察名實之理

此名實字，與下「以名舉實」異用。如非攻下篇云：「今天下之所以譽義者，其說將何哉？雖使下愚之人必曰：『將爲其上中天之利，而中中鬼之利，而下中人之利，故譽之。』今天下之諸侯將，猶多皆免（勉）攻伐并兼，則是有譽義之名而不察其實也；此譬猶盲者之與人同命白黑之名而不能分其物也，則豈謂有別哉？」按盲人知白黑之名，不能分白黑之實，則昧於辯學者猶之盲人也。此譬，貴義篇言之尤詳，茲引之云：「今瞽者曰：『鉅者白也，黔者黑也。』雖明目者無以易之。兼白黑，使瞽取焉，不能知也。故我曰『瞽不知白黑』者，非以其名也，以其取也。今天下之君子之名仁也，雖禹湯無以易之；兼仁與不仁，而使天下之君子取焉，不能知也。故我曰『天下之君子不知仁』者，非以其名也，亦以其取也。」此謂天下之君子徒知仁義之名，而不察仁義之實，殆未嘗致力於辯也。故非攻上篇云：「今有人於此，少見黑曰黑，多見黑曰白，則以此人不知白黑之辯矣。今小爲非，則知而非之；大爲非、攻國，則不知非；從而譽之謂之義：可謂知義與不義之辯乎？是以知天下之君子辯義與不義之難也。」蓋天下之君子苟明乎辯，則仁與不仁，義與不與，名實之理若白黑之察，又何患不能取邪！

第二款　論辯學之用

第一目　處利害

國於大地，人於斯世，所與生存奔競者，利害而已矣。利害之來，倏忽無端，取舍不明，輒得其反；墨辯於此，常三致意焉。故曰：「利，所得而喜也。害，所得而惡也。」上經第二十六、二十七兩條。人之常情，大抵如此。然人之欲惡無定，則所衛之利害亦何嘗有定哉？曰：在於正。故曰：「欲正權利；惡正權害。」上經第八十四條。正必以權，故大取云：「於所體之中而權輕重之謂權。權，正也。」以權爲正，因而取舍得其所正。譬如「遇盜人而斷指以免身：其遇盜人，害也；斷指以存擥，利也。」此所謂「利之中取大，害之中取小也。害之中取小也，非取害也，取利也。」然「利之中取大，非不得已也；害之中取小，不得已也」。故曰：「害之中取小，求爲義，非爲義也。」蓋義與利害之間，有志功焉。故曰：「義，利；不義，害：志功爲辯。」以上皆引大取。所以墨子每以興利除害爲仁人之事。其論兼愛曰：「仁人之事者，必務求興天下之利，除天下之害。今吾本原兼之所生，天下之大利者；吾本原別之所生，天下之大害者也。」兼愛下。又論非樂云：「仁者之事，必務求興天下之利，除天下之害；將以爲法乎天下，利人乎則爲，不利人乎則止。且夫仁者之爲天下度也，非爲其目之所美，耳之所樂，口之所甘，身體之所安，以此虧奪民衣食之財；仁者弗爲也。是故子墨子之所以非樂者，非以大鐘鳴鼓琴瑟竽笙之聲以爲不樂也；姑嘗厚措斂乎萬民，以爲大鐘鳴鼓琴瑟竽笙之聲，以求興天下之利除天下之害而無補也。是故子墨子曰：爲樂非也。」非樂下。由是以觀，墨家之處利害，其辯之明概可知矣。

第二目　決嫌疑

墨辯論疑，有「逢、循、遇、過」四者，下經第十條。而決疑每由於擢；故曰「擢慮不疑，說在所謂」；下經第五十條。以謂「疑無謂也」，下經同條。「無謂則疑也」。下經第四條。然無謂之大者，令人迷惑，莫若於嫌疑之際。故呂覽云：「使人大迷惑者，必物之相似也；相似之物，此愚者之所大惑，而聖人之所加慮也。疑似之迹，不可不察。」呂氏春秋疑似篇。章學誠曰：「辨論烏乎起？起於是非之心也。是非之心烏乎起？起於嫌介疑似之間也。」文史通義習固篇。嫌介疑似，極不易決，因而是非莫定；必先有以識之，而後能爲裁斷。范曄謂應劭撰風俗通，以「辯物類名號，識時俗嫌疑」。見後漢書。蓋擅辯事者，首當明物類名號，乃能識時俗嫌疑而資判決，此正墨家之所優爲也。如云：「以臧（葬）爲其親也而愛之，愛其親也；以臧爲其親也而利之，非利其親也。」「爲天下厚禹，爲禹厚也；爲天下愛禹，乃爲禹之人愛也。厚禹之爲加於天下，而厚禹不加於天下；若惡盜之爲加於天下，而惡盜不加於天下。」「知是世之有盜也，盡愛是世；知是室之有盜也，不盡愛是室也。知其一人之盜也，不盡惡是二人；雖其一人之盜，苟不知其所在，盡惡其溺也。」又如「二子事親，或遇熟，或遇凶，其利親也相若。非彼其行益也，此非加也；外埶無能厚吾利者。」以上皆大取文。其言嫌介之地，疑似之間，取決一時，甚爲周浹，殆非深於辯者莫由矣。

第二節　論辯術

第一款　論辯術之體

第一目　摹略萬物之然——親知

親知二字，見於下經第七十條：「外，親知也。」蓋謂在室者之色爲所不知；在外者之色如白，爲所知，爲吾目所親見，故曰親知。佛典百論疏卷三言量諦有四，其第一爲「現知：如眼見色，耳聞聲，等」；正與此同。又經上第八十條云：「知：……親，……。」說云：「身觀焉，親也。」章太炎謂同於因明之現量，國故論衡原名篇。而方便心論第一品謂之現見，正合身觀之義。摹略，俞正燮云：「卽今言之模量，古言之無慮。」按俞說是，摹略者總括大凡之詞也。此親知用摹略二字，猶因明入正理論謂現量爲「無分別」。然者自然，亦卽現象。萬物之然，猶云萬物之自然現象，卽萬物之自相。蓋吾人以覺官摹略現觀萬物之自相，不起羣言分別，羣言見後，此卽理門論所謂「現量遠離一切種類名言」，正理論所謂「現量離名種等所有分別」。

謂之親知。因明大疏所謂「行離動搖，明證衆境，親冥自體，故名現量」：是也。由是親知云者，當具有必要之三事：卽(一)吾人覺官所緣，必由身觀；(二)必爲萬物之自相；(三)必係驀略境界。不然，所觀迷亂，如「以束薪爲鬼，以火煙爲氣」；淮南說山。則爲因明「似現量」，便非親知矣。

第二目　論求羣言之比——說知

淮南本經篇高注：「推，求也。」推訓求，則求亦可訓推；然則論求，猶今所謂推論(to reason)。羣言，猶因明所謂種類名言。羣卽種類；易繫辭「人以類聚，物以羣分」，則羣亦類義。言卽名言；論語子路篇「名不正則言不順」，是也。蓋吾人將一切種類名言，分別推論，因而得有是非然否之判斷於其間者，正合因明比量之理；亦與下經第七十條所謂「說知」相同。彼云：「室中，說知也。」蓋既知在外者之色爲白；今謂在室者之色若在外者之色，因推知在室者之色亦爲白，故曰說知。又經上第八十條云：「知：……說，……。」說云：「方不㢓，說也。」方不㢓者，謂將覺官所感受之現象，由心識分別計度而貫通之，不爲方域所障限，是也。百論疏量諦第二爲「比知：如見一分卽知餘分，見煙知有火，等」；亦卽說知、方不㢓之理。

嚴幾道譯穆勒名學引論第四節云：「名學爲求誠之學；誠者非他，眞實無妄之知是已。人之得是知也，有二道焉：有徑而知者；有紆而知者。徑而知者，謂之元知，謂之覺性；紆而知者，謂之推知，謂之證悟。故元知爲智慧之本始，一切知識，皆由此推。聞一言而斷其爲誠妄，考一事而分其爲虛實，能此者正賴有元知爲之首基，有覺性爲之根據；設其無此，則事理無從以推，而吾人智識之事廢矣。」又云：「世人常卽推知以爲元知，往往一事一理，其人得之，本由推較；第久習之餘，其推較至速，瞬息卽辨，有若元知，其實否也。故觀物之頃，所謂元知，止於形色；至於遠近虛實，則皆待推而知。推知可妄，故名學言之；元知無妄，故名學不言。」按穆勒所謂元推，卽因明之現比，亦卽墨辯之親說；東西賢哲，此理此心，無不同者。

第二款　論辯術之用

第一目　辭——以名舉實、以辭抒意

上經第八十條云：「所以謂，名也；所謂，實也；名實耦，合也。」此名、實、合三者皆爲成「辭」之具。例如「此書是墨經」：「此書」爲實，所指之物也；「墨經」爲名，所命之義也；「是」字爲合，所耦之事也：三者具而後一辭成。然此乃文律之自然組織如此；若論式之辭，究以第八十三條之「并立」爲已足。如第七十九條「狗犬」一辭：狗爲實，今曰主辭(Subject)；犬爲名，今曰謂詞(Predicate)。因二者間隱去繫詞(Copula)，如「狗爲犬」之「爲」字。而唯「實」「名」對偶，故曰並立。舉者，擬也，亦告也。見上經第三十一條。蓋僅有實，不能令人生其解悟；必繼之以名，方能擬議其實而告人以志義之所在。故欲成

辭，必須以名舉實。有人謂「辭卽今人所謂判斷(Judgment)。辭從𤔔辛，有決獄理辜之義，正合判斷本義；判斷之表示爲命辭(Proposition)」。呂覽離謂篇：「夫辭者意之表也。」此抒字義，正與表同。「意」卽今人所謂概念(Concept)。蓋欲下判斷，固假概念，而概念成立，原出判斷：故曰以辭抒意。

按「辭」可當因明三支式之「宗」。

第二目　說——以說出故

說，卽上經第七十二條「說所以明也」及下經各條「說在……」之說。故，卽上經第三十二條「言出故也」及「故也者諸口能之出名者也」之故。蓋凡立一辭，苟聞者意有未達，持以質問；則立者須說以明之，而其所出者卽故也。例如下經第六條「異類不比。說在量。」其「說在量」三字之一言爲說，而其所達之義爲故。自此故出，而後「異類不比」之一辭始定。

按「說」可當因明三支式之「因」。

茲將「名實」「辭意」「說故」三者相互之關係，列式如次：

第一式：

實	名	故
異類	不比。	說在量。
意（概念）	意（概念）	說
辭（判斷）		

第二式：

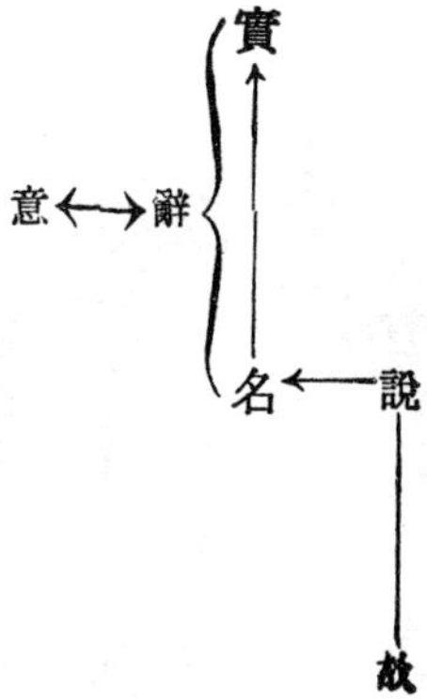

第三目　類——以類取，以類予

取，卽上經第九十四條「法取同」及第九十五條「取此擇彼」之取。予，卽說文「予、相推予也」之義。以類予者，謂以類爲推也。例如經上第五條：「知，接也」說云：「知也者以其知過物而能貌之。若見。」此之論「知」，取「若見」以爲譬者，以「見」「知」皆具有「過物能貌」之一法；則「知」與「見」爲同類；故取「見」以喻「知」：此卽謂之「以類取」。又「見」既有「過物能貌」之性，則「見」者「接」也；因而推得「知」亦有「過物能貌」之性，則「知」亦「接」也：此卽謂之「以類予」。

按「類」可當因明三支式之「喻」。

第三節　總結

第一款　有諸己不非諸人——悟他

以上所舉辯術之用，若有諸己，亦必使人有之，而不非人之無有；儒家所謂「己欲達而達人」之義。

第二款　無諸己不求諸人——自悟

以上所舉辯術之體，若無諸己，不可任己無之，當反求諸己而不求諸人；佛家所謂「仗自力不仗他力」之義。

按因明以宗、因、喻爲悟他法門；現、比、量爲自悟法門。其先他後自，以示「權衡之制，本以利人」；引大疏語。則所重者在悟他也。本章首以摹略萬物之然親知論求羣言之比說知爲自悟法門；次將以名舉實、以辭抒意、以說出故、以類取、以類予即辭說類三者爲悟他法門。其先自後他，以示「同歸之物，信有誤者」；引墨子答弦唐子語，見貴義篇。故所急者在自悟也。列表對照如次：

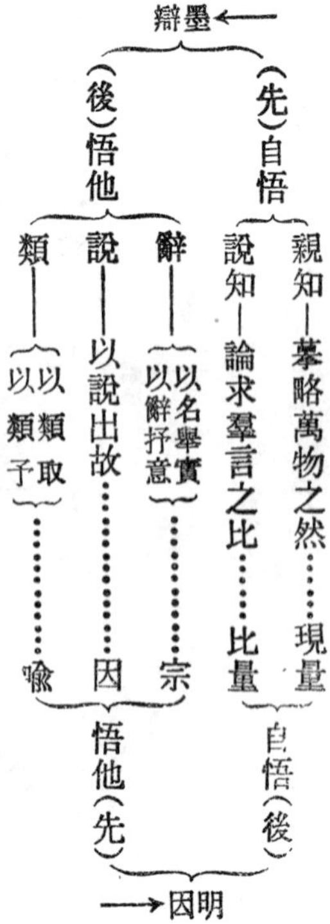

或也者不盡也。假也者今不然也。效者爲之法也；所效者所此處原有以字，今刪。爲之法也。故此爲申事

詞中效，則是也；不中效，則非也：此故也。原作此效也，譌。辟（譬）也者舉它物而以明之也。侔也者比辭而俱行也。援也者曰「子然，我奚獨不可以然也？」推也者以「其所不取之」同於「其所取者」予之也：是猶謂「它者同也」；吾豈與亡其同，轉語詞，亡其，見經傳釋詞十。謂「它者異也」。

右第二章　論「論式」

論式之起因與組織，列表如次：

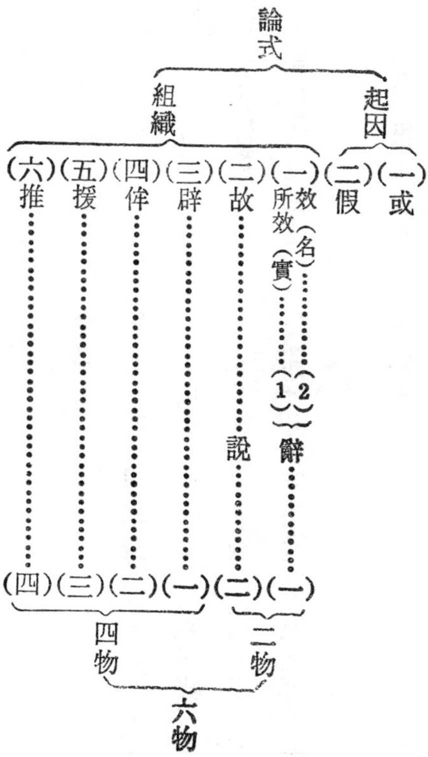

第一節　論「論式」之起因

第一款　或——或也者不盡也

上經第四十二條云：「盡，莫不然也。」則此謂「不盡」，猶云「有不然」。或也者有不然，與下句假也者今不然，文正相對。有人謂「或」，卽古域字。域於一方，故爲不盡。立辭而不能使人莫不然，則辯說生矣」。但或，亦卽疑惑之本字；易乾文言謂「或之者疑之也」，可證。蓋天下事理，有未賅徧，而人不以爲然者，則疑惑生；疑惑生而後辯論起。是以本章探究論式，而必先之以「或」者，以後此所有事皆以決疑故耳。

第二款　假——假也者今不然也

此所謂假，與下經第八條「假必誖」「假必非」之假不同。彼爲眞假之假，此假爲「叚藉」之義；西語謂之希卜梯西（Hypothesis），譯言「假設」。蓋凡事苟已然而信，將失其所以爲辯。假設者，姑建一說，是非正誖，當境莫知；特得此而後有所推尋，以見異日之驗否焉耳。故曰假也者今不然也。

按下文辭、故二物，爲研求所立假設之虛實之論式；辟、侔、援、推四物，爲覆勘所立假設是否與物情事實相印合之論式。蓋吾人於字內事物，祗以所見不必盡同，致生疑惑而立假設，又因假設而起辯論；故「或、假」二者，皆爲成立論式之起因也。

第二節　論「論式」之組織

第一款　辭——效者爲之法也，所效者所爲之法也

前言實、名對偶，謂之「並立」。並立者，即此之所效與效，亦即邏輯（Logic）所謂兩端名詞（Two Terms）耳。故凡立一辭，如「異類不比」：其詞先出者如「異類」，謂之所效；其詞後承者如「不比」，謂之效：是已。效又與法同義，荀子不苟篇楊注：法，效也。故所效謂之「所爲之法」，效謂之「爲之法」；今可省云所法與法。頗與因明「宗」之前陳爲「有法」、後陳爲「法」同。列表對照如次：

端別／學別　辭	異類	不比
墨辯	實	名
	所謂	所以謂
	所效	效
	所爲之法	爲之法
	（所法）	（法）
因明	有法	法
	自性	差別
	所別	能別
	前陳	後陳
	所依	能依

效與所效之命意，又分論之。

第一目　效——效者爲之法也

史記天官書正義：「效，見也。」說文：「效，象也。」則效者爲之法，正猶易繫傳所謂「見乃謂之象，制而用之謂之法」之義。蓋以覺官現見一物謂之象（Idea），卽效字義。卽以其象制而用之卽爲字義便成法（Form or Model），說文所謂「法，象也」，是也。

夫辭之「謂詞」既號爲「名」，而此又必號爲「效」者何哉？曰：一辭之立，原所以破斥邪論，安立正道；大疏云：求因明者，爲破邪論，安立正道。故又改稱「效」而釋「爲之法」。因明大疏云：「由此宗依，所依、能依。必須共許；共許名爲至極成就，至理有故。」卽是。例如墨子倡「非命說」，大反世人「有命」之言，在因明謂之「世間相違過」。然墨子云：「我所以知『命』之有與亡者，以衆人耳目之情，知有與亡。有聞之、有見之，謂之有；莫之聞、莫之見，謂之亡。自古以及今，亦嘗有見命之物，聞命之聲者乎？則未嘗有也。」非命中。墨子原察百姓耳目之實，謂於命未見其物，未聞其聲，其腦中已印一「無命」之象，卽謂之「效」。又因執「無命」而立「非命說」，卽謂之「法」。此非命說由原察衆情得來，必爲世人所共許，理已極成，決無過失；故曰效者爲之法也。

第二目　所效——所效者所爲之法也

一辭之主詞既號爲「實」，而此又必號爲「所效」者，以先出之名詞中，必含有後承名詞之志義故。例如「異類不比」：其「不比」之條件，已自含於「異類」之中也。「所」者「所體」，見大取。故名既號為效，實卽號為所效；則所效者效之體也。今效為至理極成，其效之體尤必至理極成無疑。故一辭之實，由效而得所效之稱者以此。

大凡一辭之立，初陳極成之所效。如上例「異類」，單名片義，尚無何等之說明；必繼以極成之效如「不比」，始有解釋「異類」之地位，由其含義之屈曲，方能使聞者啓其新悟，獲其別解。故所效與效，雖皆為組織一辯之資；而所效有時可省，效則必不可省。所以此節先言「效」，次言「所效」，略示輕重，意卽在此。上經第八十條亦先出名，後出實。佛藏般若燈論直譯梵語「阿尼陀耶睒海陀」為「無常聲」，蓋梵天文律如此，華言「聲是無常」者乃我國世俗之文。

又此文不舉「辭」為目，而只稱效與所效者，以後此如「故、辟、侔、援、推」五物，同屬辭類之組織，卽不外以此二事效與所效為其共同之元質耳。是以此處舍總名卽辭而僅著其分稱者，職是故也。

第二款　故——故中效則是也，不中效則非也，此故也

此文不舉「說」為目，而逕稱「故」者，以說之功用，全在「出故」，亦鄭重著之耳。此故，卽上文「以說出故」之故；效，卽上文「效者為之法」之效。

前言所效與效，理須極成而為人所共許，固已。然所立之辭，非定極成，卽我以為然而人不必以為

然也。因明所謂「立者許之，敵者不許。」蓋「辭」若先已極成，則既彼此憭解，便不須起無謂之爭；尚何待出「故」爲之說明，更安用「辟、侔、援、推」以資佐證。墨辯成立，其樞要處，即在「爭彼」。見上經第七十四條。今效，即「彼」之所在也。若「故」正碻，則爭「彼」而當，謂之中效；「故」不正碻，即爲不當，則不中效。

合所效與效成辭，且出以故，二者皆即墨辯擧討人世一切問題所必要之件也；試一察閱上下經各條，幾皆範圍於此二者之內。茲引上下經各一式如次：

第一式　（上經第十四條）

辭……信 所效 言合於意也 效。

故……不以其言之當也 效。

第二式　（下經第七十九條）

辭……非誹者 所效 誖 效。

故……說在弗非 效。

右第一式「信」及「言合於意」，第二式「非誹者」及「誖」，四者皆爲立敵所共許。然「信」究爲「言合於意」否耶？「非誹者」究爲「誖」否耶？立者固已許之，敵者或未許也。今第一式出故曰：「不以其言之當也」；則所謂「信」者，乃誠「言合於意」矣。第二式出故曰：「說在弗非」；則所謂「非誹者」，乃誠

「誖」矣。若此，則其所設之「故」皆中效矣。此就墨辯說如是。

第三款　辟——辟也者舉它物而以明之也

畢沅謂：「辟，同譬。說文云：『譬，諭也。』諭，古文喻字。」按此辟，與因明所謂「喻依」正同。辟也，喻也，皆舉它物以明此物，且分同異，故上下經多用「若……」「不若……」爲之；亦有連舉多字多名，或一辭多辭者，其例不一。茲引七式如次以見一班。

第一式　（上經第三條）

辭……知　所效、材也效。

故……知也者　所效、所以知也而必知效。

辟……若明。（此用若字）

第二式　（上經第二條）

辭……體效。

故……分於兼也效。

辟……若二之一；尺之端也。（此用若字攝二辟詞）

第三式　（上經第七條）

辭……仁所效、體愛也效。

故……愛己者非爲用己也效。

辟……不若愛馬者。（此用不若）

第四式　（下經第二十八條）

辭……倚者所效、不可正效。

故……說在剃效。

辟……倍（背）、拒、擊、射。（此連舉四字）

第五式　（下經第二條）

辭……推類所效之（是）難效。

故……說在之（志）大小效。

辟……四足獸、與牛馬、與物。（此連舉名三事）

第六式　（上經第十四條）

辭……信所效、言合於意也效。

故……不以其言之當也效。

辟……使人視城所效得金效。（此用一辭）

辭……爲所效、窮知而傒（懸）於欲也效。

第七式（上經第七十五條）

故……所爲與不所爲所效相疑也，非謀也效。

辟……是猶食脯也，騷（臊）之利害，未可知也；欲而騷。……廧外之利害，未可知也；趨之而得刀，則弗欲趨也。（此用是猶二字攝二辟辭、每辭多句）

第四款 侔——侔也者比辭而俱行也

孫詒讓曰：「說文：『侔，齊等也。』謂辭義齊等，比而同之。」按孫說近是。比辭而俱行者，正與古因明「五分作法」之「合」支相同。茲引五分作法之全式如次：

宗……聲是無常。

因……所作性故。

喻……猶如瓶等。於瓶見是所作與無常。

合……聲亦如是，是所作性。

結……故聲無常。

墨辯下經第四十三條*，原係二式合成，茲引一式如次：

辭……五行*——金水土木火五字本屬別式毋常勝。

故……說在多。

辟……火爍金。……金靡炭。

侔……火多也。……金多也。

右式略與「五分」相近，惟較節簡，且缺最後「援」物；「援」本辭之贅稱，不用亦可，故常省之。此辟物可倣五分云：「如火爍金。於『火爍金』見是多而無常勝。」由是侔物可云：「火五行之一亦如是，是多。」援物亦云：「故火無常勝。」又五分「喻、合、結」三支，後世別有作法，尤與「比辭俱行」之義相明。茲列之云：

喻……猶如瓶、甖等。

合……瓶是所作性，故瓶無常；甖是所作性，故甖無常；……聲是所作性，故聲無常。（此卽比辭俱行）

---

*般若燈論七、載佛弟子對外論立量云：「第一義中火不燒薪。『宗』。以其大故。『因』。譬如水大。『喻』。」此式於陳那後廣爲應用，與本條大概相似，可以比觀。

結……是故得知聲是無常。

由是墨辯「辟、侔」亦可倣作云：

辟……如火爍金，金靡炭，等。

侔……火多也，故火無常勝；金多也，故金無常勝；……五行皆以多尅少，故五行無常勝。

綜觀上式，所謂比辭俱行者，特繇簡略異耳；以言理與方術，實無二致也。又下經第六條，辟詞極多，以次含入侔物之內，頗難分出；而侔物各句，連貫而下，所謂比辭俱行者也。因明論式，不知有此一例否？茲列如次：

辭……異類不比。

故……說在量。

辟……木與夜。……智與粟。……爵、親、行、賈(價)四者。……麋與霍(鶴)。……蚓(塤)與瑟。

侔……(木與夜)孰長？……(智與粟)孰多？……(爵、親、行、價四者)孰貴？……(麋與鶴)孰嚯？……(塤與瑟)孰瑟？

第五款　援——援也者曰「子然、我奚獨不可以然也」

孫詒讓云：「說文：『援，引也。』謂引彼以例此。」按孫說是。引彼例此，故彼然而此亦然；則所謂

「援」者，亦即與古因明五分作法之「結」支相同也。茲引二式如次：

第一式 （下經第二十八條）

辭……倚者不可正。

故……說在剃。

辟……倍、拒、堅、射。

援……倚焉則不正。

第二式 （下經第六十四條）

辭……行脩以久。（遠近，脩也。）（此簡別語，下同。）

故……說在先後。（諸行者必先近而後遠。）

推……先後久也。

援……民行脩必以久也。

觀右二式，「倚者」、前云「不可正」，後直云「則不正」。「行脩」、前云「以久」，後更云「必以久」。可見專經推論而愈確，因而措辭益堅矣。

第六款 推——

按「推」物當分二目論之。

第一目　推也者以「其所不取之」同於「其所取者」予之也

此「其所不取之」「之」字，與下「其所取者」「者」字，通用。莊子知北遊篇：「若儒墨者師」，郭象注作「夫儒墨之師」，是其例。取予之義，見前。因明大疏論比量云：「用『已極成』，證『非先許』，『共相智』決；故名比量。」其已極成，卽此「其所取者」；其非先許，卽此「其所不取之」。蓋比量純用推類法(Analogy)；以已取者而證未取者，便生共相之智，因而其所未取者亦決定成立；故此「推」物正與新因明三支式之「喻體」相當。茲引三支全式如次：

宗……聲是無常。

因……所作性故。

喻……諸所作者皆是無常喻體。譬如瓶等喻依。

據右式，瓶是其所取者，聲是其所未取者；今以其所未取之聲，同於其所已取之瓶，卽取瓶之性推證聲之性。因瓶必爲所作，而所作必爲無常，由是共相智起，推知「諸所作者皆是無常」；故決定聲有所作性，亦必無常。茲引下經第三十一條略式與因明對照如次：

墨辯
- 辭……價宜則讐。……宗
- 故……盡去其所以不讐也。……因
- 推……其所以不讐去則讐。(體)
- 辟……若讐室。(依)……喻

（以上對照）因明

又引下經第四十七條對照如次：

- 辭……火熱。……宗
- 故……說在頓(屯)。……因
- 推……謂火熱也(者)非以火之熱我(俄)有。(體)
- 辟……若視日。(依)……喻

右式本與公孫龍輩「火不熱論」相駁，故持此義。此頓、同屯，聚也，即熱非俄有之意。「謂火熱也，非以火之熱俄有，若視日」者：猶云「於視日見熱之屯(或熱非俄有)而熱」。因知「火亦如是，是熱之屯(或熱非俄有)」。「故火熱」。然則「凡爲熱所屯(或熱非俄有)者，其物亦熱也」。若是，所謂火不熱者云何？

墨辯之「推」有緐簡之分，略引二式以明其例。

第一條式　（下經第三十二條）

辭……無說而懼。

故……說在弗必。

辟……｛子在軍（一）
聞　戰（二）

推……｛不必其死生（一）
亦不必其生（二）前也不懼今也懼。猶云「凡不必其死生見彼之懼，譬如子在軍及聞戰。」

第二簡式　（上經第七十四條）

辭……辯。

故……爭彼也。

辟……或謂「之牛」，或謂「之非牛」。

推……是爭彼也。猶云「凡爭彼爲辯」。

第二目　是猶謂「它者同也」，吾豈謂「它者異也」

「是」字，當指上句「推也者以『其所不取之』同於『其所取者』予之也」而言。因明喻支有同異之分：同喻體謂之「合作法」，異喻體謂之「離作法」。案古因明於宗因喻之後，又有同類、異類二種，見瑜伽師地論及顯揚論。竊意此「它者同」正猶彼合作法；「它者異」亦猶彼離作法耳。引例示之：

宗……聲是無常。

因……所作性故。

喻
- 合作法……凡所作者皆是無常同喻體。譬如瓶等同喻依。
- 離作法……凡常住者皆非所作異喻體。如虛空等異喻依。

茲引墨辯二式如次：

第一式　（下經第二十四條）

辭……負而不撓。

故……說在勝。

辟……
- 衡木（異）
- 右校交繩（同）

推……
- 加重焉而不撓、極勝重也（同）
- 無加焉而撓、極不勝重也（異）

第二式　（下經第五十二條）

辭……均之絕不（即不絕）

故……說在所均。猶云「所均之物、所不均之物」。

辟……
- 髮（同）
- 輕而髮（異）猶云「而髮輕，意即不均之髮」。

推……｛均縣（同）猶云「物均則不絕」。
　　　絕不均也（異）猶云「絕則物不均也」。

援……均其絕也
　　　莫絕

據右各式以觀，墨辯因明，幾同一事。所異者，墨辯之推，單作一物，任實辭物前後；不似因明喻體，專實第三支「譬如……」之上耳。蓋因明喻體，本無喻之意義。特歸納（即推）通則，須有譬喻始能推知；故連類相及，謂此通則爲喻之體，譬喻爲喻之依也。又因明所重者在合作法，以古時「因」爲正能立，「同喻」爲助能立，而「異喻」僅爲「止濫」之用焉耳。墨辯則不然，離作法反較合作法爲重；所以上下經各條，皆以異喻爲獨多也。今引數式明之：

第一式　（上經第十條）

辟……行所效爲也效。

故……所爲不善名效、行也所效。

推……所爲善名、巧也。（異）

辟……若爲盜。（異）

第二式　（上經第三十五條）

辟……功、利民也。

故……待時。

推……不待時。（異）猶云「若不利民見彼不待時」。

辟……若衣、裘。（異）猶云「若冬葛衣、夏鹿裘」。（按此本複式之一）

第三式　（上經第三十七條）

辭……罪。

故……犯禁也。

推……不在禁，雖害無罪。（異）

辟……若殆。（異）

第四式　（上經第七十四條）

辭……辯、勝。

故……當也。

推……是不俱勝；不俱勝，必或不當。（異）猶云「若不俱勝見彼不當」。

辟……不當，若犬。（異）（按此本複式之一，別式見前，其辟詞作「或謂之牛、或謂之非牛」，故此曰「若犬」。）

第五式　（下經第二條）

辭……推類之（是）難。

故……說在之（志）大小。

辟……四足獸、與牛馬、與物。（異）

推……盡與大小也。（異）猶云「若是不難見彼盡與大小」。

第六式　（下經第五十條）

辭……擢慮不疑。

故……說在所謂。

推……疑無謂也。（異）

辟……臧也今死，而春也得之又死也可，且猶是也。（同）

第七式　（下經第五十四條）

辭……「狗，犬也。」此句先爲之例以起下文。而殺狗非殺犬也可。

故……說在重。

推……殺狗謂之殺犬可。（異）猶云「若是殺狗可謂之殺犬見彼其重」。

辟……若兩腗。（異）

第八式　(下經第三十五條)

辯……辯無勝。

故……必不當。

辯……辯也者，或謂「之是」，或謂「之非」。(異)(無勝之辯，必無是非，故此爲異。)

推……當者勝也。(異)

辟、侔、援、推四物，皆屬墨辯對於辭、故二物所用以爲比校勘合或覆審別試之件也。蓋辭、故二物，爲論決一切問題之主件，無論如何，不可闕少。然吾人苟於某項情事，既獲充分之由，以昭辭義之信；則辟、侔、援、推四物，可以不用。是以此四物者，當爲辭、故二物之副件，有時用之，縱取其一而置其餘，亦無不可耳。

* * * * *

夫物——有以同，而不率遂同；辭之侔也，有所至而正；其然也，有所以然也，其然也 三字原缺，今補。 **同，其所以然不必同；其取之也，有所** 原缺，今補。 **以取之，其取之也同，其所以取之不必同。是故辟、侔、援、推之辭：——行而異，轉而危，遠而失，流而困，** 原作流而離本，今將離字移下，改本爲困。 **則** 此處原有不可不審也五字，今移下。 **不可常用也；故離** 由上移此 **言，多方，殊類，異故，則不可偏觀也；——不可不審也。**

五字由上移此。

右第三章　論辟、侔、援、推四物常偏不常偏之理

辟、侔、援、推四物常偏與不常偏之別，列表如次：

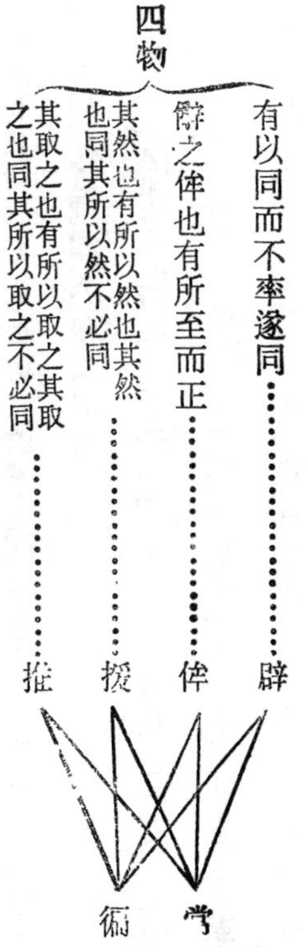

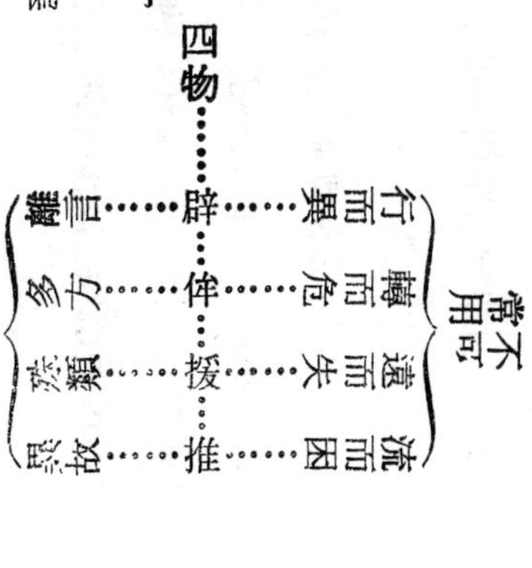

第一節　論四物常偏之理

茲先論常偏。常 (Permanence) 就時間言；偏 (Universality) 就空間言。墨辯謂時間爲久，空間爲宇。上經第三十九條云：「久，合古今旦莫。」又第四十條云：「宇，冡東西南北。」蓋凡天下事物，合古今旦暮而不稍變者卽常也；蒙東西南北而無或遺者卽偏也。此辟、侔、援、推四物，皆當具有物觀之常偏二性；庶幾對揚之時，縱識解紛歧，形式詭異，而其所持異實之名以論一意，必不致亂：故曰常

用，曰偏觀。

第一款　辟——有以同，而不率遂同

上經第八十六條云：「有以同，類同也。」率，即大率，皆也。如言凡二足而羽者爲禽，凡四足而毛者爲獸，類同故耳；實則禽之雀鳥，獸之牛馬，不皆遂同也。蓋有者不盡有也，論式設辟，不必求其全同，故云云爾。此如因明以瓶喻聲，寔大不同；然二者同爲「所作」「無常」之一類，故得相喻。墨辯亦然：如前「使人視城得金」，本與辭之所效所謂「信」者不皆遂同；然就「不以其言之當」及「言合於意」二語以觀，則當與「信」同類，乃得爲辟辭。

范縝神滅論（此引自梁書，弘明集略異。）云：「神之於形，猶利之於刀；未聞刀沒而利存，豈容形亡而神在？」此「有以同」之辟辭也。沈約駁之曰：「若謂此喻盡耶？則有所不盡。若謂此喻不盡耶？則未可以相喻也。」蓋沈謂范所引之喻，有所不盡，即所謂不率遂同，故以爲未可以相喻；殆未達「類同」之理耳。孟子曰：「指不若人，則知惡之；心不若人，則不知惡：此之謂不知類也。」吾於沈約亦云。

第二款　侔——辭之侔也，有所至而正

侔辭之用，寔即歸納始基；推辭成立，全賴有此。然天下之事物無窮，侔之若多，不獨不盡，亦恐難以常徧，故侔辭須有所至。有所至者，謂宜止於適當之境而不率行牽涉也。正者亦謂所侔之辭，尤當前後一揆，不可彼此歧異。如前「火爍金，火多也；金靡炭，金多也」。若專云「火多」「金多」，將漫無所至之境，亦且陷於不正。故火金之前，須有「火爍金」「金靡炭」二辟辭爲之基，俾有所至而正焉。

第三款　援——其然也、有所以然也、其然也同、其所以然不必同

經下第九條云：「物之所以然，不必同。說在病。」又說云：「或傷之，然也。」此謂「所以然」爲成事之因，「然」爲成事之果。故公孟篇曰：「人之所得於病者多方：有得之寒暑；有得之勞苦。」蓋如一人之病，其致傷之果同，而或由寒暑或由勞苦之因不必同，所謂「果同因異」是也。又如前「倍、拒、堅、射」四者，皆含「剃」義；剃者，邪易也。卽以「剃」爲因而致「不可正」之果。然則「倚」亦以「剃」爲因，何獨不可援例而得其「不可正」之果哉？故援辭之作，祇須知果同而因不必同之關係，便無辭過。

第四款　推——其取之也、有所以取之、其取之也同、其所以取之不必同

前云「推也者以『其所不取之』同於『其所取者』予之也」，此取字卽承彼言。蓋如因明喩支「諸所作者皆是無常；譬如瓶等」：乃以一支兼容喩體、喩依二事者，以喩體全由喩依推得耳。由是取瓶以喩聲，以「所作」「無常」二義，皆爲瓶、聲所同具，故曰其取之也同。然其所以取之不必同者，特以瓶之「所作、無常性」爲人所易曉，而「聲常、非所作」，獨爲聲顯、聲生論師所計，遮撥較難；故卽具有形質之瓶以及世間甚多之物，槪以「諸所作者皆是無常」該之，而後聲之「所作、無常性」亦必不能獨外矣。然則

推辭之範圍極廣，祇論「其取之」之目的若何，初不計「其所以取之」之物之不相涉也。故曰其取之也同，其所以取之不必同。

第二節　論四物不常偏之理

第一款　辟——行而異　離言

論語云：「故君子名之必可言也，言之必可行也。」則不可行之言，必離義甚遠；而言與行之相共，從可知矣。例如前舉「倍、拒、擊、射」四者，以爲「倚」之辟詞，可謂常偏矣。然其中「倍」之一字，在此假用爲「背」，義固相通；而與經上第六十條「倍，爲二也」，函義各別。則「倍」兼具「背」與「爲二」二義，而「爲二」一義，在此必不可言，故曰離言；而亦必不可行，若欲行之，則與其所取者之意大異，故曰行而異。

第二款　侔——轉而危　多方

危，詭之省文。俞樾云：危，讀爲詭。上文「有所至而正」，與此「轉而詭」「多方」相對成文；蓋多方與有所至相反，詭亦與正相反也。侔辭之用，全在有所至而正；若所轉各辭，詭變不一，則多方厖雜，塗徑莫明，將歸納之事廢，而欲求其所至之境難矣。

第三款　援——遠而失　殊類

「援」與第一物之「辭」前後照應，如前例「倚者不可正」，援云「倚焉則不正」；不正與不可正，亦詞氣輕重之差耳。苟援物與第一辭物，立義甚遠，則必失之。蓋辟詞與辭之所效，宜爲一類，如「倍、拒、擊、射」，必與「倚」義切近；若援物過遠，將見所引之類，立形矛盾，遑言常偏哉？

第四款　推——流而困　異故

大取謂「辭以故生」，「故」苟正確，辭即成立；由是而推其故於同類之物，亦無不成立矣。如前例「聲是無常，所作性故」；則推辭當作「諸所作者皆是無常」，方爲常偏。若推物流動不定，易以其他之異故，則辭必流放而困矣。

凡右「辟、侔、援、推」四物之辭，其不可常偏之弊，極關重要，偶一不慎，辭即不成，則辯將不當而無由勝矣，故曰不可不審也。

二　大取末一章

夫辭：二字原在下，茲移此。**以故生；以理長；以類行也。者**（諸）**立辭而不明於其故**此字原錯在節末，茲移此。**所生，妄**原譌作忘**也。今人非道無所行；唯**（雖）**有强股肱而不明於道，其困也可立而待也。**此處原有夫辭二字，移上。**以類行也者，**二字原倒，今乙。**立辭而不明於其類，則必困矣。**此處原有故字，移上。

右第一節　論「三辯」

墨子本有三辯篇，今存其目，文已亡矣。竊意大取此章，或即三辯篇之逸文；所謂「故、理、類」三物，三物者分言之，三辯者合言之耳。夫墨辯稱「物」，正猶因明之稱支；蓋因明三支，寔亦四支，以喻支又分理喻（即喻體）事喻（即喻依）之故。今理、事二喻，既與理、類二物同，而宗與辭同，因與故同，則二者可謂大同；所異者因明以喻兼理、事而稱宗、因、喻之三支，墨辯以一辭獨立而稱故、理、類爲三辯，殆即墨家後學所定之軌式如是也。上經第七十四條曰：「辯，爭彼也。」「彼」即一辭之「效」。（亦即「謂詞」。）蓋「辭」爲立論者提出所持之旨，「彼」爲待敵以論決辭旨目的之所在，故「辭」不稱爲辯；「故、理、類」三物，皆用以爲爭「彼」之資，始稱爲辯。所以此三物稱爲三辯，正與陳那定「因明之宗爲所立、因喻爲能立」之意同。蓋先時因明古師，皆視宗、因、喻三支爲「能立」。陳那以爲所謂「宗」者，原爲主客相對，由立論者先提出而資論決；其辯諍之目的，全在「宗體」。（即一辭，省稱宗。）故宗體既爲辯諍目的之所在，祇成爲「所立」，因喻能爲論決宗體之資，始爲「能立」也。茲墨辯之「辭」可視爲所立；「故、理、類」三物可視爲能立。「辭」因三辯而後能立，故能立稱之爲「辯」；所以「故、理、類」名爲「三辯」也。若以論式體性言，一辭與三辯祗可分爲二事耳。（別詳三辯義例。）

據上文以觀，因明、墨辯，理寔一貫。蓋凡立一辭，苟對敵者不之許可，亟須詰其立辭之由，則立者便當說明其故以爲之答；如出故正確，辭即堅定，故曰以故生。反之，若立者不明於辭之所生，則出故必妄而辭僵矣；故曰若立辭而不明於其故所生，妄也。雖然，故已正矣，辭已成矣，究未知二者能常徧否？於是由一物以推及多物，由已知以推及未知，因而得一綜例，謂「凡如是者皆必如是」；遂令所立之義，得以增長，故曰以理長。理既關係重要，則非理將無所行，譬之行路，祗知一途，而不能推知他途，則雖有强股肱，可以立待其困；故曰今人非道無所行，雖有强股肱而不明於道，其困也可以立而待也。夫推理原以同類之事物爲比勘，以期得一綜例，故凡同類之事物，必可取之以相推，小取謂「以類取，以類予」，即是此意；故曰以類行也者，立辭而不明於其類，則必困矣。

辭、故既成，更以同類之事物相譬，當無有不明者；何以三者之外，又須「以理長」乎？此如窺基云：「但云『如瓶』；他若有問：『瓶復如何無常？』復言『如燈』。如是輾轉，應成『無窮』，是『無能』義。我若喻言：『諸所作者皆是無常；譬如瓶等。』既以宗法宗義相類，總徧一切瓶、燈等盡，不須更問；故『非無窮』，成『有能』也。」因明大疏卷四。以理長者，準此可知。

三物必具，然後辭足以生。此二句原錯在前，茲據孫詒讓校移。辭字，以意補。

右第二節　論「三物具足」

孫詒讓云：「三物，卽指故、理、類而言之，謂辭之所由生也。」王闓運云：「生辯論也。」按孫、王二說皆是。此言立辭必具三物，三物具足，不可闕減；由是辭足以生，而辯論庶幾無過矣。

「三辯」義例第二

三辯篇題下畢沅注云：「此辯聖王雖用樂而治不在此，三者謂堯舜及湯及武王也。」孫詒讓注云：「此篇所論，蓋非樂之餘義。」按篇內文意固爲非樂遺說，然於三辯題旨仍不符同。畢謂三者指堯舜湯武，但武王後又舉成王，則合堯舜湯武成當云四或五，不當云三。曹耀湘云：「三，讀如『三復』之三，謂反覆辯論，不憚其詳。」其言亦空無應驗。余意墨子書佚篇甚多，如非樂篇今祇上篇存，中、下二篇皆佚；安知今程繁辯樂一節，不卽爲非樂中、下二篇之佚文耶？或非樂中、下殘簡，奇零無所附麗，乃好事者竟移之以實三辯，初不虞其篇名之不合耳。

據上所言，此「三辯」究屬何義？曰：「三辯」當卽大取篇末「故、理、類」之三物，所謂「夫辭，以故生，以理長，以類行也」。此故、理、類三物亦稱三辯，正猶因明三支之因喻二支；蓋因明三支，宗外有因、有喻，而喻又分理喻即喻體事喻即喻依，與因寔爲三支，合宗更成四支。乃理、事二喻既與理、類二物同，而宗、因又與辭、故同，可謂大同；所異者，因明以喻兼理、事而稱宗、因、喻之三支，墨辯以一辭獨立而稱故、理、類爲三辯耳。夫一辭獨立而稱故、理、類三物爲三辯者，諒即墨家數傳弟子最後所定之辯學程式如是也。據小取篇：「以辭抒意。」上經第七十四條：「辯，爭彼也。」蓋「辭」猶立論者所出之題目，而「彼」爲一辭之效，即論主用爲待敵爭議以判決題目意旨之所在，故「辭」不稱爲辯；「故、理、類」三物皆用爲爭「彼」之資，始稱爲辯。所以此三物名爲「三辯」，正與陳那定因明之宗爲「所立」、因、喻爲「能立」之意同。先時彌勒瑜伽論、無著對法論皆視宗、因、喻三支爲能立；陳那以謂宗者原爲主客相對，由論主先提出而待客之議決，其辯爭目的全在於此。故宗既爲辯爭之目的，祇爲所立；而因喻能爲議決宗體之材料，始爲能立也。茲墨辯正與相同，其辭自可視爲所立，而故、理、類三物可以視爲能立。辭由三物而後能立，故能立稱之爲辯，所以故、理、類定名三辯，此三辯篇之所由作也。

論式比勘

上文言一辭三辯爲墨家後學最終所定之程式，已與陳那改革後之新因明同一完備；故就論式組織言，各有其四，若究其體性，則四者皆祇成爲二事耳。茲將因明、墨辯各立一式如左以見一班：

因明
- (一)所立……宗……聲是無常。1
- (二)能立……
  - 因甲……所作性故。2
  - 喻……
    - 理乙……諸所作者皆是無常。3
    - 事丙……譬如瓶等。4

墨辯
- (一)辭……行,爲也。1
- (二)三辯……
  - 故甲……所爲不善名、行也。2
  - 理乙……所爲善名、巧也。3
  - 類丙……若爲盜。4

因明者明「因」之學也,其所重在因,故卽以因名其學。墨辯者論「辯」之學也,以故、理、類爲三辯,而亦以辯名其學。二者寔小異而大同。

論式例證第三

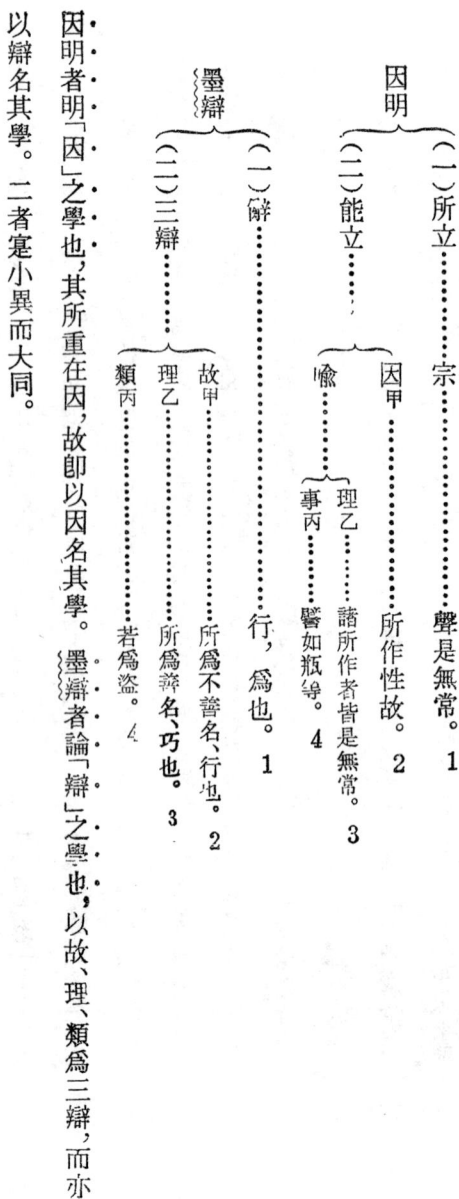

墨辯論式,其最後所定者爲「辭、三辯」,卽由「辭、故、理、類」四物組成之;疑本鞍功於三墨之門人,其例證當在三辯篇,今已亡矣。經說四篇,文殘夐絕,結構奇古,玄珠苦索,閣筆茫然。然爬羅剔抉,略得四五；且爲「辯期」之舊法，諸式雜陳，偶有比合，究非極詣。在昔天竺，宗計緐興，辯論隨滋，因明廣用。世親著有「論式」，我國未曾譯出，莫由按驗。然佛藏似海，立量星羅，二乘引援，時見軌範，其中離奇變化，淺智難周；而世親之書，乃不獲與墨辯對照以助張吾目，可惜也！茲就經說各式，擇其尤明晰者，列爲論式，錄箸於篇，以爲治論辯、談名理者取材焉。

墨辯「經說期」所立論式，至少必有「辭說」二物爲之始基，茲舉

〔近在舊稿夾葉中獲得此紙，或在「七七事變」後匆匆南遷以前所錄。小序方完，戛然而止，以下論式遂致亡失。侵略戰爭之禍，影響文化，由此可見一班。一九五六年十一月廿六日，戒甫識。〕

論式源流第四

墨辯沈霾，二千餘載，今欲明其梗概，已如冥中辨色，不知所裁；遑言其論式之源流，系統之條貫乎？雖然，自不佞於辛酉歲發見小取大取「論式組織法」以後，卽就各式進展之程序考之，亦有可得而言者。蓋凡一學說，當非欻爾而成；苟因流溯源，執今探古，其遠蹤遺迹，必有可覩。故墨辯一科，其最初之如何開刱，嗣後之如何挐究，不可得知；要其漸次因革之度，尚散見於經說大小取六篇及尚賢

等各篇中，未嘗不可以得其崖略也。此如慈恩大師（玄奘）敍「因明所因」：謂「因明論者，源唯佛說；文廣義散，備在衆經」。又云：「劫初足目，刱標眞、似；爰及世親，咸陳軌式。」是亦未知本始，但就其粲然者略論之耳。今墨辯久成絕學，不復旁徵曲引。惟據小取前三章及大取末章所論「論式組織」之最可考見者已見軌範以爲綱領，復就尚賢諸篇及經說四篇論式各例以爲旁證；庶幾論式之源流，三辯之系統，得以粗明。爰分「辯」與「三辯」二期攷討於左：

第一　辯期

所謂「辯」者，卽小取篇所論者是。此小取篇爲論「墨辯軌範」之專書，宜非一人一時所作；大抵起於墨子，嗣經三墨授之門人，昌明改進，至其晚年結集始編成之也。惜簡冊缺佚，今已不可深考。惟其中之尚可推尋者，經說四篇，本爲墨子及其門人先後肄習之物；繼乃本其所得，運用於談說之間，尚賢諸篇可覆按也。故此小取之著作，殆發軔於墨子，而告成於三墨之末年。特因革不一，中似幾經修正，方確定論式爲「辭、故、辟、侔、推、援」之六物所組織而成者也。所以本期又可分爲「墨論」「經說」二期於次。

一　墨論期

所謂「墨論」者，即尚賢上同兼愛非攻節用節葬天志明鬼非樂非命之十篇名是。非儒篇不據。此七篇名各分上中下三篇，共三十篇，按今只存二十三篇，餘七篇缺。皆似演講辭，諒即墨子當日口授其門人，經相里祖夫鄧陵三子各述所得，傳之其徒，後乃纂輯之以成書也。今讀其文，迥與常異，初頗厭其淺陋煩復；後知各篇多由論式構成，覺其涉思遣句，格律極爲謹嚴，反饒奇趣。但考本期所用物詞，較之後來，似爲亂雜；意其事屬俶始，幽致未分，不能碻定也。此如兼愛上篇據孫詒讓校本云：「聖人以治天下爲事者也，必知亂之所自起，焉(乃)能治之；不知亂之所自起，則不能治。譬之如醫之攻人之疾者然，必知疾之所自起，焉能攻之；不知疾之所自起，則弗能攻。治亂者何獨不然，必知亂之所自起，焉能治之；不知亂之所自起，則弗能治。聖人以治天下爲事者也，不可不察亂之所自起。當察亂何自起　起不相愛。臣子之不孝君父，所謂亂也。子自愛，不愛父，故虧父而自利；弟自愛，不愛兄，故虧兄而自利；臣自愛，不愛君，故虧君而自利：此所謂亂也。雖父之不慈子，兄之不慈弟，君之不慈臣，此亦天下之所謂亂也。父自愛也，不愛子，故虧子而自利；兄自愛也，不愛弟，故虧弟而自利；君自愛也，不愛臣，故虧臣而自利。是何也？皆起不相愛。雖至天下之爲盜賊者亦然。盜愛其(己)室，不愛異室，故竊異室以利其室；賊愛其(己)身，不愛人身，故賊人身以利其身。此何也？皆起不相愛。雖至大夫之相亂家，諸侯之相攻國者亦然。大夫各愛其(己)家，不愛異家，故亂異家以利其家；諸侯各愛其（己）國，不愛異國，故攻異國以利其國。天下之亂物，具此而已矣。察此何自起，皆起不相愛。若使天下兼相愛，愛人若愛其身：——猶有不孝者乎？視父兄與君若其身，惡施不孝？猶有不慈者乎？視子弟與臣若其身，惡施不慈？故不孝不慈亡有；猶有盜賊乎？視人，室若其室，誰竊？視人身若其身，誰賊？故盜賊亡有；猶有大夫之相亂家，諸侯之相攻國者乎？視人家若其家，誰亂？視人國若其國，誰攻？故大夫之相亂家，諸侯之相攻國者亡有：——若使天下兼相愛，國與國不相攻，家與家不相亂，盜賊無有，君臣父子皆能孝慈，若此，則天下治。故聖人以治天下爲事者，惡得不禁惡而勸愛。故天下兼相愛則治；交相惡則亂。故子墨子曰『不可以不勸愛人』者此也。」本文約六百言，偶爾讀之，令人生厭；然若列成論式，則前後縝密，實不覺其煩贅也。茲列式於次：

言……聖人以治天下爲事者也，不可不察亂之所自起。當察亂何自起？

故……起不相愛。

譬……臣子之不孝君父；雖父之不慈子，兄之不慈弟，君之不慈臣；雖至天下之爲盜賊者亦然；

　　雖至大夫之相亂家，諸侯之相攻國者亦然。

侔甲……子自愛，不愛父，故虧父而自利；弟自愛，不愛兄，故虧兄而自利；臣自愛，不愛君，故虧君而自利；父自愛也，不愛子，故虧子而自利；兄自愛也，不愛弟，故虧弟而自利；君自愛也，不愛臣，故虧臣而自利：皆起不相愛。盜愛其室，不愛異室，故竊異室以利其室；賊愛其身，不愛人身，故賊人身以利其身：皆起不相愛。大夫各愛其家，不愛異家，故亂異家以利其家；諸侯各愛其國，不愛異國，故攻異國以利其國。——天下之亂物具此而已矣。

推子……察此即亂何自起，皆起不相愛：若使天下兼相愛，（愛人若愛其身）則天下治。

侔乙……猶有不孝者乎？視父兄與君若其身，惡施不孝？猶有不慈者乎？視子弟與臣若其身，惡施不慈？故不孝不慈亡有；猶有盜賊乎？視人室若其室，誰竊？視人身若其身，誰賊？故盜賊亡有；猶有大夫之相亂家，諸侯之相攻國者乎？視人家若其家，誰亂？視人國若其國，誰攻？故大夫之相亂家，諸侯之相攻國者亡有：國與國不相攻，家與家不相亂，盜賊無有，君臣父子皆能孝慈。

推丑……故天下兼相愛則治；交相惡則亂。

援……故聖人以治天下爲事者，惡得不禁惡而勸愛。

右兼愛上篇，除原文首尾數句外，幾完全爲一「六物複式」。若析爲二而又簡之，比之印度古、新因明則如次：

言……天下之亂。……宗
故……起不相愛。……因
譬……如子不愛父，父不愛子；弟不愛兄，兄不愛弟；等。……喻依
侔……父子不相愛則父子亂；兄弟不相愛則兄弟亂；等。……合
推……凡不相愛者皆亂。……喻體
援……是以天下大亂。……結

又如：

言……天下之治。……宗
故……起於相愛。……因
譬……如父愛子，子愛父；弟愛兄，兄愛弟；等。……喻依
侔……父子相愛則父子治；兄弟相愛則兄弟治；等。……合
推……凡相愛者皆治。……喻體
援……是以天下大治。……結

右二簡式，與因明組織契合如此。惟前項論式，原爲覓求學業之一方術；迨覓求既得，方術便成贅疣。

故墨子當日爲演講計，卽屏論式不用；乃錯綜結撰，出以散文，如繭之脫，如蕉之剝，層累曲折，章法特爲新奇，以墨辯重在應用故耳。且墨家文字組織，不獨演講爲然，卽日常問答亦莫不然。如耕柱篇有一節云：「子墨子曰：『和氏之璧，隨侯之珠，三棘（翮）六異（翼），此諸侯之所謂良寶也；可以富國家，衆人民，治刑政，安社稷乎？』曰：『不可。所謂貴良寶者，爲其可以利也；而和氏之璧，隋侯之珠，三棘六異，不可以利人，是非天下之良寶也。今用義爲政，於國家必富，人民必衆，刑政必治，社稷必安。所爲貴良寶者可以利民也，而義可以利人。故曰義天下之良寶也。』」此節辭句往復，推求逼人，然亦可以略爲移易，作六物式列之於次：

言……今用義爲政，是天下之良寶也。

故……可以富國家，衆人民，治刑政，安社稷。

譬……和氏之璧，隋侯之珠，三棘六異，此諸侯之所謂良寶也。（異）

推……所謂貴良寶者爲其可以利也，於國家必富，人民必衆，刑政必治，社稷必安。（同）

侔……而和氏之璧，隋侯之珠，三棘六異，不可以利人，是非天下之良寶也。（異）所爲貴良寶者可以利民也，而義可以利人。（同）

援……故曰義天下之良寶也。

又如公孟篇有一節云：「二三子復於子墨子曰：『告子勝爲仁。』子墨子曰：『未必然也。告子爲仁，譬猶跂以爲長，隱以爲廣，不可久也。』」茲以三物式寫之則如次：

言……「告子勝爲仁」，未必然也。

故……告子爲仁，不可久也。

譬……譬猶跂以爲長，隱以爲廣。

公孟篇復有一節較繁，茲將原文引之於左：

公孟子謂子墨子曰：「君子——共己以待，——問焉則言，不問焉則止。譬若鐘然，扣則鳴，不扣則不鳴。」子墨子曰：「是言有『三物』焉；子乃今知其一身也，又未知其『所謂』也。若大人行淫暴於國家，進而諫，則謂之不遜；因左右而獻諫，則謂之不義：此君子之所以疑惑也。按此所謂「不扣則不鳴」。若大人爲政，將因於國家之難，譬若機之將發也然；君子知之必以諫，然(如是)而大人之利：若此者雖『不扣必鳴』者也。若大人舉不義之異行，雖得大巧之經，可行於軍旅之事，欲攻伐無罪之國，(有之也，君得之，則必用之矣。)此似衍文。以廣辟土地，著稅僞材(賄財)；出必見辱，所攻者不利，而攻者亦不利，是兩不利也：若此者雖『不扣必鳴』者也。……今未有扣子而言，是子之『謂』『不扣而鳴』邪？是子之『所謂』『非君子』邪？」

茲先將右節解釋如次：

是言有三物焉：「是言」，指公孟子「此言」說。此「三物」爲墨子時「言、故、譬」之論式組織，與後來「一辭三物」之組織不同。蓋墨子聞公孟之言，卽知其具有三物，可見其對於辯術雖未臻極詣而亦甚嫺熟，且其開剏之功實大也。一身，曹耀湘謂「猶一體」，甚是，當卽指「不扣則不鳴」說。上經第八十條：「所以謂，名也。所謂，實也。」此所謂，卽「實」，亦稱「所效」；謂，卽所以謂之「名」，亦稱爲「效」。蓋公孟本主張「君子不扣則不鳴」，今忽「不扣而鳴」，其言之「謂」已變，故斥其祇知一身；又言之「所謂」已爲「非君子」，故又斥其未知「所謂」也。茲據本期論式組織，立式於次：

（一）公孟「是言」之論式

（甲）繁式

言……君子所謂問焉則言，不問焉則止謂。

故……共己以待謂。

譬……譬若鐘然，扣則鳴，不扣則不鳴。

（乙）簡式

言……君子所謂不扣則不鳴謂。

故……共己以待謂。

譬……譬若鐘然。

（二）墨子所駁之論式

（甲）「相從」*之反式

言……非君子所謂不扣而鳴謂。

故……不共己以待謂。

譬……今未有扣子而言。

（乙）「相去」*之正式

言……君子所謂雖不扣必鳴謂。

故……不共己以待謂。

譬……若大人……若此者……二節。

要之墨子一書，無論何篇文字，皆異其趣；蓋由當時構成出於論式，故能若此。然如因明論式，格局極嚴；乃或以頌出之，或以「長行」出之，不必定行列式，正其比也。至論式第一物，原用何詞已無可考；

*相從，相去，見上經第九十二條，乃二期之論式。

兹用「言」者，非命上篇有「言必立儀」之語，而各篇亦所習見。其他「故、譬」二詞，各篇亦常有。由此知墨子已成立「言故譬三物式」矣。惟「侔、推、援」三者，名雖未見，實已用之。故疑小取之作，由此，知墨子時殆已草創其大凡者以此。又「言」物以對立二字如治亂雙起，「譬、侔、推、援」各物亦即以二字後先雙承，似屬本期論式之常法，如尚賢上篇首段據孫校本即其例也。兹摘引之如左：

言……今者王公大人爲政於國家者，皆欲國家之富，人民之衆，刑政之治；然而不得富而得貧，不得衆而得寡，不得治而得亂，則是本失其所欲，得其所惡。（是其故何也？）

故……是在王公大人爲政於國家者，不能以尚賢事能爲政也。

推……是故國有賢良之士衆，則國家之治厚；賢良之士寡，則國家之治薄。

本期論式，純在致用，故極煩複，然亦有與下期差同者，聊引天志下篇之中一小段於左以示其概：

言……天（之意何若？曰：）兼愛天下之人。（何以知兼愛天下之人也？）

故……以兼而食之也。（何以知其兼而食之也？自古及今，無有遠靈孤夷之國，皆犓豢其牛羊犬彘，絜爲粢盛酒醴，以敬祭祀上帝山川鬼神；以此知兼而食之也。）

推……苟兼而食焉，必兼而愛之。

譬……辟之若楚越之君。

侔……今是楚王食於楚之四境之內，故愛楚之人；越王食於越，故愛越之人；今天兼天下而食焉，我以此知其兼愛天下之人也。

右式五物具足，較爲簡明；但原文「以兼而食之也」句下，忽插入如此冗長之說明語，則非下期論式所常見矣。

因明以論式爲「悟他法門」。其「自悟法門」，初時立「量」甚多；然大率不外「現、比、聲」三量，聲量唯取聖教，亦名「聖教量」，或加「譬喻」爲四量，無著世親時代猶然。至陳那始限立「現、比」二量；天主紹之，遂成定論。墨家之論「知」也，初亦有「聞、說、親」三者；上經第八十條云：「傳受之，聞也；方不㢓，說也；身觀焉，親也。」則聞與聲，說與比，親與現，皆得相通，斯亦創制如是。逮至小取，祇論「親知，說知」；「聞知」則不言矣。「譬」則無間前後，似皆用之極盛；蓋墨子善喻，尚賢等數十篇及耕柱等五篇中皆常見之，用諸論式，成爲一物，亦固其所。又「聞知」之爲聖教量者，如非命上篇云：「言必立儀。按即立量。言而毋儀，譬猶運鈞中篇作員鈞之上而立朝夕者也；是非利害之辨，不可得而明知也。故言必有三表。表亦量也。何謂三表？有本之者；有原之者；有用之者。於何本之？上本之於古者聖王之事；於何原之？下原察百姓耳目之實；於何用之？發以爲刑政，觀其中國家百姓人民之利：此所謂言有三表也。」其「本表」所謂「上本之於古者聖王之事」，適與聖教量相當。「原、用」二表，在因明似無所四，然亦比量之所有事也。嘗試論之，周秦諸子，殆未有不由「聞、說、親、譬」四知以立論者，特所從操之術異耳。各家多重聞知，而儒者「則古稱先」爲尤甚。墨家初立聞知，後乃攝入「親、說」；其改進之功，不讓陳那獨專其美焉。

二　經說期

所謂「經說」者，卽經上經說上經下經說下四篇是。此四篇純爲小取論式組織法之例證；自後墨家辯學之極詣，殆卽由此四篇中擘尋推論而得之者也。今經上及說，省稱上經，不佞曾定爲九十六條；經下及說，省稱下經，亦定爲八十二條：大凡百七十八條。此百七十八條者，體大思精，不易卒讀；迄後論式發見，脈絡方有可尋，句段亦覺易晰矣。然所謂論式，今又全毀，敷陳勘驗，難復其初；或經墨徒誦述，不免增易與？抑有他故也。所差幸者，因明入論，尚在人間，比合爲之，略知髣髴耳。至物詞之用，本宜循小取「辭、故、辟、侔、推、援」六者；然今第一物詞，舍「辭」用「經」，餘五概括以「說」，立意何在，容後詳之。茲一二物詞暫用「經、說」，餘均據小取各詞，以明本期之變如此。爰引上經第三條立式於次：（此以下引文皆據校讀本）

經……知、材也。

說……知也者、所以知也而必知。

辟……若明。

又引下經第二條立式如次：

經……推類、之(是)難。

說……說在之(志)大小。

辟……四足獸、與牛馬、與物。

推……盡與(予)大小也。

右二條皆足表示上下經簡單之論式；亦有二式合爲一條，而參伍錯綜以出之者，頗奇異也。如上經第一條云：

經故、所得而後成也。

說故〇小故、有之不必然，無之必不然。體也。若有端。大故、有之必然。若見之成見也。

茲列爲二式於次：

甲　經……故即大故、所得而後成也。
　　說……大故、有之必然。

辟……若見之成見也。

乙
- 經……小故、有之不必然，無之必不然
- 說……體也。
- 辟……若有端。

又如下經第四十三條云：

經 五行毋(無)常勝。說在宜(當讀爲多)。

說 五〇金水土木火、離(附麗)。然火爍金，火多也。金靡炭，金多也。金之府水，火離木。若識麋與魚之數，惟所利。

茲亦列爲二式於次：

甲
- 經……五行毋常勝。
- 說……說在多。
- 辟……火爍金。……金靡炭。
- 侔……火多也。……金多也。

(案右式已載入墨辯軌範中，可參閱。)

乙

經……金水土木火，離。

說……金之府水，火離木。

辟……若識麋與魚之數，惟所利。

凡此等渾合論式，若分列之，其義更爲明白易曉；且二式關係雖切，而所論指意各有專司，正又未可混同也。卽就「五行」條言，甲式本駁五行相勝之說，乙式則駁五行相生之說耳。上下經中，此類數見，皆屬要義；然未見有三式渾合者。又前引「墨論期」各式，或過於繁，本期則頗有過簡之慮。如上經第二條以一字爲經，式如次：

經……體謂詞。

說……分於兼也謂詞。

辟……若二之一；尺之端也。

說無主詞，本屬常事；經無主詞，似「闕減過」。因明如是。然墨辯之謂詞又名爲「效」，主詞又名「所效」，是以出「故」之正與不正，須視其「說」之中效與不中效以爲衡；然則墨家立式，固重在謂詞而不重在主詞矣。可參閱軌範。上經第四十五條云：「偏也者兼之體也。」右式若全敍出，當如次：

經……偏也者主詞體也。

說……偏也者主詞分於兼也。

辟……若二之一；尺之端也。

又如上經第三十一條，以一字爲說，式如次：

經……擧主詞、擬實也謂詞。

說……告謂詞。

辟……以之名擧彼實也。

右式之說，告字上原有一擧字，乃「牒經標題」，並非主詞，此又不可不知也。大抵以一字爲經者，下經甚少，上經或居三分之一；以一字爲說者，上經甚少，下經約有半數：說在二字不計。可謂至簡。亦有雙起而雙承者，例已不多，較之上期格局，略加嚴整；其沿革改進之度，蓋可知矣。如下經第五十一條，除說以外，餘皆雙疊，茲先列原文於左：

經均之絕；不。說在所均。

說均○髮。均縣。輕而髮。絕不均也。均、其絕也；莫絕。

茲列成論式於次：

經……均之絕
　　　不（絕）

說……說在所均

辟……{髮
輕而髮(而髮輕)

推……{均縣(均不絕也)
絕不均也

援……均{其絕也
莫絕(不絕)

若作二簡式分寫之當如次：

經……均之絕。

說……說在所均。

辟……輕而髮。

推……絕不均也。　猶云「凡絕則所均之物不均也」

援……均其絕也。

均之，當與所均對看。蓋既曰均之，復何言絕邪？曰：須視所均之物能均與否故。如所均之物不均，則所謂均者實乃不均耳，譬如輕重不均之髮是。即謂畸輕畸重而髮絕也。此逆說，下式始順說。如：

經……均之不(絕)。

說……說在所均。

辟……髮。

推……均縣。猶云「凡所均之物均則不絕也」

援……均莫絕。

本期或有論式在上下經及小取中，而其詮釋之文反在大取者，如云：

是之同；然之同。有非之異；有不然之異。有其異也，爲其同也。爲其同也，異。

一曰乃是而然。二曰乃不是而不然。三曰遷。四曰强。

右段分爲四層，今連合其文如左：

一曰乃是而然：是之同；然之同。二曰乃不是而不然：有非即不是之異；有不然之異。三曰遷：有其異也，爲其同也。似亦可云「有其同也，爲其異也」。四曰强：爲其同也，異。

右之一二兩例，今在小取第四章。此「一曰乃是而然」，彼作「或乃是而然」；此「二曰乃不是而不然」，彼作「或是而不然，或不是而然」二句。茲舉其例於左：

（一）「是而然」。

是之同	白馬、馬也。	……乘白馬、乘馬也。	然之同
	獲、人也。	……愛獲、愛人也。	

(二)「不是而不然」，卽「不是而然」，是而不然」。

非之異 ┤ 不是……有命、非命也。……非執有命、非命也。……然
是……盜、人也。……殺盜、非殺人也。……不然 ├ 不然之異

三四兩例，今上下經頗有似者，茲引於左：

(三)「遷」。

經……負而不撓

說……說在勝

辟……{ 衡木 —— 異—同
　　　{ 右校交繩 —— 同—異

推……{ 加重焉而不撓極勝重也
　　　{ 無加焉而撓極不勝重也

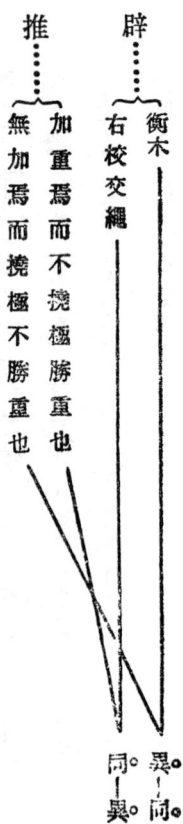

右式爲下經第二十四條之文。衡木爲負之異類，今接「加重焉而不撓極勝重也」句，乃屬於同。故曰，有其異也，爲其同也。次之，右校交繩爲負之同類，今接「無加焉而撓極不勝重也」句，乃屬於異。故亦可云，有其同也，爲其異也。是之謂「遷」。

（四）「强」。

經……止謂詞。

說……以久也。

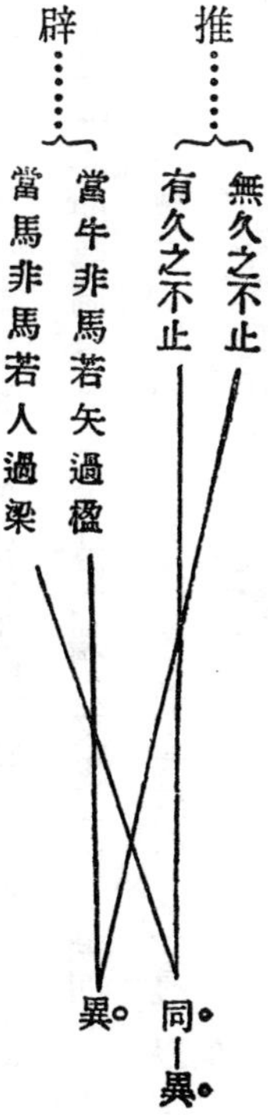

右式爲上經第五十條之文。此經說二物卽云「止，以久也」：則從反面言，可云「無久之不止，當牛非馬，若矢過楹」矣。但「有久之不止」者，卽以有久爲同，而又以不止爲異，故譬以「當馬非馬，若人過梁」，所謂「爲其同也異」耳。此名曰「强」，似卽「强同」之意。

此外奇異之組織尚多，大率緐簡未能恰合軌範；蓋論式毀壞，原便講說，而又未能脫去初時結構，致成今傳四篇之畸形也。茲將本期改革之處列左：

（甲）第一物詞，上期似用「言」，亦無從深考；本期或曾用「諾」，經上第九十二條：「諾、五利用。」說云：「相從、相去、先知、是、可、五也。」卽是。夫上下經四篇，本屬墨子及其門人藉用論式以擊求而得之結果。上經第七十四條謂「辯勝，當也」。下經第三十五條謂「當者勝也」。既當且勝，常久不渝，因謂之「經」。但肇求之始，非用「經」名而用「諾」。說文：「諾，譍也。」蓋墨辯大用，原所以譍對他人；故凡申恉建辭，別立專名曰諾。又諾者許諾；大凡一辭之立，必有一許、一不許，方起爭論。其一許、一不許，卽己許之而敵不許；是以凡由己許所提出之題義，以與不許之敵方相論決者，皆謂之諾也。迨後所求皆當，義理圓融，得魚忘筌，論式斯舍；精語獨存，因名爲「經」矣。然則經名之立，或在三墨晚年與？詳下丁條。

（乙）諾物見於上經，而小取謂「以名舉實，以辭抒意」，則諾之後又用「辭」名，且其組織之件，僅有「實名」卽主詞謂詞二端（Two Terms）而已。然上經第八十條云：「所以謂，名也；所謂，實也；名實耦，合也。」合卽繫詞（Copula）；於二端外又增一詞，殆卽諾之組織如此。三詞成諾，又分「正、爲（譌）」。合又分爲「正、宜、必」。正合復分「並立、反中」二者。以上皆見上經第八十條及八十三條。由是以觀，小取之大成，殆在本期之末矣。

（丙）第二物詞，上期大概用「故」，本期似曾用「言」，上經第三十二條：「言，出故也。」後改用「說」，上經第七十二條：「說，所以明也。」此皆有蹤跡可尋求者，而經下各條概作「說在……」，皆是。然小取亦云「以說出故」；又謂「故中效則是也，不中效則非也，此故也」，似亦「說、故」並用。蓋「說」就體言；

「故」就用言耳。

（丁）本期論式，最重第一二物；辟、侔、推、援四物，用否皆無一定，然辟詞又較常見也。今四篇中，經外僅有說名，四物之名從未一見；因疑經爲三墨晚年所訂定，說爲三墨之門弟子所追記，論式參差，斯亦大故與？莊子天下篇謂三墨徒屬，俱誦墨經；則當時所謂墨經者，或祗有經上下二篇而已。蓋大匠云亡，莫從質正，門人小子，望經記錄，經篇之外，統稱「經說」，亦分上下；以說由經有，固不敢篇判爲三也。然彼此皆應，倍譎不同，相謂「別墨」，仍不能免者，殆猶後世箋疏家之攻伐焉。至經下「說在……」，諒亦三墨所加；以此「說」原爲當時論式之「故」，非若今經說對舉之「說」爲三墨門人所錄，實兼辟、侔、推、援而言者可比也。別詳墨經證義。

（戊）上期論式，每多雙起雙承，劃立正反二面。本期辟、推二物，常分同異，同卽正，異卽反，恰與因明所立同異喩相當。惟因明所重者在同，而墨辯所重者在異耳。可參閱軌範。

（己）本期關於辯術應用之要件，探討極多，如言「名：達、類、私。」「謂：移、亦曰命。舉、加。」「知：名、實、合、爲。」「合：正、宜、必。」其他論「彼有否可」；「辯爲爭彼」；「推類之難」；「意未可知」；「同：重、體、合、類」；「異：二、不體、不合、不類」；「同異交得」；「法同」；「法異」；「止類、行人」；「服」；「疑」；「正」；「過」；「誖」；「罔」；「狂舉」；「唯」；「彼彼此此」；等：不勝緬縷，解詳各條。

然現存經、說，亦多不完，「說、辟」間有闕滅者，其「侔、推、援」更無論矣。

已上二期，非有畫然介域，今以之同屬「辯期」，略示先後者，殆當然之事耳。夫墨子習於論式推理，以其所得用諸講貫之時，似應先「經說」而後「墨論」。但「經說」範圍，比之「墨論」爲大；而「墨論」之於辯術，衡以形式，更覺粗陋；且一切條理，皆爲「經說」所函：則先「墨論」而後「經說」，又似較爲穩愜矣。

* * * * *

上列二期經過以後，墨辯軌範，益固其基。蓋墨子精於言談，明而能別，名理密察，肇啓其端；迨墨子卒，三墨承之，恐門弟子失其所守，乃將平日肄習所得，紬繹所明，結集彙撰，以示大法而垂將來，此小取篇所由編纂也。故小取一篇，殆據墨子始時之所擬，復經三墨增益勘覈，陸續積累，而完成於經上下二篇訂定之際，當無疑義。茲將辯期末所定論式條例列左：

（甲）此時論式，已確定其物詞爲「辭、故、辟、侔、推、援」六者；然「辭、故」以外，「辟、侔、推、援」四者可任意用之。故凡一論式，或由辭、故、辟三項組織者，今稱「三物式」，「四物式」以下類推。

（乙）辭、故、辟、侔、推、援六者，皆視爲立敵諍論運用之資，統名曰「辯」；此與古因明視「宗、因、喻」三支爲「能立」正同。

(丙)第一物詞,初似用「諸」,後改用「辭」;蓋凡一辭之構成,其主要意義,全在謂詞,立敵對揚,亦卽爭此。辭,字從「𤔔辛」,有決獄理辜之義,正合辯之本恉。

(丁)辭之組織,改「實、合、名」三事爲「實、名」二端。

(戊)實、名二端,又曰「所謂」與「謂」,「所效」與「效」,正與因明以宗之前陳爲「有法」,後陳爲「法」相同。

(己)說物之「故」,以中效爲是,不中效爲非。

(庚)論辟、侔、援、推四者常徧不常徧之理。已見軌範。

(辛)論侔辭之應用,在小取第四章,别有校釋。

第二　三辯期

墨子原有三辯篇,當爲本期極要之書,惜今已佚,莫能深考;然大取末段有「故、理、類」之三物以效於「辭」,疑卽三辯篇原文之僅存者,殆猶不幸之幸也。蓋以前墨辯,遞有改革,爰曁本期,總括綱紀,始成定論;以時考之,大抵三墨門弟子之所爲也。玆最六事列之於左:

(甲)論式各項,定名曰「物」。

（乙）確定各物名詞。

（丙）確定各物多寡。

（丁）確定各物次序。

（戊）分「辯」爲「辭」與「三辯」。

（己）對於「類」之注重。

以上六事，實爲墨辯改進之極致，後有來者殆無以復加矣。茲再詳論之：

（甲）上期「辭、故、辟、侔、推、援」六者，本期始謂之爲「物」，此由稱「故、理、類」爲「三物」而始知之。物者，事也，件也，與因明稱宗、因、喻爲「三支」，邏輯稱例、案、判爲「三段」相似。公孟篇與小取第四章曾言及物，然彼時似尚未確定。

（乙）第一物沿用辯期末之「辭」，第二物沿用墨論期之「故」。惟「推」改稱爲「理」，理者猶云推理（to reason），亦謂之道。大取云：「今人非道無所行；雖有强股肱而不明於道，其困也可立而待也。」蓋道之爲誼，「殊途同歸」；此理字之職（Function）正合其恉。「辟」改爲「類」，卽小取「以類取、以類予」之類；蓋譬諭必以同類之事物爲依據，因改辟爲類以崇本稱。

（丙）先是凡一論式，或用辭、故二物，或用辭、故、辟三物，或用辭、故、辟、推四物，或用辭、故、辟、推、援五物，或用辭、故、辟、侔、推、援六物，皆任意增減，鮮有定程。本期定「辭、故、理、類」爲「四物式」，省去「侔、援」，以「侔」攝之於「理」，「援」卽同「辭」故也。此與新因明由「五支式」改爲「三支式」正同。又凡「一辭」立後，「故、理、類」三物輔之，不可闕減；大取云：「三物必具，然後辭足以生。」是也。

(丁)以前論式各物，除辭、故卽經說常居第一、第二外，亦有特例。其餘皆無一定次序。逮至本期，(一)辭，(二)故，(三)理，(四)類，次序始明。大取云：「夫辭：以故生；以理長；以類行也」：可證。此亦與因明三支式(一)宗，(二)因，(三)喻，喻又分(一)體(二)依之組織略同。

(戊)以前論式，不拘物詞多寡，統稱曰「辯」；卽辭、故、辟、侔、推、援之六物，當論諍時，皆平等相視，了無差分。本期以「辯」爲論諍目的之所在，「故、理、類」始用以爲裁決「一辭」之資；「辭」之當否，必待「辯」而後見。則「辭」爲「所立」，「故、理、類」爲「能立」，又與因明同。所以此祇認「故、理、類」三物爲「三辯」，「辭」則不屬於「辯」矣。

(己)大取末段言「類」共十三項，其辭例「……，其類在……」，頗與經下「……，說在……」相同，或亦三墨之所爲，語皆精闢，專篇詳論，可知其樞要矣。惜各類無他證明，今亦無考；別有類物明例詳之，茲不錄。

類物明例第五（此爲大取末一章）

墨辯「經説期」之論式組織，載諸小取篇者其物凡六，曰「辭、故、辟、侔、援、推」；辟即譬諭，謂「舉他物而以明之也」。及「三辯期」，辟改爲類，且六物減而爲四，其載於大取篇末者曰「辭、故、理、類」；類即小取「以類取、以類予」之類，蓋取彼相類之事物爲此事物之印證，而又即以彼事物之性推得此事物之性以予之也。夫類之一物，在辯術論式，所關甚大；意當時或有專篇詳論者，而今墨子竟無有矣。惟大取篇末，尚存十有三條，其辭例略與經下同，豈三墨及其門弟子之所爲邪？二千年來，墨辯論式，未能發揮光大，實治學者之不幸也。余以謭陋，取法因明，既作軌範以明其理，又考源流以盡其變，嗣復纂釋此篇，以見「類」之致用爲尤要矣。惟所患者，原文艱險，譌字疊出，略爲詮釋，庶俟達者之取裁焉。（公元一九二三年初稿，一九三六年三月寫定。）

浸淫之辭：其類在鼓栗。

校 句首原有故字，非此所應有，已移歸上文矣。

釋 孫詒讓云：「「文選洞簫賦李注云：『浸淫、猶漸冄，相親附之意也。』」按説文：「淫、浸淫隨理也。」段玉裁注：「浸淫者以漸而入也。」是浸淫之辭，猶云相親附者漸入之辭耳。孫人和云：「鼓栗、卽鼓鐵也。公羊哀二年傳：『戰于栗。』左氏傳，栗作鐵；是栗與鐵通。左昭二十九年傳：『遂賦晉國一鼓鐵。』疏云：『冶石爲鐵，用橐扇火；動橐謂之鼓。』此言浸淫之辭，猶同鼓鐵，必漸相鼓扇，始變白石爲黑鐵也。」按孫說是。淮南本經篇亦有「鼓橐吹埵以銷銅鐵」之語，省言卽鼓鐵也。

聖人也，爲天下也：其類在追迷子。

校 在追迷子，原作「在于追迷」。王闓運云：「當作追迷子；失子而追之，必問途人也。」按王說是，當據改；蓋此共十三條，皆作「其類在」，無有作「在于」者，卽其例證。上條其類在鼓栗，孫謂「在下、吳鈔本有於字」，蓋卽由此條致誤。

釋 畢沅云：「言能追正迷惑。」曹耀湘云：「追，補救也。論語曰：『來者猶可追。』迷，愚惑也。聖人先覺先知，所以救天下之惑也。」按二說皆是。聖人，迷子，義反相對。其類在追迷子，與孟子云「如追放豚」辭例同。蓋聖人先覺，爲天下覺後覺，恰與父兄追正迷惑之子相似。

或壽或卒，其利天下也相若：其類在譽名。

校 相若，原作指若，蘇時學云：「指，當作相。」譽名，原作譽石，畢沅云：「疑譽名。言聖人有壽有不壽，其利天下同，則譽名在也。」按二校皆是。此譽名，與下條惡害，文例相似。

釋 曹耀湘云：「卒，讀如促，言不壽也。」按如曹說，壽卒，猶云壽夭。蓋墨徒嘗言利人不別貴賤，此又言利天下不別壽夭，其說皆較子墨時爲益進矣。譽名者，說文：「譽，稱也。」論語衞靈公篇：「君子疾沒世而名不稱焉。」沒世而名不稱，則無名者雖壽不稱；反之，有名者雖夭亦稱也。例如顏淵有好學之名，孔子稱之，不以其早夭而止。蓋人之有名於世者，固可隨壽者而存，而亦決不因夭者而沒；利天下不別壽夭，正相類似耳。

一日而百萬生，愛不加厚。其類在惡害。

釋 孫詒讓云：「此疑釋『藉臧也死而天下害』一節之義。」按此義與彼節略同，非徑以此釋彼也。曹耀湘云：「生，猶養也。百萬生，卽前文所謂『持養萬倍』也。」按此謂以一日之暫，養之乃百萬倍於人，其愛可謂加厚矣；今云愛不加厚者，以其害人故也。惡害者，盜能害天下；墨家兼愛，故甚惡盜，卽惡害也。今若愛盜，雖一日百萬倍以持養之，則其愛之不加厚甚明矣。按本條取類，文意與上互見。

愛二世有厚薄，而愛二世相若：其類在蛇交。

校 蛇交，原作蛇文，形似致誤，茲改之。

【釋】二世，王闓運云：「衆世、寡世。」孫詒讓云：「此釋上文『愛尙世與愛後世，一若今之世人也。』」按二說但言其偏，似不然矣。蓋衆世、寡世，係就空間說；尙世、後世、今世，係就時間說。此二世當兼指空間與時間；意謂雖世之衆寡前後不同，其愛不無厚薄，然在空間、時間，其愛實相若也。蛇交者，儀禮鄉射禮記言楅（所以承笴齊矢者）之形曰：「龍首，其中蛇交。」鄭玄注云：「兩端爲龍首，中央爲蛇身相交也。」按此交亦卽交互。周禮牛人：「凡祭祀共其牛牲之互。」大鄭曰：「互，謂楅衡之屬。」又說文謂「互，可以收繩」。蓋繩亦如蛇，兩合相交，其形則同也。此取蛇交爲諭，但明其兩兩交互相等，糾纏爲一，不辨其爲厚薄而已。

愛之相若，擇而殺其一人，其類在院下之鼠。

【校】孫詒讓間詁作阬下之鼠，云「阬、舊本譌院，今據道藏本吳鈔本正。爾雅釋詁云：『阬，虛也。』」按明嘉靖陸穩刊本亦作阬下；但作院下亦通，不必更改也。

【釋】畢沅云：「言愛二人同，擇而殺其一；殺、滅也。」孫駁之云：「此似釋上文『殺一人以存天下，非殺一人以利天下』一節之義，畢說失之。」曹耀湘云：「聖人之於民，無不愛也；其害民者則擇而殺之，非偏有惡於一人也。」按墨徒嘗云「死生利若一，無擇也」，乃就一己而言；故曰「殺己以存天下，是殺己以利天下」。但殺人不然，當有所擇；苟爲無擇，則「殺一人以存天下，非殺一人以利天下也」。又云：「知其一人之盜也，不盡惡是二人。」蓋一人爲盜，害及衆人；設不殺盜，則此衆人獨得其害，而吾之愛此衆人者必不若矣。故欲愛之相若，自當擇而殺其一人；亦卽「害中取小，不得已也」之意。院下者，說文：「寏，周垣也。」其重文作院；故玉篇云：「院，周垣也。」然則院下之鼠，猶云牆穴間鼠，所謂社鼠耳。牆穴間鼠，亦衆人所惡，皆欲殺之；事與此同，故得爲類。

小仁與大人行厚相若：其類在田。

校　閒詁作小仁與大仁，並注云：「大仁，舊本作大人，今從吳鈔本。仁，與人通。」按人仁二字既通用，此文錯出，尤爲明白，可不必改。田字，原作申，曹耀湘就形似改正，茲據改。

釋　曹云：「田者稼穡之所出也；前文云：『貴爲天子，其利人不厚於匹夫。』卽此說也。」按小人，如云匹夫；大人，如云天子。天子、匹夫、行厚相若；猶之一田所出，不因人之貴賤而有差異也。

凡興利，除害也：其類在漏雍。

釋　曹耀湘云：「漏，潰也。雍，與壅同，塞也。治隄防者，所以塞水之潰溢。除水之害，卽以興水之利。推之凡爲人興利者，但除其害而利自在也。」按曹說是。周禮雍氏，鄭注云：「雍，謂隄防止水者也。」蓋水漏，害也；隄防壅之，利也。易繫辭：「損以遠害，益以興利。」兼愛下篇云：「仁人之事者，必務求興天下之利，除天下之害。」此謂興利以除害爲先，防水以壅洞爲急，卽其比也。

厚親，不稱行而顧行：其類在江上井。

校 曹耀湘謂「顧，原訛作類，據前文改」。按曹校是，茲據改正。

釋 曹云：「江水之與井泉，未可爲比量也。爲井於江上者，不稱量水之多寡，以適於用而已。以況厚親者不稱行而顧行也。」按江上井者，江水雖大，然以井爲源，水之所從出也；故井水雖少，而江不能與之比量。猶之人子當念父母出生養育之恩，不能與親比量其行，但當顧視其行而厚親也。

「不爲己」之可學也：其類在獵走。

釋 此似言人之「爲己」，非盡關乎天性；蓋反之，「不爲己」亦可學而致也。獵者角獵，則獵走猶云競走耳。競走屬於游戲，不爲爲己，然可學而能也。墨家常主兼愛、兼利，而爲己極有害於衆；故勸人學於不爲己，以勉從事於愛利人也。

愛人非爲譽也：其類在逆旅。

釋 墨徒嘗云：「凡譽愛人利人也，爲其人也。」蓋謂人之愛人而有譽之者；若我愛人，亦且愛己，乃倫列之愛，則非所以要譽於人矣。尸子勸學篇：「監門逆旅。」荀子榮辱篇作「御旅」。楊倞注：

「御，讀爲迓。迓旅，逆旅也。」蓋逆旅本以利人，然亦實以利己，初非有慕於利人之美名而爲之，故可比況焉。

愛人之親，若愛其親：其類在官苟。

【校】官苟，原作官荀，茲據曹耀湘印本改正。

【釋】曹云：「苟，讀如亟，謂自急飭也。官苟者急官事也。……急官事者視官事如家事然。」按曹說是。蓋愛人之親若己親，無人己之分；急官之事如家事，無公私之界，其義頗近也。

兼愛相若，一愛相若。一愛相若：其類在宛也。

【校】孫詒讓謂「一愛相若四字重出，當是衍文」；非是。宛也，原作死也。畢沅云：「也，一本作虵。」孫云：「案顧校季本亦作虵，此文有譌。」按死、疑本作宛，以形似致誤。「它」之或字作蛇，蛇又輾轉作虵；唐韻：「虵，俗蛇字」，是也。惟今傳記又多用虵或蛇，此「也」當是虵之省文。

【釋】兼愛相若，一愛相若者，孫謂「言愛一人與兼愛衆人同」，不免語弊，殆非也。考墨子嘗揭「天志」以爲法儀，復主「上同」以一治道；蓋自天子以至於庶人，必皆上同於天志而以「兼愛」義包兼利爲表見者也。如法儀篇云：「莫若法天。天之行廣而無私，其施厚而不德，其明久而不衰，故聖王法之。既以天爲法，動作有爲，必度於天；天之所欲則爲之，天所不欲則止。然而天何欲何惡者也？天必欲人之相愛相利，而不欲人之相惡相賊也。奚以知……也？以其兼而愛之，兼而利之也。」又天志下篇云：「天之意何若？曰：兼愛天下之人。」而上篇曰：「順天意者，兼相愛，交相利，必得賞。昔三代聖王禹湯文武，此順天意而得賞者也。故天意曰：『此之我所愛，兼而愛之；我所利，兼而利之。』愛人者此爲博焉；利人者此爲厚焉。」蓋天之兼愛兼利，純一不二，自可謂之一愛，非謂祇愛一人也。墨家語質，故曰兼愛相若，一愛相若。然兼愛、一愛並言，其義固可期會也。若單稱一愛相若，則恐有人泥於名相而失其本意者，必害於兼無疑矣。是以墨徒舉辭以諭之曰：其類在宛虵。說文：「宛，屈草自覆也。」引申有屈曲之義。如司馬相如賦：「宛虹拖於楯軒。」注：「宛曲之虹也。」然則焦延壽易林「蛇行蜿蜒」，東方虬蜺賦「或宛轉而蛇行」，所謂宛虵者亦宛曲之蛇耳。又文選長笛賦：「纆寃蜿蟺。」注引鄭玄曰：「蜿，委也。」故莊子達生篇云：「食之指鳥以委蛇。」釋文：「委、於危反；蛇、如字。」則宛蛇又即委蛇，說苑談叢篇：「河以委蛇故能遠」，是也。惟蜿蟺亦作蜑蟺，見文選琴賦；作宛延，見甘泉賦；作宛潬，見上林賦；作蜿蟬，見楚辭九思守志；而說文虫部蟺下又作夗蟺；皆即朱駿聲所謂二字「疊韻連語，謂曲折宛轉」，是也。考莊子應帝王篇：「吾與之虛而委蛇。」釋文：「委、於危反；蛇、以支反；至順之貌。」列子黃帝篇文同，委蛇作「猗移」，殷敬順釋文與陸氏無異。然則宛虵者乃委曲隨順、宛轉無礙之義，正猶一愛相若，卽所以兼愛天下之人而無制限也。

「辭過」義例第六

今存辭過篇，與節用篇文意略同，嘗怪其辭與篇名不類。後讀孫氏閒詁，辭過篇題下謂「羣書治要引並入七患篇；此疑後人妄分，非古本也」。乃知辭過之文，久成贋鼎，宿疑始釋。然篇名「辭過」，究不知其命意何在，心竊誌之。辛酉歲，余於經、說論式，稍有發見；凡疑難處，輒復繩以因明。始意所謂「辭過」者，實係墨辯專論辭類過失之文，正如因明之論「似立宗過」，此辭過篇之所由作也。蓋墨辯論式組織，見於小取篇者，爲「辭、說、辟、侔、援、推」之六物；見於大取篇者，爲「辭、故、理、類」之四物。詳墨辯軌範。此只論辭過，不及說等過；猶印度尼夜耶經只論因過，不及宗喻。然小取云「辟、侔、援、推之辭」，則此又或總論辭類過失；正如因明入正理論之論宗因喻三十三過也。蓋因明大旨，在乎能立能破；故大疏云：「求因明者，爲破邪論，安立正道。」今考經說各條，多爲眞稿之論式，殆所謂安立正道者；至於摧破邪論，經說雖略言之，猶莫能暢其弘致，乃別作辭過篇專論之。料其義理幽玄，結構奇古，未易探求，漸致亡佚；後人不達，竟割七患篇文代之，謬矣！

因明所重，首在「能立」。用三支式，圓成宗義，令人解寤，一日而服千人，此其所長也。反敵者爲之，拘牽文義，濫援法式，亦僞言亂眞而已。所以「能立」之後，詳敍「似立」之過；俾立者知之而不犯，破者斥之而不疑。因明能事，略盡於是。墨辯立破，何獨不然？惜今辭過篇亡，無可質證；然求之經說，間有存者。大抵以舉之當者謂之「正舉」，又曰「正」，曰「當」，曰「審」，曰「可」，曰「有可」，曰「不過」，曰「不誖」。舉之不當者謂之「狂舉」，又曰「過」，曰「囚」(罔)，曰「誖」，曰「不可」，曰「有不可」。茲引五條於左，以明其例，釋語分見各條，此不復贅。

（一）下經第七十六條

經「仁義之爲外內也」囚：說在仵顏。

說仁〇仁，愛也；義，利也。愛、利，此也；所愛、所利，彼也。愛、利不相爲內外；所愛、所利亦不相爲外內。其爲(謂)「仁，內也；義，外也」：忌「愛」與「所利」也。是狂舉也。若左自出，右自入。說文：「自，讀若鼻。」

右與因明似立宗所謂「現量相違過」相近，囚與狂舉皆卽過義。

（二）下經第四十條

經「知狗而自謂不知犬」過也。說在重。

說知〇知狗不重知犬則過。重則不過。

右與似宗所謂「比量相違過」正同，不過卽正舉。

（三）　下經第七十七條

經「學之益也」。說在誹者。

說學〇也(他)以爲不知「學之無益也」，故告之也；是使知「學之無益也」，是教也。以學爲無益也教，誖。

右與似宗所謂「世間相違過」正同。

（四）　下經第七十一條

經「以言爲盡誖」誖。說在其言。

說以〇誖，不可也。之人之言可，是不誖，則是有可也。之人之言不可，以當，必不審。

右與似宗所謂「自語相違過」正同，誖與不可皆卽過義；可、不誖、有可及當、審皆屬正舉。

（五）　下經第六十六條

經狂舉不可以知異。說在有不可。

說狂〇「牛與馬惟異」：以「牛有齒」「馬有尾」說「牛之非馬也」不可；是俱有，不偏有、偏無有。曰

「牛與馬不類」：用「牛有角」「馬無角」，是類不同也。若舉「牛有角」「馬無角」以是爲「類之不同也」，是狂舉也，猶「牛有齒」「馬有尾」。

右與似宗所謂「相符極成過」正同，狂舉、有不可與不可皆卽過義。

又上經第九十二條「過五諾，若『員無直』，無說。」亦屬此類。

以上辭過五項，皆屬顯而易見之例；質之因明宗過，殆無疑義。正理論言宗過九，前五者外，又有「自教相違，能別不極成，所別不極成，俱不極成」四者。墨辯今所知者，惟有前五，餘四似非所尚；曾否論及，亦未探求。嘗考因明宗過，前五「相違」，皆陳那立；後四「不成」，天主推衍。若「自教相違」及三「不極成」，法稱以後，皆經廢棄，知其不重，足徵古哲心理之同焉。說辟諸過，經說中尙未證知。公孟篇有一節，似論「說過」，茲引如次：

子墨子問於儒者曰：「何故爲樂？」曰：「樂以爲樂也。」子墨子曰：「子未我應也。今我問曰『何故爲室』？曰：『冬避寒焉，夏避暑焉，室以爲男女之別也。』則子告我爲室之故矣。今我問曰『何故爲樂』？曰『樂以爲樂也』。是猶曰『何故爲室』？曰『室以爲室也』。」

右與尼夜耶經第十六句義「墮負」第七之「無義」略相似。如實論墮負品亦同。彼云：「唯有文字配列而無意義曰無義。」其所舉梵語例云：「聲是無常宗。婆婆之故因。」以「婆婆之故」一語入辯，必致墮負。蓋婆婆者聲也，今舉以爲「聲是無常」之因，卽成過失。與此「樂以爲樂」，「室以爲室」，同一無義。

又兼愛中篇有一節，可視爲「辟過」之例，亦引如左：

凡天下禍篡怨恨其（之）所以起者，以不相愛生也；是以仁者非之。既以非之，何以易之？子墨子言曰：「以兼相愛、交相利之法易之。」夫愛人者人亦從而愛之，利人者人亦從而利之，此何難之有焉？然而今天下之士君子曰：「然。乃若兼則善矣。雖然，不可行之物也，譬若挈泰山越河濟也。」子墨子言曰：「是非其譬也。夫挈泰山而越河濟，可謂畢劫有力矣；自古及今，未有能行之者也。況乎兼相愛，交相利，則與此異？」

右與方便心論第一品論「喩相違」相似。彼云：「如言『我常。宗。無形礙故。因。如牛。喩。』是名喩違。」蓋牛與我常，渺不相涉，何能取譬；故成相違。此以「挈泰山越河濟」爲兼不可行之譬，正同孟子所謂「挾泰山以超北海，語人曰：『我不能。』是誠不能也。……故王之不王，非『挾泰山以超北海』之類也。」蓋墨子亦謂「挈泰山而越河濟，自古及今，未有能行之者」；故曰「此非其譬也」。非譬，卽辟過。

又因明以宗、因、喩三支闕減爲過；墨辯則以辭、說二物爲必要，不可闕減者也。然墨經中亦有闕減者，茲舉二例於次：

（一） 上經第六十四條

經 纑，間虛也。

說 纑○虛也者兩木之間謂其無木者也。

（二） 上經第七十一條

經 佴，所然也。

說 佴○然也者民若法也。

左二式之「說」，皆屬「經」文之簡別語，則二條皆闕說物矣，此殆墨者原爲闕減過所舉之例耶？

附錄

墨經長箋序

戒甫才性坦易，與人交，泊如也。及治周秦諸子，尖刻非常，好析疑，求甚解，雖一字不瑩不止。嘗慕墨翟之行，狂奔足繭，以冀捄世之急；離父兄，棄妻子，冒危難萬死而不辭。其靜也，枯坐室中；案頭書物狼藉，目治手營，注心微渺。兒女子雜沓諠囂於其側，未嘗煩其思致也。其卓犖奇異如此！自成童酷嗜墨子、莊子、史記諸書，常以自隨；後尤勤於墨子經說，謂有光力諸學，足與西說相會也。清之季世，吾湘治墨書者，前有王壬父，後有曹鏡初；而曹箋爲尤勝。戒甫嘗卽曹箋綜合近箸，成墨經長箋；頃取觀之，覺在在探其微旨，精闢之處，動能驚人。然戒甫冥思玄索，廢寢忘餐，因而屢病；蓋其孤憤有所爲而爲之者。予癡其所爲，謂將斂精力於無用，婉勸罷；及病已，亦復如故。又未嘗從名師指授；綜其所得，純出苦悟。平日祕不示人，無由質其得失；予雖略知之，亦未見其造詣能若斯也。嘗謂治古書每與神會；其不能通者，如千軍萬馬相與爭一日之勝，伏尸滿野，流血成渠，無如何也。及由閒道入，用力無多，而取之若拾芥之易，其樂也可勝計邪！烏乎！予今無復與戒甫同此樂矣。予咯血久且殆，戒甫曾犯危省予長沙，亦閒談送日怡怡焉耳；詎能及此高深宏大之業也哉？今戒甫寓蒼梧，鬱鬱未能暢所志，望姑安之。予尤望戒甫勿再從戎，效墨子存宋之所爲，天雨歸閭，守者將不內也。此箋亦且勿亟亟問世，尤宜發揚之，光大之，以竟其所學；則將來之有益於人羣，必在此而不在彼矣。戒甫其勉之！公元一九一九年秋節前五日，同胞第五兄覺民序於扶南山村之吁齋。

公元一九一九年春正月，余將有粵西之行，適觸暴政，道梗；奉兩親命間關抵長沙，省先兄毅甫。時兄咯血略瘥，商定摒擋歸里。念久別不知見時，因授墨箋稿本，乞其一序。夏盡兄歸，余亦遵海而南；書問往返僅三四，兄竟於仲冬溘然長逝矣。明年夏返長沙，大病幾不起。越二年始歸里第，此序得諸舊笥中，蓋絕筆也。緘封甚固，意當時欲寄蒼梧而又中止者；讀之痛絕！自茲以後，益發憤推廣前箋，將及三倍，因易名曰墨辯發微，心稍慰帖；則先兄之晛我，豈少也哉？志茲崖略，一撫遺言，不知涕淚之何從矣。公元一九二三年癸亥季春望日六弟作民敬識。

墨辯發微原序

生平好讀諸子書，而尤嗜名、墨之學。初治曹鏡初墨子箋，頗媁力於經說；後得孫仲容間詁，參校同異，略有闡明。甲寅後四五年中，就曹箋爲藍本，成墨經長箋四卷。凡疑難處，莫不廣引古籍，委曲以求其通；而於光力諸科，則又遠徵西學。疏證較詳，體例略備；祕置篋中，未敢宣露。己未秋，先兄縠甫見而序之，謂宜更事發揮，毋急於問世也。當此之時，治墨經者漸多，卮言日出，常得善解。予喜逢時會，且念先兄遺誨，亦益致心力，前後匯參而謀光大。辛酉春，忽有感悟，發明小取論式，持以衡之經說，怡然理順；又經說皆名家言，顧別有形名之學，門戶獨啓，絕不混淆：由是改名墨辯發微，更事瑑飾，篇幅增倍。癸亥，服務湘垣，同事代爲之啓，擬醵資刊行。然自揣謭陋，不欲匆卒示人；遲徊半載，政變旋作，兩軍臨河轟擊，舉城騷然，議亦遂寢。比來又五六年，世亂逾急，牽於人事，作輟不恆；孤陋寡聞，頗少校改。而晚近坊間新著，無慮數十，書賈射利，勦說雷同；殆車載曹耀湘，斗量孫詒讓矣。今年秋，承乏武大，講授墨經，重檢舊稿，稍加釐訂。原擬取近人契我之說改從之；繼見糾紛過多，略引異說，餘皆仍舊。學問爲舉世公物，後先印合，固可並存焉耳。余性拙鈍，區區之作，歷十餘年。善夫荀卿子之言曰：「眞積力久則入；學至乎沒而後止也。」予今粗有所入，固未嘗止；無所積乎眞，抑亦力久而已。然中有極難者，每窮神殫智，私心尚在疑信間；蓋已恍然吾才之既竭，欲舉以問世，以冀同道之一裁之，美成君子諒不吾吝也。公元一九二八年十月譚戒甫序於武漢大學之西苑。

墨辯徵評序

不佞治墨經甚久，雖牽於人事，不時輟作；而方寸之際，實未嘗一日或忘。今所既成者，墨辯發微五編而已。自辛酉春，纂成論式軌範，嘗就正於舅氏顏息盦先生，寶慶石蒼石先生；皆謂「此與因明邏輯，鼎足而三，應爲舉世公有之學，可與世人共究之。恐非一人之力所能勝耳；盍寄刋滬報，庶來糾評乎？」不佞愚陋，方自歎才之不繼；忽聆斯詔，如啓聾聵。遂於甲子人日，摘抄小取前二章所論辯術各節目，命曰「墨辯大綱」，郵付學衡雜誌，希爲布之。不意遷延數月，未見錄登，亦既廢然思返矣。旋乃索回原稿，再四鑽擘，略爲改定，敝帚視之。今歲仲秋，承乏武漢大學，諸子一門，適授墨子，舊與爲之抒發。然止詮解經說，未能即及小取。竊念爾來數載，精力瘏耗；探幽窮賾，視爲畏途。咫尺之抱，亦既久抵，輒恨無先我而發者；懼遂陵遲，行乖素志。昔韓退之不承再刪之誚，不佞安敢妄希古人；終以二先生之言，欲與世人共此絕業，宜其不惜再刪矣。因摘抄經說釋例，三辯義例，墨辯軌範，論式源流，辭過義例五篇，先付手民；仍附以全書目錄，略示系統。世多賢哲，其亦稍念區區之勤，爲之匡救其失，共完此舉世公有之器邪？斯則不佞所日夕馨香禱祝以求之者也！公元一九二八年歲次戊辰季冬，湘鄉譚戒甫序。

墨辯發微舊目次

第二編

墨辯正名

墨經證義

經說釋例

別墨衡異

名墨參同

第三編

上經校釋——經上，經說上

下經校釋——經下，經說下

大取校釋（末二章校釋見第四編）

小取校釋（前三章校釋見第四編）

第四編

墨辯軌範——小取前三章，大取末一章

三辯義例

論式例證

論式源流

墨經易解序

余治墨經，前後垂二十年，積稿盈尺。自戊辰仲秋來武漢大學，即用舊稿爲教本，六年之間，共印多次，迭有增刪，仍不得視爲定本，彌滋慙怍！校章久有叢書之輯，商及拙稿；茲不獲已，即此應之。中間書名屢更，初爲長箋，繼爲發微，又有徵許之議；今以其第三編顏曰易解付印。歷次有序，亦贅附書末，藉以見余研求此經之艱苦云。古人有言：「行百里者半於九十。」則吾全書畢刊與否，似又未敢豫期也。時公元一九三四年甲戌三月十日，湘鄉譚戒甫序於武漢大學。

天津大公報圖書副刊書評（一九三五年十一月）

墨經易解（武漢大學叢書）

與忘

譚戒甫著　商務印書館出版　價一元八角

墨經之校釋，清儒自張王俞孫以來，迄乎近茲，無慮數十百家；可說者大抵說盡，所遺則往往不可說。最近武漢大學教授譚戒甫，有墨經易解，自稱用力前後垂二十年，稿已三易。其書不憚於人人難說處，一一說之，精思眇慮，亦時有超諸家外者，誠近來一艱劬之著作也！惟粗一繙讀，覺有可商者數事：

一、治墨經首重校讀，校讀果得，說義自當，否則或不免郢燕之誚。本書校讀另附卷末，而本文則徑就著者校定文寫之，然讀者仍當先看校讀，再覈說義，殊覺費事。似當仍依以前諸家舊例，先校讀，後解說為當也。

二、自來治墨經者，諸說紛如，今譚書晚出，最好將其符同前賢者一一標明，則讀者易於較覈，而譚書對墨經之新貢獻何在，讀者亦易尋得。今著者自云，「學問乃舉世公物，後先印合，固可並存。」此論自高，然非熟治諸家義詁者，驟讀譚書，必感不便。

三、考釋古籍，闕疑之事，常所不免，而墨經尤難盡瞭。今譚書逐條解說，用力固勤，然不如遇不自安處姑闕數事，不僅表示考釋者之謹嚴，亦足開示學者一良好之模楷也。其有自創新解，未見爲十分之見者，亦當兼采舊說，以資比觀。

即如經上31「舉，擬實也。」32「言，出舉也。」兩舉字本相承而來。今譚書竟改32條爲「言出故也」。下面卽根據校定文施解說；讀者若不先看附卷之校讀，則不知此條原文尚有問題。而譚氏校改此條，只據小取篇「以說出故」一語，以意定之，別無他本，其所下解說，亦未臻自然朗暢。果譚書能先列校讀，次下義說，則讀者較易定其信達矣。

又如經下16條「景不從說在改爲」，王校作「景不徙」，解者多以莊子「飛鳥之影未嘗動也」說之，本已無疑。箸者因認公孫龍諸人說與墨經根本相異，遂竟改此條爲「景徙」。然列子仲尼篇載公孫龍有「影不移者說在改也」，張湛註引墨子「影不移說在改爲也」，此乃本條應爲「影不徙」最堅確之明證。而譚云，「此句不字，疑衍之極早，乃漢晉學者照莊列諸書增不字。」不悟若是「影徙」，則前影卽後影，何得云「改爲」？張湛註列子云，「景改而更生，非向之影。」豈不甚明？譚氏必作「景徙說在改爲」，殊屬牽强。然讀者若不先看校讀，則幾疑墨經原文自作「景徙」也。

又如經上92條「諾不一利用，服執說(音利)，巧轉則求其故大益。」三語皆無說，治墨經者遇此等處，均感棘手。今讀譚書，一一依自己校定文徑下說義，令讀者全不見困難所在；幸譚解亦未臻明暢，否則豈不將認爲墨經原文固如是乎？

又如經下14「宇久不堅白」五字，亦須先看校讀，始知著者自從兩處移來合成，並非墨經原樣也。

又如經上17條「廉作非也」，譚解引釋名「非，排也，人所惡排去也。」而云，「作非者，言己作之而惡者排去之也，」卽自檢斂之義。」「作非」二字，豈能增出如許字說之？且卽就譚氏語，亦覺難瞭。

又經上89條說「難宿，成未也。」譚解：「難宿成未，皆卽儺蹜盛昧之省文。詩小雅，『其葉有難』。注，『難，盛貌。』

又衛風，『佩玉之儺』。注，『儺，行有節度。』論語，『足縮縮如有循』。疏，『言舉足狹數。』漢書律歷志，『昧薆於未』。釋名，『未，昧也。』說文，『昧，闇也。』綜觀諸義，其語甚明。蓋謂君子之道，行有節度而日以盛也；小人之道，舉足狹數而日以闇也。」此處將「難宿成未」四字，完全破讀，又加上如許曲折，而云其語甚明，竊謂如此訓說，不如仍以闕疑爲是。

又如經上12說「忠，不利弱子，亥足將入，止容。」譚解，「『亥』，假爲『其』，……其足將入止容者：入，猶大禹『三過其門而不入』之入。墨子法禹，形勞天下，突不得黔；故足將入室而有止容。……禮玉藻篇，『足容重』。鄭玄註，『舉欲遲也』。蓋過門將入，舉足欲遲；言不顧家也。不利子，不顧家，以利天下所，以爲忠。」此等解法，其果爲得古人之眞乎？竊謂即不欲闕疑，下語亦當云「疑是如此」云云，庶使讀者知考釋古書之應有分寸也。

亦有前人校釋，大抵已臻明暢，而譚書轉守原文遂又失之者。如下經1條「止類以行之」，之舊作人，孫校作之，極是。譚仍作人，解云，「行人：行者猶言變遷。人有變遷性，如一類雖主故常，而一類之人，則必流動不息；故曰行人。」以行人爲性喜變遷之人，恐未確。況「止類以行人」一語更難解。竊謂此等處，縱在作者自謂別有創見，亦應先列前人校釋，則讀者可以知異同，審別擇也。

又如經上62「有間中也」，引畢云，「間隙是二者之中」，其義已瞭。又引梁啓超說亦是。而著者自謂「畢說未盡其義。蓋此『中』即由二間所成；易言之，猶云有二間必有一中也。」則轉嫌支離矣。惟幸並列他說，則讀者可自向背耳。

又如經上59「方柱隅四讙也」，譚謂讙乃權之假字，引大取篇「權正也」爲說。然此正乃正變之正，非方圓斜正之正，則亦仍不如舊說較得也。今譚書於舊解惟言其不甚諦，而未引其說，則讀者未知優劣所在。

上舉數例，特於譚書爲體例上之商榷，如論大義，亦有數點可討論者：

一，首當考定墨經之成書年代也：譚書屢以公孫龍說與墨經對比，似墨經多數均爲駁正公孫龍說而發；然公孫龍年代已及長平戰後，在戰國晚世，豈墨經之作成尚在其後乎？又譚書一六五頁，論及五行，亦謂五行相生，大抵自鄒衍後逐漸滋生，故墨者得以援義遮撥云云。鄒衍亦與公孫龍同時，其卒年猶當稍後，今墨經尚得遮撥衍後逐漸滋生之義，其成書年代之晚可知；然證之莊子天下篇「俱誦墨經」一節，則又扞格難通矣。

二，宜辨名墨異同也：莊子天下篇，「俱誦墨經，而倍譎不同，相謂別墨，以堅白同異之辯相訾，以觭偶不仵之辭相應，以巨子爲聖人」。是謂諸墨間自有不同。非謂墨與名之不同也。近賢創爲名墨訾應之論，已爲誤讀莊書；今譚氏更以墨經歸之名家，而另以公孫龍爲形名家，謂名家與形名家持論相乖，遍搜先秦古籍，無此說也。又譚氏以惠施爲墨家後學（二〇三頁），然則惠施公孫龍與墨經三者間之異同，又將如何說之乎？若墨經誠多駁詰公孫龍之說，豈惠施承襲立說，公孫龍駁惠施，墨經又駁公孫龍乎？

此兩點皆所關至大，譚書義據未堅，遽本以立說，卽如經下4 14 37 38 39 43 46 47 60 61 66 67 68諸條，實皆有重新討論之必要也。

又經下第16至29凡十四條，皆言光力諸事。昔梁任公爲校釋，自云『學力不足，故不強爲釋，所校亦未精，僅采舊說。世有達者，疏通證明，實愜所望！』今譚書一一說之，無留礙，良爲快事！愧非專門，亦不敢妄議是否，當以待世之習光力之學者。惟一學術之興，必與當時事境相洽，墨經中所云，是否全可以近世西人所得說之？且當時明得爾許光力學上之智識，必有所用，其在當時之應用狀態果若何，亦尚可推論一二否？此亦主以西學證墨經者所當着眼也。

上述以西學光力諸科說墨經，及分別名家與形名異點兩事，最爲譚書用意所在，故率誌所感如此：譚氏自云，「中有極難者，每窮神殫智，私心尚在疑信間；蓋已恍然吾才之既竭。」蓋斯事只可如此而止，欲求竟體通明，躊躇滿意，恐所難能也。

一九三五年十一月十日

爲評墨經易解答與忘先生

譚戒甫

本月十日，大公報圖書副刊欄內載有與忘先生評及拙著墨經易解一文；憶一九二八年冬，原有墨辯徵評之議而未果，今忽坐而得之，不禁狂喜過望。余治此經，初無師友啓沃，祇因他事鞭策，苦悟寸進，爲狀至難；今與忘先生許爲艱劬工作，誠知我者，尤爲可感也。此書前後易稿實十餘次，書名亦五六更，自蒞武大印作講義，又已四次，遞有删改，致成今形，以其用作教本故耳。全書本名墨辯發微，目次附載書尾，此特其第三編之一分；故凡與忘先生所評，則有可得而言者。

初一，原書固校釋相次，今以教本之便，乃别列校讀，亦勢使然，且原亦各别置前，嗣復移後，凡例中業已聲明，特多費讀者一舉手之勞耳。次二，拙著例異文繁，不便多引；且近作或用語體，或極支蔓，删之則意不達，全錄又厭其煩，初本一律采摭，後竟留存無幾。但例悟而義精者，仍載第五編之治墨異義，未嘗全棄。其三，古人之書，私謂委曲自可求通，闕疑乃實不得已，拙著仍不免爲教本作想，故間有强解之處，然終不多。總之與忘先生此三，允爲著作之楷模，自宜極端領受也。

三者以外，與忘先生又摘舉各條可議者數處，今亦略抒鄙見於後。

經上32條「言出舉也」，與忘先生謂承上條「舉擬實也」而來，拙著原稿實亦如是。但說語作「故言也者諸口能之出名(原作民)者也」云云，此故字與上文不接；若乙轉「故言」，以言字爲牒經標題，則下文成「故也者諸口能之出名者也」。茲準以後45 64諸條之同例，因適用小取篇「以說出故」，徑改經文爲「言出故也」，則說之故也者一句有着落矣。與忘先生謂只據小取臆定，實未留心本條校讀後半之故。

經下16條「景不徙(原誤從)，說在改爲」，拙著校解皆甚明晰；然此義所關頗大，茲再詳之。與忘先生曰，「若是影徙，則前影卽後影，何得云改爲？」按余校(1)云，「下句既云改爲，則上句應云景徙；若云不徙，其義適相反。」今以鳥喩：鳥當棲止，僅有一影；及飛起時，不過影影相續而已。惟鳥飛極速，瞬成長影，自此至彼，了無際痕；以名家崇實，故因改爲而影徙也。形名家主以定形爲準，形動非其所熹，張湛謂「影改而更生，非向之影」，則後影非前影，係就影之靜止分言，故曰影不徙，正與莊子天下篇所載團龍等「飛鳥之景未嘗動也」同意。若名家不拘於形，故言影徙；試求之墨辯論式，尤爲易明。(本有論式例證在第四篇)

經上92條「諾不一利用，服執說(音利)，巧轉則求其故大益」，與忘先生謂此三語皆無說。然拙著92 93 94三條之說，豈僞造耶？如不認爲僞造，則因錯簡誤字而移易原文，亦自來校書者所不能盡免也。既不能免，則此三條(1)經說符同，(2)說厠他條皆不合，(3)拙校特較孫校加詳：想亦讀者所首肯也。蓋此三條，余自信費功殊久，用思至細，措辭極圓；今與忘先生謂全不見困難所在，又云未臻明暢，頗用爲疑。

經下14條「宇久不堅白」，誠然先閱校讀便明。

經上17條「廉作非也」。按據說語「己惟爲之」，因知經所謂作當爲己作。非字本爲排之古文。夫己作而又排去之，非所惡者而何？自檢斂句，本釋名訓解廉字之舊誼，以其適合，故引而明之。與忘先生謂難瞭，余頗不信。

經上89條「難宿成未也」，與忘先生謂不如以闕疑爲是；此說余可拜受。

經上12條「忠，不利弱子，亥足將入，止容」，與忘先生曰，「下語當云疑是如此云云」，亦得。

經下1條「止類以行人」，與忘先生曰，「人，孫校作之，極是。譚仍作人，以行人爲性喜變遷之人，恐未確。」按據此言，知與忘先生實誤會鄙意也。余謂止與行，類與人，皆相對成文。至云「行猶言變遷 人有變遷性」者，蓋以人字有變遷性，非指人有變遷性也。若據孫讀作「止，類以行之」；類以行之固可解，謂類以行之爲止則難解。梁任公改止爲正亦未善。余校已明言，特未錄釋語，以孫梁書今易得耳。

經上62條「有間中也」，請與忘先生先看次條「間不及旁也」，方知余說之不淆混。蓋此有間之中，乃由二不及旁之間所成，以此間係單立者。畢沅謂「間隙是二者之中」，間隙連文，則間卽隙，亦卽中矣。因又可讀作間之隙，語涉游移，故曰未盡其義。總之此62 63 64三條，須相互探索始得；余於64末有總括語，更可明瞭，豈得謂爲支離耶？

經上59條「方柱隅四讙也」，余明引畢孫張三說，特未詳耳。與忘先生謂未引其說，殆嫌未詳耶？果爾，余書必厚至盈尺方可。前有面譽拙著簡明爲淘沙得金者，誠屬太過；然與忘先生似覺其少，恐不免有爲讀者益惰之嫌矣。至讙之假爲權，引大取篇權正爲證，鄙意必如此始合「方」之義界。若如畢孫張三說，則方不方固未定也。至分正爲正變斜正二義，而正固可引申爲方正之正，則權爲有正變斜正之兼義無疑。

以上各條，與忘先生所謂爲體例上之商榷者，今答辯大略如此。其論大義，亦有二點：

一，首當考定墨經之成書年代，此層本極重要，余曾於發微第二編墨經證義中言之極詳；卽拙著莊子天下篇校釋近已印出，亦略論及，非不考也。余謂天下篇非莊周自作，或作自荀子後之儒家，故無扞格難通之病。至墨經之初，純爲論式例證，大抵創自墨子而告成於三墨。然疑三墨晚年，則又放棄論式，舍說存經，今之經上下二篇，殆卽當日編纂之本矣。迄後三墨徒屬俱誦墨經，乃又望經錄說，今之說上下二篇，當出自彼輩之手。然今存說上後半及經下說下，詳加研察，皆有增益之處，諒皆三墨門人後學之所爲，其時當最晚也。

二，宜辨名墨異同，按發微第二編之名墨參同，及形名發微中之名通篇，皆已論及。孫詒讓嘗謂經說四篇皆名家言（見閒詁數處），後來承其說者不少。與忘先生曰，「今譚氏更以墨經歸之名家」，究非自余始也。至謂「別以公孫龍爲形名家，謂名家與形名家持論相乖」，此論則確自余發。先是治墨甚久，終嫌有矛盾不可通處；及發明二家各別之說，不覺迎刃而解。且不獨本經然也，卽推而驗諸公孫龍子及先秦諸子，莫不喻若合符。與忘先生謂遍搜先秦古籍，無此一說；苟古籍已有，何待余之發明？然拙著形名發微，固有所考也。至惠施本屬名家，余謂爲墨家後學者，以其持說多與墨經同也。蓋戰國名論，傳之墨徒，惠施亦卽其一；故與公孫龍駁辯者，名墨惠幾無異致也。此論較複雜，非數言可了，容後日詳之。

與忘先生曰，「此兩點皆所關至大，譚書義據未堅，遽本以立說。」今余書未盡出，是猶探得驪龍之珠，而又不徑標之於光天化日之下，固無怪乎啓讀者之疑焉。然余亦頗覺與忘先生自謂「粗一繙讀」，竟發此決斷之言爲太早計矣。又曰，「卽如經下4 14 37 38 39 43 46 47 60 61 66 67 68諸條，實皆有重新討論之必要。」余今敬告與忘先生及舉世學者，拙著他條當有可議；若如上列諸條，惟39 61不計，吾嘗信之極篤，持之極堅，將質諸鬼神而無疑，百世以俟聖人而不惑，雖二家復起，亦不能或易矣。

經下16至29共十四條，皆言光力諸學，此在漢初，似爲周禮考工，淮南苑秘所祖，問題亦大，非率爾可答也。

與忘先生未謂上述光力形名兩事，最爲拙著用意所在，實不甚然；蓋拙著最所用意者，一爲形名，又一卽爲論式，而光力得之獨早，非其倫也。論式形名，爲吾書精神所寄，書前凡例特言之，後附發微序中亦言之，又商務印書館出版週刊新一百四十二號亦言及之，徒以二事爲他著所無故耳。抑吾自發見二事以後，逐漸完成，躊躇幾至十年，不敢宣露；直至庚午，武大文哲季刊徵文，始行發布，及今五年未見有評議者。今歲易解書出，滿望質難必多，而惟與忘先生不吝賜敎，且見學者雍容之度，愈足令我欽仰。雖一時之見，未及攻堅摧陣，而益我實已多矣。如能示以姓名住址，當寄奉拙作數種參考，藉酬高誼，或亦見余說之確可成立乎？

公元一九三五年十一月廿四日草於武漢大學住宅

答譚戒甫先生

與忘

著書難，評書更不易。墨經夙號難治，尊著旣屬積力久而成，拙評瑣瑣，宜其無當。然拙評亦非毛擧小節，輕相掎摭，所欲於尊著爲芻蕘之獻者，一盼尊著能先列校讀而後釋義，二遇義解未臻十分之見而前說差可存者，不妨多存異說，三能多留缺疑，如是而已。缺疑一項，幸蒙俯納，前兩義亦幸與尊意無大違迕。則拙評羅擧諸端，不過爲上述三項作例，尊意視爲無當，一笑置之可也。今辱蒙逐條解答，自信之篤，引辭之謙，高情雅度，彌增佩仰。雖所示各節，容有愚固一時仍未領悟者，然此如吾儕讀王張俞孫諸家書，雖莫不持之有故，言之成理，而未臻十分之見，吾儕非不佩其鑽研之深，用力之劬，而未敢遽信其說之必是。此種意味，專精是經如先生當尤十分領略透切也。今亦不須多爲往復，而有一意仍當略事剖辨者。前評經上92條，諸不一利用云云，來書謂「此三條自信費功殊久，用思至細，措辭極圓，今謂全不見困難所在，又云未臻明暢，頗用爲疑」。夫謂未臻明暢，此或下劣自短悟解，至云全不見困難所在者，不佞亦稍治此經，豈不知著者過此等處之費力，特謂此等極有問題，極費討論處，以尊著體裁出之，將使初學者對此，全不見困難所在耳。尊著固是教本，又稱易解，然教射必志於彀，大匠誨人必以規矩，方今士不悅學，愈欲以極難解之書令人若爲易解，正恐愈索解人不得。凡鄙意所欲備左右商榷者，曰必先校讀，曰多列異義，曰甯付缺疑，正爲欲令學者知治此經必有如許層累，如許繁重，而猶未遽成定論，今轉謂鄙見有爲學者益惰之嫌，則鄙意亦謂尊著正可犯此病耳。然因此又深幸鄙見之仍無大違於左右也。至論形名家與名家一節，在尊見則謂可質鬼神，在愚固則尚無徵不信。蒙許賜以大文，開其閉塞，固所欣盼。至詢及賤名，自念幕燕鼎魚，尚爲此不急之閒文字，殊自愧慖，筆名與忘，正求與世相忘之意。左右若一時不能忘，亦知有其人者，曾從頭一讀尊著，不欲浪貢諛辭，而妄期爲塵山露海之效斯可矣。